合同审查

思维体系与实务技能

第2版

张海燕 ◎ 著

中国法制出版社
CHINA LEGAL PUBLISHING HOUSE

序　言

岁月不居，时节如流。转眼间，距离本书首次出版已近三年。

三年前写这本书，更多是出于自我总结的心态。在惴惴不安的心情中将本书付梓后，惊喜地发现本书在一些电商平台的热销榜首位上待了不短的一段时间，同时还收到了很多热心读者的留言，有肯定，有鞭策，更有建议。心存感激！

在本书首次出版后，本着分享交流的心态，受邀在一些不同的场合与国内不同地区的律师同行进行交流，收获了很多的支持、鼓励和建议。面对这些热情的鞭策和鼓励，我开始了本书的修订工作。2019 年是天津张盈律师事务所建所 25 周年之际，有大量的庆祝活动等筹备工作需要去做，再加上事务所里诸多的日常管理工作，导致我只能用晚上的时间进行思考和修订，我又不愿凑合，以至于修订稿迟迟未能交付，好在编辑老师给了我莫大的宽容，让我既感动又愧疚。

2019 年 9 月，本书第 2 版初步修订完毕。原计划本书的修订版在 2020 年年初出版，不料赶上了新冠肺炎疫情的暴发，其间对稿件又进行了一次梳理和完善。时间转眼就到了 2020 年 5 月，所有法律人以及社会各界都在热切期盼着《民法典》的正式公布。本人自然也不例外，在《民法典》公布后，第一时间进行学习并根据《民法典》的规定对本书相关内容进行了修订。在此过程中，中国法制出版社的编辑韩璐玮女士不仅给予了诸多修改建议，还提供了《民法典与相关规定的对照表》，以便我修订相关法律条款，在此深表感谢！

本次修订，结合我新近三年来律师实务工作的新实践，对此前的一些观点进行了适当的调整和深化，力图说得更清楚一些，更全面一些，更准确一些。在基础技能方面略作提升，增加了我对法律条款和商务条款的一些思考。在常用合同审查要点解析部分增加了融资租赁、股权代持、中介、建设工程、保密、咨询服务、债权转让、合伙、解除、赠与10类常用合同的审查要点解析，共增加了11章约13万字。加上第1版中的12类常用合同（其中，“居间合同”在《民法典》颁布后由“中介合同”代之），达到了22类，应该说全面涵盖了日常生活和工作中常见的合同类型，若将这些合同审查的示例结合本书中的思维体系和方法展开，应该还能辐射到很多类型的合同审查工作。其实，从本心来看，我认为思维方法和基础技能是这本书的核心，多加一些合同类型不过是多举了几个例子，多了些文字，但再多的文字也无法涵盖所有的交易合同，而相反，系统的思维方式加上实用的方法，倒是能够推而广之起到引导作用。

合同之美，在于实践之魅。不论怎样思前想后，总有些未来会出现在预料之外。面对新鲜的实践，总会有新的思考和所得，源源不断，层出不穷。这正是写作和更新的不竭动力。这也为本书的继续完善留下了无限的可能。再次恳请广大读者、同行师友、专家学者们继续支持并不吝赐教，助我不断努力完善。此书若能助力青年律师及公司法务人员成长和发展，成为合同审查的工具书之一，则甚幸哉。

对于法律人而言，学习之路永无止境。《民法典》的颁布实施，必将掀起一轮新的学习热潮，谨以此书纪念新中国第一部法典的诞生！

2020年6月

第一版序言

因各种因缘际会，我的律师执业经历中，绝大多数业务都与合同有关的。长期与各种合同的耳鬓厮磨，使我对合同法律事务偏爱有加。2016 年作为主编出版《合同案件办案策略与技巧》一书，算是对过去执业生涯的第一次小结。本书的雏形是我的一份讲课稿，当时的题目是《合同审查的方法与基本要求》，课后很多律师同仁以及清华法学院的老同学跟我要课件，觉得比较实用，对他们的工作和学习具有借鉴意义，我甚觉欣慰，在撰写本书的内容时始终坚持这一原则，因此，这也奠定了本书的第一个特点：实用性。2017 年年初，接到中国法制出版社马金凤女士的书约，我觉得又是一次很好的自我总结的机会，于是欣然接受，很快在原课件的基础上拟订了目录、撰写了样章，并有幸得到了中国法制出版社的肯定和鼓励，开始了本书的撰写。时光荏苒，一晃半年，虽然一路颠簸，但好在很多经验和体会早已成型于胸，才让书稿得以按时完成。在此，由衷感谢中国法制出版社给予的鼓励和支持以及马金凤女士的指导和帮助！

我们生活在一个合同的时代，大到国家治理、国际关系，小到家庭生活起居、个人衣食住行，无不与合同有关。在 2014 年全国法院受理的案件中，新收民商事案件占各类案件总数的 63.06%，占诉讼案件的 86.97%，而在民商事案件中，合同案件占比为 55.90%①。2015 年全国法院新收刑事、民事、行政（含行政赔偿）一审案件 11444950 件，其中，民商事一审案件 10097804 件，占 88.23%。新收民商事一审、二审、再审案件 11044739 件，其中合同

① 来源于《人民法院报》2015 年 5 月 14 日第 5 版。

纠纷案件6631249件，占比60.04%[①]。由此可见，对于律师，尤其是从事民商事业务（实际上一些刑事案件证据也与合同有关）的律师而言，合同法律业务应属基础。我的授业恩师王天举先生曾说："基础比高度重要。"对此我深有体会，也深以为然。但现实的感受却是：在"高端"业务充斥着很多年轻律师的梦想时，"基础"却常被忽视，当动辄数十页的"合同"洋洋洒洒展现于眼前时，却发现很多基础事项并未约定清楚。为此，每每感到焦急，很想以一己之微力做点什么。于是我将自己在近10年执业过程中的所思所得进行总结，毫无保留地分享出来，不求醍醐灌顶，但期盼能够成为律师尤其是年轻律师们成长的"垫脚石"，能对律师的合同法律业务基础有所裨益。若能如此，"石"愿也，"石"幸也。基于此，本书的第二个特点是：基础性。

所谓思维方式，实际上是一种大局观和整体观，是从整体上认识合同审查的目的、前提、步骤、标准等，属于思想层面的问题。我认为，思想决定行动，如果思想上没有全面、正确的认识，就很难在行动上取得实效。但仅有思维方式并不足以成事，做任何事情都要讲究方法，如果方法得当，事半功倍，方法失当，事倍功半。在合同审查实践中，很多律师拿到一份待审合同时茫茫然不知从何下手，抑或用尽洪荒之力也难见成效，甚至是做了无用功，其根本原因在于缺乏系统的合同审查思维和恰当的审查方法。当然，每个律师都有自己的思维方式和工作方法，没有放之四海而皆准的"道"或者"法"，因此，本书也只是作者一家之言，一己之察，仅能作为参考或借鉴。这决定了本书的第三个特点：参考性。

本书共分为三篇，上篇"合同审查的整体思维"，包括合同审查的两个核心目的、三个基本前提、四个步骤、五个标准、六个提升途径等内容，系从整体思维角度阐述合同审查的指导要领，应当贯穿于整个合同审查过程。从"道"与"术"的角度，可谓之道也。中篇"合同审查的基本技能"，包括合同审查的常用方法（包括补增、删改、建议、提示等），以及各种合同条款审查要点，属于合同审查思维和方法的横向应用。下篇"常用合同审查要点解析"，总结了常用合同的审查要点，并提供了合同审查范例，属于合同审查思

① 来源于最高人民法院网站，http://www.court.gov.cn/fabu-xiangqing-18362.html，最后访问时间：2017年7月11日。

维和方法的纵向应用。

写作，是一个艰辛而幸福的过程。艰辛，是因为律师并非职业作家或者学者，每天需要处理客户委托的各种法律事务，每日的油盐酱醋、喜怒哀乐也交错不息，因此只能是在世事的嘈杂中思考，在时间的夹缝中“疾书”。幸福，实际上是否极心态的自我感知，当一份漏洞百出、杂乱不堪的合同经过自己的修改变得完备严谨且美观实用时，当零碎的心得和体会整合为相对周延和系统的思维和方法时，心中的确会有一种“胜似人间无数”的幸福感。但在获得这种独特的幸福感之余，困难、挫折、痛苦、打击在所难免，需要一种持之以恒的坚持。若不能克服彻骨的冰寒，何以得闻那扑鼻的梅香？我的另一位恩师张盈女士曾说她成功的秘诀就是“坚持”二字。我想，对于大多数人而言，“坚持”并不一定是为了成功，也不一定能够成功，但要认真做好每一件事，比如审查合同，何尝不需要这种坚持的精神呢？审改合同的过程是枯燥而乏味的，提升合同审查水平的过程更是漫长而痛苦的，需要有坚定的意志和坚韧的性格方可坚持。世上没有完美的合同，合同审查永远在路上。所以，于作者而言，本书的出版仅仅是对过去执业经历的一次小结，遗漏或谬误之处在所难免，继续积累、保持思考和不断总结，仍将是今后的努力方向。本书的完善必然需要求教于法律行业的专家和先辈，也迫切希望得到广大同行的指正和帮助。

2017 年 7 月

目 录
CONTENTS

下篇 常用合同审查要点解析

上篇

合同审查的整体思维

第一章　合同审查的两个核心目的

本章思维体系导图：

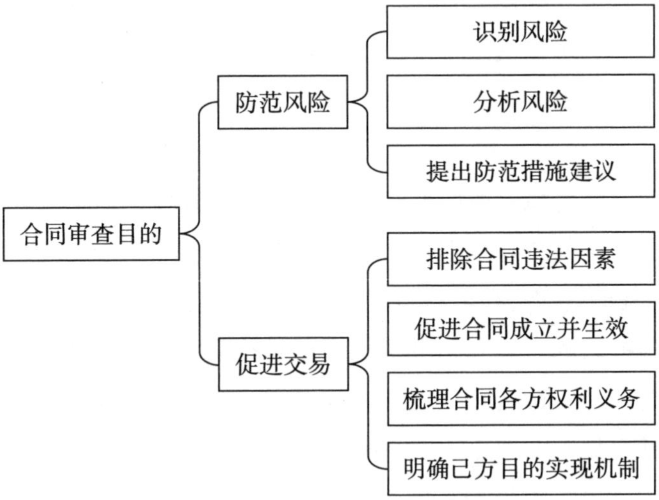

目的，是行动的导航器。律师是一个目的性非常强的职业，代理诉讼案件，必然要围绕当事人的诉讼目的来设计代理方案；提供非诉讼法律服务，需要根据委托人的项目目标来设计交易方案。审查合同是律师非诉讼法律服务的一项常规性工作，要做好这项工作，首先需要清楚审查合同的目的，即审查合同是为了什么？这是审查合同必须要搞清楚的基础性问题，也是纲领性问题。英国有这样一句名言：没有目的的努力，有如在黑暗中远征。如果律师不知道审查合同的目的，轻则蜻蜓点水浮于表面，重则南辕北辙徒劳无功。目的属于主观范畴，不同的主体对同一事项的目的不尽相同，对于委托人而言，合同审查的目的是利用律师或法律专业人士的知识和经验防止自己“吃亏”或者是谋求更多的“有利条件”。对于律师而言，合同审查的目的与委托人不同。由于律师只是一种职业，在这个职业群体中，不同的律师从不同的角度出发，对于审查合同的目的也可能有不同的看法和体会，这属于正常现象。笔者认为，律师审查合同的核心目的有两个：一是帮助委托人防范风险，二是促进交易。

一、防范风险

本书所称防范风险，实质上指的是识别并控制委托人拟签订的合同中可能存在的法律风险，简以防范风险代之。防范风险是律师审查合同的首要目的，这一点是律师行业的共识，但如何进一步领会这一目的的内涵却是见仁见智。笔者认为，可以从以下三个方面来加以理解：

1. 识别风险

识别风险是防范风险的前提，如果不能识别出风险，就谈不上防范风险。所谓识别风险，是指律师根据自身的专业知识和执业经验发现合同中存在的"陷阱"或潜在的法律障碍，这也是委托人愿意聘请律师进行合同审查的根本原因。因为委托人的"长项"和关注点是该合同在经济上的可行性和可预期性，对于该合同的法律问题往往处于不（尽）知或忽视的状态，而对于法律规定和司法裁判规则的谙熟恰恰是律师的"长项"，也是律师的核心本领。

从律师识别风险的依据来看，合同的法律风险可以分为专业型风险和经验型风险两大类。所谓专业型风险，是指合同背离或违反与其相关的可适用的法律法规的风险。例如，违反法律禁止性规定，违反前置审批程序规定，超过法定的限度（如定金不能超过主合同标的额的20%），超出法定范围约定管辖，等等。此类风险，直接关乎合同的合法性问题，属于根本性风险，是律师首先要进行识别的风险类型。对于此类风险，需要依靠自身的法律专业知识，即根据与该合同有关的基本法律常识和法律规定来进行审查和识别。所谓经验型风险，是指根据交易经验或司法审判实践经验，该合同在公平性和可操作性等方面存在的风险。例如，在合同双方义务互为前提的情况下的履行顺序及衔接、合同权利义务失衡、风险分配不公、违约责任过于含糊、违约金比例过高、合同义务与违约责任不对应、争议解决方式的选择等问题。识别此类风险，需要律师具有丰富的法律实践经验和高度的责任心。一般情况下，对于第一类风险，律师均可进行有效识别，也应当有效识别，因为这是律师作为法律专业人士必须具备的能力，而对于第二类风险的识别能力则是考察律师审查合同水平和责任心的关键因素。

律师的法律实践经验主要包括其他客户类似交易的经验及类似合同案件的司法裁判规则。律师作为法律实务工作者，在为顾问单位提供法律顾问服务过程中，主要的服务内容就是审查合同，因此势必能够积累大量的合同实务经验，这些经验往往能够起到他山之石的作用。律师在处理客户的某个合同在履行中出现的争议的过程中发现并总结出来的合同存在的问题，对于后续审查该类合同（不论是原客户还是新客户的合同）具有非常重要的借鉴意义。律师在承办诉讼案件尤其是合同纠纷案件的过程中，司法机关的认定及裁判观点、规则，无疑对于后续审查类似合同具有重要的参考价值。律师审查合同水平的高低，与其法律实践的丰富与否具有直接的关系。至于责任心问题，实际上属于律师职业道德的范畴，律师应充分意识到合同对于客户经营的重要性，轻则影响经济利益，重则事关兴衰存亡，因此，律师对于合同风险的审查和识别可谓责重山岳，应当以高度的责任心充分考虑和审查合同中可能存在的问题和风险，帮助委托人做好风险控制。

2. 分析风险

在进行风险识别的基础上，律师需要对发现的风险进行分类和分析，主要应当分析该风险对于委托人合同目的的影响以及可能给委托人带来的法律责任及经济风险。从风险的来源和影响力角度来看，合同风险可以分为法律风险、技术风险和信用风险三类。法律风险是指由于违反法律规定或不符合法定要件而产生的风险，通常会影响合同或者合同条款的法律效力，或者可能给委托人带来不利的法律后果。技术风险是指由于合同内容本身不周延、可操作性差而导致合同履行障碍或产生争议的风险，通常影响的是合同的履行过程，增加合同履行成本或履行难度。信用风险是指由于合同相对方缺乏履约诚信和履约能力而带来的履约风险，通常影响委托人合同目的的实现或产生合同纠纷。律师在审查合同的过程中，需要全面分析合同所存在的各种风险，并客观评估这些风险对合同本身以及对委托人的影响程度，并采取不同的处理方法。从商业经营角度来看，没有不存在风险的合同，再严谨的合同也可能会因为客观的情势变更或主观的故意违约而产生履行障碍，出现法律风险。律师的职责在于发现并分析提示法律风险，并根据风险的性质和可能造成的影响提出相应的意见或建议供委托人决策参考，但不能也不宜代替委托人做决策，委托人可以根据其风险承受能力和控制能力来做出选择，决定继续进行该交易或是采取必要的防范措施进行交易或是取消交易。尤其在委托人决定继续交易的情况下，应当确保委托人对于潜在的风险是知情的，这样的话委托人才能做到“心中有数”。

3. 提出防范措施建议

在风险分析的基础上，律师应当针对不同的法律风险向委托人提出相应的防范措施建议，以便委托人进行选择和决策。律师提出的建议措施，应当具备合法性和可行性。合法性是基础，自不待言。而可行性则需要结合合同双方的交易地位、交易步骤、交易目的、交易习惯、履约能力等综合因素来进行设计。比如，若委托人的付款内部审批程序非常复杂，需要 30 天以上方能完成付款，则在付款时间条款方面就应当建议委托人进行相应的调整（不宜少于 30 天，否则极易造成委托人违约）。再如，在广告设计合同中，如果仅约定了设计方的设计周期，那么就应当建议委托人补充约定委托方提供基本素材和要求的时间，且设计周期应当自委托方提供素材和要求后开始计算，否则，设计方极有可能因为缺少基本素材而无法启动设计工作，进而造成设计工期违约。若律师提出的建议措施不可行，则无法得到合同双方的认可和采纳。比如，在委托人的交易地位相对较低的情况下，律师提出的对于委托人较为有利的条款（比如将管辖约定为委托人所在地法院管辖）就极有可能不被相对方认可和接受，律师的该项建议就无法达到预期的效果。

二、促进交易

从法律角度而言，市场经济的本质是合同经济，所有社会主体的经济行为无不通过合同或合同性文件来表现和完成。委托人签订合同的目的是与合同相对方达成并完成交易，进而实现己方的经济目的。律师作为委托人的法律参谋或者顾问，其价值不在于否决当事人打算进行的交易（当然并不必然不能否决，当该交易明显违反法律禁止性规定或者对于委托人存在较大法律风险时，律师应当明确提出否定意见），而在于促进当事人打算进行的交易。这一目的，可能有的律师理解起来有些困难，但实际上这恰恰是律师审查合同的终极目的。诚如律师界的诸多师辈常说的：律师不应当总是告诉当事人这个不行、那个不行，而是应当告诉当事人怎么行。所谓促进交易，应当包括以下几层含义：

1. 排除合同的违法因素

促进交易，首先要考虑的是该项交易是否合法，即该项交易的合法性问题。若交易本身不合法，则该项交易就不能进行，否则将给委托人带来法律上的不利后果。但随着经济社会的不断发展，新的经济形态不断涌现，法治观念不断深化，对于合法性的认识已有所改变。在私法领域，法不禁止即自由。因此，对于民商事合同而言，只要不违反法律的禁止性规定即可。律师在审查合同的合法性时，关注点不再是该交易是根据哪一部（条）法律规定来进行，而是排除该合同的违法因素，审核该合同是否违反法律的禁止性规定。只要不违反法律的禁止性规定，合同的效力就不会被否定，该项交易就具备了履行的前提条件。但需要进一步说明的是，不违反禁止性规定，仅仅是解决合同的法律效力问题，倘若该项交易违反了非禁止性规定（如违反管理性规定、规章、政策、上级政令等），虽然不影响合同效力，但也会给合同当事人带来相应的法律风险和责任。比如，2019 年 7 月 1 日起实施的《政府投资条例》第二十二条规定：“政府投资项目所需资金应当按照国家有关规定确保落实到位。政府投资项目不得由施工单位垫资建设。”倘若项目单位在合同中要求施工单位对政府投资项目垫资建设，虽然该合同并不会因此而无效，但根据该条例，项目单位将可能承担相应的法律责任，包括责令改正，根据具体情况，暂停、停止拨付资金或者收回已拨付的资金，暂停或者停止建设活动，对负有责任的领导人员和直接责任人员依法给予处分等。因此，在排除合同违法因素这一点上，不仅要排除违反法律的禁止性规定的情形，还需要排除违反有关法规、规章、规范性文件、政策等规定的情形。否则，极容易给客户带来不必要的法律风险和责任。

2. 促进合同依法成立并生效

在交易不违法的基础上，律师接下来的工作便是促使合同当事人之间合同的依法成立并生效。合同是当事人之间据以进行交易的基础性法律文件，也是核心法律文件。因此，要促进交易，就必须使合同依法成立并生效，若合同不成立或不生效，则对于当事人而言就没有法律约束力，无法按照合同的约定来确定各自的权利义务及责任。所谓合同的成立，是指订约当事人经由要约、承诺，就合同的主要条款达成合意，合同成立的核心要件是合同双方就合同条款达成合意。所谓合同的生效，是指已经成立的合同在当事人之间产生了一定的法律约束力，合同生效的条件是：（1）当事人具有相应的民事行为能力；（2）意思表示真实；（3）不违反法律、行政法规的强制性规定或者社会公共利益；（4）符合法定的形式。《民法典》第四百八十三条规定："承诺生效时合同成立，但是法律另有规定或者当事人另有约定的除外。"第五百零二条第一款规定："依法成立的合同，自成立时生效……"一般情况下，合同成立时即生效。但对于根据法律、行政法规规定履行批准登记手续方可生效的，还需要办理相关手续；对于当事人设定了生效条件的，需待生效条件成就后方可生效；附生效期限的合同，自期限届至时生效。律师在审查合同时，需要根据合同的成立及生效要件来进行审查和判断，确保该等要件是清晰的、明确的，也是可实现的，以便促进合同能够按照当事人的意愿依法成立并生效，使得合同条款具备法律约束力，成为当事人确定各自权利义务的依据。

3. 梳理合同各方的权利义务

前述第1—2项解决的是合同的合法性问题，是交易顺利进行的基本条件，而合同各方的权利义务则是合同的核心内容，直接关乎交易能否顺利进行。如果各方的权利义务含混不清，势必会造成后续履行过程中的混乱和无所适从，并造成严重的合同履行障碍，进而导致当事人拟进行的交易事项无法按照预期完成，合同目的无法实现。因此，梳理合同各方的权利义务，是促进交易的必要条件，也是律师审查合同的重要工作内容。审查合同各方的权利义务，其主要内容是：（1）根据合同各方确定的交易方案来审查合同条款的适用性和周延性，这些条款通常为商务性条款；（2）从合理性、可操作性和逻辑性方面对合同各方的权利义务进行梳理和明确。简而言之，就是用法律语言来明确交易流程以及在整个交易过程中合同各方各自应当承担的义务以及享有的权利。合同是面向未来设定规则的，是为了使合同各方在合同签订后的履行过程中都有据可依。因此，要促进交易，律师就应当充分审查该合同条款的周延性、可操作性和逻辑性，否则，在履行过程中就极有可能因约定不明或者约定的条款不具有可操作性而产生争议。如前述关于广告设计合同的例子中，若仅约定了设计方的设计时间而未约定委托方提供素材和要求的时间，那么在履行过程中就很可能会产生争议，委托方可依据合同约定来要求设计方承担逾期违约责任，而设计方则会以委托方未提供素材为由进行抗辩。如此一来，不仅会给合同各方带来诉累，也会导致合同履行受到重大阻碍甚至被迫中止或终止，与促进交易之目的背道而驰。相反，若在审查合同时能够基于实践操作经验，明确约定委托方提供基本素材及要求的时间，以及委托方逾期提供的情况下设计周期的计算问题，则能够避免前述争议的产生，增加合同顺利履行的概率。

4. 明确委托人合同目的的实现机制

实际上，前述1—3项均是为了实现合同的最终目的，只不过关注点是合同本身的法律效力以及双方的权利义务，而本项则是将目光聚焦在己方委托人的合同目的方面。每份合同都必然包含合同当事人的目的。实现合同目的是委托人签署并履行合同的终极追求。作为律师，必须关注委托人合同目的的实现机制问题，否则，再漂亮的合同也难言具有价值。比如，在笔者曾经审查过的一份“人事代理合同”中，委托方（笔者的顾问单位）的核心目的是通过受托方（人才中心）的渠道为其员工的职称评定提供服务，但该合同中所约定的受托方的服务内容却是人事档案整理、储存、移转以及劳动用工培训等，丝毫没有体现职称评定相关服务。若按照该合同来履行，极有可能导致委托方的合同目的无法实现，不论该合同在其他方面如何规范、严谨，对于委托方而言也没有实际价值，而且一旦受托方没能满足委托方的真实目的要求，势必会产生纠纷，而产生纠纷后受托方势必会以合同中并未约定职称评定服务进行抗辩，委托方根本无法基于合同追究受托方的违约责任。因此，笔者建议委托方务必在合同中明确约定受托方就委托方员工职称评定方面所应提供的服务内容。再如，在笔者代理的一个诉讼案件中，委托人为了向出借人借钱，答应用自有的房屋进行抵押，但由于房屋性质的限制无法办理抵押手续，只能办理转让手续，于是与出借人签署了一份《房屋买卖合同》并办理了过户，当委托人还完借款打算要回房屋的时候，发现出借人已经将该房屋转让给了第三方，在诉讼中由于没有证据证明该《房屋买卖合同》的真实目的不是买卖而是抵押担保，导致民事诉讼方案出现重大障碍，后经过刑事立案侦查才取得了相应的证据。尽管最终其合法权益得到了法律上的保护，但从经济上、时间上已然遭受了不可逆转的损失。显然，该《房屋买卖合同》并没有实现委托人签署该合同时的真实目的，相反给其自身带来了巨大的法律风险。

为了明确委托人的合同目的的实现机制，律师需要做的是：（1）确定委托人的合同目的，简言之，即委托人通过该合同想获得什么或是达到什么效果？不同的合同具有不同的目的，自不待言。即使是同一类合同，不同的当事人甚至是同一当事人不同时期的合同，合同目的也有可能不完全一致。比如同样是购买笔记本电脑，张三购买笔记本电脑是为了自己用，而李四则是为了送礼；张三本次购买笔记本是为了自己用，而下一次购买则可能是为了当作结婚礼物送给朋友。在自用的情况下，笔记本电脑的质量相对于送货时间而言应当是更为重要的目的，而在作为结婚礼物的情况下，送货时间的重要性就进一步提升，体现在合同中就需要对逾期送货的行为较自用的情况下规定更为严格的违约责任。对此，律师应当与委托人进行明确的沟通和梳理，准确理解和掌握委托人的合同目的。（2）梳理实现委托人合同目的所需具备的条件和步骤。换言之，要确定在满足哪些条件的情况下才能实现委托人的合同目的。（3）需要进一步考虑，若委托人的合同目的不能实现或不能全部实现，那么相应的救济途径和手段是什么。在确定完前述三个问题后，即可在合同条款中合理约定委托人的权利以及合同相对方相应的义务，进而为实现委托人的合同目的提供法律上的支持和保障。

律师在审查合同过程中，要始终对审查合同的两个核心目的保持清晰的认识并据以统领整个合同审查过程，只有这样才能确保律师审查后的合同能够具备法律效力并符合委托人的合法预期。需要进一步说明的是，律师在审查合同过程中对本章所述的两个核心目的的重视程度应当适度而不能偏颇，因为对风险的过于谨慎动辄否定交易，或者是为了促进交易而忽视风险，均非妥善之举。只有把防范风险和促进交易有机地结合起来，在做好风险防范的基础上促进交易，在促进交易的同时做好风险防范，才是律师作为法律顾问的应有之义。

第二章　合同审查的三个基本前提

本章思维体系导图：

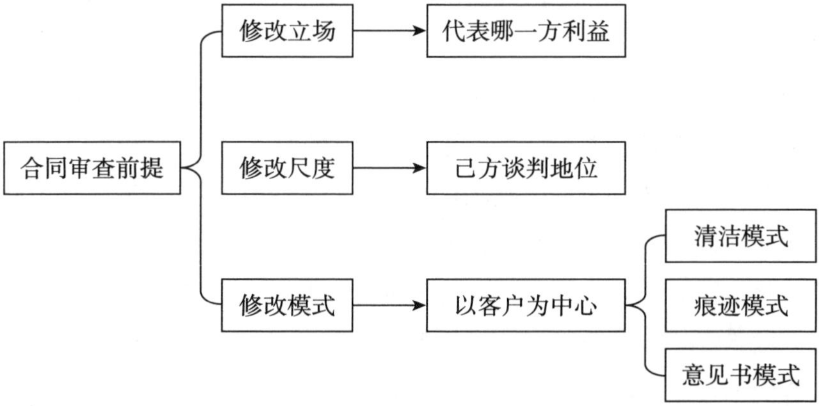

本书第一章阐述的是律师进行合同审查的目的，略显抽象，本章则开始进入合同审查的实质性问题。但需要明确提示的是：合同审查并非合同文本审查，律师在对合同文本进行实质审查之前，需要搞清楚几个前提问题，即在何种情形下进行合同审查和修改。否则，审查修改后的合同的适用性和可接受程度将大打折扣。这几个前提问题包括：修改立场问题、修改尺度问题以及修改模式问题。分述如下：

一、修改立场：代表谁

忠诚于委托人的合法权益，是律师职业道德的重要内容之一。正所谓“受人之托，忠人之事”，律师在接受委托之后，就应当为委托人的合法权益尽心尽责，维护委托人的合法权益就是律师的最高宗旨。对于合同审查而言同样如此，律师在进行合同审查之前，必须要知道自己的委托人（也即自己代表的一方当事人）是合同中哪一方，此即律师审查修改合同的基本立场。如果律师不知道自己站在哪一方的立场修改合同，那么其所做的修改要么是浮于表面的文字修改，要么是想当然而不切实际的修改。倘若将立场颠倒，误站到合同相对方的立场，则修改的合同将可能不利于委托人的权益保护而有利于相对方的权益保护，其效果南辕北辙。

如何确定律师的审查修改立场？实践当中，从合同文本入手是切入点，即根据合同文本中关于主体部分的约定内容来确定在具体的合同中自己的委托人是哪一方合同主体。委托人提供的合同文本中关于合同主体的约定大致可以分为以下几类。

1. 合同主体清楚明确，委托人是其中一方主体。对于此种情形，能够直接确定委托人的合同主体身份，进而明确自己的修改立场。

2. 合同主体清晰明确，委托人的关联单位是其中一方主体。对于此种情形，若律师知道其中的关联关系，可参照前述第一种方法明确自己的修改立场。若律师不知道其中的关联关系，则应当向委托人（或其合同经办人）进行核实，以确定修改立场。若基于律师事务所与委托人的委托合同约定关联单位的合同不在律师的服务范围之内，则应与委托人进行沟通，以便确认是否就该合同提供审查修改服务。

3. 合同主体不清晰，无法体现委托人是合同的哪一方主体。对于此种情形，最佳办法是直接与委托人（或其合同经办人）进行沟通核实，以确定修改立场。此外，对于一些特征比较明显的合同，也可以根据合同内容并结合委托人的性质来进行判断。比如，在商铺租赁合同中，若自己的委托人为商场的开发者或经营者，那么基本可以确定委托人在该租赁合同中应为出租方。出于谨慎的考虑，即使判断出了委托人的合同主体身份，还是应当与委托人进行确认。若委托人经常提供此类主体不清晰的合同要求律师进行审查，较好的做法是要求委托人（或其合同经办人）在提供待审合同文本时一并告知律师在合同中委托人是哪一方合同主体。

二、修改尺度：谈判地位

除了明确修改立场之外，律师在着手进行合同审查修改之前，还应当知道该合同的修改尺度，即合同的可修改程度，简言之就是委托人对于该合同的内容是否可以进行修改。若可以，能够进行多大程度的修改。这个问题对于审查修改合同至关重要。原因在于，若仅从文本角度而言，律师可以进行任何有利于己方委托人的修改，增加其权利，减少其义务，但若不考虑该合同的修改尺度，律师所进行的修改很可能会在委托人并非优势的场合因为合同相对方不同意而沦为无用功，或者是在委托人处于优势地位时未能对委托人的合法权益提供充分而全面的保护，这两种情况都是不适当的，应予避免。关于合同的修改尺度问题，可从如下方面进行理解和把握：

1. 合同修改的尺度取决于合同当事人在该交易事项中的谈判地位。公平是合同法的基本原则之一，但这种公平是相对的公平，是建立在当事人交易地位之上的公平。在市场经济体系内，供求关系决定了交易主体的市场地位，若供大于求，则需方相对而言处于优势地位，反之则处于劣势地位。交易地位同时也决定了合同当事人在合同中的谈判地位，进而决定了合同的修改尺度。因此，确定合同修改尺度的核心在于确定委托人在该交易事项中的谈判地位。

2. 合同修改的尺度不可能精确，但可以从原则上进行把握。实践当中，以己方委托人为中心，可大致分为三类：

（1）委托人谈判地位较高，具有明显优势。一般而言，在买方市场下，买方的谈判地位较高，在卖方市场下，卖方的谈判地位较高。比如，在建设工程施工合同中，一般情况下发包方的地位则相对较高，而承包方的地位则相对较低；在银行贷款合同中，贷款人的地位相对较高，而借款人的地位则相对较低；在买卖合同中，买方的地位相对较高，而卖方的地位则相对较低。当然，这种判断并不绝对，实践中所谓“店大欺客、客大欺店”的情况同样存在，谈判地位的高低主要还是取决于委托人的综合实力和交易的迫切程度，若委托人综合实力较强，合同相对方更迫切希望达成合同，则委托人谈判地位较高，反之则较低。在委托人谈判地位较高的情况下，此类合同的修改尺度较大，可修改的程度较高，律师在审查修改时委托人的权利条款可以相对较多而义务条款相对较少。当然，需要说明的是，修改尺度大并不等于大幅度修改，修改尺度的大小取决于合同文本本身的成熟完善程度，与谈判地位无关。此外，在修改尺度较大的情况下，还应当兼顾合同的公平性问题，若修改后的合同达到了法律所规定的“显失公平”的程度，则可能会导致相应的合同条款或者合同被撤销的后果，适得其反，律师在修改格式合同时应当尤为注意这个问题。

（2）合同双方谈判地位势均，委托人无明显优势。律师在审查修改此类合同时，应以完善合同内容、增强合同的可操作性为出发点，以权利义务对等为原则，对合同内容进行审查和修改。

（3）委托人谈判地位较低，处于相对劣势。在此种情况下，律师在审查修改合同时，基本原则应当是：对于底线问题必须修改，对于非底线问题力争权利。所谓底线，是指涉及委托人核心目的的内容，若不进行修改，很有可能导致委托人的合同目的落空或遭受重大损失。对于一些非底线问题，如管辖问题，可以建议委托人进行争取（比如将“甲方所在地法院管辖”修改为“原告方所在地法院管辖”），若相对方明确不同意且委托人不反对，则可不予修改。否则，若律师坚持修改管辖法院，律师的修改意见将无法被合同相对方接受，从而导致合同订立障碍。从律师职业道德和执业风险的角度考虑，在审查修改此类合同时，应当就合同中可能存在的风险和不利条款及其可能的后果向委托人进行分析和提示，让委托人在其对合同风险有明确认知的情况下决定是否接受该合同条款，而不能让委托人在对合同风险不知情的情况下贸然决定。

三、修改模式：以客户为中心

所谓修改模式，是指律师以何种方式来修改合同，从而让委托人能够清晰看出合同被修改的地方，这也是律师工作成果的体现方式。不同的客户对于合同修改模式的要求不同，从实践来看，一般有清洁修改模式、痕迹修改模式以及意见书模式三类。至于究竟采取何种模式，对于律师而言，应当以客户的需求为中心，即委托人希望以哪种模式修改，或者说委托人习惯于哪种模式就采取哪种模式。此外，实务当中，为了便于保存和归档，在进行合同文件命名时，建议用“日期 + 文件名称 + 修改人 + 版本”的模式进行命名。如“20170321 委托代理合同—张海燕修改一稿”，或“20170321 委托代理合同—张海燕修改终稿—清洁版”，此种命名方法可清晰地看出合同名称、修改时间、修改人及修改版本，在后期查询及撰写工作报告时较为清晰、实用。

1. 清洁修改模式

所谓清洁修改模式，是指律师对合同文本直接进行修改，修改完成以后将终版合同提供给委托人，不需要标注修改痕迹的一种修改模式。此种修改模式常见于小微型企业，没有专门的法务人员，企业负责人对律师的信任度较高的情形。实践当中，此类委托人通常认为“反正法律问题我也没有你们律师精通，有你们律师把关我就放心了”。此种修改模式，看上去较为简单，似乎可以“省事”一些，实则不然，它要求律师更加细心，修改的程度更深（不仅要修改法律条款，甚至连商务条款、交易细节安排也需要一并修改）。对于此类合同的修改，律师应当特别注意两个问题：一是要增加与委托人的沟通，确保全面理解合同的交易内容以及委托人的核心利益。原因在于委托人希望律师提供的是最终的合同版本，可供直接签署，因此合同中一般无须再出现提示、建议，这就要求律师必须与委托人加强沟通，将需要提示的问题和建议告知委托人并征求其意见，然后将沟通后的意见直接体现为合同条款。二是在向委托人提交修改后的合同时，应当同时发送修订版和清洁版两个版本，其作用在于一方面可以满足委托人对合同清洁版本的需求，另一方面也能体现律师的工作成果，同时对于今后查询合同修改情况（在需要的情况下）也更为直观和方便，具体做法是：以 WORD 为例，首先在“审阅”一栏下选择“修订”模式对合同进行修改，形成带有修改痕迹的合同版本。修改完成后，新建一个文档，将带有修改痕迹的合同拷贝到新建的文档中，在“审阅”一栏中点击“接受”，再选择点击“接受对文档的所有修订”，保存后即是清洁版的合同文本。

2. 痕迹修改模式

所谓痕迹修改模式，是指留有修改痕迹的一种修改模式。委托人可以从律师提供的合同文本中一目了然地看出律师在什么时间、对合同的哪些条款进行了修改、删除了哪些内容、增加了哪些内容、提出了哪些建议、提示了哪些问题。痕迹修改模式是实践中较为常见也是应用最多的一种修改模式，采用此种修改模式，需要注意的问题是：

（1）明确体现修改信息

以 WORD 为例，首先在“审阅”一栏下选择“修订”模式对合同进行修改，即可形成带有修改痕迹的合同版本，但应当在“修订”一栏下点击“更改用户名”，点开之后在“用户信息”一栏输入修订者的名字，如此设置以后，能够在合同中明确体现出修订者、修改时间以及相应的修改内容。对于经过多人修改或多次修改的合同而言，能够清晰地反映并记载合同条款的修改及形成过程。

（2）灵活运用多种修改方法

在痕迹修改模式下，律师要根据具体的合同文本灵活运用本书第六章中的各种审改方法，全面反映合同中存在的问题以及律师的修改意见，实际上这也是律师与委托人之间进行的一种书面沟通。“补增”“删改”在修订模式下可直接体现出来，“提示”“建议”“意见”则通过“审阅”栏中的“插入批注”功能，以批注的形式出现。对于律师提示的问题以及“建议”“意见”，通常在委托人予以反馈后还需要再次进行修改或确认。

3. 意见书模式

所谓意见书模式，是指律师不在委托人提供的合同文本上进行修改，而是将律师修改意见以意见书的形式发给委托人，由委托人参照采纳修改的一种模式。一般来讲，委托人的经办部门会对律师的修改意见和建议进行慎重考虑，适于采纳的予以采纳并修改，不适于采纳的则不予修改（通常合同经办部门需要向合同审批部门或审批领导作出相应的解释）。此种模式在大中型企业（尤其是国有企业）及政府机关、事业单位应用较多，因为这些单位对于合同一般均有较为严格的审批流程，而且对于合同档案管理也有较高的要求，律师的修改意见通常会被作为合同档案一并留存。此种修改模式在形式上更为“正式”，但这种修改模式对于经办人员的法律素质要求较高，需要具备一定的法律功底和书面表达能力，否则经办人员对于律师的提示和建议可能会无从下手或无法准确理解，无法将律师的意见转化为合同条款，从而导致合同审改的质量和效率降低。从笔者的实践经验来看，随着律师和委托人的不断沟通，这一模式也在发生着一定的变化，具体操作方法为：待审合同发送给律师后，先由律师以痕迹修改模式进行修改，律师将修改后的合同反馈给经办人，由经办人和（或）业务部门与合同相对方进行沟通，待合同双方对合同文本无异议之后确定最终版本，将最终版本再发送给律师，再由律师针对该最终版本出具无保留意见的审查意见书，这样既能保证合同修改的质量和准确性，也能兼顾审批和存档的需要。

【审查示例1】合同审查意见书——附具体修改意见类型

关于《展馆使用合同》的律师审查意见

致×××××有限责任公司：

贵司2019年1月21日所发《展馆使用合同》（以下简称合同）已收悉。经审查，律师初步审查修改意见如下：

1. 合同首页建议删除贵司名称，避免被认定为格式合同。原因在于合同法对于格式条款的特殊规定不利于格式条款提供一方。具体规定如下：(1)《合同法》第四十条：格式条款具有本法第五十二条和第五十三条规定情形的，或者提供格式条款一方免除其责任、加重对方责任、排除对方主要权利的，该条款无效。第四十一条：对格式条款的理解发生争议的，应当按照通常理解予以解释。对格式条款有两种以上解释的，应当作出不利于提供格式条款一方的解释。格式条款和非格式条款不一致的，应当采用非格式条款。(2)《最高人民法院关于适用〈中华人民共和国合同法〉若干问题的解释(二)》第九条：提供格式条款的一方当事人违反《合同法》第三十九条第一款关于提示和说明义务的规定，导致对方没有注意免除或者限制其责任的条款，对方当事人申请撤销该格式条款的，人民法院应当支持。第十条：提供格式条款的一方当事人违反《合同法》第三十九条第一款的规定，并具有《合同法》第四十条规定的情形之一的，人民法院应当认定该格式条款无效。

2. 正文第一段最后一句建议修改为“……甲、乙双方经平等友好协商一致，就展馆使用事宜达成如下协议”。

3. 合同第5.4.3条，建议就乙方提出异议后如何处理进行进一步约定。

4. 合同第5.6条第一句建议修改为“对依法须经政府部门审查的展览会因无法获得政府部门批准导致本合同未生效或不能继续履行的，乙方应在展览会未获批准之日起____日内书面通知甲方解除本合同，并按本合同第7.4条约定向甲方支付补偿金”。

5. 合同第6.1.1条中，建议在“检查、监督”之后增加约定：“但甲方的检查、监督并不减轻或免除乙方的责任，也不意味着甲方需要对乙方的行为承担责任。”

6. 合同第6.1.2条建议增加约定：“乙方应当按照甲方的要求予以提供。”

7. 合同第6.4.3条建议增加约定：“因此导致甲方遭受损失的，由乙方予以赔偿。”

8. 合同第7.2条中建议增加关于乙方违约责任的约定，即“若非因甲方原因，乙方未按照第2条和第3条规定的使用区域和使用期限使用展馆的，应当承担违约金，计算方法为：____________（说明：因乙方取消已经预定的展馆会导致甲方展馆在本合同预定的期间无法再次租用，将给甲方带来较大损失，前述违约金是双方均认为合理的赔偿数额）”。

9. 合同第8.2条中，建议在第一句后增加约定：“采取积极措施防止损失进一步扩大。”

10. 合同第13条中建议增加两条，即第13.3条：“甲乙双方确认：本合同是甲乙双方在充分协商沟通基础上达成的一致条款，不构成任何一方的格式条款。”第13.4条：“本合同包括____个附件，是本合同的组成部分，与本合同具有同等法律效力。”

11. 其余个别文字修改详见“《展馆使用合同》20190123法律顾问修改版（电子邮件发送）”。

以上意见，供参考。

天津张盈律师事务所
张海燕　合伙人律师
2019年1月23日

说明：此种修改意见属于对合同文本逐条提出修改意见和建议，需要委托人的经办人结合律师的意见对合同文本进行相应的修改。

【审查示例 2】合同审查意见书——无保留意见类型

关于《上海市商品房预租合同》的律师审查意见

致×××××有限责任公司：

贵司 2019 年 2 月 13 日所发《上海市商品房预租合同》（以下简称合同）已收悉。该合同系由贵司经办人员于 2019 年 2 月 10 日首次发送给律师审查，律师于当日通过邮件回复修改意见，经办人员于 2019 年 2 月 13 日反馈已采纳律师修改意见并提供最终合同版本。律师认为本次所发合同不违反法律禁止性规定，对贵司无重大不利条款，但提示贵司进行合同履行监控，避免贵方违约，同时一旦乙方出现违约行为则应及时采取维权措施。

附《上海市商品房预租合同》（20190214）终稿。

此致

天津张盈律师事务所

张海燕　合伙人律师

2019 年 2 月 14 日

说明：此种修改意见属于对合同文本先以痕迹修改模式进行修改，待委托人确认后出具无保留意见的意见书，目前实践中较为常用。

第三章　合同审查的四个步骤

本章思维体系导图：

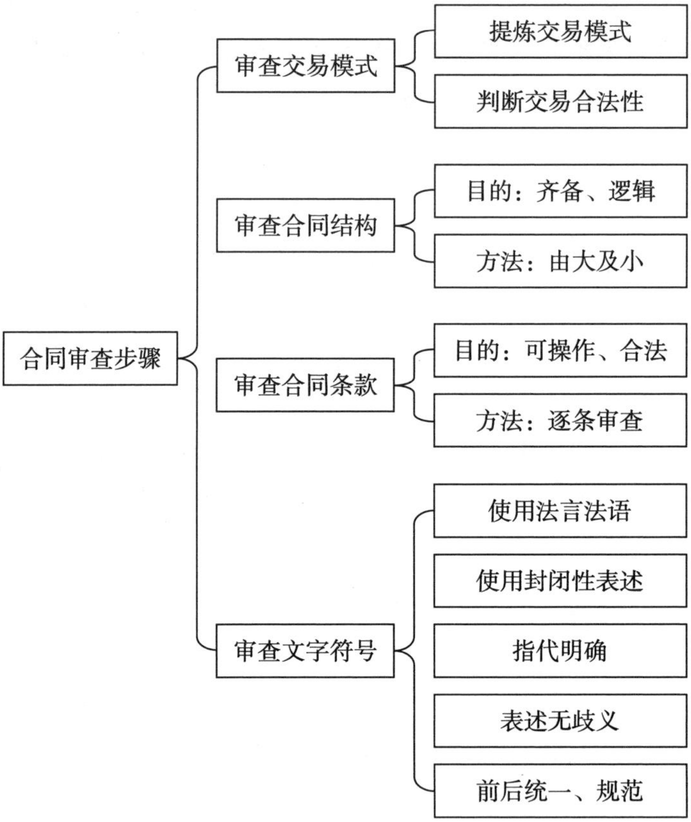

所谓步骤，是指事情进行的程序。之所以需要按照步骤进行，其根本原因在于事物内在的逻辑联系，前一步往往是后一步的前提和依据，没有前一步，就无法进行后一步。科学合理的步骤，能够让事情按照既定的计划进行，顺利实现行动目的。如果不按步骤办事，则可能顾此失彼，漏洞百出，进而影响目的的实现。就合同的审查而言，同样需要按照一定的步骤进行。也就是说，当客户将待审合同提供给律师后，律师应当按照一定的步骤进行审查，既要保证审查的质量，又要保证审查的效率。实践当中，有的律师习惯于把合同分为主体、正文和签署栏三个部分，拿到合同以后直接从合同主体开始进行审查，逐条审查到最后一条，完成合同审查。这种审查步骤不能说有错，但往往容易陷入既定的合同文本审查之中，思维被合同文本“牵着走”，“跳”不出来，不能从整体上对合同进行审查和把握，其审查的合同往往浮于表面，审查的深度不够，有的甚至成为对个别文字、标点符号的审查，仅起到校对的作用。当律师的思维陷于既有合同文本所表达的信息之中时，容易导致“当局者迷”的状况发生，经常出现前后不一、顾此失彼的问题，即使能够在审查合同条款之同时将缺项予以补增或者在审查完合同条款后审查合同的结构，也可能难以达到“旁观者清”的状态。此外，这种审查方式难以发现合同条款前后不一、重复啰唆的问题，而这种问题在合同审查实践中屡见不鲜。

笔者认为，合同审查应当基于合同文本但又不限于合同文本，要有“由大及小”的思维方式，既要审查合同整体的完整性和全面性，又要审查具体条款的准确性和可操作性。只有这样，才能提高合同审查的质量，才能为委托人提供一份高质量的合同。从笔者的经验来看，基于“由大及小、层层递进”的思维方式，合同审查依次包括审查交易模式、审查合同结构、审查合同条款和审查文字符号四个审查步骤，其中审查合同条款是核心。这种思维方式体现在行为方式上就是：首先，律师在面对一份待审合同时，不宜直接进入逐条修改的环节，而应当首先对合同反复进行整体通读（以笔者的经验，至少应当通读三遍以上，有的复杂疑难的合同则需要通读更多的遍数），通过整体通读了解交易模式、合同结构之后再对合同条款进行修改。需要注意的是，此时的通读是“走马观花”式的，应当集中精力节约时间，利用人的瞬时记忆和短时记忆能力快速对合同进行整体上的梳理，而不需要“精读”。其次，在审查具体的合同条款时，可以同时就文字及标点符号进行修改，因为合同条款的修改必然包括对条款文字内容及有关标点符号的修改。最后，在全部修改完以后应当对修改后的合同进行再次的整体复查，复查后再定稿。就思维层面的四个审查步骤，具体分述如下：

一、审查交易模式

本书第一章将促进交易作为合同审查的核心目的之一，其原因在于顺利完成交易是委托人进行交易的根本目的，律师对合同的审查是为了保障交易的合法性并规范交易流程，进而促进交易顺利进行。正是基于这一点，律师在着手审查合同文本之前，需要对委托人的交易模式进行审查。

所谓交易模式，是指合同当事人为了实现交易目的而采取的交易方式和交易安排。通俗地讲，就是合同当事人如何进行交易（即“干什么”和“怎么干”的问题）。交易模式决定了合同的法律性质、整体思路、合同框架、主要条款内容、双方权利义务及履行方式等。因此，在进行合同内容审查之前，应当首先对当事人的交易模式进行了解和审查。审查交易模式主要包括提炼交易模式和判断交易模式两部分内容：

1. 从法律角度提炼交易模式

在审查合同之前，必须要了解合同的交易模式，否则，就根本谈不上进行审查。一般而言，常见的合同交易模式律师都有所了解，比如普通货物买卖合同、商品房租赁合同、保证合同、货物运输合同、委托合同等。但对于一些专业性较强的领域或新出现的商业交易模式，如建设工程、期货、分布式光伏发电、PPP、P2P、融资性贸易等，律师则需要特别加以学习和掌握。对于律师而言，不一定非要像当事人一样熟知交易模式（能熟知当然更好），但至少应当知道当事人通过该合同想“干什么”，并进一步归纳出当事人之间的法律关系以及基本的权利义务。

在此，笔者推荐一种法律人提炼商业交易模式的思维方式，即以合同主体为基本要素，参照买卖合同的模式来梳理主体之间的权利义务。其原因在于，买卖合同是实践中运用最广的一类合同，居《民法典》规定的19种典型合同之首，对于所有的有偿合同均具有参照意义，《民法典》第六百四十六条规定：“法律对其他有偿合同有规定的，依照其规定；没有规定的，参照适用买卖合同的有关规定。”实际上，所有的有偿合同都可以概括为合同主体之间“获取”和“付出”两个方面的互易行为，其本质与买卖合同相似。如第23页图1、图2所示。

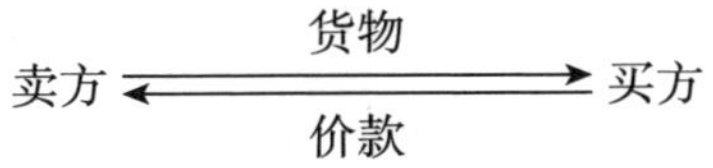

图 1. 买卖合同基本交易模式

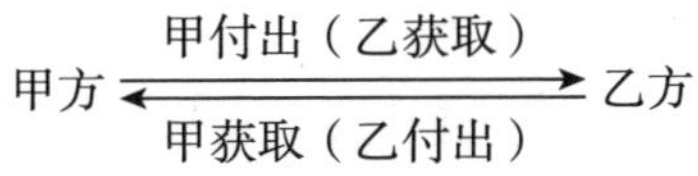

图 2. 有偿合同交易模式

在普通货物买卖合同中，卖方付出的是货物的所有权，获取的是买方支付的货款，而买方付出的是货款，获取的是卖方转移的货物所有权。在其他有偿合同中，同样也是这个道理，只不过合同主体“付出”与“获取”的内容不一样而已。比如，在租赁合同中，出租方付出的是租赁标的一定期限内的使用权，获取的是承租方支付的租金，而承租方付出的是租金，获取的是出租方转移的租赁标的一定期限内的使用权。在委托合同中，委托方付出的是向受托方支付委托报酬，获取的是受托方提供的服务（即为委托方完成一定的事项），受托方付出的是为委托方服务，获取的是委托方支付的委托报酬。其他有偿合同也大都如此。律师在审查合同的时候，不论多么复杂的合同，都可以参照这个方法，整理出合同主体之间的这种相互的“付出”与“获取”，进而判断合同主体之间的法律关系及相应的权利义务。

2. 判断交易的合法性

合法性是所有交易的前提，如果一项交易本身为非法，不论其交易模式如何，不论合同条款如何严谨，在当事人之间都不能产生合同的法律效力，都不能实现交易目的，甚至可能给合同当事人带来其他法律责任。最直接的例子是，如果当事人双方交易的标的是法律所禁止的（如毒品、枪支），那么不论是何种交易模式，都是非法的，甚至会给当事人带来刑事法律责任。因此，律师在审查合同时，首先就要审查当事人之间的该项交易是不是法律所禁止的，如果是，则应明确告知委托人该交易违法。只有不违反法律禁止性规定的交易，才存在合法性基础。对于国家限制经营的领域，在审查合同时也应当具有敏感性，能够及时发现。实践中有的律师由于经验不足或者不注意方法（尤其是一上来就进行合同条款审查），往往容易忽视，对此应当尤为注意。比如，笔者曾审查一份合同，是物业公司（甲方）与某公司（乙方）签署的《电费结算协议》，主要内容为：乙方的一个建筑工地需要临时用电，拟从物业公司接电，双方约定了电费的结算事宜。该合同看似简单，但实际上是违规的。按照电力行业的规定，供电属于特殊行业，仅供电公司能够从事该业务。因此，该协议从根本上就违反了电力行业的规定。物业公司（甲方）违反了《电力供应与使用条例》中关于用户“未经供电企业许可，擅自引入、供出电源或者将自备电源擅自并网”的禁止性规定和《供电营业规则》中关于“用户不得自行转供电”的规定，某公司（乙方）违反了《电力供应与使用条例》中“申请新装用电、临时用电、增加用电容量、变更用电和终止用电，均应当到当地供电企业办理手续，并按照国家有关规定交付费用”的规定。

此外，如果法律对于某些法律关系作出了明文规定，那么律师在审查合同时应注意审查该合同的约定与法律的规定是否一致或存在冲突。在笔者审查过的某顾问单位的一份《职工餐厅服务合同》中，顾问单位（合同中的甲方）拟委托一家餐饮管理公司（合同中的乙方）为其职工食堂提供餐饮服务，乙方应当安排6名专业食堂工作人员来完成具体服务工作，其中包括项目经理1名，厨师2名，切配厨师1名，面点师1名，服务人员1名；甲方每月需支付乙方一定数额的人员费用，在附件《人员费用明细表》中将费用构成明细进行了约定，包括工资、保险、公积金、交通补贴等，但笔者审查时发现在保险一栏全部是按照天津市的最低工资标准来缴纳社保，公积金为0元。显然，没有按照实际工资为员工缴纳社保是违法的，不缴纳公积金也是违法的，虽然合同中的服务人员是乙方的员工，相关工资、保险及公积金等应当由乙方依法承担，违法主体也是乙方，但甲方作为一方合同主体且为国有企业，在合同中如此约定，显属不当，起码会被认为纵容（甚至是帮助）乙方违法。在这种情况下，实际上乙方如何为其员工缴纳保险和公积金是其自身经营的问题，并不需要在合同中明确具体的数额，甲方只需要按照双方约定的总数支付服务费用即可，因此，笔者建议甲方将该附件删除，不再体现具体的费用构成，仅约定甲方应当支付的服务费用总额，同时进一步约定乙方应当依法为其员工支付工资并缴纳社会保险及公积金等各项福利待遇。

律师在审查合同过程中，在了解该合同的交易模式，提炼出该合同的法律关系及权利义务之后，第一步就要判断该合同的法律效力，这是进行合同审查的基本前提。在合同整体具备合法性的前提下，才有进一步审改的必要和意义。从民商事合同角度而言，判断交易的合法性可以有两个原则：一是遵循“法不禁止即可为”的私法基本原则，也就是说，只要没有法律明文禁止的交易，原则上当事人均可以从事，而无需有法律的明文许可，但需要注意的是，一旦有关法律法规、规章及规范性文件（甚至是上级单位的内部管理文件）对于某些交易事项作出了明文规定，那么当事人之间关于该类交易的合同就应当予以遵从，否则也可能给当事人带来法律风险。比如在国家市场监督管理总局2019年7月12日公布的津市监稽罚字（2019）J1号《行政处罚决定书》中，天津市自来水集团有限公司之所以被处以743.86万元的罚款，其重要原因就是天津市自来水集团有限公司要求房地产开发企业自行建设二次供水设施时必须使用其指定的天津市华澄供水工程技术有限公司生产的职能电控柜和远程监控子站。该行政处罚主要是对《反垄断法》的适用，天津市自来水集团有限公司利用其市场支配地位，在交易过程中附加不合理的交易条件，违反了《反垄断法》的规定，因此被处以行政罚款。从合同角度分析，天津市自来水集团有限公司实际上是供水服务合同关系的一方当事人，其设定的这一交易模式违反了《反垄断法》的规定，因此遭受行政处罚也是必然的结果。二是要深入理解《民法典》第一编第六章第三节有关民事法律行为效力的规定。根据《民法典》第一编第六章第三节的有关规定，下列民事法律行为无效：（1）无民事行为能力人实施的民事法律行为；（2）行为人与相对人以虚假的意思表示实施的民事法律行为；（3）违反法律、行政法规的强制性规定的民事法律行为；（4）行为人与相对人恶意串通，损害他人合法权益的民事法律行为；（5）违背公序良俗的民事法律行为。律师在审查合同时，应当结合相关规定对合同的效力进行准确的判断，但就如何理解《民法典》规定的无效情形，一是要熟悉相关法律规定，二是要结合司法裁判经验来深入理解法律规定的内涵，比如如何认定虚假的意思表示、恶意串通，何为公序良俗等。

二、审查合同结构

如前所述，交易模式决定了合同的法律性质、整体思路、合同框架、主要条款内容、双方权利义务及履行方式等。因此，在律师对合同的交易模式有了基本的了解和判断之后，就能够对该合同的基本框架和主要条款进行初步预判，做到“心中有数”，接下来的工作便是对合同结构进行审查。

1. 审查合同结构的目的

审查合同结构的第一个目的是审查该合同条款是否齐备、是否存在漏项。如果存在漏项，则应采用本书第六章第一节中的“补增”方法进行补增。所谓的漏项，是指对于该特定的交易事项而言，缺少了必要的一些条款，使得该合同无法满足交易的需求，或者说，如果按照该合同的约定履行下去，该交易事项将无法履行或者无法正常履行。当然，能否识别出来合同存在漏项、存在哪些漏项，因人而异，也是不同律师合同审查水平的差异所在。关于漏项的问题，在本书第六章第一节中有详细论述，此不赘述。

审查合同结构的第二个目的是审查合同条款之间的逻辑性。这种逻辑性主要体现在合同条款的先后顺序以及表述方式上。合同条款的先后顺序，取决于日常生活经验和思维习惯，本身并无对错之分，但它会影响阅读和理解。比如，一般而言，买卖合同的第一条应当是关于货物（标的）品名、规格、数量等基本信息的约定，但笔者曾审查过一份买卖合同，该合同第一条约定的内容是“运输方式”，这种约定并无错误，但与我们日常的思维习惯不符，律师在审查时可以进行调整。还有一份合同，委托人发来的待审合同文本中，在首部当事人基本信息之后加了一段，用括号予以标注，其内容为：“以上联系人及联系方式为双方约定之送达方式，包括但不限于以上书面送达及电子送达方式，如有变更，一方至少提前 7 日告知，否则不发生变更效力。”实际上该部分内容为合同的通知与送达条款，一般而言应当在合同中（通常在合同后半部分程序性条款中）单列一条加以约定，但该合同却将这部分内容放在了合同首部，从法律上讲并不影响合同的效力和执行，但与我们通常的合同结构逻辑和表述方式差异较大，因此，一般应当建议当事人对该条款的位置加以调整。

此外，合同条款（尤其是权利义务和违约责任）的表述方式大致有两种，第一种是我们国内律师常用的表述方式，将权利义务和违约责任在不同的合同条款中分别约定，比如在交货条款中约定交货时间，但将逾期交货的责任置于违约条款之中。第二种常见于国外的合同文本，将合同义务与相应的违约责任在一个条款中予以约定，其常用的表述方式是：A 方应当 ×××（义务），否则，A 方应当承担 ××× 责任，B 方享有 ××× 权利或者采取 ×××

措施。笔者曾修改过一份由国外汽车厂商提供的汽车经销协议，其中关于车辆交付时间的约定如下：

7. 1 The Company will use reasonable endeavours to deliver the Goods and/or perform the Services in accordance with any time (s) stated in the Contract but time of delivery or performance shall not be of the essence of the Contract, however Company shall use all reasonable endeavours to ensure delivery as per 5. 2 of this Agreement shall take place no later than seven calendar months from the date of receipt of purchase order from NewCo. Any such time (s) are provided by way of general information only and in the event of failure to despatch or deliver or perform within such time (s) for any cause, whether within or outside the Company's reasonable control, the same shall not be a breach or repudiation of the Contract nor shall the Company have any liability to the Buyer on account thereof, save that the Buyer will be entitled to give 60 days' written notice to the Company requiring delivery of the Goods to be made or performance of the Services to be completed and if the Company has not delivered the Goods or completed the Services within that time the Buyer may then cancel the Order and the Company will refund to the Buyer any sums paid to the Company in respect of that cancelled Order.

（译文）7. 1 本公司将尽合理努力依照合同规定的时间交付商品和/或执行服务，但交付或执行的时间并非合同之要素。本公司将尽所有合理努力确保按照本协议 5. 2 条交付货物，最迟不晚于本公司收到新公司的订单之后 7 个日历月。任何此类时间均仅通过一般信息提供，如因任何原因未能在此时间内发货、交付或执行，无论是否在本公司的合理控制范围内，均不应视为对合同的违约或解除，本公司也并不因此向买方承担任何责任，但买方有权向本公司发送书面通知要求在60 日内完成商品交付或服务执行，如果本公司未能在此期间内交付商品或完成服务，买方可取消订单，本公司将就取消的订单退还买方任何已支付款项。

上述两种表述方式各有特点，并无对错之分，取决于当事人的思维习惯和表达习惯，作为律师，对两种表述方式均应当熟悉，原则上尊重当事人的表述方式，不做修改。

2. 审查合同结构的思维方式及步骤

审查合同结构同样可以采取“由大及小、层层递进”的思维方式和步骤，即首先按照“主体、正文、签署”的三要素原则对合同结构进行审查；其次参照《民法典》第四百七十条之规定及合同基本常识对合同结构进行审查。《民法典》第四百七十条第一款规定：“合同的内容由当事人约定，一般包括下列条款：（一）当事人的姓名或者名称和住所；（二）标的；（三）数量；（四）质量；（五）价款或者报酬；（六）履行期限、地点和方式；（七）违约责任；（八）解决争议的方法。”该条规定中列举的属于合同的基本条款，律师应当熟知，但同时应当注意的是，前述规定属于示范性或提示性规定，在不同的合同中，这些条款的名称及内容可能会发生“演变”，需要因“事”而异。尤其是其中的标的、质量、履行期限、地点和方式，在不同的合同中有不同的表现形式，律师应当深刻理解前述规定，而不能教条式地掌握、机械式地适用。比如在货物的买卖合同中，标的（此处与标的物同义）指的是具体的货物，质量体现为具体的质量标准规范（国标、地标或行业标准、企业标准）；而在服务类合同中，标的指的是一系列服务行为，质量则大多体现为接受服务一方的要求和提供服务一方的承诺，具有较强的约定性。律师在合同审查中，首先，要结合前述规定对合同条款进行逐一审查以便发现合同是否存在漏项。其次，合同的生效条款及合同份数等也属于合同的常备条款，实践中缺少生效条款的合同并不在少数，律师在审查时应当予以补增。最后，根据特定交易的特殊需求对合同结构进行审查。一方面，不同行业的交易均有其特殊之处，也可以称之为行业特点或交易特点，这些特点是该合同区别于其他合同之处，尤其应当注意。比如说，凭样品买卖合同中样品的封存及质量说明就是区别于普通买卖合同的特点，在凭样品买卖合同中就应当特别予以关注和审查，如果没有该条款，就应当予以补增。另一方面，委托人的特殊目的或要求往往也会在合同中体现为特殊的合同条款，律师应当根据所知悉的委托人的目的或要求审查是否进行了相应的约定，如果没有，则应增加相应的条款。

三、审查合同条款

在合同结构基本齐备的情况下，律师需要做的下一步工作就是对合同条款进行审查。实务中，很多律师往往把合同条款审查当作合同审查的第一步，认为这才是主要的。但这种做法并不可取，因为这种审查方法容易把律师的思维局限于既有的合同文本，律师可能会被其“牵着走”而无法从合同文本中“跳”出来对该合同进行立体审查和整体审查，进而可能导致不能意识到合同的漏项及条款之间的逻辑联系。笔者的观点是：审查合同条款是合同审查的核心和重要工作内容，但前提是建立在对交易模式和合同结构进行审查的基础之上。

1. 审查合同条款的目的

审查合同条款的第一个目的是让合同内容具有可操作性，即确保合同双方能够按照合同条款的约定来履行各自的义务，最终实现合同目的。比如笔者的一个顾问单位的主营业务是提供智能家居展示平台，简言之就是厂商（或销售者）将产品置于展示平台，由消费者进行选购，类似于超市，但不同的是该平台并不直接向消费者提供产品，该平台上的产品为展品，消费者选购之后由厂商（或销售者）直接向消费者提供产品及安装服务。笔者在审查该公司与厂商（或销售者）之间的展销合同时，该单位就是采用这个方法将营业模式合同化和规范化的，第一约定清楚厂商（或销售者）如何提供展品，展品如何展示，展品的保护及损耗责任如何承担，如何更换。第二约定清楚展品的定价及价格调整机制。第三约定清楚平台的订单如何提交给厂商（或销售者），如何确认。第四约定清楚消费者如何支付费用，平台与厂商（或销售者）之间如何结算，何时结算。第五约定清楚厂商（或销售者）何时送货，如何送货。第六约定清楚售后服务由谁承担，如何承担。当这些问题都以合同条款的形式确定之后，该公司与厂商（或销售者）之间的交易就可以按照既定步骤和程序来进行了，否则，在实践当中，合同的可操作性差就有可能导致双方对某一事项或义务产生分歧和争议。

审查合同条款的第二个目的是审查合同条款的合法性和合规性。法律上合同的无效包括合同整体无效和个别条款无效。合同整体无效是指合同本身存在《民法典》第一编第六章第三节规定的无效情形而整体受到法律的否定。合同个别条款无效是指合同中的个别条款因违反法律规定而不产生法律效力，但合同的其他条款继续有效。关于合同整体的效力问题，在审查交易模式阶段解决。而关于个别合同条款的效力问题，则在审查合同条款时予以解决。比如《民法典》第五百零六条规定："合同中的下列免责条款无效：（一）造成对方人身损害的；（二）因故意或者重大过失造成对方财产损失的。"第七百零五条第一款规定："租赁期限不得超过二十年。超过二十年的，超过部分无效。"第五百八十六条第二款规定："定金的数额由当事人约定；但是，不得超过主合同标的额的百分之二十……"除了保障合同条款具有法律效力之外，在有关法律法规、规章、政策乃至上级文件对相关交易事项有规定的情况下，律师在审查合同条款时，对于此类有法律明文规定的条款应当依法进行审查和修改，确保该条款的合法性和合规性，否则也可能会给当事人带来法律风险。比如，《汽车销售管理办法》第十四条第二款规定："经销商销售汽车时不得强制消费者购买保险或者强制为其提供代办车辆注册登记等服务。"如果汽车经销商在《汽车销售合同》中没有遵守该规定，要求消费者购买保险或者强制为其提供代办车辆注册登记，则将会受到警告或 3 万元以下罚款。

2. 审查合同条款的方法

审查合同条款的方法是：按照既定的合同结构，以"合法性和可操作性"为原则，多想、多问，逐条审查。在审查具体的某一条款时，应当有"打破砂锅问到底"的精神，将该条款所要约定的事项约定得清清楚楚。比如，在审查合同主体条款时，就应当把主体的真实性、合法性、完整性、签约能力及履约能力逐一进行审查，脑子里应当想着：这个主体是依法存续的吗？何时成立的？有没有相应的证件？证件上记载的信息与合同中记载的信息一致吗？如果不一致，以哪个为准？这个主体有签约资质吗？是否需要上级部门的授权或内部权力机构的授权？这个主体是否涉诉？诉讼地位及诉讼结果如何？是否在失信人员名单之中？等等，解答这些问题的过程实际上就是一个完整的审查过程，在这些疑虑都被打消的情况下，对于合同的主体审查也就可以得出肯定性结论了，倘若部分事项存疑，则应当提示委托人核实或提示其注意潜在的风险。再如，对于质量条款的审查，应当对质量标准、质量检验、质量异议等进行逐一审查，脑子里应当思考：该质量标准是否真实存在？是否具有适用性？是否有新的标准予以替代？如何进行质量检验？检验机构如何确定？如何送检？检验费用由谁承担？检验结果如何确认？如果检验结果不符合约定，如何提出异议以及提出异议后如何处理？等等。

对于合同主要条款的审查方式和要点，在本书“中篇 合同审查的基本技能”中有较为详细的介绍，此不赘述。对于其他条款，均可以参照这一方法进行审查，律师在审查此类条款时要时刻提醒自己作为律师的职责是用法言法语将当事人的商业交易模式规范化和权利义务化，要使之具备合法性和可操作性。

四、审查文字符号

审查合同的文字符号是合同审查的最后一步，其作用在于保障合同条款的准确性、严谨性以及合同形式的统一性。合同作为一种法律文件，要力求准确无歧义。合同条款是当事人权利义务的外在表现形式，是将当事人意思表示固化的载体，也是在合同履行过程中判断合同各方履约行为是否符合约定的客观标准。但由于当事人的法律水平、表述方式和文字功底的差异，实践中律师往往需要对委托人送审的合同进行大量文字和符号的修改。结合实践中常遇到的问题及审查经验，在审查合同的文字符号时应坚持以下原则：

1. 使用法言法语

法律语言与生活语言不同，在合同中应当使用法言法语。如“定金”不能写成“订金”，前者为法律用语，后者为生活用语；“支付”不宜写成“偿付”。在合同权利义务概括转移的场合，应当使用“甲方将其在本合同中的权利义务概括转移给乙方”的表述，而不宜采用“甲方在本合同中的权利义务由乙方继承”的表述。此外，由于表述方式不同，在审查我国台湾地区客户的合同时要特别注意，比如待审合同的表述为“当乙方迟延付款达30日者，甲方得解除合同并请求赔偿”，这种表述在大陆地区就会引发歧义，建议修改为“若乙方迟延付款达到30日以上（含30日）的，甲方有权单方解除本合同并要求乙方赔偿甲方遭受的损失（最好能约定损失的计算方式）”。

2. 尽量使用封闭性表述

所谓封闭性表述，是指履行义务的条件或时间或者合同条款的外延是确定的。尤其在涉及时间的条款中，应当采用“×××后×××日之内”“××年××月××日之前”这类的表述，而不宜采用“×××之后”之类的表述，因为“后”是一个开放性的表述，“后”一天是“后”，“后”一年也是“后”，容易产生争议。此外，像“严重违约”“重大事项”等也属于开放性表述，较为抽象，难以衡量。对于确实无法完整确切表达的内容，可采用列举加概括的相对封闭性表述方式。比如在笔者审查过的一份租赁合同中，待审合同关于租期的约定为：“自交付日起共计 38 个月，即 2017 年____月____日至 2020 年____月____日。自交付日起至 12 个月届满之日止的这一段期限为第一个租赁年。第一个租赁年届满之次日为第二个租赁年的起算日，每 12 个公历月为一个租赁年，以此类推。租赁期满后，乙方在合同期内无重大根本性违约，此合同自动续约 2 年，即 24 个月。后续两年基本租金，是在前一年度基本租金基础上，每年递增 5%。”笔者在审查时认为“重大根本性违约”这一表述属于开放性表述，实践中难以客观衡量，容易产生争议。经与合同经办人员沟通后，就采取了列举加概括的方式，修改意见为：“本款所称重大根本性违约包括：（1）乙方在租赁期内出现过两次以上逾期支付租金及相关费用的行为；（2）乙方在租赁期内因违法或违规经营被有关部门处罚；（3）乙方因其不当经营行为遭到顾客投诉并造成不良影响；（4）乙方出现其他不符合本合同约定的行为，经甲方催告两次以上仍未有效整改的；（5）其他重大违约行为。”

3. 指代应明确

在某些合同中，会出现具有特殊含义的用语，该用语仅适用于该合同，而不具有普遍适用性。这种用语一般会在合同中多次出现，具有特殊的指代性，它能够简化合同，避免重复啰唆，但必须注意该用语的含义及指代必须明确。比如在商场的商铺租赁合同中，“商场”“店铺”“公共区域”“开业日”“销售额”等均具有特定的含义，需要加以明确，否则容易让人难以理解。实践中，一般有两种做法，一种是这种特定用语数量较少的情形，可以在该用语第一次出现的条款中加以简化。如在简单的股权收购合同中，可以在第一条中做如下表述："天津×××公司（以下简称目标公司，成立于××年××月××日，甲方持有目标公司30%的股权）"，在该表述中，"目标公司"就是特指"天津×××公司"。另一种是特定用语数量较多的情形，一般在较为复杂的需要长期履行的合同中出现，在此情形下，则应在合同的首部单列一条"定义"或"词义解释"，将该合同中所有特定用语及其含义予以列明。

4. 表述无歧义

所谓表述无歧义，指的是合同语言的表述要准确表达当事人的真实意思，不能产生歧义。实践中，很多争议往往是由于对合同条款的含义理解不一致而产生。比如甲乙双方之间签署一份买卖合同，乙方作为买方，请丙方向甲方出具一份保证书，但丙方出具的保证书内容为"丙方保证乙方按时付款，否则由丙方承担责任，并提供自有房屋作为担保"。在乙方未能按时付款的情况下，丙方的责任究竟是保证责任还是债务承担，对于其责任期限和责任范围影响是不一样的。若是保证责任，责任范围包括主债务及利息等，但受保证期间的限制；若是债务承担，则责任范围仅限于主债务，适用普通诉讼时效。此外，笔者曾办理的一起案件中，王某及其注册成立的甲公司与赵某及其成立的乙公司签订了一份债权债务转让协议，约定甲公司对乙公司的欠款转为王某对赵某的欠款，并进一步约定王某以价值1000万元的三套别墅抵债。协议签订后，赵某随即以三套别墅价值不足1000万元为由起诉要求撤销该条款，法院支持了赵某的诉讼请求。笔者代理后，以重大误解为由另案起诉要求撤销该协议，原因在于在签约之前双方实地勘察过三套别墅，王某的真实意思是以三套别墅抵债而非以1000万元的房屋抵债，最终法院也支持了王某的诉讼请求。本案之所以产生，其原因就在于该合同中对于以物抵债的物的表述存在歧义，即究竟是强调三套别墅还是强调三套别墅的价值？倘若将"价值1000万元的"这一表述删除，则赵某的诉讼请求难以得到支持，若在"三套别墅"后注明"价值不得低于1000万元"，则王某的诉讼请求难以得到支持。

5. 前后要统一、规范

所谓前后要统一，包括合同中称谓的统一和标点符号的统一。比如在建设工程施工合同中，若合同首部以“甲方”指代“发包方”，以“乙方”指代“承包方”，则整个合同中均应以“甲方”和“乙方”表述双方主体，而不应再出现“发包方”或“承包方”的称谓。就标点符号而言，一般在条款名称后面不加符号，但不应出现第一条后面没有符号，而第二条后面加上“冒号”的情形。在具体某一条之下，若有若干并列款项，则并列款项之间应当均用“分号”或均用“句号”，而不宜混用。此外，合同条款的标号及空格方面，也应统一，合同条款的标号要么采用“一、（一）、1、（1）”的标号方式，要么统一为“1、1.1、1.1.1”的标号方式，而不宜混用。对于标点符号的使用，除了统一之外，还应当符合标点符号的使用规范。在标点符号的用法方面，现行有效的国家标准是2011年修订的《标点符号用法》（GB/T 15834－2011），应当加强对该标准的学习和运用，规范标点符号的使用。

第四章　合同审查的五个标准

本章思维体系导图：

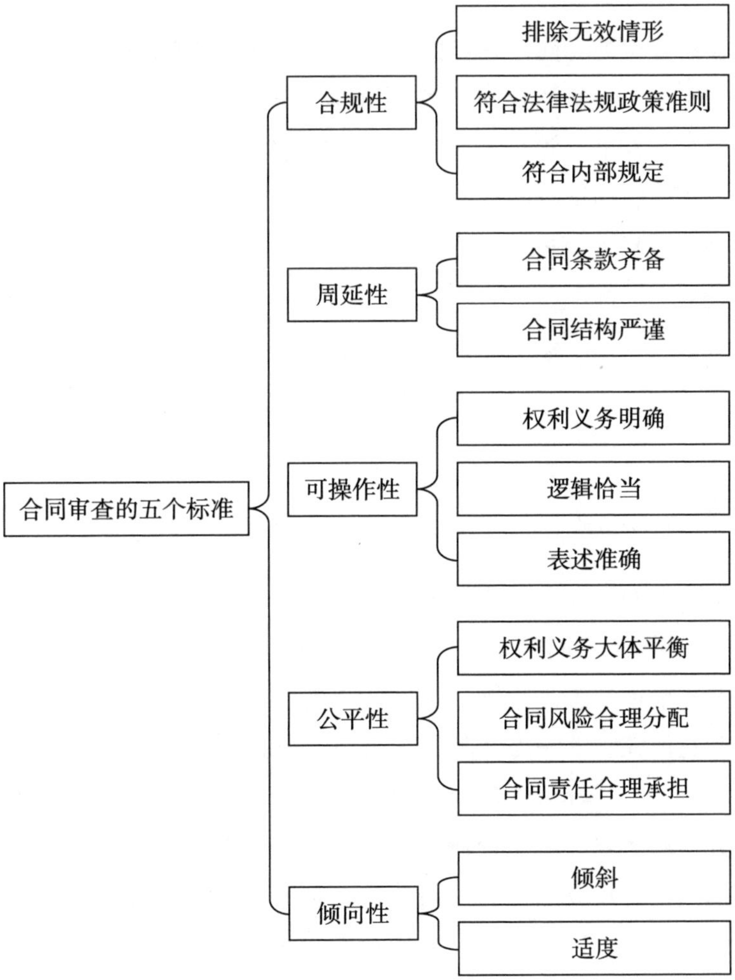

本书所称之合同审查的标准，不是指审查技术或方法的标准，而是指经过审查后的合同所应达到的标准。之所以提出审查合同的标准，是基于两个

方面的考虑：

一是待审合同本身存在缺陷。若无缺陷，则无须修改。有的是待审合同权利义务条款严重失衡、有的是条款前后矛盾、有的是个别条款违法、有的是缺乏可操作性、有的是文字符号错误……这些缺陷不一而足、因“合同”而异。作为受人之托进行合同审查的律师，有责任也有义务发现这些缺陷并将之弥补，经过律师审查的合同不能存在明显缺陷和对当事人的重大不利条款。这是律师审查合同的基本要求，也是委托人委托律师进行合同审查的基本目的。

二是没有完美的合同，只有相对完善的合同，完美只是一种追求。因此，我们无法定义一个终极的合同审查的标准，而只能从合同审查目的的角度来提出一个基本的标准，并在此基础上追求合同的相对完善。

如前所述，合同审查的核心目的是防范风险和促进交易，因此，作为一份经过律师审查后的合同，至少应当符合合规性、周延性、可操作性、公平性和倾向性五个标准。

一、合规性

1. 合规性的含义

从私法自治的角度说，合同就是当事人之间针对特定交易事项的“规则”和“法律”。当事人之间订立合同的基本目的是以书面条款的形式来固定双方关于合同交易事项的若干规则，且这些规则应具有法律的约束力，按照规则履行义务和行使权利的一方，其行为及要求的正当性能够被法律所认可。而违反规则的一方，其行为将遭到法律的否定性评价，守约一方可以按照合同的约定追究违约一方的法律责任，且这种追责以国家强制力作为保障。而当事人之间的约定要具有法律的约束力，就必须符合法律的规定。若一份合同不符合法律的规定，任凭其表述如何精准华丽、结构如何完美、条款如何齐备，都无法具有法律上的约束力，难免沦落为摆设。因此，律师审查合同的首要标准就是要保障合同的合规性。《中央企业合规管理指引（试行）》（国资发法规〔2018〕106 号）第二条第二款规定：“本指引所称合规，是指中央企业及其员工的经营管理行为符合法律法规、监管规定、行业准则和企业章程、规章制度以及国际条约、规则等要求。”由于本书所讨论的合同审查限于适用中国法律的市场主体之间的合同，因此暂不涉及国际条约和国际规则。参照前述规定，本书所讨论的合规性包括三个方面的含义：

（1）排除无效情形

合同无效，包括合同整体无效和个别条款无效。《民法典》第一编第六章第三节规定的五种情形就属于合同整体无效，包括：第一百四十四条“无民事行为能力人实施的民事法律行为无效”。第一百四十六条“行为人与相对人以虚假的意思表示实施的民事法律行为无效”。第一百五十三条“违反法律、行政法规的强制性规定的民事法律行为无效，但是，该强制性规定不导致该民事法律行为无效的除外。违背公序良俗的民事法律行为无效”。第一百五十四条“行为人与相对人恶意串通，损害他人合法权益的民事法律行为无效”，其中尤其要注意的是第一百五十三条第一款规定的情形，即“违反法律、行政法规的强制性规定的民事法律行为无效”。《最高人民法院关于当前形势下审理民商事合同纠纷案件若干问题的指导意见》第十五条也规定：违反效力性强制规定的，人民法院应当认定合同无效；违反管理性强制规定的，人民法院应当根据具体情形认定其效力。关于“违反法律、行政法规的强制性规定”，在实践中，应当进一步注意的是：首先，认定合同无效的依据只能是法律和行政法规的强制性规定，行政规章、地方性法规的强制性规定不能否定合同的效力；其次，该强制性规定应为效力性强制规定，而非管理性强制规定。管理性强制规定是指法律及行政法规未明确规定违反此类规定将导致合同无效的规定。效力性强制规定是指法律及行政法规明确规定违反该类规定将导致合同无效的规定，或者虽未明确规定违反之后将导致合同无效，但若使合同继续有效将损害国家利益和社会公共利益的规定。前者的立法目的在于否定该行为的法律效力，后者的立法目的在于防止该类行为的发生。

此外，《民法典》还对个别条款的效力进行了规定，如第四百九十七条规定：“有下列情形之一的，该格式条款无效：（一）具有本法第一编第六章第三节和本法第五百零六条规定的无效情形；（二）提供格式条款一方不合理地免除或者减轻其责任、加重对方责任、限制对方主要权利；（三）提供格式条款一方排除对方主要权利。”第五百零六条规定：“合同中的下列免责条款无效：（一）造成对方人身损害的；（二）因故意或者重大过失造成对方财产损失的。”

律师在审查合同时，首要的工作就是排除合同的无效情形。如果是合同整体无效，则无需进行修改，直接告知委托人该合同属于无效合同。若是合同个别条款无效，则将该无效条款进行删除或修改即可，比如对于超过20年期限的租赁合同，将租期修改为20年以内即可。

（2）符合法律法规、规章、政策及行业准则

排除无效情形，只能解决合同不具备法律效力的问题，却不能排除当事人的违法责任问题。因此，必须进一步审查该合同是否符合法律法规的规定，此处所称的法律法规，泛指法律、行政法规、地方性法规、规章、规范性文件以及党的政策、行政政令等带有管理性的各种规则、规范和要求。违反这些规则、规范和要求，可能会给当事人带来行政处罚、行政处分或党纪处分的风险。比如，违反规定将施工资质借与他人使用的行为可能会给当事人带来行政处罚，未按照规定进行评估而对国有资产进行处分的行为可能会给当事人带来行政处分，在国家明令禁止政府用房出租的情况下擅自将政府用房对外出租则可能会给当事人（或其负责人）带来党纪处分。关于此类风险，本书中已多处提及并举例分析，此不赘述。但需要明确的是，这些风险都是律师在审查合同过程中应当及时发现并提示当事人进行整改或修正的事项。

（3）符合单位内部规定

所谓内部规定，主要是针对单位主体而言，包括章程及内部管理制度等。公司有其章程，单位也有其管理制度，违反章程或管理制度所签订的合同，对外而言其效力不一定会被否认，但一方面可能会导致相关利益主体对合同效力提出质疑（如其他股东行使撤销权），另一方面也极有可能导致当事人的负责人遭受内部追责（比如子公司未按照母公司的规定程序签订合同，很可能会导致子公司的负责人受到母公司的追责）。律师在审查合同过程中，尤其是在为常年服务的客户审查合同时，应当尽可能地掌握这些内部规定，帮助当事人（及其负责人）避免此类风险，这不仅是律师尽责的表现，也是获得当事人信任和依赖并维系长期法律服务关系的重要保障。

2. 合规性审查要点

上述所分析的是合规性的内涵，具体到对合同的合规性审查时，重点审查以下几个方面的合规性：

（1）主体的合规性

合同主体的合规性，是指合同主体应当具备签署该合同的能力和资质。所谓能力，主要是指主体的行为能力，如果合同主体不具备相应的行为能力，则其所签署的合同效力便存在瑕疵，可能面临无效或被撤销的法律风险。比如政府机关作为保证合同的主体就属于违法，合同无效。所谓资质，主要是指合同主体所应具备的从事某种行为的特定资格，这些资格一般通过行政许可而取得，比如施工资质、评估资质、鉴定资质等。如果不具备相应的法定资质，即使合同效力本身不受影响，也会影响到合同目的的实现（如无法达到相应的服务水平，或者提供的服务产品不能具备法定的效力等）。至于具体的审查方法，可参照本书第七章相关内容进行审查。

（2）内容的合规性

合同内容的合规性，主要是指合同的交易内容应当符合法律法规的规定。既包括交易整体的合规性，也包括个别交易条款的合规性。具体应当结合前述第一部分“合规性的含义”的内容来进行审查。

（3）程序的合规性

合同程序的合规性，主要是指合同签订程序应当符合法律法规规定的程序，否则可能会影响合同的生效或者有效。比如对于应当经过有关机关审批或登记的合同，应当审查该合同是否履行了相应的手续。对于应当通过招投标形式履行的合同，应当审查其是否履行了招投标程序，如果没有履行招投标程序，则合同可能无效，如《最高人民法院关于审理建设工程施工合同纠纷案件适用法律问题的解释》第一条第（三）项规定，“建设工程必须进行招标而未招标或者中标无效的”，建设工程施工合同应认定为无效。对于应当履行必要内部程序的，应当审查是否履行了内部程序，比如在股权转让合同的审查过程中，就应当审查公司内部是否已经就股权转让事宜做出决议，其他股东是否已放弃优先购买权等。此外，在政府采购的场合，《政府采购法》规定应当在中标通知发出后 30 日内签署采购合同，若当事人超出该期限，则构成对合同签订程序的违反。

二、周延性

周延，属于逻辑学术语，指一个判断的主词或宾词所包括的是其全部外延。所谓合同的周延性，是指对于特定的交易事项而言，该合同涵盖了该交易事项的全部外延，不存在漏项。一份逻辑周延的合同，至少应当符合下列两个标准：

1. 条款齐备

合同条款是合同当事人之间关于交易事项的约定，合同交易事项必然是通过合同条款来体现的。从合同条款的法律效力角度，合同条款可分为绝对必要条款和相对必要条款，绝对必要条款包括主体、标的和数量，其他条款属于相对必要条款。从合同条款的性质角度，合同条款可分为法律条款和商务条款。法律条款主要是与合同的法律效力有关的条款，强调的是合同以及条款的合法性问题，如合同主体是否合法、合同约定是否合法、管辖约定是否合法等。商务条款则是需要当事人结合自身情况进行权衡和决策的交易事项条款，如交易标的、交易价格、运输方式、付款方式、违约责任等条款。

从合同审查的角度，审查一份合同是否周延，在步骤上，首先审查其是否具备绝对必要条款，其次审查其相对必要条款是否能够涵盖所有交易事项。从实务经验来看，大部分待审合同都具备绝对必要条款，大量的瑕疵是相对必要条款方面的瑕疵。在方法上，首先是结合《民法典》第四百七十条第一款规定的合同内容审查相关条款是否齐备，其次是凭借审查者的生活经验和法律经验审查是否存在遗漏，最后是与委托人沟通交易目的以及交易流程以便了解是否还有遗漏事项。由于合同是面向未来制定规则的，且囿于未来的不可预知性和交易经验的有限性，合同条款的周延只能是相对的周延而不可能是绝对的周延。这种相对的周延，可以按照“正常履行”标准来衡量，即合同条款能够涵盖该交易的基本事项，流程清楚，如无特殊情况双方可以按照该合同约定正常履行完成交易。

2. 结构严谨

所谓结构严谨，是指合同的条款之间逻辑通顺，形式规范，符合通常的思维模式和交易流程。合同的结构问题不会影响合同的法律效力，也不会导致合同存在重大的实质性缺陷，但会影响对合同的理解，甚至会在履行过程中造成不必要的耽误或障碍。比如，一般而言，买卖合同的条款结构的逻辑顺序应当是货物、质量、运输、交付、价款、违约责任、合同效力，但本书第三章中提及的笔者曾经审查过的买卖合同，第一条约定运输方式，第二条约定合同生效，第三条约定价款，第四条约定货物，第五条约定违约责任。暂且不论其内容是否齐备，单就该合同的结构而言，就存在逻辑不通顺的问题，虽然不影响合同的效力，甚至也不影响交易的进行，但该合同的条款在结构上与通常的思维模式和交易流程存在较大的差异，影响对该合同的理解，形式不够“美观”。

三、可操作性

合同的可操作性是对周延性的进一步要求，指的是对于合同交易事项的进行而言，合同条款所规定的内容明确，逻辑流畅，方便实施。合同的可操作性体现在以下三个方面：

1. 权利义务明确

所谓的权利义务明确，包括两层含义：一是对于合同各方当事人的权利义务应当明确约定；二是对于需要双方共同处理或确认的事项一定要明确处理的方式方法，而不能采用模糊的约定。比如，在笔者曾经审查过的一份买卖合同中，质量条款的约定是：“卖方提供的货物应当符合国家质量标准，如验收后对货物质量有争议的，由双方协商解决。”该约定就属于模糊约定，因为“协商”是一个模糊的用语，有可能协商可以解决，有可能协商无法解决，尤其是在有争议的情况下，很可能协商不成，那么在协商不成的情况下就会出现无据可依的情形，进而可能引发重大争议导致合同履行中断。对于此类条款，应当明确约定若买方对于货物质量有争议的，可以委托第三方机构（应明确机构）进行质量检验并以该检验结论作为判定货物质量是否合格的依据。再如，在笔者审查过的一些招商引资合同中，多次审查到类似的条款：将投资方的义务表述为“乙方项目正式投产后，力争每年纳税额达到人民币______元”。这样的表述实际上就是模糊的，“力争”，即努力争取之意，表达的是一种主观状态而不是客观的结果，因此，该等条款实际上就缺乏可操作性。如果修改为“乙方项目正式投产后，应保证每年纳税额不低于人民币______元”，就明确了乙方的合同义务，再加上相应的违约责任条款，则该义务条款就具备了可操作性。

2. 逻辑恰当

所谓逻辑恰当，是指合同条款所约定的事项符合事物发展的一般规律，尤其是在合同双方的义务条款方面，若双方的义务或行为互为前提，或者需要交叉配合才能继续进行的，相应的条款约定必须符合客观情况，具有可行性。比如在广告设计合同中，正常的设计流程应当是：委托方提供基本的设计素材或基本情况资料⟶受托方进行初步设计⟶委托方提出审查修改意见⟶受托方进行修改⟶委托方最终确认⟶受托方交付设计成果。倘若合同条款违反这一规律和流程，约定受托方的设计周期是合同签订之日起15天，但没有约定委托方提供基础资料的时间或者没有约定委托方提供基础资料的时间是合同签订之日起10天之内或者15天之内，那么受托方极有可能在客观上根本无法在约定的15天之内完成设计。或者是对于委托方提出审查修改意见的时间没有约定，委托方收到初步设计样稿后15天才给出审查修改意见，那么必然导致受托方无法在15天内完成设计工作，对于迟延完成设计的这一客观事实（违反了合同规定的期限）的责任承担问题，必然会引发争议。合理的条款约定应当是，委托方和受托方根据自身情况先确定一个“净设计时间”（指受托方初步设计和修改的时间，不含委托方提供的全部基础材料、审查反馈意见的时间），然后合理约定双方的义务，以保障合同双方均能够按照合同的约定正常履行各自义务。如：委托方应当在合同签订之日起____日内提供基础材料（材料需明确）、受托方收到材料之日起____日内完成初步设计并提交委托方，委托方收到初步设计后____日内提出修改意见，受托方收到修改意见后____日内完成修改并提交委托方审核，委托方在收到修改稿后____日内进行最终审核。

3. 表述准确

表述准确，属于合同条款的细节性标准。合同作为书面法律文件，其条款的表述应当符合规范、准确的标准。每一个合同条款，以及条款的具体语句、字词及标点符号均应当规范、准确，避免歧义。如前已述及的对于合同款项应当用“支付”而不应当用“偿付”，当事人的“权利”不能写成“权力”，“赔偿”不能写成“补偿”等。对于连续计算的时间应当注明是否包括本数，如“____日以上（不包括本数）”。对于不具有普适性的指代用语或简称，应当在合同的首部或该简称或代词的后面进行释义，且全文应当统一。比如在合同条款中使用的代词是“甲方”和“乙方”，但合同首部却是“委托方”和“受托方”，这就属于指代不明，前后不一的情形。再如，在合同中使用“标的项目”的表述，则应当在合同的首部释义条款中对“标的项目”进行界定，或者在“标的项目”后注明“标的项目”的含义所指。

四、公平性

公平原则是民法领域的一项基本原则，主要是针对合同关系而提出的要求，是当事人缔结合同关系，尤其是确定合同内容时，所应遵循的指导性原则，其实质是要求合同当事人之间在利害关系上大体平衡，系着重针对合同订立时权利义务的确定[①]。《民法典》第六条规定：“民事主体从事民事活动，应当遵循公平原则，合理确定各方的权利和义务。”第四百九十六条第二款规定：“采用格式条款订立合同的，提供格式条款的一方应当遵循公平原则确定当事人之间的权利和义务，并采取合理的方式提示对方注意免除或者减轻其责任等与对方有重大利害关系的条款，按照对方的要求，对该条款予以说明……”以上规定，均强调的是当事人在订立合同时所应遵守的公平原则。

公平原则要求合同当事人之间在确定彼此的权利义务时要公平合理，大致平衡，强调双方之间互为交易的等值性以及合同风险的合理分配，具体包括确定双方的权利和义务、分配合同风险、确定双方违约责任等方面的公平。

---

① 梁慧星：《民法总论》，法律出版社2001年版，第45页。

避免出现一方“权利多、义务少、责任小”而另一方“权利少、义务多、责任大”的“一边倒”的情形。需要指出的是，《民法典》所规定的公平应当是基于市场经济交易秩序和交易规则的相对公平，而不是绝对的对等。

五、倾向性

合同的倾向性是对合同公平性的修正和补充。合同的倾向性包括两层含义，一是合同的倾斜性，二是倾斜程度须适当，即适度倾斜。

1. 合同的倾斜性

之所以提出合同应当具有倾斜性，是基于两个原因：一是合同主体的谈判地位差异。如前所述，合同法上的公平是在尊重市场经济规律基础上的相对公平，而不是绝对的对等。在市场经济条件下，供求关系决定了市场主体之间的谈判地位不可能是完全一致的，因此必然存在合同主体之间谈判地位的差异，对于优势一方而言，必然要求在合同条款上更多地体现权利而更少地体现义务，或是尽量少地承担合同风险，增加免责情形。这种现象，在表面上似乎不公平，但实质上却是公平的。如果让处于谈判优势的一方和处于谈判劣势的一方享有同等的合同权利承担同等的合同风险，对于优势一方而言恰恰是不公平的。二是律师的职业道德使然。律师要忠于委托人，为委托人的合法权益提供法律服务，这是律师的职业道德要求，因此律师在审查合同时应当在法律允许的范围内做出有利于委托人的审查和修改，即向有利于委托人的方向进行倾斜，而对于合同相对方有利的条款，则无义务也不应当争取或增加。

2. 适度倾斜

如前所述，合同的倾斜性是市场经济供求关系差异的必然结果和要求，但凡事均需注意“度”的问题，正所谓过犹不及，如果过度倾斜，可能适得其反。从法律方面看，如果合同或合同条款显失公平，其法律效力将会受到影响。《民法典》第五百零六条规定：“合同中的下列免责条款无效：（一）造成对方人身损害的；（二）因故意或者重大过失造成对方财产损失的。”第一百五十一条规定："一方利用对方处于危困状态、缺乏判断能力等情形，致使民事法律行为成立时显失公平的，受损害方有权请求人民法院或者仲裁机构予以撤销。"从事实方面看，如果合同权利义务过于失衡，一方面是不被相对方接受，合同无法签署；另一方面即使勉强签署也极有可能导致劣势一方"被迫"违约，引发争议。不论哪一种情况，都是合同当事人所不愿意看到的结果，都与促进交易的合同目的背道而驰。

第五章　提升合同审查水平的六个途径

本章思维体系导图：

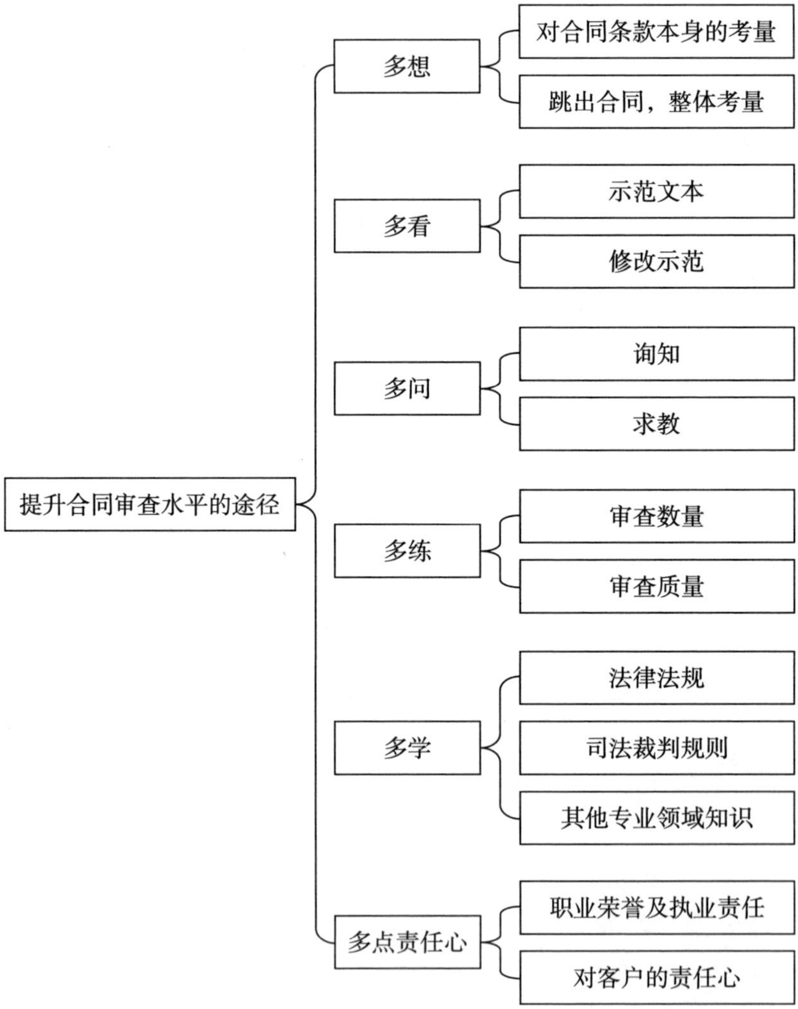

合同审查是一项主观性较强的活动，面对任何一份合同交易事项，每个审查者的关注点都不尽相同，都可以提出自己的意见或观点，这种意见或观点，都可以称之为“审查意见”。从这个角度来讲，可以说任何人都可以审查合同。所不同的是，面对同一份合同，基于同样的立场，不同的人的“审查意见”是不同的，张三可能看到五个风险点提出十条审查意见，李四可能看到八个风险点提出九条审查意见；有的审查意见能够被合同双方接受，有的审查意见不能够被合同双方接受；有的审查意见被证实有利于合同当事人权利的保护，有的审查意见被证实无益于当事人的权利保护。这些差异，反映出合同审查的个体化特征，也在一定程度上反映出合同审查人员的审查水平。

合同审查水平没有最高，只有更高。如何提高合同审查的水平？这是一个见仁见智的问题。尽可能多地进行合同审查练习，这是很多人都会想到且认同的途径。因为每审查一份合同，只要是认真地进行了审查，都会留下或深或浅的印象，都会有或多或少的收获，当然获得的提高速度也或快或慢。笔者的体会是，唯有通过综合的努力不断反复演练和总结，才能有效提高合同审查的水平。在这个过程中，实践，总结，再实践，呈现出反复循环而又螺旋上升的特点。具体来说，有以下六个途径可供参考：

一、多想：动脑

所谓的多想，也可称之为多思考、多动脑，指的是作为合同审查人员（尤其是律师）应当周密而全面地思考，提高待审合同周延性，有效识别并合理控制合同风险。其含义有二：

第一层含义是，全面理解既有合同条款的含义及其法律效果，一方面确保该条款的合法性、准确性和周延性，另一方面要准确识别出对于己方（或委托人）的法律风险。比如，在笔者审查过的一份租赁合同（预租）中（笔者是出租人的法律顾问），租赁房屋在办理产权证的过程中，尚未取得房产证。而在该租赁合同的“承诺条款”中，明确约定“甲方（出租人）承诺拥有该房屋的合法产权，否则视为甲方违约，乙方（承租人）有权解除合同并要求甲方支付违约金 200 万元”。一般来讲，在租赁合同中要求出租方拥有合法产权是合情合理的，但就本合同而言，甲方虽然是该房屋的建设单位，但毕竟尚未取得产权证，因此该条款对于甲方而言无疑是存在较大法律风险的。鉴于此，笔者提出了修改意见，建议修改为“甲方（出租人）是租赁房屋的合法建设单位，房屋产权证尚在办理过程之中，甲方承诺拥有该房屋的合法建设手续，拥有将该房屋进行出租的权利，能够保证乙方正常使用租赁房屋。若因甲方没有合法出租的权限而导致乙方无法正常使用租赁房屋的，视为甲方违约，乙方（承租人）有权解除合同并要求甲方支付违约金200万元”。本条修改意见，一是披露了租赁房屋正在办理产权证的客观事实，以免乙方以此认为甲方存在隐瞒之行为；二是对乙方承租权提供了合理的保障，即保障乙方能够正常使用租赁房屋（这也是乙方合同的核心目的）；三是避免了甲方可能面临的违约责任，因为如果不进行修改，合同一旦签署，甲方若无法及时取得产权证，极有可能面临违约。经过沟通，双方均接受了笔者的修改意见。

第二层含义是，在审查合同时不应局限于待审合同的条款，而是应从待审合同文本中“跳出来”，从整体上对合同交易事项进行思考和审视，以便发现待审合同中可能存在的遗漏事项。其原因在于合同是面向未来制定规则，极有可能存在遗漏或者思虑未及之处。很多律师在审查合同时，就是沿着待审合同的条款顺序，逐一进行审查修改。审查出来的合同，很多时候变成了文字校对和修改，如把“注册代码证”修改为“统一社会信用代码”，把“地址”改为“住所地”等，很难有建设性和前瞻性的审查修改意见，其根本原因就在于没能从合同文本中“跳出来”，没能从整体角度对合同交易事项进行审视和检查，这是一种跟随式的思维方式和工作习惯。笔者的建议是，在面对一份待审合同时，不要着急立即进入合同条款的审查，而是应当先将合同从头到尾整体快速浏览几遍，了解该合同的交易事项（即当事人之间“干什么”的问题），了解该合同已经约定的主要条款（即当事人之间“怎么干”的问题），并结合自身的经验进行思考（即一般情况下此类交易事项应当“怎么干”的问题），然后再进行合同文本的审查。在这个思维过程中，“结合自身的经验进行思考”就是“多想”的过程。“多想”既是思维方式，也是工作方法，是提升合同审查水平的智力保障。

二、多看：动眼

所谓多看，有两层含义，一是多参阅合同文件范本；二是多看其他人修改合同的方式方法。正所谓“见多”才能“识广”，通过“多看”，可以拓展自己的视野，完善自身的思维。

就第一层面的含义而言，主要是参阅其他类似合同文本。社会经济现象纷繁复杂，层出不穷，有些交易行为是我们所熟知的，如买卖、租赁、赠与、运输等。而有些属于新生事物（所谓新生事物，是相对而言），如未来货权质押、光伏发电、PPP 等。还有些属于专业领域的交易，如建设工程、软件开发、版权贸易等。律师不可能“三百六十行”行行精通，因此，对于熟悉的应该更深入，对于陌生的应当熟悉。如何达到熟悉？“借鉴”是一个行之有效的方式，也是学习的途径之一。需要说明的是，笔者所提倡的借鉴，绝对不是抄袭，而是通过查阅类似的合同而拓展自己的视野，完善自己的思维。在律师行业中，每个律师的专长可能各不相同，同时也有很多优秀律师会分享自己的心得和经验，在信息化时代，获得这些信息并不困难，对于一些自己并不十分熟悉或者熟悉程度不够的合同，可以通过查阅其他律师和相关专业人士的类似范本来为自己提供参考资料，或者是把其中自己认为写得比较全面和准确的个别条款或是通用条款（如通知与送达、管辖、附件、不可抗力等）摘录下来，作为素材，加以研读和运用。此外，对于一些运用广泛的合同，如建设工程合同、汽车销售合同、技术咨询合同等，国家有关部门、个别的律师协会，都有相应的示范文本，这些示范文本具有较高的参考价值，对该类合同所涉及的主要条件均有相应的表述，将空白处据实进行约定后一般不会有重大的瑕疵或者遗漏。

就第二层面的含义而言，指的是观看他人审改合同。主要是针对实习律师或者初入门者，其经验相对较为欠缺，思维方式不成熟，面对一份待审合同，甚至无法找到切入点，不知从何处着手修改。在这种情况下，一种行之有效的方法就是看指导老师如何修改合同。其原因在于，对于初学者或实习律师而言，模仿是一种最直接的学习方式。在笔者所指导过的实习律师中，很多人都是在笔者审改合同时在旁边一边观看一边询问，笔者也同步予以讲解，实践证明这种方式能够有效帮助实习律师提升合同审查水平。实际上，指导老师审查合同的过程是在演示或者示范如何审改合同，通过观看指导老师审改合同，可以起到“照方抓药”的示范性作用，也可以达到提升合同审查水平的目的。当然，在“观看”之前，应当先熟悉待审合同，并进行必要的思考（即如果是自己审改，会从哪些方面着手并提出何种意见），如此效果更佳。

三、多问：动嘴

所谓多问，是指对于自己不熟悉、不理解的事项勤于询知和求教。所谓询知，是指对于自己不熟悉或尚不掌握的事项，向知悉此事项的人进行咨询，从而达到熟悉的目的。比如对于合同中的某些商业条款或专业术语不熟悉或者没有把握，可以通过向合同经办人进行咨询和沟通，从而达到清楚理解合同条款含义的目的。或者是对于合同中没有约定，但从法律上可以有多种约定方式的事项，比如是一次性付款还是分期付款，是先票后款还是先款后票等，都应当及时与委托人进行沟通和确定。这种咨询和沟通在合同审查中十分必要。所谓求教，是指对于自己不理解或者是没有理解清楚的事项，向有经验者进行请教。请教的对象可以是自己的指导老师，也可以是其他同事，甚至是其他行业的专家。其原因在于，律师各有专业特长，对于自己不熟悉的领域，应当虚心学习、不耻下问。比如，笔者在执业初期修改网站开发合同时，对于合同中的一些专业术语（如“功能板块”“源代码”等）并不熟悉，对于网站开发流程及后期维护也不熟悉，因此难以对该合同进行有质量的修改，在这种情况下，笔者就是通过咨询其他从事网站开发的专业人士而达到学习的目的，进而进行合同审查。此种方式效率较高，带着问题以及自身对该问题的思考，从有经验者处获得解答，能够立即学以致用。

四、多练：动手

量变能够引起质变，这是一条众所周知且非常准确的事物发展规律，在合同审查方面同样适用。有的人会说这样的方法显得有点笨，但这却是一个简单、有效、可预期性较强的方法，而且也是提升合同审查水平的必经途径。以笔者的经验，认真审查修改 300 份以上不同内容的合同，才能达到入门水平；认真审查修改 1000 份以上不同内容的合同，才能达到熟练水平；认真审查修改 3000 份以上不同内容 100 种以上不同类型的合同，才可能形成自己的合同审查思维体系和方法体系。即使已经形成自己的合同审查思维体系和方法体系，也应当认真对待每一份待审合同，不断地思考和总结、丰富经验，这样才能不断提升合同审改水平，达到游刃有余之境界。对于“多练”这一途径，笔者持赞同态度，但更强调的是每一次“练”的质量，对待每一份待审合同都应当认真思考，竭尽全力来审查和修改，而不能以完成任务之心态敷衍了事或以自满骄傲之思想轻率处之。否则，修改再多的合同也只是“量”的增加，而无法引起“质”的变化。同时，在不断的练习过程中，还应当注重积累、思考和总结，积累的是知识和技能，思考的是问题和方法，总结的是经验和思维方式。只有惯于积累、勤于思考并善于总结，才能达到“实践—总结—再实践”的效果。

五、多学：动智

此处所称之“多学”，是指尽可能多地学习相关知识，包括法律知识和其他专业领域的知识。实际上，多问、多看也是学习的方法，只是学习的方式有所不同，多问和多看相对来说针对性更强，是解决具体问题的有效途径。而此处所称的多学，并非针对具体问题，而是强调知识的积累。如果说多问、多看是具体的“拳法”，那么多学就是提升内力的“心法”。需要说明和提示的是，笔者所提倡的多学，是在做好日常工作的前提下的“多学”，而不是像学生求学一样专门去“学”，因为作为律师来讲，处理好每一个法律业务是主业，而“学习”只能是利用“业余”（业务之余）时间来进行。就提升合同审改水平而言，其学习内容包括以下几个方面：

1. 学习研究法律法规

学习研究法律法规，是做好所有律师工作都必须坚持的，不论是办理诉讼案件还是办理非诉讼案件，都必须熟悉相应的法律法规的规定，审查合同也不例外。对于审查合同而言，理论上讲，最好的状态是所有的法律法规都应当熟悉，不论是民事、刑事还是行政法律，甚至包括国际法、国际公约等，但囿于时间、精力等主客观条件，律师们在实践中难以做到这个程度。因此，笔者的建议是可以适当分类侧重，对于《民法典》《公司法》《合伙企业法》等民商领域的基本法及相关的司法解释应当做到烂熟于心；对于一些专业领域里的特别法，如《建筑法》《企业国有资产法》《文物保护法》等，应当做到熟知基本原则和主要条款；对于一些政策性规定、地方性规定以及其他适用范围相对较窄的规定，至少应当做到知其存在随时能查的程度。对于新近出台的司法解释，应当立即进行研读，掌握其主要内容。

2. 学习研究司法裁判规则

合同审查属于非诉讼法律业务，而做好非诉讼业务必须具备丰富的诉讼经验，这是律师行业的共识。学习研究司法裁判规则，实际上是“倒置”思维方式的产物，即将非诉讼文件置于诉讼语境下进行考量，为的是确保非诉讼文件的法律效力在发生争议的情况下能够得到司法机构的认可。对于合同审查而言，这种思维方式极其重要，要提高合同审查水平，必须不断积累诉讼经验，研究司法裁判规则，以确保经过律师审查修改的合同经得起司法裁判的检验，而不能“想当然”，不能“闭门造车”。从实用性角度来看，一种方法是从自身所承办的诉讼案件中总结经验，另一种方法是研究司法判例。在研究司法判例时，建议以最高人民法院的指导案例、公报案例、最高人民法院公布的其他裁判文书为重点，同时，可以兼顾研究律师执业所在地和服务客户所在地法院（尤其是高级人民法院）的裁判文书，从中总结出相关的司法裁判观点和规则，对于提升合同审查水平也大有裨益。

3. 学习研究其他专业领域知识

合同必须依托于特定的交易行为，不可能仅由法律条款组成。因此，每一份合同都会涉及特定领域里的特定交易行为。要提升合同审查水平，就应当熟悉该领域的一些专业术语以及惯例性做法，只有这样才能提供更为专业和贴切的法律审查意见和建议，否则只能是浮于表面做形式上的审查。最为直接的例证是，要审查一份建设工程施工合同，如果连“工期”“设计交底”

“隐蔽工程”等基本术语都不懂的话，就难以对该合同进行有质量的审查和修改。作为律师而言，较为实用的做法是，根据自身所服务的客户性质或者自身的研究方向来选择相应的专业领域知识进行学习。比如服务的客户主要从事版权贸易，则律师应下功夫学习研究版权贸易领域的知识。若客户主要从事典当业务，则应及时学习研究典当领域专业知识。从合同审查的角度出发，随着对该领域专业知识的深入掌握，律师的法律服务深度和实用性也会不断加强和提高。

六、多点责任心：动心

本章所称之“责任心”，是指律师在审查合同时应当具有一种负责任的主观心态。责任心是做好任何事情的思想保障，同样专业水平的律师，不同的责任心所审查修改出来的合同水平也不一样。这种责任心，体现在以下两个方面：

一是对自身的责任心，是指律师应当对自己的职业荣誉和执业责任负责。提供专业的法律服务，是律师职业的应有之义，同时也是避免自身执业风险的根本保障。如果律师在审查合同过程中不负责任，敷衍了事，应当识别的法律风险未能识别，应当采取的风险控制措施未能采取，应当提示的法律风险未能及时提示，轻则会失去客户的信任，重则会因此承担赔偿责任（在客户因此受到损失的情况下）。因此，律师在审查合同过程中必须认真负责，恪守律师职责。

二是对客户的责任心。律师提供的服务主要是智力服务，就合同审查而言，律师审查修改后的合同就犹如律师的服务产品，只有凭借良好的产品质量，才能赢得客户的信任，赢得市场的认可。因此，律师在审查合同的时候，应当把客户的合法利益放在首位，要准确知晓客户的核心利益，多为客户的利益着想，在谈判地位允许的情况下，尽可能在合法的范围内为客户争取更多有利的权利保护条款，减少义务条款。同时，要尽可能站在客户的立场，利用自身的知识和经验为客户提供具有前瞻性的法律意见和建议。比如，对于一份前期需要较大投资的租赁合同，如果租期较短，意味着委托人收回投资都存在困难，则盈利就将更加困难，在此种情况下，应当提示委托人争取更长的租期或对委托人的优先承租权作出相应的带有保障性的约定。

第六章　合同审查的常用方法

社会经济行为的复杂多样导致了律师审查的合同类型多样，即使是同一类合同，但由于委托人的合同水平、风格、交易模式不同，合同内容及存在的问题也各不相同。律师在审查合同时，要针对不同的问题，采用不同的审查方法，达到防范风险和促进交易的目的。本章中，将逐一介绍律师在审查合同时常用的一些方法，包括补增、删改、建议、提示、法律意见等，各种方法的作用、适用的范围及表述方式均有所不同，在实践中应深入领会、灵活运用。

第一节　补　增

审查合同的一个好习惯是先通读合同，而不是一上来就直接对合同条款逐一进行审查修改。通读合同主要有两个目的，一是了解该合同的交易模式（前已述及），二是审查该合同是否存在遗漏事项。实践中，合同当事人在交易习惯、知识水平和法律素养等方面存在差异，因此，在当事人拟定的合同文本中难免会有遗漏重要条款（如数量、价款、质量、履行期限等）的情形。律师在审查合同时，若发现该合同存在遗漏事项，就需要补充、增加相应的合同条款，即本节所称的补增，是律师在审查合同中较为常用的方法之一，在很大程度上也体现出律师的合同审查水平。面对同一份待审合同，有的律师能够补增 10 个条款，有的律师只能补增 6 个条款，对于其他可以补增或应当补增的条款没有想到，这就是不同律师之间合同审查水平的差异。要想通过补增完善合同内容，一是要“多想”，不能局限于既有的合同文本内容；二是要“多学”，通过学习来增加经验、积累知识；三是要“多点责任心”，不要为了审查合同而审查合同，更不能以“交差”的心理来审查合同，而应当以最大可能实现委托人目的、最大限度维护委托人合法权益为目的来审查合同。

一、补增的作用

补增合同条款，其原因在于合同存在漏项，其作用在于完善合同体系、让合同内容尽量齐备，达到规范交易、防范风险的目的。

二、补增的适用范围

补增适用于合同存在漏项的情况。所谓漏项，是指合同缺少某些条款，而这些条款对于合同而言属于必要条款，缺少这些条款，轻则影响合同的可操作性，增加发生争议的可能性，重则影响合同的成立或者效力。根据所遗漏的合同条款的作用不同，具体可分为三类：

1. 遗漏绝对必要条款

绝对必要条款，是指根据合同的性质和交易内容所必须具备的条款，如缺少这些条款，可能导致合同不成立。从实践经验来看，合同主体、标的和数量，是合同的绝对必要条款，缺少其中任何一项，均可能导致合同不能成立。

2. 遗漏相对必要条款

相对必要条款，是指除绝对必要条款之外，作为一份完整的合同所需要具备的基本条款。《民法典》第四百七十条第一款规定：“合同的内容由当事人约定，一般包括下列条款：（一）当事人的姓名或者名称和住所；（二）标的；（三）数量；（四）质量；（五）价款或者报酬；（六）履行期限、地点和方式；（七）违约责任；（八）解决争议的方法。”该规定明确了合同所应具备的基本内容和条款，前三项属于绝对必要条款（前已述及），后五项则属于相对必要条款。需要注意的是，相对必要并不意味着可有可无，这些条款仍然是必要条款，如价款、质量、履行期限、履行地点、生效条件等。缺少相对必要条款并不影响合同的成立，但如果当事人不能达成补充协议，则需要通过法律推定及解释等途径予以填补和解决①。从实践来看，虽然在法律上有填补的可能，但都存在较大难度，一旦缺少这些条款将严重影响合同的顺利履行，且极易产生争议，与促进交易的目的背道而驰。

3. 遗漏优势保护条款

优势保护条款，是指在法律允许的范围内，合同一方当事人基于其谈判优势或市场优势而可以设定的倾斜于己方权益保护的条款。比如支付条款、管辖条款、违约条款、解除条款等。这些条款，不影响合同的成立与生效，但会影响合同当事人双方的权利义务和合同风险的分配。如前所述，律师审查合同是带有倾向性的（尽可能倾向于委托人的合法权益），因此，在审查合同过程中要充分利用委托人的优势地位（如有的话），合理设置优势保护条款，更好地保护委托人的合法权益。从实践经验来看，这也是律师彰显执业水平、体现责任心和获得委托人信任与肯定的要点。如果在委托人处于优势地位的情形下，律师没有尽可能地为当事人增设优势保护条款，则意味着委

---

① 《民法典》第五百一十条规定：合同生效后，当事人就质量、价款或者报酬、履行地点等内容没有约定或者约定不明确的，可以协议补充；不能达成补充协议的，按照合同相关条款或者交易习惯确定。

第五百一十一条规定：当事人就有关合同内容约定不明确，依据前条规定仍不能确定的，适用下列规定：

（一）质量要求不明确的，按照强制性国家标准履行；没有强制性国家标准的，按照推荐性国家标准履行；没有推荐性国家标准的，按照行业标准履行；没有国家标准、行业标准的，按照通常标准或者符合合同目的的特定标准履行。

（二）价款或者报酬不明确的，按照订立合同时履行地的市场价格履行；依法应当执行政府定价或者政府指导价的，依照规定履行。

（三）履行地点不明确，给付货币的，在接受货币一方所在地履行；交付不动产的，在不动产所在地履行；其他标的，在履行义务一方所在地履行。

（四）履行期限不明确的，债务人可以随时履行，债权人也可以随时请求履行，但是应当给对方必要的准备时间。

（五）履行方式不明确的，按照有利于实现合同目的的方式履行。

（六）履行费用的负担不明确的，由履行义务一方负担；因债权人原因增加的履行费用，由债权人负担。

托人的合法权益没有得到充分的保护，虽然不一定会导致委托人遭受损失或不利后果，但没有让委托人的合法利益最大化同样也是律师工作不称职的体现。现实中，有的律师之所以会失去客户，或者说自己的客户之所以会另聘其他律师，原因之一就是没有尽心尽力地为委托人争取合法利益的最大化，如果没有比较，委托人暂时可能不易发现，而一旦有了比较，就会非常明显地显示出律师水平和责任心的差距，那么客户更换律师也就是自然而然的事情了。

三、补增方法的实践应用

1. 绝对必要条款的补增

对于绝对必要条款，如有遗漏，则应当提出明确的意见，经与委托人核实后予以增加。实践中出现较多的问题是，合同主体条款中一般会有主体名称，但缺少住所地、法定代表人、统一社会信用代码等内容；合同标的一般均在合同中有相应的表述，但存在的问题通常是标的不能准确锁定；在数量方面，标的数量不确定或是计量单位不明确等。于此情形，律师可采取补增和提示的方式进行修改。如律师能够获取并确认相关遗漏信息，可直接补增，如不能获取或不能确认，可只增加标题，同时提示委托人自行核实和填写。

【审查示例3】补增合同主体信息

待审合同原文：

甲方：上海市×××展览有限公司

乙方：上海市×××园林工程有限公司

存在的问题为：合同主体信息不完整。

律师审查后补增为（同时提示委托人据实填写）：

甲方：上海市×××展览有限公司

住所地：

法定代表人：　　　　　　　　职务：

统一社会信用代码：

乙方：上海市×××园林工程有限公司

住所地：

法定代表人：　　　　　　　　职务：

统一社会信用代码：

【审查示例4】补增合同标的信息

待审合同原文（商铺租赁经营合同）：

2. 甲方在其商场外围为乙方免费提供2块广告牌，供乙方发布产品及企业形象广告，制作及安装等费用由乙方自行承担。

存在的问题为：广告牌的位置、规格需进一步明确，否则容易产生争议。

律师审查后补增为：

2. 甲方在其商场外围为乙方免费提供2块广告牌，供乙方发布产品及企业形象广告，制作及安装等费用由乙方自行承担。广告牌的位置位于商场南二入口处（左右两侧各一块），广告位规格为240cm×180cm（高×宽）。

【审查示例5】补增标的数量信息

待审合同原文（培训服务合同）：

第一条　服务内容

乙方在本合同有效期内，为甲方提供不定期职业培训，甲方提前10天通知乙方，乙方安排专业讲师到甲方处为甲方员工举办培训。

存在的问题为：培训次数不明确，容易产生争议。

律师审查后补增为：

第一条　服务内容

乙方在本合同有效期内为甲方提供不定期职业培训，总培训次数不超过10次。每次培训，甲方提前10天通知乙方，乙方安排专业讲师到甲方处为甲方员工举办培训。

2. 相对必要条款的补增

律师在审查合同时应当根据不同合同的类型来审查其相对必要条款是否齐备以及清晰。实践当中，常用的相对必要条款及注意要点如下：

（1）质量条款

律师在审查合同时应当注意的是，质量条款包括质量标准和检验两部分内容，不可或缺。

首先，律师应审查合同是否约定了质量标准。从交易标的的本质属性来看，一般可分为物、行为和智力成果，不同的交易标的，其质量标准不尽相同。实践中，合同当事人对于标的质量标准往往约定不明确，如“产品质量应符合国家及地方相关标准”之类的表述应当修正。对于国家、地方或行业制定有通行标准的（如GB、GB/T、DB/T等），应当明确具体的质量标准。没有通行标准的，看是否有企业标准。都没有的，应由合同当事人约定具体的标准（即约定标准）。对于行为，通常体现为服务，如物业服务、咨询服务、代理等，一般无通行标准，需要合同当事人专门约定。

其次，既然约定了质量标准，还应当约定检验条款，也可称之为验收条款或考核评估条款，其作用在于根据约定的质量标准对标的是否符合约定进行检查和评价，并据以判断当事人交付的标的是否符合合同约定。

【审查示例6】补增质量条款

待审合同原文（岩棉制品购销合同）：

第四条　乙方提供的岩棉产品必须符合国家有关质量标准，对于经甲方验收不合格的产品，乙方必须予以调换。

存在的问题为：质量标准不明确，检验程序不清晰，容易产生争议。

律师审查后补增为：

第4条　产品质量及检验

4.1 乙方提供的岩棉产品必须符合 GB/T25975—2010 质量标准，否则应按照本合同第8条第2款承担违约责任。

4.2 乙方提供的产品送到甲方指定地点后，由甲方对产品的数量、规格、包装、颜色等外观瑕疵进行检验。检验合格的由甲方在送货单上签收，经甲方检验不合格的产品，乙方必须在7个工作日内予以调换。对于产品的隐蔽瑕疵，甲方在产品的质保期内均可提出质量异议。

（2）价款或报酬条款

律师在审查合同时应当注意的是，价款条款主要包括币种、计价单位、支付时间、支付方式和发票开具五部分内容，若有遗漏则应进行补增。币种方面，若是用外币结算，还需进一步增加关于汇率损益的约定；计价单位应明确单价和总价以及是否含税；支付时间应明确，一般的表述为“……之前”或“……个工作日之内”；支付方式一般建议采用转账或支票方式，若采用转账方式，还应当进一步约定收款账户信息；发票开具问题，因公司不同而异，一般应结合公司的财务制度对开票时间及发票类型等进行约定。

【审查示例7】补增价款或报酬条款

待审合同原文（房屋租赁合同）：

第三条　本房屋租赁费用为12780.8元每月，承租方每季度支付一次，首缴租，提前5天支付。

存在的问题为：付款期限不明确，未约定发票开具事宜，容易产生争议。

律师审查后补增为：

第3条 租金及支付

3.1 本房屋租赁费用标准为含税人民币12780.80元/月（大写：壹万贰仟柒佰捌拾元捌角每月），在本合同有效期内，该标准保持不变。

3.2 承租方每三个月向出租方支付一期租金38342.40元（大写：叁万捌仟叁佰肆拾贰元肆角），于当期租期开始5日以前支付。首期租金（即2016年8月21日至2016年11月20日）于2016年8月20日之前支付，第二期租金于2016年11月15日之前支付，以此类推。

3.3 出租方收到当期租金后10日内，为承租方开具相应金额的增值税专用发票。

（3）违约责任条款

违约责任条款解决的是在合同未能按照预先设定的条件履行的情况下违约方的责任以及守约方的权利问题，其主要功能在于通过违约责任的承担来修复守约方因为对方违约而遭受的损失，对于合同双方当事人而言都非常重要。实践中常见的问题主要有两类，一是没有约定违约责任，二是违约责任约定不明确。这两种情况下，律师都应当对违约责任条款进行补增。补增的基本原则有三个：一是针对合同中双方的义务设置相应的违约责任；二是违约责任应当是明确而可预期的；三是违约责任以补偿损失为基本原则，不宜过高或过低，若为惩罚性违约金，应注明违约金的惩罚性质。

【审查示例8】补增违约责任条款

待审合同原文（普通商品买卖合同）：

第八条 合同双方必须严格遵守本合同的约定，否则视为违约，应按《合同法》的有关规定承担违约责任，赔偿守约方受到的损失。

存在的问题为：违约行为过于笼统，违约责任标准不明确，一旦出现违约行为，守约方据此约定主张违约责任存在举证难度。

律师审查后补增为：

第8条　违约责任

8.1 合同双方必须严格遵守本合同的约定，否则视为违约，应按《合同法》的有关规定承担违约责任，赔偿守约方受到的损失。

8.2 乙方交付的产品不符合本合同第5条约定的质量标准的，甲方有权要求乙方限期更换符合标准的产品，并按照不符合产品价款总额的20%支付违约金。

（4）争议解决条款

争议解决条款解决的是在合同履行过程中发生争议的情况下如何解决争议的问题。涉及两个方面，一是争议解决方式；二是管辖。争议解决方式主要包括仲裁和诉讼两种，二者无优劣之分，但在程序方面存在区别，具体采用哪种解决方式由当事人来选择（律师可给予必要的解释和提示）。至于管辖问题，若约定通过仲裁方式解决争议，则应明确约定具体的仲裁机构，否则为无效条款①。若约定通过诉讼方式解决争议，则应进一步约定地域管辖问题②，但不得违反法律关于级别管辖和专属管辖的规定。

【审查示例9】补增争议解决条款

对于合同中遗漏争议解决条款的情形，律师应予补增，参考表述如下：

示例1（仲裁方式）：凡因本合同引起的或与本合同有关的任何争议，均提交天津仲裁委员会按照该会在仲裁当时现行有效的仲裁规则进行仲裁。仲裁裁决是终局的，对双方当事人均有约束力。

---

① 《仲裁法》第十八条规定：仲裁协议对仲裁事项或者仲裁委员会没有约定或者约定不明确的，当事人可以补充协议；达不成补充协议的，仲裁协议无效。

② 《民事诉讼法》第二十三条规定：因合同纠纷提起的诉讼，由被告住所地或者合同履行地人民法院管辖。此为合同纠纷管辖确定的一般性原则。该法第三十四条规定：合同或者其他财产权益纠纷的当事人可以书面协议选择被告住所地、合同履行地、合同签订地、原告住所地、标的物所在地等与争议有实际联系的地点的人民法院管辖，但不得违反本法对级别管辖和专属管辖的规定。该条为当事人可以约定管辖的范围，但需要注意不得违反专属管辖的规定。

第三十三条规定：下列案件，由本条规定的人民法院专属管辖：

（一）因不动产纠纷提起的诉讼，由不动产所在地人民法院管辖；

（二）因港口作业中发生纠纷提起的诉讼，由港口所在地人民法院管辖；

（三）因继承遗产纠纷提起的诉讼，由被继承人死亡时住所地或者主要遗产所在地人民法院管辖。

示例2（诉讼方式）：因本合同所产生的任何争议，双方约定通过诉讼方式解决，并由本合同签订地有管辖权的人民法院管辖。本合同签订地为________________________________。

（5）其他程序性条款

就程序性条款而言，相对重要的是生效条款和附件条款（如有附件的话）。当事人签署合同的目的是履行合同，而合同生效则是合同得以履行的前提条件，因此，合同中应当约定合同生效条款。一般而言，合同自成立时起生效，但根据《民法典》第一百五十八条“民事法律行为可以附条件，但是根据其性质不得附条件的除外。附生效条件的民事法律行为，自条件成就时生效。附解除条件的民事法律行为，自条件成就时失效”和第一百六十条“民事法律行为可以附期限，但是根据其性质不得附期限的除外。附生效期限的民事法律行为，自期限届至时生效。附终止期限的民事法律行为，自期限届满时失效”的规定，合同可以约定生效条件或生效时间，实践当中应当加以注意。

【审查示例10】补增生效条款

对于合同中未约定生效条款的情形，律师应当予以补增，参考表述方式如下：

表述示例1（简易型）：本合同自甲、乙双方签字盖章之日起生效。

表述示例2（标准型）：本合同自甲、乙双方法定代表人或授权代表签字并加盖双方公章或合同专用章之日起生效。

表述示例3（附条件型）：本合同自甲、乙双方签署之日成立，自甲方上级国有资产主管部门就本合同批准之日起生效。

表述示例4（附时间型）：本合同自甲、乙双方签署之日成立，自2017年5月10日起生效。

【审查示例11】补增附件条款

对于合同有附件的情形，律师应当予以补增，参考表述方式如下：

表述示例：本合同包括3个附件并附于本合同签署页之后，分别为：附件1《房地产权证》、附件2《卖方结婚证》及《居民户口簿》、附件3《房屋设施设备清单》。前述3个附件是本合同的组成部分，与本合同具有同等法律效力。

3. 优势保护条款的补增

补增优势保护条款的前提是己方确有谈判优势，否则补增的条款难以得到相对方的同意。补增优势保护条款的原则是增加己方权利和对方义务，或是减少对方权利和己方义务，但需要注意的是适度。所谓适度，从两个方面理解，一是与己方的优势相当（过于强势会招致相对方的反对，进而影响交易的达成）；二是不违反法律规定（否则产生争议后会受到法律的否定，如商家制定的限制消费者主要权利的格式条款就属于无效条款①、显失公平的条款也可能被撤销②）。

补增优势保护条款通常用于增加或强化己方的主要权利，或者减少或弱化己方的义务或责任。比如在买卖合同中若卖方具有一定优势，则可以在交货方面弱化己方义务，在货款支付方面增加买方责任，另外，在管辖方面也可以选择有利于己方的管辖地。

【审查示例12】补增优势保护条款

待审合同原文（普通商品买卖合同，卖方具有优势地位）：

第五条　交货期：卖方应当自本合同签署后30日内交货。逾期每日支付货款0.2%的违约金。

第六条　付款日期：买方应当自本合同签署后10日内支付总货款的50%

---

① 《消费者权益保护法》第二十六条规定：经营者在经营活动中使用格式条款的，应当以显著方式提请消费者注意商品或者服务的数量和质量、价款或者费用、履行期限和方式、安全注意事项和风险警示、售后服务、民事责任等与消费者有重大利害关系的内容，并按照消费者的要求予以说明。

经营者不得以格式条款、通知、声明、店堂告示等方式，作出排除或者限制消费者权利、减轻或者免除经营者责任、加重消费者责任等对消费者不公平、不合理的规定，不得利用格式条款并借助技术手段强制交易。

格式条款、通知、声明、店堂告示等含有前款所列内容的，其内容无效。

② 《民法典》第一百五十一条规定：一方利用对方处于危困状态、缺乏判断能力等情形，致使民事法律行为成立时显失公平的，受损害方有权请求人民法院或者仲裁机构予以撤销。

作为预付款，卖方交货后 3 日内付清全款。逾期每日支付所拖欠货款 0.2% 的违约金。

……

第十二条　因本合同产生的争议，双方应当友好协商解决，若协商不成，任何一方均可通过诉讼方式解决。

存在的问题为：上述约定均不违反法律规定，也较为清楚，但未能体现出卖方的优势地位。

律师审查后可补增为：

第五条　交货期：卖方应当自本合同签署后 30 日内交货，但若卖方非因主观原因不能交货的，可以有 10 天的宽限期。卖方宽限期届满后仍不能交货的视为逾期，每日支付货款 0.2% 的违约金。

第六条　付款日期：买方应当自本合同签署后 10 日内支付总货款的 50% 作为预付款，卖方交货后 3 日内付清全款。买方逾期付款的，卖方有权暂停供货，且买方每日支付所拖欠货款 0.2% 的违约金。逾期超过 10 日，卖方有权解除本合同，并按照前述标准要求买方支付违约金，违约金不足以弥补卖方损失的，买方还应进一步赔偿。

……

第十二条　因本合同产生的争议，双方应当友好协商解决，若协商不成，任何一方均可将争议提交卖方所在地有管辖权的人民法院通过诉讼方式解决。

第二节　删　改

删改，也是审查合同时常用的方法之一，是指对于待审合同中存在的违法、错误或不当之处直接进行删除或修改。一种是对合同中存在的明显的违法或错误或不当之处直接进行删改，另一种是经与委托人核实后进行删改。

一、删改的作用

删改的作用有二：一是将待审合同中的违法条款予以删除或修改后，确保合同的合法性；二是将待审合同中存在的重复条款、矛盾条款、不当表述和文字、标点符号错误进行删改后，提高合同的规范性和可操作性。

二、删改的适用范围

删改方法主要适用于待审合同中存在的违法条款、重复条款、矛盾条款、不当表述、文字或标点符号错误以及合同条款结构（位置顺序）调整等情形。删改主要针对的是个别条款或文字表述、标点符号的删除和改正。

三、删改方法的实践运用

1. 违法条款的删改

在一些待审合同中，可能会存在个别条款违反法律规定的情况，在此种情况下，应当按照法律的规定进行删除和修正，以确保该条款合法合规。比如，在租赁合同中，如果租赁期限条款中约定的租赁期限超过 20 年，则超过部分属于无效（《民法典》第七百零五条第一款规定：租赁期限不得超过 20 年。超过 20 年的，超过部分无效），应当将期限修改为 20 年以下；又如，若合同中约定的定金数额超过了主合同标的额的 20%，则超过部分属于无效（《民法典》第五百八十六条第二款规定：定金的数额由当事人约定；但不得超过主合同标的额的 20%），应当将定金数额修改为主合同标的额的 20% 以下；再如，《民法典》第五百零六条规定："合同中的下列免责条款无效：（一）造成对方人身损害的；（二）因故意或者重大过失造成对方财产损失的。"倘若待审合同中存在此类免责条款，则应当予以删改。此外，根据合同的相对性原则，合同约定仅能对合同当事人产生法律效力，但实践中有的合同却为合同之外的第三方设定了权利义务，于此情形，经与当事人核实后，要么增加一方合同主体，要么将第三方的相关内容予以删除。

2. 重复条款的删改

所谓重复条款，是指待审合同中对同一事项作出了两次以上的同样约定。通常重复条款会体现在不同的条款之中，律师在审查时往往需要通篇反复阅读才能发现，删除重复条款是为了使合同更为简洁、规范。在笔者审查过的合同中，此类现象并不鲜见。比如，有的合同在合同名称下方表述“本合同由甲乙双方于______年____月____日共同签署于______________”，但在合同的尾部又再次注明“合同签署日期：______年____月____日”，此种情况下，就应当删除其中一处的表述；又如，某合同在第二条约定“合同有效期限：本合同生效日期为______年____月____日，失效日期为______年____月____日”，但在附则中又约定“本合同自甲乙双方签字盖章之日起生效”，此种情况下，应当与当事人核实后择一删除；再如，某买卖合同，在质量条款中约定“若卖方提供的货物不符合本合同约定的质量标准的，买方有权拒绝收货，并要求卖方按照不合格货物的2倍赔偿损失”，而后在违约责任条款中又对卖方的质量违约责任进行了同样的约定，此种情况下也应择一删除。

3. 矛盾条款的删改

所谓矛盾条款，是指在待审合同中对同一事项在不同条款中均有约定，但约定的内容不一致的情形。在此种情况下，应当与委托人进行核实后，将错误的条款予以删除。比如，在一份装修合同中，第二条“承包方式”中约定承包方的承包方式为“包工包料”，但在第六条“甲供材料”中又约定了甲方需提供若干装修材料，于此情形，就应当与委托人对承包方式进行沟通核实，若是“包工包料”，则应将“甲供材料”删除，若甲方需要提供装修材料，则应当对承包方式进行相应的删改；又如，在买卖合同的质量条款中约定质保期是2年，但在售后服务条款中又约定质保期是1年，于此情形，也应当与委托人进行核实后将错误的质保期限予以删改；再如，在笔者审查的一份《房屋租赁合同》中，按照该合同第三条关于免租期的约定，乙方（承租方）在正式缴纳租金之前有4个月的装修期，按照第六条之约定，乙方应于免租期届满前 1 个月缴纳首期租金，而第十七条约定双方签字盖章且乙方缴纳了首期租金后合同才生效，第二条第二款又约定合同生效后甲方（出租方）才向乙方交接房屋。也就是说，在乙方缴纳首期租金之前，根本就不可能对房屋进行装修（因为合同尚未生效），由此会导致免租期形同虚设，显然存在矛盾，不符合正常的履行顺序，容易产生争议。为此，笔者建议：（1）明确以实际交接之日作为租期起算之日；（2）合同自双方签字盖章且乙方缴纳租赁保证金后生效；（3）合同生效且经批准可以重新开业后交接租赁物（具体时间以贵司通知为准），若有其他费用及手续，应予明确。

4. 不当表述的删改

合同中的不当表述主要是针对合同条款的文字表述问题，由于合同当事人并非法律专业人士，因此在一些条款中口语化、非规范化的表述并不鲜见。律师在审查合同时，应当将这些口语化和非规范化的文字表述加以删改，修正为规范的法言法语。比如，“订金”应当修改为“定金”，“按照合同总费用的 10% 偿付违约金”应当修改为“按照合同总费用的 10% 支付违约金”，“在乙方从事安全检测服务过程中”应当修改为“在乙方提供安全检测服务过程中”，“如果乙方未依甲方要求改正者，甲方得解除本合同并请求赔偿”应当修改为“如果乙方未按照甲方的要求改正的，甲方有权单方解除本合同，并有权要求乙方赔偿甲方因此所遭受的损失”。“装修范围包括地下二层”的条款中，应当与委托人核实是地下第二层还是地下第一层和第二层共“两层”并进行相应的删改。此外，实践中还有一种情况是，合同主体指代不明，在合同首部载明的合同主体为“甲方”和“乙方”，但在合同条款中却采用“委托人”和“受托人”，或者是混用代词，部分条款中使用“甲方”和“乙方”，部分条款中又使用“委托人”和“受托人”，于此情形，应当将合同主体的指代称谓在合同全文中进行删改和统一。

5. 错误标点符号的删改

标点符号是辅助文字记录的符号，是书面表达的有机组成部分。尤其在法律文件中，对于标点符号的使用应当引起高度重视，同样的内容，用不同的标点符号可能会影响对条款的理解和认定，比如“本合同自甲乙双方签字盖章之日起生效”和“本合同自甲乙双方签字、盖章之日起生效”这两句表述，后一句仅仅多了一个顿号，但条款的含义就发生了变化，前者中并不要求必须同时“签字”和“盖章”，而后者中则要求“签字”和“盖章”同时具备。实践中常见的标点符号错误体现为：不应该用标点的地方使用了标点、应当用标点的地方未用标点、应该用此种标点的地方用了彼种标点以及同类条款之间标点符号不统一等情形。比如，在一份委托合同中，鉴于条款中的表述是“依据《中华人民共和国民法典》的规定，甲、乙双方经过友好协商，乙方接受甲方的委托。同意为甲方提供安全技术服务并签订本合同”，该表述中“乙方接受甲方的委托”后的句号就属于错误使用，再加上其文字表达问题，就使得该句表述非常拗口和不通顺，修正后的表述应当是“依据《中华人民共和国民法典》的规定，甲方委托乙方提供安全技术服务，乙方同意接受委托。就乙方为甲方提供安全技术服务事宜，甲、乙双方经过友好协商签订本合同”；再如，合同中“甲方的权利”条款下约定了五项权利，第一项权利后使用的是“。”，第二项权利后使用的是“；”，第三项权利后使用的是“；”，而第四项、第五项权利后使用的都是“。”，这就属于同类条款之间标点符号不统一的问题，应当统一修正为“。”或者“；”。

6. 结构调整的删改

对合同条款进行结构调整，主要是为了理顺合同条款之间的逻辑关系，美化合同的外观形式。实践中常见的问题主要有两类：第一类是不符合交易事项通常的逻辑顺序的条款，比如买卖合同中把“货物运输方式”条款置于“货物明细”条款之前，或者是在合同首部约定生效及合同份数，这些条款结构虽然并不违反法律规定，也不影响合同的效力和履行，但却有违通常交易顺序和思维逻辑，于此情形，可以将相应条款的顺序进行整体的调换。第二类是“文不对题”，即条款内容与条款的标题不属于同类事项，比如在“货物明细”条款下约定货物的运输方式，在“售后服务”条款下约定逾期交货的违约责任，于此情形，应当将该约定置于相对应的条款名称之下，理顺合同条款的逻辑关系。

第三节 建 议

建议，是基于对合同可操作性的考虑或者对委托人权益倾向性的考虑而提出的，而非律师所能决定（通常需要委托人决策或合同当事人之间协商谈判）的参考性或替代性意见或方案。能否提出合理化的建议，取决于律师的责任心和执业经验。合理的建议，能够获得双方当事人的认可，更能获得委托人的信任和肯定。反之，则可能不被采纳，甚至对合同双方交易的达成形成阻碍。

一、建议的作用

在合同审查中合理使用“建议”的审查方法，一是有助于提升合同的周延性和可操作性，尤其是对于存在“缺项”的合同而言，建议增加必要的合同条款能够完善合同内容，增加合同的周延性和可操作性；二是有利于委托人争取更多的有利条款，实践中，委托人不是法律专业人士，更专注于合同的商务条款和技术性条款，而对于法律条款往往重视程度不够，于此情形，律师的建议可以提示并促使当事人通过谈判获得更多的有利条款或者是降低法律风险或经营风险；三是有利于防范律师自身的执业风险，对于律师提出的建议，若委托人未采纳而产生风险的，不能归责于律师。

二、建议的适用范围

建议方法一般适用于合同中需要进一步明确的商务事项、委托人可以选择和争取的有利事项、合同需要整体调整或重拟以及出具否定意见并建议委托人暂缓签署的情形。

三、建议的基本要求

律师在审查合同过程中所提出的建议，至少应当符合以下要求：

1. 合法性

合法性是合同以及合同条款的基本要求，律师提出的修改建议必须具备合法性。否则，可能会给当事人带来法律风险，同时也会给律师带来执业风险，轻则影响合同的履行，或者体现出律师的不专业，重则可能给律师带来其他法律责任。比如，在一份房屋租赁合同中，律师建议将管辖法院约定为“甲方所在地法院”，这样的建议就违反了民事诉讼法关于专属管辖的规定，虽然“貌似”有利于“甲方”，但实际上是不合法的，同时也体现出该律师的专业水平存在问题。再如，在涉及民间借贷的合同中，如果律师明知当事人从事的借贷业务涉嫌“套路贷”而仍提供建议，相关的建议就不具有合法性，甚至有可能给律师带来刑事责任。

2. 可操作性

可操作性是合同的基本要求，委托人提供的待审合同存在可操作性问题尚可理解，但律师提出的建议若存在可操作性问题则是不应该的，如果律师提出的建议不具有可操作性，就达不到维护委托人合法权益的目的，甚至为合同的履行埋下隐患、造成障碍或引发争议。比如，一位律师曾就一份《审计业务约定书》出具律师意见，建议针对该约定书中审计机构的义务增加违约责任，该律师提出的建议为：“若乙方（审计机构，笔者注）未能按照本约定书规定的时间出具审计报告或审计报告不符合法律法规及行业规则要求的，每逾期一天，按照合同总价的____% 支付违约金，逾期达到 20 天的，甲方有权解除本约定书。”该律师提出的修改建议就存在可操作性问题，原因在于：该建议中的违约金是以逾期时间来计算的，若审计机构未能按照约定的时间出具审计报告，属于动态的违约责任，按照逾期时间计算违约金可行，但若审计机构出具的报告不符合要求，属于静态的违约责任，则不能按照逾期时间来计算。经笔者指出后，该律师修改了建议，修改后的建议为：“若乙方

（审计机构，笔者注）未能按照本约定书规定的时间出具审计报告的，每逾期一天，按照合同总价的____%支付违约金，逾期达到20天以上（含20天）的，甲方还有权解除本约定书。若乙方出具的审计报告不符合法律法规及行业规则要求的，甲方有权要求乙方进行修改和完善，因此造成逾期的，乙方按照前款约定承担违约责任。”修改后的律师建议就具备了可操作性。

四、建议方法的实践运用

1. 需要进一步明确的商务事项，建议予以明确

实践当中，很多合同条款的约定过于简单，甚至没有，而缺少的条款又非律师所能决定。出现这种瑕疵的原因各种各样，有的是合同当事人不了解，有的是没有经验，有的是图“省事”，有的是“重口头而轻书面”，认为书面合同只是个形式，过分依赖与对方当事人之间的“关系”，不一而足。于此情形，律师应当提出相应的完善建议。比如，设计合同中未对委托人提供基础材料的时间进行约定，为了增加合同的可操作性，应当建议增加该约定；有的合同在“违约责任”条款中仅约定“一方违反本合同规定的，应当依法承担违约责任”，这样的条款属于装饰性条款，没有任何可操作性和实践价值，于此情形，可以有两种处理方式，一种是针对对方的合同义务补增相应的违约条款，具体的违约责任形式和责任大小由委托人自行约定；另一种是对于合同权利义务不够清晰的合同，建议委托人明确双方的权利义务后约定相应的违约责任条款，并再次发送给律师审查。又如，在买卖合同中，“货物质量”条款约定“货物质量按照国家有关标准执行”，该约定就属于约定不明的情形，应当建议当事人约定明确的质量标准，以免产生争议。还有的合同条款中引用的标准或规范已经被修改或者被废止，于此情形，应当建议委托人引用现行有效的标准或规范。再如，在一份商业广场的店铺租赁合同中，约定“若承租人未按照本合同的约定申报销售数据的，按照出租方制定的《店铺管理制度》予以处罚”，但该合同中并未列明处罚的种类及处罚幅度，于此情形，应当建议将出租方制定的《店铺管理制度》作为合同的附件由双方进行确认。还如，在买卖合同中，关于售后服务条款，往往只约定“卖方在1年内提供

培训及售后服务”，于此情形，应当建议进一步约定培训的次数、方式、售后服务的具体内容、响应时间等事项，以增加合同的可操作性，避免产生争议。

2. 委托人可以选择和争取的有利事项，建议委托人采纳和争取

实践当中，有的委托人由于经验不足或者意识不到位，对于一些合同条款潜在的风险未能及时发现或者对其法律意义不清楚，在这种情况下，律师应当建议当事人采取必要防范措施或者争取更为有利的条款。比如，在股权转让合同中，约定的股权转让价款是合同签订后一次性支付，若作为受让方的律师，则应当建议委托人采取分期付款的方式，即合同签订后支付一部分，股权变更登记完成后再支付一部分，如此可以达到督促转让方及时办理股权变更登记的目的，同时也能够减少因股权变更登记无法完成而可能造成的资金损失；再如，对于管辖问题，若合同约定的是由对方所在地人民法院管辖，则可建议委托人争取由己方所在地人民法院管辖。

3. 合同需要整体调整或重拟的情形

在实践中，有些待审合同由于存在大量的瑕疵，以至于律师根本无法进行修改，从而需要重新拟定合同条款或整体调整，于此情形，应当建议委托人重新起草或调整后再发送给律师审查。笔者曾经审查过的合同中，需要建议委托人重新起草或调整的合同类型主要包括三类：第一类是建设工程施工合同沿用已经废止的合同版本，如援用 GF－1999－0201 示范文本（该文本已经被废止，现行有效的版本为 GF－2017－0201），于此情形，应当建议委托人援用现行有效的示范文本重新拟定合同条款；第二类是合同文本与交易事项不相符，比如某顾问单位发给笔者审查的是采购合同文本，但实际交易事项是委托人委托一家单位进行软件的开发（委托人认为属于采购软件和服务），于此情形，应当建议委托人按照实际情况重新拟定软件委托开发合同文本并提供给律师以便审查；第三类是委托人提供的合同文本看不出双方的权利义务，甚至不符合合同的基本要求，于此情形，应当建议当事人完善相关信息后再提供给律师审查。比如笔者曾收到这样一份待审合同：

《店铺租赁经营合同》补充协议

甲方：

乙方：

就甲乙双方　　年　　月　　日所签订的标号为　　　　　　　　的《店铺租赁经营合同》(以下简称原合同)，经双方协商一致，达成如下补充条款：

经甲乙双方协商后对于原合同条款部分进行如下修订：

在2019年6月30日之前开业经营的商户，2019年4月1日至6月30日给予在此经营的商户如下优惠政策。

1. 物业管理费、广告费不按合约内规定数额收取，以当月销售额的2%收取。

2. 固定租金与抽成两者取其高，不收取固定租金的按抽成记租。

3. 在5月31日之前缴清租赁保证金、施工保证金、施工管理费、开幕庆典费等各项费用（详见合同内双方约定及甲方到账明细)。

4. 在6月15日之前缴清4月30日之前发生的各项欠缴费用（详见甲方财务清单)。

5. 自签订本协议之日起每日规范报账、投递财务袋、投递银包、配合财务稽核，提供各项资料；关于清机条，除使用环球收银系统同时又使用自备收银系统的，应同时提供自备系统的清机条和甲方收银系统的清机条；有使用自备收银系统的请提供4月收银系统月报表，后续需提供5月、6月的自备收银系统月报表；并提供开业至今向税务申报的纳税报表，以月为单位，后续需提供5月、6月的纳税申报表。

6. 签回记租日确认函、交回各项资质、收银机签收单、概括转让协议。

7. 此协议等同回复贵司在5月21日之前给甲方发的关于销售不好的最终方案。

甲方：　　　　　　　　　　　　　　　　乙方：

该补充协议看不出甲乙双方的权利义务，条款含义不清楚，不具备合同的基本要素，笔者实在无法进行修改，于是作如下回复：“××经理您好，贵司所发文件不具备协议的基本要素（看不出来双方的权利义务)，更像是贵司发给不特定商户的一份答复或告知函。建议贵司核实后告知律师相关背景及目的，以便进行修改。”之后，该公司向笔者介绍了协议的背景及目的并完善了相关信息，笔者才得以进行审查和修改。

4. 否定意见情形

否定意见，是指律师对于合同的签署提出否定意见，认为合同风险巨大，不建议委托人签署。此种形式并不多见，一般而言，律师应当尽可能协助委托人完善合同条款，达到签署之目的。但对于个别存在重大合作风险的合同，律师也应当坚持原则，敢于说“不”，这是对委托人合法权益的一种保护，因为该合同一旦签署，极有可能给委托人带来重大法律风险。

比如在笔者审查过的一份《天津××创业投资管理中心（有限合伙）合伙协议》中，笔者是政府下属企业C一方的法律顾问，合同文本由合作方提供，该合同的主要内容是：合作方A、B与C共同设立一个有限合伙企业，注册资金5000万元，A作为执行事务合伙人出资50万元占1%，B作为有限合伙人出资2500万元占50%（出资时间为协议签署后6个月以内），C作为有限合伙人出资2450万元占49%（出资时间为协议签署后3个月以内）。在该协议中一般事项均授权A独立决策，重大事项由二分之一以上出资比例的合伙人决定。经笔者查询后发现，E科技公司由孙某和吴某两名自然人成立，注册资本25万元，法定代表人孙某。A与另外两名自然人在天津成立了D（有限合伙），注册资金1万元，执行合伙人A。A与D成立了B（有限合伙），注册资金100万元，实缴0元，执行代表孙某。经笔者分析，认为该合伙协议对于C而言极为不利，风险较大，故而提出了暂不宜签署的律师意见：

关于《天津××创业投资管理中心（有限合伙）合伙协议》的
律师审查意见

×××公司：

贵司2019年4月2日所发《天津××创业投资管理中心（有限合伙）合伙协议》（以下简称协议）已收悉。经审查，律师认为该协议对贵方而言法律风险较大，暂不宜签署。主要理由如下：

1. 该协议主体之间的高度关联性问题

该协议执行合伙人为 A，另一有限合伙人为 B。根据 2019 年 4 月 3 日全国企业信用信息公示系统的查询结果，其投资关系见下图：

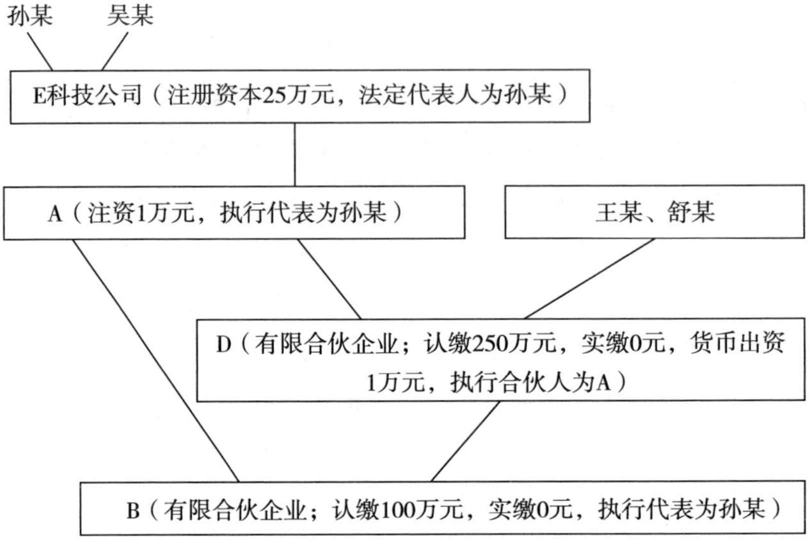

由上图可见，A 和 D 的实际控制人均是孙某，存在高度的关联性。根据《合伙协议》第二十六条的规定，一般事项授权 A 决定，重大事项由二分之一以上出资比例的合伙人决定。上述关联性导致的后果是所有重大事项经 A 和 B 达成一致后均可做出决议，而 A 和 B 均受孙某的实际控制，因此贵公司在新设的有限合伙企业中权利将被严重限制和排除。

2. 其他合伙人的出资问题

从协议文本来看，贵公司需要在 3 个月内出资 2450 万元，而 A 仅出资 50 万元。B 的出资时间为 6 个月内。此外，从查询到的资料来看（见上述关联关系图），A 与 B 是否具备 2550 万元的出资能力尚不能确定。若其不具备出资能力，则贵公司的出资将处于高度风险之中。

3. 协议内容问题

3.1 协议第二十二条第（四）项规定执行合伙人对全体合伙人的分配拥有独立决定权，与第十五条规定的分配比例相冲突。

3.2 C 公司作为有限合伙人依法仅以出资为限承担责任，但协议第十六条规定合伙人按照出资比例承担合伙企业的亏损，存在矛盾。

该协议文本中存在诸多矛盾和难以执行的条款以及限制C公司权利之内容，仅举上述两例，其余不再一一列举。

鉴于上述问题，律师认为该协议对C公司而言法律风险较大，建议暂勿签署。

说明事项：

1. 本审查意见为律师根据现行有关法律和实务经验以及查询到的相关信息而提出，不代表任何官方或权威机构的意见或判断，仅供贵司决策参考。

2. 本审查意见书涉及秘密，仅供贵司决策部门及领导阅读，请勿外传。

法律顾问：张海燕　合伙人律师

2019年4月5日

注：笔者提供的意见引起了委托人的重视，经过后续几轮的谈判，合作各方就相关事项无法达成一致，委托人也决定放弃该项合作，另行选择了其他合作方进行合作。

第四节　提　示

提示，是指就待审合同中存疑事项、潜在的法律风险或重大合同义务（责任）提醒委托人予以重视和核实确认。

一、提示的作用

提示的作用在于帮助当事人尽可能完善合同交易事项，提醒委托人识别合同风险并提前采取防范措施，同时，也可以达到促进委托人积极争取合同权利，增加对律师的认同感和依赖感的目的。

二、提示的适用范围

在合同审查实践中，提示主要适用于合同中的存疑事项、潜在法律风险以及基于前瞻性考虑的个别商业事项，通常与建议方式同时使用。

三、提示方法的实践运用

1. 存疑事项提示

存疑事项，是指待审合同中个别条款约定的内容与真实交易情况是否相符存在疑问，需要提示委托人予以核实。结合笔者的合同审查实践，常见的存疑事项包括：

（1）主体信息存疑

在笔者曾经审查的一份合作合同中，合同相对方为“天津津融集团有限公司”，但经笔者查询，并无名为“天津津融集团有限公司”的主体信息，而企业名称中包含“天津津融”“集团”字样的企业多达数十个，而合同经办人也无法告知准确信息，于此情形，提示委托人核实究竟是与哪一家主体进行合作并对主体信息进行相应的修正。如果合同经办人能够确认是哪一家主体，则可采用删改的方法直接予以修改。如在一份《媒体资源交换合作协议》中，乙方为“中国××网”，但实际上“中国××网”并非一个法人单位，而是北京××公司所属的一个网站平台，于此情形下，直接将乙方改为北京××公司即可。

（2）管辖约定存疑

笔者曾经审查过一份采购合同，买方是天津地区的企业，卖方是江苏省南京市的企业，交货地为天津，签订地为南京，但该合同约定的管辖法院却是新疆伊宁市人民法院。该管辖约定与合同双方、合同履行地均无任何联系，与常理不符，存在疑问，故需要提示委托人核实是否确实是双方真实意思表示。若是，应进一步提示当事人核实为何要约定伊宁市人民法院管辖？连结点是什么（如合同签订地是伊宁）？经沟通得知该合同是卖方经办人员从网上下载的合同文本，未经审查而直接用于本次交易，经提示后修正为买方所在地有管辖权的人民法院管辖。

（3）个别合同条件存疑

有的待审合同，在个别合同条款，尤其是合同效力条款中往往会加入个别的生效或失效的条件，而这些条件并未约定具体的内容，无法操作，需要提示委托人予以核实。比如，在一份咨询服务协议中，约定“本协议经双方签字盖章后生效，至协议有效期满或乙方完成相关服务工作终止。”但该协议中并未对协议的“有效期”进行任何约定，于此情形，应当提示委托人核实本协议是否存在有效期，若存在，应明确约定，若不存在，则应当删除“有效期满或”字句，否则该条款可能会对合同的生效造成影响。类似的还有“本合同经双方签字、盖章并于乙方支付定金后生效。”但该合同中并未对定金进行任何约定，于此情形也应当提示委托人核实是否需要交付定金，若需要，应当对定金数额、交付时间等进行约定，若不需要，则应将“并于乙方支付定金”字句删除。

（4）签署时间存疑

在实践中，笔者曾发现个别单位习惯于采用“先干活后付款”的方式，即双方先完成合同交易事项，待付款之前再补签合同，甚至要求将合同签署日期提前（倒签日期）。对于此种情况，律师应当分别处理：一种是普通的民商事合同，对于此类合同，从法律规定来看，法律并不禁止补签书面合同（可以视为双方此前已经达成口头合同），对此，提示委托人注意合同是否已经履行完毕，履行过程是否存在争议或未了事项即可（如有，则应一并约定处理）；另一种是需要对合同进行备案（如建设工程施工合同），或法律对于合同签订期限有规定（如《政府采购法》第四十六条第一款规定：“采购人与中标、成交供应商应当在中标、成交通知书发出之日起三十日内，按照采购文件确定的事项签订政府采购合同。”第四十七条规定：“政府采购项目的采购合同自签订之日起七个工作日内，采购人应当将合同副本报同级政府采购监督管理部门和有关部门备案。”），此种情况下，若倒签合同日期是为了符合备案要求，则律师应当提示委托人据实签署，并提示未按规定期限签署可能面临的法律责任。

（5）引用的规范不适用

有的合同中，对于某一合同事项的约定采取引用既有规范或文本的方式，此种方式并不违法，而且在表述上也比较简洁。但实践中出现的问题第一类是引用的规范无法适用，如某建设工程施工合同质量保修条款中约定“其他项目的保修期，按照《建设工程质量管理条例》（国务院令第279号）的相关条款执行”，但《建设工程质量管理条例》第四十条规定的内容是：“在正常使用条件下，建设工程的最低保修期限为：（一）基础设施工程、房屋建筑的地基基础工程和主体结构工程，为设计文件规定的该工程的合理使用年限；（二）屋面防水工程、有防水要求的卫生间、房间和外墙面的防渗漏，为5年；（三）供热与供冷系统，为2个采暖期、供冷期；（四）电气管线、给排水管道、设备安装和装修工程，为2年。其他项目的保修期限由发包方与承包方约定。建设工程的保修期，自竣工验收合格之日起计算。”根据该条规定，其他项目的保修期应当由发包方与承包方约定，而该待审合同中却未约定，引用《建设工程质量管理条例》中的规定，无法达到确定其他项目保修期的目的，于此情形，应当提示委托人该约定存在的问题并建议双方进行约定。第二类是引用的规范或文件不存在，比如在笔者审查的一份赞助协议中，约定“赞助商应当按照附件P的格式提供履约保函”，但该合同附件P却是关于保险的相关规定，所有附件中也没有履约保函格式，于此情形，应当提示委托人核实并增加履约保函格式。

2. 潜在风险提示

潜在风险，是指合同条款的内容约定可能会给委托人带来的风险，该种风险不一定必然发生，但有发生的可能。对于此类风险，律师应当提示委托人予以核实和确认。

（1）履约能力风险提示

此处所称履约能力，主要是指合同相对方的履约能力，但也包括委托人的履约能力。一般而言，对合同相对方履约能力的考察属于委托人自行核实和确定的内容，但随着信息技术的发展，合同主体的一些基础信息已经不是保密内容，律师可以通过公开渠道进行查询。因此，出于责任心的考虑，律师在进行合同主体审查时，有必要对合同相对方进行查询，若发现合同相对方涉诉较多，或者处于经营异常，或者有被行政处罚，或者被列入失信人员名单，则应当提示委托人进一步核实合同相对方的履约能力并慎重决定是否与之进行合同交易。比如，在笔者审查的一份场地租赁合同中，承租人为北京某公司的分公司，经笔者查询，该分公司的总公司即北京某公司已经被列入失信人员名单，涉及的诉讼案件达 13 个，尚未执行完毕的被执行数额达到 7000 余万元，于是笔者提示委托人慎重考虑是否还要与该公司签订合同。又如，在一份房地产建设合同中，经笔者查询，其房地产开发资质已经过期，于是提示委托人进一步核实该公司的资质是否还在有效期内，之后再行决定是否签署。

此外，若合同相对方的权利存在受限制的情况，可能会影响其履约能力，与之签署合同也存在风险，需要向委托人进行明确的提示。如，在笔者作为承租方法律顾问审查的一份租赁合同中，租期为 10 年，总租金 5000 余万元，出于谨慎的考虑，笔者要求经办人提供房产证，结果发现该房屋在此之前已经抵押给了银行，根据《最高人民法院关于审理城镇房屋租赁合同纠纷案件具体应用法律若干问题的解释》第二十条规定，若由于产权人未能还贷，银行实现抵押权发生所有权变动的，承租人将无法向新产权人主张继续履行原租赁合同。于是，笔者将此潜在的风险对委托人进行了明确的提示，由委托人决定是否继续签署该租赁合同。

除了重点考察合同相对方的履约能力，委托人履约能力风险同样应当考虑，对于涉及第三方审批或配合委托人难以控制的事项或者难以达到的要求亦应予以提示。比如，笔者的顾问单位某工业园区管委会与某企业签署的招商引资合同中约定："园区管委会确保项目用地在 2019 年 11 月 30 日之前具备挂牌条件"，但实际上该项目在 2019 年 8 月还未收储，而且相关手续并非该管委会能够控制，而是取决于国土部门的工作进度，因此管委会只能是去协调推进，而无法保证土地挂牌的准确时间。在此情形下，笔者及时提示了该风险，并建议将该约定修改为："园区管委会积极协调区国土部门推进项目用地的挂牌进程，争取（但不保证）项目用地在 2019 年 11 月 30 日之前具备挂牌条件"，从而降低管委会的违约风险。再如，在一份影视制作合同中，规定承制方的义务之一是"确保影片在制作完成后一个月内上映"，但实际上能否上映还取决于电影审查机构的审查结果，而审查能否通过以及审查的时间均无法控制，因此对于承制方而言该条义务就存在不能按照约定履行的风险，应当加以提示。

(2) 权利限制或让步风险提示

由于谈判地位的不同，在合同中处于相对劣势的一方通常会承担较重的合同义务，或者是经协商后相对优势的一方会做出适当的让步，体现为双方权利义务的设置和变化，律师应当就其中的潜在风险提示给委托人。权利限制主要出现在格式合同或者谈判地位相对优势的一方提供的合同文本中，比如，在一份人才招聘服务协议中，提供招聘信息的一方是互联网企业（乙方），采用的是格式合同，接受服务的一方（甲方）是一家集团公司，拟通过该互联网企业为集团下属单位招聘员工，但该服务协议中明确约定“甲方下载的简历不得用于自身招聘以外的其他任何目的，也不得泄露给第三方，除非事先得到乙方的书面同意”，笔者作为该集团公司的法律顾问，针对该条提示甲方注意该条约定将限制甲方下载的简历的用途，不能用于下属的子公司，存在风险，并建议对该条进行修改，即在“自身招聘”后加上“（含甲方的下属子公司及分公司）”。权利让步主要出现在补充协议中，如在笔者审查的一份店铺租赁经营合同补充协议中，由于该店铺租赁经营合同是出租方事先印刷好的格式合同，对于出租方而言权利条款相对较多而义务条款相对较少，但在实际招商过程中，有的品牌厂商较为强势，要求增加出租方的义务，限制出租方的权利。比如原店铺租赁经营合同中约定“出租方有权根据商场的整体经营情况调整承租方的店铺位置”，补充协议中承租人要求修改为“在征得承租方书面同意的情况下，出租方有权根据商场的整体经营情况调整承租方的店铺位置”，于此情形，笔者作为出租方的法律顾问，提示出租人注意该项修订不违反法律规定，但限制了出租方调整承租方店铺位置的权利，属于商业让步，请出租人核实是否同意。

(3) 潜在法律责任风险提示

在有的合同中，由于各种原因，可能存在违反有关规定的情形（如违反前述关于合同备案和签署时间规定），这些违规情形不一定会影响合同的效力，但却可能给当事人带来法律责任。如《政府采购法实施条例》第六十七条规定：“采购人有下列情形之一的，由财政部门责令限期改正，给予警告，对直接负责的主管人员和其他直接责任人员依法给予处分，并予以通报：……（四）未按照采购文件确定的事项签订政府采购合同……（八）未按照规定时间将政府采购合同副本报本级人民政府财政部门和有关部门备案。”第七十二条规定："供应商有下列情形之一的，依照政府采购法第七十七条第一款的规定追究法律责任（即处以采购金额千分之五以上千分之十以下的罚款，列入不良行为记录名单，在1至3年内禁止参加政府采购活动，有违法所得的，并处没收违法所得，情节严重的，由工商行政管理机关吊销营业执照；构成犯罪的，依法追究刑事责任——笔者注）：……（二）中标或者成交后无正当理由拒不与采购人签订政府采购合同；（三）未按照采购文件确定的事项签订政府采购合同……"

在笔者审查合同的过程中，发现类似潜在风险后，均对委托人予以提示并建议核实或修改或采取补救措施。如在一份房屋租赁合同中，笔者作为出租方的法律顾问，知悉该房屋正处于办理产权过程之中尚未取得产权证，但租赁合同中约定"出租方应当负责办理租赁合同的备案登记手续。"对此情况，笔者对出租方进行了如下提示：根据《天津市房屋租赁管理规定》第五条的规定，未依法取得房屋所有权证书或者其他合法权属证明的房屋不得出租，否则，由市或者区、县房地产管理局责令停止违法行为，并可处以1000元以上3万元以下罚款。此外，据《天津市房屋租赁管理规定》第十四条规定："房屋出租人办理房屋租赁登记备案手续，应当提交下列材料：……（二）房屋所有权证书或者房屋合法权属证明……"从本合同的实际情况来看，甲方尚未取得房屋所有权证书，不满足备案登记的要求，很可能无法完成备案，此种情况下出租方需要承担的违约责任是较重的。建议出租方向主管部门咨询项目目前已经取得的证书或文件是否能被认定为"其他合法权属证明"并进行备案，若不能，则建议删除本条及本协议中关于备案登记的所有约定。

又如，笔者作为某儿童游乐场的法律顾问，在为其审查门票内容的过程中，门票背部注明了若干注意事项并视为购票者同意该等事项及要求，其中有一条的表述为"本游乐场对本规定拥有最终解释权"，该条规定就涉嫌违法，可能会给游乐场带来法律责任。《合同违法行为监督处理办法》第十一条规定："经营者与消费者采用格式条款订立合同的，经营者不得在格式条款中排除消费者下列权利：……（四）解释格式条款的权利……"第十二条规定："当事人违反本办法第六条、第七条、第八条、第九条、第十条、第十一条规定，法律法规已有规定的，从其规定；法律法规没有规定的，工商行政管理机关视其情节轻重，分别给予警告，处以违法所得额三倍以下，但最高不超过三万元的罚款，没有违法所得的，处以一万元以下的罚款。”对此，笔者明确提示委托人注意该法律风险并建议予以删除。

再如，笔者在审查某顾问单位的一份《场馆租赁合同》过程中，该顾问单位为出租方，承租方为天津某行业协会，该协会承租场馆用于举办某商业展会，展会的共同主办方还包括A、B、C三家公司。该合同的租赁费用条款中约定：“承租方同意并确定，本合同项下约定的所有承租方应向甲方支付的费用（包括但不限于展馆使用费、展馆场地保证金、相关服务费、违约金、赔偿金等），由共同主办方A、B、C三家公司共同对出租方承担连带支付责任。”对于该项约定，看似对出租方较为有利，但由于A、B、C三家公司并非合同主体，基于合同的相对性原则，该项约定实际上并不必然具备法律效力。于此情形，律师的提示意见为：“提请出租方予以注意：基于合同的相对性原则，本条约定对于A、B、C三家公司并无法律约束力，不能据此认定A、B、C三家公司对出租方负有付款义务”，同时，律师进一步提出建议措施：“若A、B、C三家公司同意承担连带支付责任，则应由该三家公司向出租方出具同意付款的承诺或保证，以确保该三家公司在法律上负有付款义务。”

3. 商业事项提示

原则上，商业条款事项属于当事人自行决策的范畴，但作为律师，如果能够凭借自身的执业经验为委托人进行适当的提示或建议，无疑是值得肯定的，也有利于增加委托人对律师的认同感和依赖感。当然，能否做出相关的商业提示，取决于律师的执业经验和前瞻性思维以及责任心。比如，对付款条款进行修改时，考虑到现实中有的单位付款流程比较复杂、有的需要收款方先开具发票，为了便于合同履行，避免产生不必要的争议，律师可以提示委托人结合自身的付款流程对付款时间和发票开具事宜进行约定。在笔者服务的一个国有企业中，该单位的付款流程是必须在每月10日之前由经办部门提出付款申请并附上合同及相应发票，经审批后月底之前完成付款，因此对于该公司的所有合同涉及付款的条款部分，笔者均提示该公司由财务人员按照内部付款流程对付款条款进行相应的修改和调整。再如，在一份厂房租赁合同中，考虑到实践中出现拆迁时，产权人、承租人和拆迁单位之间容易就拆迁补偿事宜产生争议，笔者作为出租方的法律顾问，提示该方考虑在厂房发生拆迁的情况下，承租人如何配合他以及拆迁补偿款项如何分配，并建议对承租人的配合事项及拆迁补偿款的分配事宜进行约定。该项提示和建议得到了出租方的积极肯定和双方的采纳。

第五节　多种审查方法的综合运用

每一份合同存在的瑕疵都不是单一的，因此在审查修改时所采用的方法也不是单一的，通常需要综合运用各种方式进行修改。从实践经验来看，补增、删改是主要的两种审查修改方法，使用频率最高，提示和建议为辅助性方法，更多体现的是律师的责任心和前瞻性，通常与其他方法同时使用。

一、补增与删改的同时使用

对于既存在漏项，又有需要删改内容的合同条款，可以同时使用补增与删改的方法。

【审查示例 13】

待审合同条款（委托合同中关于受托方的义务）为：

3. 乙方（受托方）工作人员在从事安全技术服务时，应遵守国家法律、恪守职业道德，在提供服务时能客观公正、实事求是、遵纪尽责。且不得泄露甲方的技术和商业秘密。如因工作需要，需向第三方提供时，应提前征得甲方同意。

该条款的表述不清，对于保密义务的约定存在漏项。笔者作为委托方（甲方）的法律顾问，对该条款进行了如下的补增和删改：

3. 乙方工作人员在提供安全技术服务过程中，应遵守国家法律、恪守职业道德，在提供服务时能客观公正、实事求是、遵纪尽责。

4. 乙方不得泄露甲方的技术和商业秘密。如因工作需要，需向第三方提供时，应提前征得甲方的书面同意，否则乙方应当承担由此带来的一切法律责任，造成甲方损失的，由乙方予以赔偿。乙方工作人员的行为视为乙方的行为。

二、补增与建议的同时使用

对于合同存在漏项，但补增内容中部分需要委托人自行决策的合同条款，可以同时使用补增与建议的方法。

【审查示例 14】

待审合同条款（关于卖方的违约责任）为：

8. 违约责任

8.1 卖方的违约责任

8.1.1 卖方提供的货物质量不符合约定标准的，买方有权拒收该部分不合格的货物，要求卖方进行调换符合约定的货物。

8.1.2 卖方未按照合同约定供货的，每天按照总货款的千分之二支付违约金。

笔者作为买方的法律顾问，经审查认为该违约条款约定不够详细，需要进一步补增，而补增的内容中，关于具体的违约责任大小则建议委托人自行约定。修改后的条款为：

8. 违约责任

8.1 卖方的违约责任

8.1.1 卖方提供的货物质量不符合约定标准的，买方有权拒收该部分不合格的货物，要求卖方进行调换符合约定的货物，造成逾期的，按照逾期交货承担违约责任。或者买方也可以拒收全部货物，并按照卖方不能交货追究卖方的违约责任。

8.1.2 卖方拒不交货或不能交货的，买方有权单方解除本合同，并按照合同总额的百分之____要求卖方支付违约金。

8.1.3 卖方未按照合同约定的时间交付货物的，每逾期一天，按照总货款的千分之二支付违约金。逾期超过____天的，视为卖方不能交货，买方有权要求卖方继续交货并按照前述标准支付违约金。此种情形下，买方也有权按照 8.1.2 条之规定解除本合同并追究卖方的违约责任。

三、提示、补增和建议的同时使用

对于合同中没有约定，为了增加合同的周延性和可操作性而需要补增相关条款，但具体条款内容需要委托人自行决策和沟通的，可以同时使用提示、补增和建议的方法。比如，在委托设计合同中，没有就委托方提供素材和资料的相关事项进行约定，于此情形，律师审查意见是："提示：受托方设计工作需要委托方提供基础的素材和资料，否则设计工作无法启动。因此建议增加关于委托方提供基础设计素材和资料的明细以及提供该等素材和资料的时间的约定，具体内容请双方根据实际情况协商确定后予以约定"。

四、提示、建议、删改和补增的同时使用

实践中，有的委托人对于个别条款不甚重视，在经律师提示或建议后，决定采纳律师的建议，但对相应的条款不知道如何表述，在此种情况下，可以根据沟通结果综合采取提示、建议、删改和补增等多种方法。

【审查示例 15】

在一份股权转让协议中，关于股权转让价款的支付条款，待审合同条款为：

第五条　受让方（乙方）应当在本协议签订之日起 10 日内支付定金 300 万元整，在过户前将剩余款项支付完毕。

作为受让方的法律顾问，笔者认为该种支付方式对于受让方而言风险较大，一旦股权变更登记受阻（包括但不限于转让方拒不配合、转让方对该股权另行转让或设置质押、股权被冻结等），那么受让方将面临重大风险，笔者建议将一部分款项约定于股权变更登记之后另行支付。经笔者提示后，受让方认为确实不合理，风险较大，经受让方与转让方协商一致，同意对支付时间进行变更，于是受让方请笔者对该条款进行调整。笔者修改后的条款为：

第五条　股权转让价款的支付

受让方分三次向转让方支付股权转让价款：

1. 第一次付款：本协议签订之日起10日内支付定金人民币300万元（大写：叁佰万元整）；

2. 第二次付款：在双方约定的办理股权转让变更登记时间之前____日内，支付人民币______万元（大写：__________万元整）；

3. 第三次付款：在股权变更登记完成且目标公司章程修订完毕、相关交接资料交接完毕之后____ 日内，支付剩余款项人民币____万元（大写：__________万元整）。

对于该条款的审改，笔者先提示，后建议，然后根据委托人的要求对原条款约定的付款方式进行了删改，并补增约定了新的付款进度，至于其中空白之处，则建议委托人与转让方进一步协商，若可能，减少第二次付款的数额，将剩余款项于第三次付款时进行支付，以降低资金风险。

关于合同审查的方法，实践中可能并不限于笔者所列举的这几种方法，只是从笔者的合同审查实践经验来看，上述方法使用的频率较高，也较为实用，因此加以梳理和分析。在具体的合同审查过程中，有的方法可以单独使用，有的可以多种方法混合使用，并无一定之规。须知：方法是为目的服务的，只要是有助于实现合同审查目的的方法均是可用之法。实践中不能机械理解，而应当深入领会各种方法的作用和使用范围，针对待审合同中具体存在的问题和瑕疵，灵活运用各种方法，提升合同审查质量和水平。

中篇

合同审查的基本技能

第七章　合同主体条款审查要点解析

合同主体，也称为合同当事人，是合同的绝对必要条款，任何合同都需要有明确的合同主体，缺少合同主体将导致合同无法成立。但律师在审查合同主体时，不仅要审查合同主体的真实性，还要审查合同主体的资质及履约能力，因为在特定领域（尤其是国家限制经营的领域），如果不具备法定的资质可能会影响合同的效力，而如果合同主体的履约能力存疑，则可能导致合同难以顺利履行。律师在审查合同主体时，需要明确以下几个问题：一是审查什么？即审查范围。二是如何审查？即审查途径。三是审查后如何提出审查意见？即工作方法问题。在本章结尾部分，笔者提供了合同主体的示范性条款，可供律师们在审查合同时参考。

一、合同主体审查的范围

律师在审查合同主体时，主要审查以下几个方面：

1. 主体名称

在审查主体名称时，要点是名称准确、唯一。对于自然人，应审查合同中的主体名称与身份证上的名字是否同一，不能用笔名、小名、别名来代替。对于法人或其他组织，应审查合同中的名称是否与营业执照或官方证书上的名称同一，不能用简称，也不能以业务部、办事处、项目部作为合同主体。实践当中，当事人往往习惯于用简称，很少能说出来合同相对方的全称，但律师在审查合同时，必须审查合同中的名称是否为全称。比如，笔者曾经审查过一份合同，其中一方主体写着“甲方：首都机场集团”，但通过启信宝输入“首都机场集团”查询，查询结果中包括“首都机场集团”字样的公司达到115个，因此，必须确定本合同中的主体究竟是哪一家公司，经查询并与当事人核实，其全称应为“首都机场地产集团有限公司”。又如，将“天津玖龙公司”写成“天津九龙公司”，亦属主体信息错误。再如，在建设工程施工领域，纠纷频发，其中一类就是材料供应商往往和工程项目部签署合同，合同主体为“……工程项目部”，但由于项目章一般而言仅用于工程建设过程中内部之间的资料和工作文件的往来，并不具备对外签署协议的功能，而且项目章通常也没有在公安机关备案，私刻现象普遍存在，因此，若与项目部签署合同就存在着极大的潜在风险，极易引发纠纷和维权障碍。

在实践中，还应注意的是以第三方名义签署合同的问题。具体又分为两类：第一类是作为第三方的代理人签署，在此种情况下，应当核实该代理人是否具有第三方的合法有效授权，如果没有合法有效授权，则可能构成无权代理或越权代理。第二类是以第三方的名义签署，但签字人并非该第三方本人。私刻第三方印章签署合同亦属此类。在此种情况下，该签署人属于冒用他人身份，实际上是侵犯了第三方的姓名权或名称权，在第三方不知情也无过错的情况下，该合同对于第三方而言并不能产生法律效力。律师在审查合同过程中，面对的主要是合同文本，因此一般难以发现，但应当提示委托人在签署合同时加以注意、审慎核实。若根据合同行文能够判断出存在上述情况，则应明确建议委托人加以核实和完善，避免由于合同主体问题影响合同效力或者在后续履行过程中产生不必要的纠纷和损失。

此外，合同主体信息既会载明于合同首部，也会载明于合同尾部签章处，甚至在合同附件中也可能出现。因此，律师审查合同主体名称时，还应当审查前后名称是否一致，若不一致，则应核实后统一。

2. 主体基本信息

以达到唯一性为标准，主体的基本信息可参照法院判决书对当事人基本信息载明事项来确定。

自然人的基本信息包括：姓名、性别、出生日期、民族、单位及职务、住所地、身份证号码。其中，姓名、住所地和身份证号码是必备信息，否则难以达到唯一性的标准。

法人及其他组织的基本信息包括：单位名称、住所地、法定代表人（负责人）、统一社会信用代码①。需要注意的是，法人的实际经营地与注册登记地很多时候并不一致，在合同中应以实际经营地作为住所地。此外，在律师服务顾问单位的过程中，当公司的基本信息发生变更后，在合同中也应当及时修改。比如，在公司的法定代表人已经由张三变更为李四的情况下，律师在审查合同时就应当在基本信息中修正过来，如果仍然写成张三，当新的法定代表人李四看到后，必然会要求修改，并且会给委托人带来不好的印象，这属于细节问题，律师应当多加注意。

3. 主体资质信息

律师审查合同主体资质，应注意两个方面：

一是审查该主体是否具备签署合同的一般行为能力。对于自然人而言，主要审查其是否具备相应的民事行为能力，若是无民事行为能力人或限制行为能力人，则其签署合同的行为能力受限，需要从法律上予以补正。对于法人或其他组织而言，主要审查其是否依法成立并有效存续，若该法人已经被吊销营业执照或正处于清算状态，则不能再签署经营性合同。

二是审查该主体是否具备签署特定合同的特殊行为能力，即是否存在影响特定合同成立或生效的特殊资质限制。在民商事领域，法无禁止即自由。因此，只要没有法律禁止性规定的，当事人均可自愿进行交易并签署合同。但对于一些特殊领域，出于政府合理管控的需要，对合同主体条件或资质有特殊的要求。如果不满足这些要求，则可能影响合同的成立或效力。律师在审查涉及特殊要求的合同时，应当提高警惕，对相关资质进行审查。这些特殊要求主要体现在：

（1）保证人的资质要求：根据《民法典》第六百八十三条的规定，下列三类主体不能作为保证人，一是机关法人，二是以公益为目的的非营利法人，

---

① 该代码系根据强制性国家标准 GB 32100－2015《法人和其他组织统一社会信用代码编码规则》（2015 年 10 月 1 日起实施），代码用 18 位的阿拉伯数字或大写英文字母表示，由登记管理部门代码（1 位）、机构类别代码（1 位）、登记管理机关行政区划码（6 位）、主体标识码（组织机构代码）（9 位）和校验码（1 位）5 个部分组成。

三是非法人组织①。

（2）房地产及建设工程领域的特殊资质要求：房地产开发企业需具有相应的开发资质（《房地产开发企业资质管理规定》第五条规定了房地产开发企业按照企业条件分为一、二、三、四四个资质等级，每个资质等级的条件和能开发的房地产项目均不一样）；建筑企业（包括但不限于施工、设计、监理、勘察）也需要具备相应的资质。

（3）其他特殊行业资质。例如广告、典当、拍卖、审计、评估、鉴定、文物、金融、石油、食品、餐饮、住宿、药品、烟酒、食盐、期货、保险、航空、运输、物业管理、压力容器、危险品、特种设备、教育、法律、医疗、进出口贸易等，均需要获得相应的行政许可，具备相应的经营资质。

4. 主体履约能力

合同主体的履约能力，直接影响到合同能否顺利履行，进而影响到己方当事人的合同目的能否实现。对于合同相对方履约能力的判断，实际上是审查合同主体的核心，包括法律上的审查和事实上的审查。但需要注意的是，履约能力是合同相对方的内在实力和履约诚信的综合体现，属于合同相对方的内部事项，难以进行准确的判断。就律师而言，虽然不能做出准确的预判，但在现有的技术条件下，律师可以通过公开的渠道收集合同相对方的有关信息来进行合理的预判并将这种预判提示给己方委托人，供其决策参考。其中主要的信息包括：相对方是否涉诉、是否被列为失信人员、是否被行政处罚、注册资本、股东情况等。这些信息，往往能够从一定程度上反映出合同相对方的实力和诚信程度。比如笔者曾经代理过国内某知名连锁酒店的一起经营权转让纠纷案件，相对方是自然人，酒店转让后，相对方拖欠了数百万元的转让款未支付，后经查询得知该自然人早在合同签署之前就已多次被列入失信人员名单。试想，倘若在合同签署之前知道这一情况，很可能就不会签署该合同或者提前采取必要的防范措施，避免不必要的纠纷和损失。类似的情况还出现在笔者另外服务的一个顾问单位中，该单位在2016年11月将场馆

① 《民法典》第六百八十三条规定：机关法人不得为保证人，但是经国务院批准为使用外国政府或者国际经济组织贷款进行转贷的除外。

以公益为目的的非营利法人、非法人组织不得为保证人。

租赁给北京某公司举办活动，但活动结束后该公司迟迟未支付租金，顾问单位要求律师提供起诉方案，律师通过查询发现，该公司当时尚有 10 个未结的执行案件，被申请强制执行的标的额高达6000 余万元，单个案件从数万元到上百万元不等。实际上，倘若在签合同之前对该公司进行必要的查询，则被对方拖欠租金的风险就可以得到有效的控制。

二、合同主体审查的途径

从实践经验来看，根据不同的审查目的，有下列途径可以使用：

1. 审查主体的真实性

自然人主体信息可通过审查下述证件予以确认：身份证、户口簿、军人身份证件、武装警察身份证件、台湾居民来往大陆通行证（适用于台胞）、港澳居民往来内地通行证（适用于港澳居民）、护照或外国人就业证（适用于外国人）。

法人或其他组织主体信息可通过以下途径审查其真实性：审查营业执照，通过国家企业信用信息公示系统（http：//www. gsxt. gov. cn/index. html）查询企业基本信息，通过全国组织机构统一社会信用代码数据服务中心（https：//www. cods. org. cn/）查询企业统一社会信用代码（或组织机构代码）。

2. 审查主体涉诉情况

可通过中国裁判文书网（http：//wenshu. court. gov. cn/）查询主体涉诉情况，该网站最为权威；通过中国法院网（http：//www. live. chinacourt. org/fygg. shtml）的“公告查询”窗口可以查询公告开庭信息；通过中国执行公开信息网（http：//zxgk. court. gov. cn/）可以查询主体涉及执行情况和是否被列入失信人员名单。此外，手机 APP 应用“启信宝”也可以查询企业的基本信息及涉诉情况（但需要到权威网站进行核实）。

3. 审查主体特殊资质

关于合同主体的特殊资质问题，常用的方法是审核合同当事人提供的相应资质证明，审核的重点是该证明文件是否在有效期内以及该证明文件的许可事项及范围。此外，有些信息也可以从网络渠道进行核实和查询，如，住建部网站（http：//www. mohurd. gov. cn/wbdt/dwzzcx/）上可查询建筑业单位及人员资质；中国土地市场网站（http：//www. landchina. com/）上可查询土地出让公告、供地计划、地块公示、结果公告及大企业购地情况；国家知识产权局网站（http：//www. sipo. gov. cn/）上可查询相关专利信息；国家知识产权局商标局中国商标网站（http：//wcjs. sbj. cnipa. gov. cn/txnT01. do）上可查询相关商标信息；中国版权保护中心网站（http：//www. ccopyright. com. cn/cpcc/）上可查询计算机软件著作权及作品著作权信息；中国证监会指定的信息披露网站“巨潮资讯网”（http：//www. cninfo. com. cn/new/index）上可查询上交所和深交所上市公司的各种公告、分红情况、财务指标、公司年报等。

三、如何提出审查意见

律师在经过审查后，需要向委托人提出审查意见，同时也是体现律师的工作成果。一般而言有两种方式（视情况单独使用或同时使用）：

1. 补增

对于律师能够查明核实的合同主体基本信息，可直接补充完整。对于律师无法查明核实的合同主体基本信息，可列出标题并提示委托人核实后补充完整。常用的表述为：“请贵司核实相关主体信息后予以补充完整。”

2. 提示

对于经审查后律师对合同相对方的资质或履约能力存疑的，应当向委托人做出提示并说明理由。常用的表述为：“请贵司核实对方是否具备×××资质，并审核其资质证书”，或者“经律师通过网络途径初步查询，该公司……已过有效期，请贵司进一步核实其资质的有效性，若确已失效，则建议贵司在其资质问题未解决之前暂缓签署本合同”，或者“经律师初步调查，该公司涉及××件未结诉讼（标的共计人民币××元）及××件执行案件（标的共计人民币××元)，且已于××年××月××日被列入失信人员名单，提示贵司核实其履约能力并慎重考虑是否与其签约或采取必要的防范措施”。律师在审查合同过程中处理此类问题时，一是要进行必要的查询；二是要注意提示的程度，由于互联网查询仅具有参考意义，因此不宜使用绝对性的判断语气，比如“该公司为虚假公司”“该公司没有履约能力”等；三是要提示委托人进一步核实。

四、合同主体示范条款

律师在审查合同主体条款的完整性方面，可以参照下列示范条款来审查待审合同中关于合同主体的信息是否完整和规范（以自然人和法人为例）：

合同主体示范条款（注：相关信息为拟制）

本合同由下列双方当事人共同签署：

甲方：天津市某甲有限责任公司

住所：天津市河西区友谊北路×大厦×座×室

法定代表人：张×一　　职务：总经理

统一社会信用代码：91120105340××××18J

乙方：李××，男，1978年7月4日出生，汉族，天津市××工贸有限公司销售经理，住天津市河北区中山北路顺德花园×号楼×门×××室，居民身份证号码1201031978070×××××。

第八章　合同标的条款审查要点解析

合同标的是合同法律关系的客体，是合同权利义务指向的对象[①]。标的条款是合同的绝对必要条款，合同不规定标的，就会失去目的，失去意义[②]。从实践经验来看，人民法院能够确定当事人名称或者姓名、标的和数量的，一般认定合同成立。换言之，没有合同标的，合同就不能成立。

审查合同标的条款，通俗地讲就是要解决当事人要“干什么”的问题，主要审查三个方面的内容，一是标的本身，二是标的数量，三是标的质量。鉴于质量条款的审查在本书第九章中予以详细阐述，故本章重点阐述对于标的本身和标的数量的审查要点。

一、标的类型

在学理上，很多学者将合同标的作为债的标的之一种，认为合同标的是给付行为[③]，但《民法典》第四百七十条第一款中所规定的标的，时常不是学说所指的标的，而是标的物[④]。从法律实务角度，笔者也倾向于这种理解，即本书所称的合同标的，实际上是指合同的标的物，即交易标的，是双方权利义务所围绕的核心。从实践经验角度，参考政府采购合同将标的物分为货物和服务的做法，合同标的（物）主要可分为物、行为、权利三大类（这种

---

① 崔建远：《合同法》，北京大学出版社2013年版，第65页。

② 崔建远：《合同法》，北京大学出版社2013年版，第65页。

③ 如梁慧星教授在其《民法总论》（法律出版社2001年版）第87页：债权之客体为行为，称为给付。韩世远教授在其《合同法总论》（法律出版社2011年版）第243页：给付，及债的标的，是指债之关系上特定人之间可以请求的特定行为，不作为也可以为给付，且不局限于有财产价格。

④ 崔建远：《合同法》，北京大学出版社2013年版，第65页。但笔者根据《民法典》的规定，将原文中的《合同法》第十二条修改为《民法典》第四百七十条。

分类方法在法学理论上是否周延还需要进一步论证，但从实务角度易于理解和区分），其中“物”在本书中取日常生活概念，即有体物，与政府采购法上的货物具有同样的含义。

1. 物①

民法上的物，是物权的客体，是一切财产关系最基本的要素，且涉及一切财产关系。在物权法律关系中，客体都是物。在合同法律关系中，大多数合同指向的客体也是物，如房屋买卖、汽车租赁、设备运输等，均是围绕着物来产生的，无不与物有关。民法上的物具有如下特征：非人格性，即非人格所附；可支配性，即能够为人力所支配，日月星辰不能为人力所支配，非法律上之物；排他性，即须有确定的界限和范围，能够置权利人排他的支配之下；功能性，即能够满足人类社会生活上的需要。兼顾理论研究及实用性，物可以按照不同标准分为以下几种不同的类型：

（1）动产和不动产

根据是否具有可移动性，物可分为动产与不动产。不动产是指依自然性质或者法律规定不可移动的物，包括土地及其定着物。不动产以外的物为动产。

（2）特定物和不特定物

根据其在交易中的确定方式，物可分为特定物与不特定物。特定物是指依当事人的意思具体指定之物。如特定的画作、当事人特别选定的某部手机，都为特定物。不特定物是指当事人仅依抽象的种类、品质、数量予以限定之物，完全依主观的标准进行区别。特定物与不特定物的区分，在具体的交易中才有意义，它不是物本身的区别，而是交易方法之区别。以特定物为合同标的的，在标的物意外灭失时，合同将无法继续履行。

（3）原物和孳息

根据两物之间的联系，物可分为原物与孳息。原物为孳息所从出之物，孳息指原物所出之收益。孳息又分为天然孳息与法定孳息。天然孳息是指物依自然而产生的出产物、收获物，如植物之果实，及动物之卵、奶、幼崽。法定孳息是指依法律关系所生的收益，包括利息、租金等。《民法典》第三百

① 本部分主要参照梁慧星：《民法总论》，法律出版社2001年版，第87—96页。

二十一条规定："天然孳息，由所有权人取得；既有所有权人又有用益物权人的，由用益物权人取得。当事人另有约定的，按照其约定。法定孳息，当事人有约定的，按照约定取得；没有约定或者约定不明确的，按照交易习惯取得。"

（4）流通物、限制流通物和禁止流通物

根据其流通性，物可分为流通物、限制流通物和禁止流通物。流通物是指得为交易标的并自由流通的物。限制流通物是指限定在特定主体之间或特定范围内流通的物。禁止流通物是指法律规定不得为交易的标的而流通的物。依现行法规定，文物、外币、麻醉药品、运动枪支、弹药等属于限制流通物，矿藏、水流等国家专有物以及毒品、淫秽物品等属于禁止流通物。以禁止流通物为交易标的的交易合同无效，以限制流通物为交易标的的交易合同在特定的主体或范围之间有效。

（5）单一物、结合物与集合物

单一物是指形态上独立成为一体之物，如牛、马、布匹等。结合物是指由数个物结合而成之物，其构成部分虽未丧失其个性，但形体上已经成为统一体，在法律上与单一物同样对待，如手表、汽车、电视机等。集合物是指多个单一物或结合物集合而成之物，如一群羊、一个企业之全部及其设备等。对于单一物或结合物，原则上权利及于物之全部，其中一部不得成为权利客体。而对于集合物，则权利原则上及于物之各部，不得将其作为一个权利的客体，应分别作为个别权利的客体。

2. 行为

作为合同标的的行为，包括积极的作为（此时也可理解为服务，如物业服务、劳务合同、代理等）和消极的不作为（如竞业禁止、保密等）。

3. 权利

作为合同标的的权利，是指合同主体所拥有的财产性权利，如知识产权、股权、债权等。人身权利不直接具有财产内容的，不能以金钱来衡量其价值，一般不能作为合同交易标的，但具有财产内容的人身权利的载体（如头发、血液）在不违反法律禁止性规定、不损害社会公共利益的条件下可以成为合同交易标的。

二、标的数量

合同标的的“数量”是确定合同整体标的的必备指标，在合同中必须明确约定标的的数量。实践中常见的是直接明确标的的数量，如购买一套房、两部手机、三辆汽车等。但当事人也可以约定数量的确定规则，比如买卖双方签署一份常年的供货协议，在该协议中可以就货物的数量约定以买方签署的送货单记载的数量来作为确定总数量的依据，并据此进行货款结算。

三、标的条款的审查要点

律师在审查合同标的条款时，审查的要点包括标的的合法性、明确性和特定性三个方面。在实务中，对于标的条款的审查，合法性审查属于法律审查，明确性和特定性审查更多属于商务审查，需要结合律师的执业经验并充分与当事人进行沟通后方可进行客观的审查。

1. 标的的合法性

标的的合法性，包括两个层面的含义，一是指在不考虑标的权利人的情况下，合同标的本身的交易是否为法律所允许，如果标的不合法，则合同就不可能具有法律效力。就物品而言，流通物是依法可以自由交易的，限制流通物在特定的主体间可以交易（如烟草、食盐、枪支等），禁止流通物（如土地所有权、毒品、淫秽物品等）则不允许进行交易。就行为而言，其合法性主要是指该行为不得违反法律法规（如雇凶杀人）和社会公序良俗（如色情交易）。就权利而言，其合法性主要是指该权利在法律上予以承认和保护。二是指当事人对于该标的具有合法的处置权，如果没有合法的处置权，则属于无权处分，会导致合同的效力处于待定状态，若不能事后获得处置权利或被权利人予以追认，则该处分行为无效，当事人的合同目的无法实现，无处分权的一方将因此而产生法律责任（如违约责任、侵权责任）。

2. 标的的明确性

标的的明确性包括标的名称和数量的明确。在标的是物的合同中，标的名称应当使用规范的正式名称，如自行车，不宜使用人力车、脚踏车等名称。在标的是行为的合同中，标的名称应当概括行为的主要内容和特点，让看到合同的人不用通读全文即可看出该合同标的的主要内容，如在广告发布合同中，合同标的应当是“广告发布服务”，在广告制作合同中，合同标的应当是“广告制作服务”，而不宜笼统地称为“服务”或“广告服务”。在标的是权利的合同中，标的名称应当能够反映出该权利的性质及主要特点，尽可能使用法律用语，如股权转让合同中，合同标的应当是“股权”，而不宜使用“投资权利”或“出资权益”之类的表述。相反，若转让的是合伙企业的出资份额，则不宜使用“股权”作为合同标的的表述。

就合同标的的数量而言，第一要有明确的数量或者数量的计算方法；第二要注意标的的计量单位必须规范、准确，比如购买煤炭的合同中，应当使用“吨”作为计量单位，而不能使用“车”作为计量单位，如果合同中约定甲方向乙方购买10车煤炭，那么这个合同就会存在极大的问题，发生争议几乎不可避免，因为“车”并非规范的计量单位，车的载重因车而异，即使车辆能够确定，装载情况不同也会影响标的的数量。

3. 标的的特定性

标的的特定性，是指在具体的待签合同中，标的必须是明确的、特定的，这是在合同标的名称明确的基础上对特定合同中交易标的的进一步明确和锁定。在标的是物的合同中，规格、型号、颜色、成分、产地、等级等均可以作为锁定标的的指标，如果单一指标难以锁定标的，可使用多个指标结合的方式来进行锁定，甚至也可以配以图片加以锁定。对于当事人有特别要求的指标，应当特别指出，比如在镍铁矿买卖合同中，若当事人对于“镍点”有特殊的要求，则应在合同中明确“镍点”的数额。此外，如果没有通用的前述指标，还可以封存样品，根据样品来锁定合同标的。在标的是行为的合同中，应当详尽地列明相应的服务内容、方式及标准。比如在律师事务所接受当事人委托的委托代理合同中，应当就承办律师、律师的代理权限、代理的案件阶段、工作内容等进行详尽的约定。在标的是权利的合同中，应当明确该权利的载体、所对应的权利人、权利证书（如有的话）以及权利所处的状态等内容。从合同审查实务来看，标的的特定性审查是合同标的条款审查的重中之重，很多合同（尤其是服务类合同）在标的的特定性方面的约定都存在欠缺。从实用性角度而言，就像用经度和纬度两个指标来确定地理坐标一样，不论采取何种方法，其终极目的都是将合同标的特定化。

四、标的条款示例

合同标的是一个较为抽象的法律概念，在不同的合同中表现方式也不同，需要结合具体合同中当事人的合同目的来进行约定，不同的合同标的有不同的界定方式，没有放之四海而皆准的方式可以一劳永逸，下面针对不同类型的标的条款予以示例，目的不在于把这些条款当作模板，而在于通过这些示例条款来揭示合同标的条款的核心和要点，律师在合同审查实务中，应当结合具体的合同及当事人的目的来审查标的条款。

1. 物品类标的条款

（1）表格式

实践当中，对于种类物或者采购品种较多的买卖通常采用此种方式，具体内容可根据标的的情况来进行调整和填写。参考样式如下：

第××条　合同标的

品名	规格	型号	颜色	单位	单价	数量	总价	备注

（2）列举式

实践当中，对于特定物或者采购品种较少的买卖合同通常采用此种方式。参考样式如下：

第××条　合同标的

品名：红土镍矿

原产地：菲律宾

规格：Ni≥10%，P≤0.05%，S≤0.5%，Si≤4.0%，C≤4.0%

数量：5000吨（±5%），按发货单据实结算

2. 服务类标的条款

服务类标的条款，需要结合服务范围、服务方式、服务期限、服务标准等进行约定，一般不会在一个合同条文中约定，而是由多个条款来进行约定（可以理解为是合同标的模块）。以广告发布合同为例，将标的条款示例如下：

鉴于乙方是《渤海早报》××××行业广告的独家代理商，就甲方委托乙方提供广告发布服务事宜，甲、乙双方达成如下条款：

第一条　服务内容

乙方在本合同约定的期限内在《渤海早报》上为甲方发布广告，广告发布版面为第××版，规格为30CM×15CM。

第二条　服务时间

1. 广告发布期：自××年××月××日起，至××年××月××日止，共计××天。

2. 在广告发布期内，随报纸发行频率每日发布一次，连续发布。

说明：上述鉴于条款中明确了乙方的权限和资质，第一条中明确了广告发布的媒体及版面、规格，第二条中明确了广告发布的期限以及频率，满足标的的合法性和特定性要求。

3. 权利类标的条款

权力类标的条款，需要结合权利的来源、性质、状态及权利让渡情况等进行界定，通常也是由多个条款来进行综合界定。以注册商标转让合同为例，将标的条款示例如下：

鉴于甲方是××××注册商标的所有人，就该注册商标的转让事宜，甲、乙双方经协商达成如下协议：

一、注册商标的基本情况（详见《商标注册证》）

1. 商标名称：××××

2. 商标图样：××××

3. 商标注册号：××××　　　　国别：中华人民共和国

4. 商标注册有效期限：××年××月××日至××年××月××日。

5. 商标核定使用商品类别：××

二、转让期限：××年××月××日至××年××月××日，期满后甲方有权收回该注册商标。

三、注册商标转让后，乙方可以使用该商标的商品类别为：××××，可以使用该商标的地域范围：中国大陆（不含港澳台）。

说明：上述鉴于条款明确了标的名称及权利人，第一条界定了标的的基本信息并通过《商标注册证》予以锁定，第二条明确了标的的转让期限，第三条为转让方对标的的适当限制（同时也是受让方的权利边界），满足标的的合法性和特定性要求。

第九章　质量条款审查要点解析

质量条款虽然不是合同成立和生效的必要条款，但对于当事人的合同目的而言，却是合同的核心条款，因为标的质量直接关系到当事人合同目的能否实现，至少是能否顺利实现。《民法典》第五百一十条规定："合同生效后，当事人就质量、价款或者报酬、履行地点等内容没有约定或者约定不明确的，可以协议补充；不能达成补充协议的，按照合同相关条款或者交易习惯确定。"第五百一十一条第（一）项规定："当事人就有关合同内容约定不明确，依据前条规定仍不能确定的，适用下列规定：（一）质量要求不明确的，按照强制性国家标准履行；没有强制性国家标准的，按照推荐性国家标准履行；没有推荐性国家标准的，按照行业标准履行；没有国家标准、行业标准的，按照通常标准或者符合合同目的的特定标准履行。"由此可见，若当事人在合同中对质量没有约定或约定不明的，从法律规定上分析可以分为三步：第一步，可以由当事人协商后补充约定，但实践中往往由于各自利益诉求不同，当事人难以协商达成一致。第二步，在不能协商一致的情况下，按照有关合同条款或者交易习惯确定，但从实践经验来看合同中往往缺少"有关条款"，"交易习惯"也存在较大的证明难度。第三步，在前两步都不能确定质量标准的情况下，按照国家标准、行业标准确定。没有国家标准、行业标准的，按照通常标准或符合合同目的的特定标准来确定。但实践中，通常标准和特定标准都难以确定，一旦进入诉讼程序，双方都将面临巨大的举证困难，对于司法裁判人员来讲也是一件困难的事情。因此，律师在合同审查过程中，一定要高度重视质量条款，从质量条款的明确性、合理性、可操作性等方面进行细致审查，若没有约定或约定不明，将会给合同履行带来巨大的障碍，甚至导致合同目的落空，无法继续履行。

一、质量的内涵

本书所称的质量，不仅仅指商品或货物质量，而是泛指合同标的所应具备的质量或品质。如前所述，标的主要包括物品、行为（服务）、权利。就物品的质量而言，不论是国际的、国家的，还是地方的、行业的，抑或是企业的，一般均有客观的标准。就行为（服务）而言，一般均由当事人根据供需实际情况进行约定。就权利而言，则主要依据法律规定和实践经验，对权利的合法性、完整性及可处置性进行约定。

二、质量标准

根据《标准化法》以及《民法典》第五百一十一条的规定，质量标准可以分为国家标准、行业标准、地方标准、团体标准、企业标准、通常标准和特定标准。我国《标准化法》中规定的标准包括国家标准、行业标准、地方标准和团体标准、企业标准。国家标准分为强制性标准、推荐性标准，行业标准、地方标准是推荐性标准，强制性标准必须执行，国家鼓励采用推荐性标准。《标准化法》第十条第一款规定："对保障人身健康和生命财产安全、国家安全、生态环境安全以及满足经济社会管理基本需要的技术要求，应当制定强制性国家标准。"第十一条规定："对满足基础通用、与强制性国家标准配套、对各有关行业起引领作用等需要的技术要求，可以制定推荐性国家标准。推荐性国家标准由国务院标准化行政主管部门制定。"第十二条规定："对没有推荐性国家标准、需要在全国某个行业范围内统一的技术要求，可以制定行业标准。行业标准由国务院有关行政主管部门制定，报国务院标准化行政主管部门备案。"第十三条规定："为满足地方自然条件、风俗习惯等特殊技术要求，可以制定地方标准。地方标准由省、自治区、直辖市人民政府标准化行政主管部门制定；设区的市级人民政府标准化行政主管部门根据本行政区域的特殊需要，经所在地省、自治区、直辖市人民政府标准化行政主管部门批准，可以制定本行政区域的地方标准……"第十八条第一款规定："国家鼓励学会、协会、商会、联合会、产业技术联盟等社会团体协调相关市场主体共同制定满足市场和创新需要的团体标准，由本团体成员约定采用或者按照本团体的规定供社会自愿采用。”第十九条规定：“企业可以根据需要自行制定企业标准，或者与其他企业联合制定企业标准。”第二十一条规定：“推荐性国家标准、行业标准、地方标准、团体标准、企业标准的技术要求不得低于强制性国家标准的相关技术要求。国家鼓励社会团体、企业制定高于推荐性标准相关技术要求的团体标准、企业标准。”通常标准和特定标准是《民法典》第五百一十一条第（一）项所规定的内容。

1. 国家标准

国家标准由国务院标准化行政主管部门（国家标准化管理委员会）制定，分为强制性标准和推荐性标准。保障人体健康，人身、财产安全的标准和法律、行政法规规定强制执行的标准是强制性标准（代号为 GB），必须执行。根据《标准化法实施条例》第十八条之规定，下列标准属于强制性标准：（一）药品标准，食品卫生标准，兽药标准；（二）产品及产品生产、储运和使用中的安全、卫生标准，劳动安全、卫生标准，运输安全标准；（三）工程建设的质量、安全、卫生标准及国家需要控制的其他工程建设标准；（四）环境保护的污染物排放标准和环境质量标准；（五）重要的通用技术术语、符号、代号和制图方法；（六）通用的试验、检验方法标准；（七）互换配合标准；（八）国家需要控制的重要产品质量标准。除此之外，其他标准是推荐性标准（代号为 GBT），由当事人自愿选择采用。国家标准的编号由国家标准的代号、国家标准发布的顺序号和国家标准发布的年号（发布年份）构成。

2. 行业标准

行业标准由国务院有关行政主管部门制定，并报国务院标准化行政主管部门备案，适用于全国范围内的具体行业。如：AQ（安全行业标准）、BB（包装行业标准）、CB（船舶行业标准）、CH（测绘行业标准）、CJ（城镇建设行业标准）、CY（新闻出版行业标准）、DA（档案行业标准）、DL（电力行业标准）、DZ（地质矿产行业标准）、FZ（纺织行业标准）、GA（公安行业标准）、GY（广播电影电视行业标准）、HB（航空行业标准）、HG（化工行业标准）、HJ（环保行业标准）、JB（机械行业标准）、JC（建材行业标准）、JG

（建筑行业标准）、JR（金融行业标准）、JT（交通行业标准）、JY（教育行业标准）、LB（旅游行业标准）、LD（劳动行业标准）、LS（粮食行业标准）、LY（林业行业标准）、MH（民航行业标准）、MT（煤炭行业标准）、NB（能源行业标准）、NY（农业行业标准）、QB（ 轻工业行业标准）、QC（汽车行业标准）、QJ（航天行业标准）、QX（气象行业标准）、SB（商业行业标准）、SH（石化行业标准）、SJ（电子行业标准）、SY（石油行业标准）、TB（铁道行业标准）、WH（文化行业标准）、WS（卫生行业标准）、YC（烟草行业标准）、YD（通信行业标准）、YY（医药行业标准）、YZ（邮政行业标准）、ZY（中医药行业标准）、ZC（知识产权行业标准）等。《行业标准管理办法》第四条规定：行业标准分为强制性标准和推荐性标准。下列标准属于强制性行业标准：（一）药品行业标准、兽药行业标准、农药行业标准、食品卫生行业标准；（二）工农业产品及产品生产、储运和使用中的安全、卫生行业标准；（三）工程建设的质量、安全、卫生行业标准；（四）重要的涉及技术衔接的技术术语、符号、代号（含代码）、文件格式和制图方法行业标准；（五）互换配合行业标准；（六）行业范围内需要控制的产品通用试验方法、检验方法和重要的营业产品行业标准。其他行业标准是推荐性行业标准。

3. 地方标准

为满足地方自然条件、风俗习惯等特殊技术要求，可以制定地方标准。地方标准由省、自治区、直辖市人民政府标准化行政主管部门制定；设区的市级人民政府标准化行政主管部门根据本行政区域的特殊需要，经所在地省、自治区、直辖市人民政府标准化行政主管部门批准，可以制定本行政区域的地方标准。地方标准由省、自治区、直辖市人民政府标准化行政主管部门报国务院标准化行政主管部门备案，由国务院标准化行政主管部门通报国务院有关行政主管部门。地方标准的编号由四部分组成：DB（地方标准代号）+省、自治区、直辖市行政区代码前两位+顺序号+年号。

4. 企业标准

企业生产的产品没有国家标准、行业标准和地方标准的，应当制定相应的企业标准，作为组织生产的依据。企业的产品标准须报当地政府标准化行政主管部门和有关行政主管部门备案。已有国家标准或者行业标准的，国家鼓励企业制定严于国家标准或者行业标准的企业标准，在企业内部适用。根据《企业标准化管理办法》第五条规定，企业标准由企业制定，由企业法人代表或法人代表授权的主管领导批准、发布，由企业法人代表授权的部门统一管理。该办法第六条规定，企业标准有以下几种：（一）企业生产的产品，没有国家标准、行业标准和地方标准的，制定的企业产品标准；（二）为提高产品质量和技术进步，制定的严于国家标准、行业标准或地方标准的企业产品标准；（三）对国家标准、行业标准的选择或补充的标准；（四）工艺、工装、半成品和方法标准；（五）生产、经营活动中的管理标准和工作标准。企业标准由企业根据自身情况自行编号，一般以Q或者企业名称（代号）开头。

5. 通常标准

根据全国人大常委会法制工作委员会编写的合同法释义，所谓通常标准，指的是同一价格的中等质量标准。但在存有争议的情况下，对于何为“中等质量标准”仍会各执一词，最终也极有可能通过司法裁判进行自由裁量。

6. 特定标准

根据《民法典》第五百一十一条的规定，所谓特定标准，是指符合合同目的的标准，仅适用于具体的某份合同，对其他合同没有参照意义。但在存有争议的情况下，对于“合同目的”的界定同样还是存在困难，最终也极有可能通过司法裁判进行自由裁量。在合同标的为服务的情况下，质量标准指的是服务提供方的服务质量，一般均由接受服务方和提供服务方协商确定，仅适用于该合同，该服务标准应属于特定标准，也可称为约定标准。

7. 国际标准

在国际贸易中，关于货物的质量通常会约定国际标准。国际标准是指国际标准化组织（ISO）、国际电工委员会（IEC）和国际电信联盟（ITU）制定的标准，以及国际标准化组织确认并公布的其他国际组织制定的标准。国际标准在世界范围内统一使用。①

---

① 来源于百度百科，网址：http：//baike. baidu. com/item/国际标准？fr = aladdin。

三、质量检验

在合同标的为货物的情况下，对于买方而言，所购买的货物或者服务是否符合约定的质量标准，直接影响到其合同目的的实现程度。因此，在质量条款中，必不可少的内容是如何进行质量检验及验收。就质量检验条款而言，涉及检验机构（是单方检验、双方检验还是第三方检验）、检验方式（是抽样检验还是逐一检验）、检验期限以及逾期检验的后果等问题，需要予以明确约定。《民法典》第六百二十条规定：买受人收到标的物时应当在约定的检验期限内检验。没有约定检验期限的，应当及时检验。在合同标的为服务的情况下，质量检验体现为接受服务方的检查或“体验”。

四、质量异议及救济

在进行质量检验后，根据检验结果会出现两种情况，一种是检验合格（合同继续顺利履行），另一种就是检验不合格。在检验不合格的情况下，一方面要保障买方的合法权益，另一方面也要兼顾民事法律关系的稳定性。因此，法律规定了买方的异议权。就质量异议权问题，需要着重注意两个问题，一是异议期限，二是异议方式。

1. 异议期限

《民法典》第六百二十一条第一款规定：“当事人约定检验期限的，买受人应当在检验期限内将标的物的数量或者质量不符合约定的情形通知出卖人。买受人怠于通知的，视为标的物的数量或者质量符合约定。”第二款规定：“当事人没有约定检验期限的，买受人应当在发现或者应当发现标的物的数量或者质量不符合约定的合理期限内通知出卖人。买受人在合理期限内未通知或者自收到标的物之日起二年内未通知出卖人的，视为标的物的数量或者质量符合约定；但是，对标的物有质量保证期的，适用质量保证期，不适用该二年的规定。”第三款规定：“出卖人知道或者应当知道提供的标的物不符合约定的，买受人不受前两款规定的通知时间的限制。”

根据上述规定，异议期限可分为约定期限、合理期限、最长合理期限。所谓约定期限，是指合同当事人约定的检验期限，接收货物一方在检验期限内提出异议，实践中当事人还可以在检验期限之外约定一个异议期限。所谓合理期限，是指在当事人未约定检验期限的情况下，接收货物一方应当在发现或者应当发现标的物的数量或者质量不符合约定的合理期间内提出异议。但何谓“合理期间”，在实践中并没有统一的标准，更大程度上取决于法官或仲裁员的自由裁量。根据《最高人民法院关于审理买卖合同纠纷案件适用法律问题的解释》（以下简称《买卖合同司法解释》）第十七条第一款规定，人民法院具体认定合同法第一百五十八条第二款规定的“合理期间”时，应当综合当事人之间的交易性质、交易目的、交易方式、交易习惯、标的物的种类、数量、性质、安装和使用情况、瑕疵的性质、买受人应尽的合理注意义务、检验方法和难易程度、买受人或者检验人所处的具体环境、自身技能以及其他合理因素，依据诚实信用原则进行判断。所谓最长合理期限，是指接收货物一方自收到货物之日起提出异议的最长期限。根据《买卖合同司法解释》第十七条第二款的规定，《民法典》第六百二十一条第二款规定的“二年”是最长的合理期间。该期间为不变期间，不适用诉讼时效中止、中断或者延长的规定。

2. 异议方式

《民法典》第六百二十一条规定的异议方式较为简单，即“通知”，但并未就“通知”的具体方式作出进一步规定。实践中，常用的也是最易于证明的方式就是书面通知。此外，有些当事人会通过更为便捷的方式，如邮件、QQ、微信、短信等方式提出异议，从诉讼角度而言，这些方式均无不可，但应注意保留提出异议的时间及异议内容等方面的证据。

3. 救济方式

《民法典》第六百一十条规定：“因标的物不符合质量要求，致使不能实现合同目的的，买受人可以拒绝接受标的物或者解除合同。买受人拒绝接受标的物或者解除合同的，标的物毁损、灭失的风险由出卖人承担。”第六百一十七条规定：“出卖人交付的标的物不符合质量要求的，买受人可以依据本法

第五百八十二条至第五百八十四条的规定请求承担违约责任。”根据上述规定，在质量不符合约定的情况下，接收货物或者服务一方，主要的救济方式就是追究违约责任，具体违约责任的形式可以包括更换、退货、修理、折价等。若因质量不符合要求致使合同目的不能实现的，则可以解除合同并追究违约责任。

五、质量条款的审查要点

根据上述分析，律师在审查合同质量条款时应当着重审查以下事项：

1. 质量标准是否明确

律师在审查合同时，首先就要审查是否约定了质量标准，如果没有约定，则应建议当事人予以约定。如果约定了质量标准，就要进一步审查该约定是否明确。根据标的的类型不同，质量标准条款也不一致，总体上可以分为物品、行为（服务）、权利三类质量标准条款。

（1）物品类质量标准：客观、确定

对于有强制性标准的，必须适用强制性标准。对于没有强制性标准的，可以选择适用推荐性标准、企业标准。需要注意的是，适用的标准必须客观、确定，应当有完整的标准名称及标准代号，且为现行有效的版本而不能是已经作废或被修改的标准。对于一些特殊的物品，可能没有国家标准、行业标准、地方标准，甚至也没有企业标准，则应由当事人根据物品的特殊性来进行约定。实践中有如下方式可供参考：对于品质比较稳定的物品，可约定商标或品牌，如茅台酒、Windows 正版软件、耐克篮球鞋等；对于地域性比较强的物品，可以约定原产地，如景德镇陶瓷、龙口粉丝、乌江榨菜等；对于特殊物品，如单一来源的物品，没有其他任何特征可以参照，则可以通过卖方的说明书、功能介绍等来确定。此外，还可以通过样品来确定物品的质量标准。

（2）行为（服务）类质量标准：完整、可评价

对于行为（服务）类的合同标的，往往没有统一的质量标准，通常取决于合同当事人对该行为（服务）的共识。这种共识，一方面是提供服务一方对自身所能够提供服务的自知和承诺，另一方面是接受服务一方对自身需求

的描述，在此基础上由双方协商一致而达成。通常情况下，提供服务一方对自身的服务内容、服务品质应当是非常了解的，接受服务一方有可能对于该类服务的品质有一定的了解（如物业服务），也有可能并不熟悉（尤其是对于专业性较强的行业，接受服务一方就可能很难了解，比如一个非互联网的公司对于网站开发服务可能就较为陌生）。在这种情况下，需要当事人（通常为接受服务一方）和律师进行必要的沟通和配合才能对合同进行审改，一方面，需要当事人对自身服务需求有着清晰的认识，另一方面，律师需要着重从服务标准的完整性和可评价性方面进行审查。审查服务标准的完整性，主要是根据当事人的服务需求和通常的市场经验及生活经验，审查相应的服务标准是否能够涵盖当事人的服务需求。审查服务标准的可评价性，则可以采取“问题导向思维”，即针对具体的标准条款进行不断的发问，直至完全清晰且可以操作。比如某培训合同中有这样一条表述“乙方指派有培训资质的讲师定期为甲方提供培训服务”，律师在审查时的思维方式应当是：讲师的数量是多少？哪方面的培训资质？定期是如何“定”的？每次培训时间是多长？当这些问题都清楚之后，审查意见也就能够出来了，律师修改后的条款应当是“乙方指派××名具有×××培训资质的讲师，每月最后一周的周五14：00—16：00到甲方处所为甲方提供培训服务，如甲方需要调整培训时间的，提前3日通知乙方，乙方按照调整后的时间提供培训服务”。

（3）权利类质量标准：完整、可处置

对于权利类的质量条款，应当结合法律规定及实践经验对标的权利的完整性和可处置性进行审查。所谓的完整性，是指权利人对于作为合同标的的权利应当是完整的权利。所谓可处置性，一方面是指该权利在法律上是允许进行处置的，或者说法律并不禁止对该权利进行处置。另一方面是指当事人对于该权利拥有处置权。以股权转让合同为例，在审查质量条款时，股权作为该合同的标的，应当审查其是否已经在工商部门登记？是否登记在转让方的名下？是否存在股权质押？是否被查封？其他股东是否已经放弃优先购买权？是否有股东会决议？是否有共有权人？如有，共有权人是否已经同意？此外，股权转让合同的履行需要一个过程，因此还应当进一步审查在完成股权变更登记之前股权转让方对于该股权的可转让性的保持义务，以及对于过渡期（签约至完成变更这一段期间）股权价值变更情况的处理等。

2. 检验及异议期是否明确、合理

对于物品类标的，在约定明确的质量标准基础上，还应当进一步约定货物检验及质量异议等内容。

（1）检验条款：明确、可操作

对于质量检验条款的审查，应当注意的要点是：第一，检验程序应当明确合理，具有可操作性。具体应当根据检验的难易程度约定检验方式，是单方检验还是双方检验。若委托第三方检验，还应当明确第三方检验机构的选择机制（应当明确选择哪一家检验机构，而不能约定由双方协商，因为在产生争议的情况下基本上不能协商一致）以及检验费用的承担方式。第二，检验期限应当合理。《买卖合同司法解释》第十八条规定："约定的检验期间过短，依照标的物的性质和交易习惯，买受人在检验期间内难以完成全面检验的，人民法院应当认定该期间为买受人对外观瑕疵提出异议的期间，并根据本解释第十七条第一款的规定确定买受人对隐蔽瑕疵提出异议的合理期间。约定的检验期间或者质量保证期间短于法律、行政法规规定的检验期间或者质量保证期间的，人民法院应当以法律、行政法规规定的检验期间或者质量保证期间为准。"第三，应当区分表面瑕疵检验和隐蔽瑕疵检验。实践中，对于货物的规格、数量、型号、花色等表面瑕疵，通常在收货时即可发现并提出异议。而对于货物的内在质量，则需要一个检验的过程，甚至有些瑕疵须在使用过程中才能被发现。第四，如有质保期，应当明确质保期限。

（2）异议条款：明确、合理

对于质量异议条款，主要审查三个要点：第一个要点是异议期限。应当根据检验的难易程度，对于表面瑕疵和隐蔽瑕疵约定不同的异议期限，一般情况下，对于表面瑕疵的异议期间相对较短，如当场、7 天、15 天等，而对于隐蔽瑕疵的异议期间则相对较长，需要根据检验的难易程度或者发现瑕疵的难易程度来确定合理的异议期间，比如对于外墙保温岩棉制品的检验，实践中一般需要 30 天的检验期限，因此异议期不应少于 30 天。对于卖方而言，不希望异议期间过长，买方则相反。实践中，异议期间的长短还有赖于买卖双方的谈判地位。在买方谈判地位较低的情况下，异议期间一般较短，买方应当及时进行检验。第二个要点是异议方式。应当在合同中约定买

方提出质量异议的方式。第三个要点是异议责任的承担。即在买方提出异议的情况下，货物如何处理？以及根据异议成立与否来分担异议期间所产生的责任和损失。

3. 救济途径

律师在审查质量条款时，在标的的质量不符合约定的情况下，应当进一步审查接收标的一方的救济途径是什么，或者交付标的一方的责任是什么。实践当中，对于物品类标的，一般有换货、退货、折价等方式可以参考适用。对于服务类标的，一般有限期改正、扣减服务费用、另行购买类似服务等方式可以参考适用。对于权利类标的，一般有限期消除瑕疵、支付违约金等方式可以参考适用。此外，还可以根据情况约定暂停付款、解除合同等其他途径。具体约定何种救济途径，取决于合同当事人的谈判地位和谈判结果，作为律师，应当考虑到这个问题并提出审查建议。对于此类救济条款，可以在质量条款中予以约定，也可以在违约条款中予以约定。

六、质量条款示例

实践当中，标的不同，质量条款也不同。律师在审查合同质量条款时，应当本着明确、可操作的基本原则对合同条款进行审查。以下示例条款能够基本反映出质量条款的主要内容和要点，可以作为参照，但应注意结合具体合同进行适当调整。

1. 物品类质量条款

以建筑外墙保温岩棉制品的买卖合同为例，质量条款可参考如下约定：

第四条　质量及检验

4.1 质量标准。本合同项下卖方出售给买方的货物执行 GB/T25975－2010 国家标准。

4.2 货物检验。买方在卖方提货时，对货物的规格、数量、包装等表面瑕疵进行检验，若有异议应当当时提出，由卖方进行调换，买方未当时提出异议的，视为货物的规格、数量、包装符合约定。对于货物的内在质量，由买方自行委托有资质的检验机构进行检验并垫付费用，如有异议，买方应当在提货后45天内以书面方式向卖方提出，并应同时提供检验报告，否则视为货物质量符合约定。

4.3 异议处理。在买方提出质量异议的情况下，卖方在10日之内做出异议是否成立的答复，逾期视为卖方认可买方提出的质量异议。在卖方认可买方提出的质量异议的情况下，买方有权暂停支付货款，并有权要求卖方按照本合同第××条关于质量违约的条款承担违约责任。若卖方不认可买方提出的质量异议的，可以从买方提走的货物中另行取样送至×××××进行检验，取样及送检过程买方全程参与。若检验结论显示货物质量不符合约定，则检验费用（含买方的检验费用）、买方提货费用以及货物在买方保管期间产生的费用均由卖方承担，同时卖方还应按照本合同第××条关于质量违约的条款承担违约责任。若检验结论显示货物质量符合约定，则检验费用（含买方的检验费用）、买方提货费用以及货物在买方保管期间产生的费用均由买方自行承担。

2. 行为（服务）类质量条款

行为（服务）类质量条款，与服务内容密切相关。对于服务质量的评价，与评价者的主观意志有直接的关系，属于主观标准，因此一般均由当事人自行约定。但对于有行业共识的一些服务内容，则可作为该类合同服务标准的重要参照，比较典型的就是物业服务标准。对于其他服务的质量标准，可以参照物业服务标准的精神（完整、可操作）和方法（具体、明确）来具体拟定。

根据中国物业管理协会公布的文件，普通住宅小区物业管理服务一级标准：

（一）基本要求

1. 服务与被服务双方签订规范的物业服务合同，双方权利义务关系明确。

2. 承接项目时，对住宅小区共用部位、共用设施设备进行认真查验，验收手续齐全。

3. 管理人员、专业操作人员按照国家有关规定取得物业管理职业资格证书或者岗位证书。

4. 有完善的物业管理方案，质量管理、财务管理、档案管理等制度健全。

5. 管理服务人员统一着装、佩戴标志，行为规范，服务主动、热情。

6. 设有服务接待中心，公示24小时服务电话。急修半小时内、其他报修按双方约定时间到达现场，有完整的报修、维修和回访记录。

7. 根据业主需求，提供物业服务合同之外的特约服务和代办服务的，公示服务项目与收费价目。

8. 按有关规定和合同约定公布物业服务费用或者物业服务资金的收支情况。

9. 按合同约定规范使用住房专项维修资金。

10. 每年至少1次征询业主对物业服务的意见，满意率80%以上。

（二）房屋管理

1. 对房屋共用部位进行日常管理和维修养护，检修记录和保养记录齐全。

2. 根据房屋实际使用年限，定期检查房屋共用部位的使用状况，需要维修，属于小修范围的，及时组织修复；属于大、中修范围的，及时编制维修计划和住房专项维修资金使用计划，向业主大会或者业主委员会提出报告与建议，根据业主大会的决定，组织维修。

3. 每日巡查1次小区房屋单元门、楼梯通道以及其他共用部位的门窗、玻璃等，做好巡查记录，并及时维修养护。

4. 按照住宅装饰装修管理有关规定和业主公约（业主临时公约）要求，建立完善的住宅装饰装修管理制度。装修前，依规定审核业主（使用人）的装修方案，告知装修人有关装饰装修的禁止行为和注意事项。每日巡查1次装修施工现场，发现影响房屋外观、危及房屋结构安全及拆改共用管线等损害公共利益现象的，及时劝阻并报告业主委员会和有关主管部门。

5. 对违反规划私搭乱建和擅自改变房屋用途的行为及时劝阻，并报告业主委员会和有关主管部门。

6. 小区主出入口设有小区平面示意图，主要路口设有路标。各组团、栋及单元（门）、户和公共配套设施、场地有明显标志。

（三）共用设施设备维修养护

1. 对共用设施设备进行日常管理和维修养护（依法应由专业部门负责的

除外)。

2. 建立共用设施设备档案(设备台账),设施设备的运行、检查、维修、保养等记录齐全。

3. 设施设备标志齐全、规范,责任人明确;操作维护人员严格执行设施设备操作规程及保养规范;设施设备运行正常。

4. 对共用设施设备定期组织巡查,做好巡查记录,需要维修,属于小修范围的,及时组织修复;属于大、中修范围或者需要更新改造的,及时编制维修、更新改造计划和住房专项维修资金使用计划,向业主大会或业主委员会提出报告与建议,根据业主大会的决定,组织维修或者更新改造。

5. 载人电梯24小时正常运行。

6. 消防设施设备完好,可随时启用;消防通道畅通。

7. 设备房保持整洁、通风,无跑、冒、滴、漏和鼠害现象。

8. 小区道路平整,主要道路及停车场交通标志齐全、规范。

9. 路灯、楼道灯完好率不低于95%。

10. 容易危及人身安全的设施设备有明显警示标志和防范措施;对可能发生的各种突发设备故障有应急方案。

(四)协助维护公共秩序

1. 小区主出入口24小时站岗值勤。

2. 对重点区域、重点部位每1小时至少巡查1次;配有安全监控设施的,实施24小时监控。

3. 对进出小区的车辆实施证、卡管理,引导车辆有序通行、停放。

4. 对进出小区的装修、家政等劳务人员实行临时出入证管理。

5. 对火灾、治安、公共卫生等突发事件有应急预案,事发时及时报告业主委员会和有关部门,并协助采取相应措施。

(五)保洁服务

1. 高层按层、多层按幢设置垃圾桶,每日清运2次。垃圾袋装化,保持垃圾桶清洁、无异味。

2. 合理设置果壳箱或者垃圾桶,每日清运2次。

3. 小区道路、广场、停车场、绿地等每日清扫2次;电梯厅、楼道每日清扫2次,每周拖洗1次;一层共用大厅每日拖洗1次;楼梯扶手每日擦洗1

次；共用部位玻璃每周清洁1次；路灯、楼道灯每月清洁1次。及时清除道路积水、积雪。

4. 共用雨、污水管道每年疏通1次；雨、污水井每月检查1次，视检查情况及时清掏；化粪池每月检查1次，每半年清掏1次，发现异常及时清掏。

5. 二次供水水箱按规定清洗，定时巡查，水质符合卫生要求。

6. 根据当地实际情况定期进行消毒和灭虫除害。

（六）绿化养护管理

1. 有专业人员实施绿化养护管理。

2. 草坪生长良好，及时修剪和补栽补种，无杂草、杂物。

3. 花卉、绿篱、树木应根据其品种和生长情况，及时修剪整形，保持观赏效果。

4. 定期组织浇灌、施肥和松土，做好防涝、防冻。

5. 定期喷洒药物，预防病虫害。

3. 权利类质量条款

以股权转让合同为例，质量条款可参考如下约定：

第二条　标的股权

2.1 甲方基于本合同转让给乙方的股权为甲方持有的××××公司（以下简称目标公司）的30%的股权（以下简称标的股权）。

2.2 对于标的股权，甲方承诺：

2.2.1 甲方已如实出资，合法持有标的股权。

2.2.2 就标的股权的转让事宜，目标公司已经于2017年3月10日召开股东会并形成决议，同意甲方以本合同约定的价格将标的股权转让给乙方，目标公司的其他股东均已明确放弃优先购买权。

2.2.3 甲方为标的股权的实际持有人，不存在其他隐名股东或权利人。同时，甲方就转让标的股权已经获得其配偶的知情同意。

2.2.4 截至本合同签署之日，标的股权不存在任何质押、冻结或其他权利限制，并且甲方进一步保证在完成股权变更登记之前均不会出现前述情形。

2.2.5 自本合同签订之日起至完成股权变更登记之日止，甲方有义务采取一切必要措施防止目标公司净资产的减少或损失。在此期间，标的股权若有增值，该增值利益归乙方享有且转让价格不因此而增加。

若甲方违反上述承诺的，将按照本合同第××条违约责任条款的约定承担违约责任。

第十章 权利义务条款审查要点解析

从合同整体来看，合同权利义务即是合同的内容，主要体现为合同条款。合同权利，是指合同一方依合同而享有的请求对方为一定行为的权利。合同义务，是指合同一方当事人基于合同约定或法律规定而应当为一定行为的义务。从广义角度来看，合同权利与合同义务具有一定的对应性，一方的合同权利往往也是对方的合同义务。不论是法学研究还是法律实务中，一般均以合同义务作为出发点和重点。合同义务，一般是由当事人约定的（《民法典》第五百零九条第一款：当事人应当按照约定全面履行自己的义务），但也有是基于法律的规定而产生的（《民法典》第五百零九条第二款：当事人应当遵循诚信原则，根据合同的性质、目的和交易习惯履行通知、协助、保密等义务。第五百九十九条：出卖人应当按照约定或者交易习惯向买受人交付提取标的物单证以外的有关单证和资料）。在法学理论研究和法学教育中，按照不同的标准，可以将合同义务分为主给付义务、从给付义务、原给付义务、次给付义务、附随义务、不真正义务、先合同义务、后合同义务等①。

上述划分和梳理，有助于对合同义务的法律性质进行深入的理解，对于从整体上对合同进行分析和掌握具有指导意义。但基于本书的定位并不是理论研究或学术探讨，而是研究合同审查的要点和方法，因此需要界定本书所要讨论的合同权利义务的范围。从法律实务角度，用通俗的语言来描述，合同就是要解决“谁和谁”“干什么”“怎么干”“没干好怎么办”这四个问题。其中“谁和谁”指的是合同主体，“干什么”指的是合同交易目的，“怎么干”指的是双方的权利义务，“没干好怎么办”指的是违约责任或合同履行救

① 参见崔建远：《合同法》，北京大学出版社2012年版，第69—73页。

济措施。考虑到本书其他章节已经对其他三个问题进行了相应的讨论，因此，本章所要讨论的合同权利义务条款限于“怎么干”这一范围，即围绕合同的交易目的，合同当事人应当各自履行的义务和享有的权利。

一、权利义务条款的特点

从合同审查的角度，合同的权利义务条款具有特定化和分散化的特点。

1. 特定化

特定化，指的是合同权利义务条款服务于特定交易事项，与特定合同的当事人之间的特定意思表示相一致，即使是同一交易标的，不同的合同当事人之间所达成的权利义务约定也不尽相同。也就是说，“怎么干”是特定的主体在特定的交易背景下的“干”，具有鲜明而独特的特点，而不是机械化、模板化的“干”。比如，就同一种货物的买卖合同，张三作为买受人的交易目的是获得该货物的所有权并获取其使用价值，而李四作为买受人其目的可能就是将该货物进行转售而获取销售差价，进而在合同条款的设置上，除了普适性的权利义务（如货物质量、交付、运输、包装、供货时间等）之外，在与张三的合同中对于货物的质量和性能应当会有特别的条款加以着重约定，相比之下，在与李四的合同中其更看重的是该货物的价格是否具有利润空间和竞争力。此外，即使买受人不变，由于购买目的不同也会导致在合同条款中要求不同，进而体现为合同权利义务的差别。从这个角度说，合同的权利义务是特定的，不存在可以适用于任何主体、任何交易背景的普适性合同，即使是国家有关部门颁布的示范合同文本中，也存在大量的空白之处需要当事人进行特别约定，这即是合同权利义务条款特定化的最好例证。权利义务条款的特定化，要求律师在审查合同时要认真对待每一份待审合同，要针对委托人的特定目的和要求进行审查修改，不能因为对该类合同熟悉而放松警惕或是“想当然”地进行修改。

2. 分散化

如前所述，研究合同的权利义务条款，实际上是一种整体研究的方法，从合同审查角度研究合同的权利义务也不例外。实际上，合同的权利义务条款包括合同双方（或多方）当事人各自的权利和各自的义务，在实践中，几乎没有合同会在一条中集中规定某一方的所有权利和义务（即使合同条款的名称是某一方的权利义务，但也不会涵盖其所有的权利义务），而是分散在合同的不同条款之中。比如买卖合同中，在货物明细、运输、包装、交货、检验、质量、售后服务、违约责任等各个条款中，可能会包括卖方的权利义务，也可能会包括买方的权利义务。合同权利义务之所以呈现分散化的特点，是因为合同是针对特定交易事项的系统约定，应当根据该交易事项的特点、流程和交易逻辑来设置合同条款，每一个合同条款都是权利义务的有机整合和统一，整体合同是各个合同条款之间的有机整合和统一。合同权利义务条款的分散化，要求律师在审查合同过程中应当具备整体意识和全局意识，要能够从合同文本中“跳”出来，从整体角度审视合同的各个条款，将其中的权利义务内容提炼出来，结合相关法律规定和实践经验审查合同权利义务条款是否齐备，是否具备可操作性等。

二、梳理合同权利义务体系

1. 梳理合同权利义务体系的必要性

由于交易事项、交易背景、交易方式、交易目的、交易地位、交易习惯的千差万别，导致合同权利义务条款的多样性和特定化，《民法典》第三编通则和典型合同中对于合同当事人权利义务的规定中大量的条款均是示范性或提示性条款，而非强制性条款，仅能起到参考和提示的作用，远远不能满足现实交易的需要。因此，合同的权利义务必然是以当事人的约定为主，以法律规定为辅。“有约定从约定，无约定从法定”是合同法的基本立法特点，很多条款中“当事人另有约定的除外”的规定即是例证。

虽然合同权利义务千差万别、千变万化，但也“万变不离其宗”，这个“宗”就是指合同权利义务条款的宗旨，即促进交易的顺利进行，实现当事人的合同目的。任何一份合同，当事人都有其特定的合同目的，即通过合同的签订和履行所希望达到的效果或者获得的利益。因此，只要抓住了合同权利义务条款的“宗旨”，就能够建立或梳理出合同的权利义务体系。从合同审查角度而言，要审查合同的权利义务条款，首先就要梳理出待审合同的权利义务体系。

2. 梳理合同权利义务体系的思维方式

基于前述分析，从实用性角度，笔者建议采取一种逆向思维方式来梳理合同的权利义务体系。正向的思维方式是，通过设置合同的权利义务条款来实现合同的目的，合同目的的实现是终点。因此逆向思维方式就是：以合同目的的实现为起点，倒推其应当具备的条件，并以该条件的成就作为设置和梳理权利义务体系的依据。不论是合同起草还是合同审查，均可以采用此种倒推的思维方式，其思维图示如下：

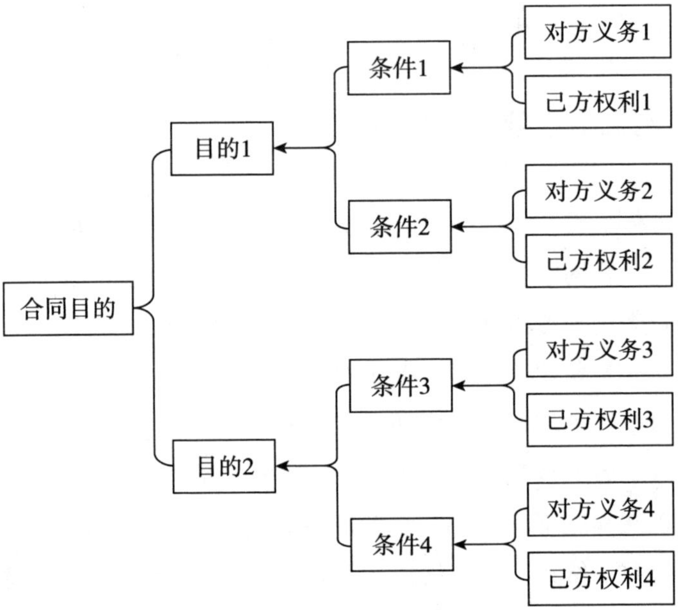

目的倒推思维方式导图

按照上述思维方式，最关键也最首要的是准确理解当事人的合同目的，不仅要了解合同目的的数量（即有几个目的），还要进一步区分哪些是核心目的，是底线利益，哪些是非核心目的。对于核心目的所需具备的条件以及相应的权利义务是不能变通和让步的（可设为谈判底线），而对于非核心目的所需具备的条件以及相应的权利义务是可以适当变通或者让步的（有些可作为谈判筹码）。只有准确地理解并掌握当事人的合同目的，才能围绕该目的进行合同权利义务条款的设计，否则合同权利义务条款就成了“无的放矢”，其实用性以及周延性都会大打折扣。

当然，律师在审查合同时，还需要注意以己方委托人的合同目的为核心来梳理权利义务体系，对己方委托人的权利和义务需要给予同等程度的关注，对于己方委托人的合同义务要尤为注意，如果义务过重则可能导致委托人履约障碍进而产生违约责任。对于合同相对方的合同目的以及相应的权利义务条款，重点是关注合同相对方的合同义务，因为对方的义务往往决定己方委托人的合同目的能否实现，同时也是己方“要求对方履行合同”的权利之源。而对于相对方的合同权利实现，即使合同中没有进行约定，也没有必要帮助其进行补充约定，这是由律师的倾向性所决定的。

三、权利义务条款的审查要点

从合同整体上看，合同的权利义务即是合同的内容①。即使是在本章讨论范围的限制下，合同的权利义务条款仍然是合同内容的主要构成部分。不论是标的、数量等绝对必要条款，还是质量、价款、履行方式、时间地点、违约责任等相对必要条款，无不是关于双方权利义务的约定或者是双方权利义务的体现，对该等条款的审查实质上就是对权利义务条款的审查，对权利义务条款的审查实质上也是对该等条款的审查。从合同形式上看，合同一般可分为首部、正文和尾部三个部分，首部主要是主体条款、鉴于条款等，尾部主要是合同效力、份数、附件及签署条款，而正文就是权利义务条款。因此，在所有的权利义务条款审查完毕之后，合同审查的核心部分即告完成，再加上对合同首部及尾部条款的审查，整个合同就此审查完毕。

基于上述分析，考虑到本书其他章节已经对各类条款的审查要点进行了专门而深入的讨论，因此，本章中不再就权利义务条款的审查要点进行详细的技术层面的梳理和分析，而侧重于从方法论和思维方式角度进行归纳和提

① 韩世远：《合同法总论》，法律出版社2011年版，第242页。

炼。从思维模式角度，笔者认为在审查合同权利义务条款时，首先应当根据合同目的梳理出相应的权利义务体系，也就是说应当结合自身的专业知识和经验，结合待审合同文本（在审查合同结构阶段通过通读予以掌握），梳理出本合同中合同各方的权利和义务方向（体现为合同条款），其次再看是否存在遗漏（即缺项），最后再进行具体的权利义务条款审查。律师在审查合同的具体权利义务条款时，应当重点审查权利义务条款的合规性（即应当符合法律法规的规定）、周延性（即权利义务条款应当尽可能全面系统）、公平性（即权利义务条款应当大致平衡）、可操作性（即权利义务条款应当明确、可操作）和倾向性（即适度倾向于己方委托人），具体可参见本书第四章的内容，本章不再赘述。

第十一章　违约条款审查要点解析

合同条款从性质上区分，大致可以分为商务条款和法律条款两大类，商务性质的条款更多依赖于当事人的协商（律师起到规范和严谨的作用），而法律性质的条款更多依赖于律师的提示和建议（当事人根据律师的提示和建议来进行协商定夺）。违约责任条款是合同的相对必要条款之一，相对于其他条款而言，其法律性质要强于商务性质，是律师在审查合同时的重点审查对象。这也是律师和当事人角度不同而导致的必然结果，合同当事人在订立合同之初，其关注点是“干什么”和“怎么干”的问题，同时由于其法律知识欠缺，也导致其不会也难以对“没干好怎么办”的问题给予足够的关注。而律师恰恰相反，一方面，由于律师的先天性法律风险思维，首先考虑的就是合同在哪些地方可能有风险？如何防范这些风险？另一方面，律师以法律为专业技能，能够将法律规定的抽象违约责任具化为相应的违约责任条款。律师要做好违约责任条款的审查，应当深入掌握和理解违约责任的功能、法律依据、责任形态及适用条件，并结合实践经验来进行审查。

一、违约责任条款的功能

《民法典》第一百七十六条规定：“民事主体依照法律规定或者按照当事人约定，履行民事义务，承担民事责任。”违约责任，就是基于合同当事人的约定，因违反合同义务所承担的一种民事责任。合同中约定的违约责任，主要有两项功能：

1. 纠偏功能

合同是面向未来制定规则，因此在履行过程中难免会出现偏差，这种偏差实际上就是合同当事人未能按照合同既有约定履行义务，如果这种偏差不能得到及时的纠正，就可能导致合同履行出现障碍、产生争议，进而可能影响合同目的的实现。违约条款实际上就是针对合同当事人未履行合同或履行合同不符合约定的行为而制定的，违约条款的纠偏功能是基于违约责任的震慑力量，当一方当事人出现违约念头或违约行为时，基于对违约责任这一不利后果的畏惧，可能会放弃违约的想法或是及时纠正其违约行为，回到合同预定的轨道上来，进而保障合同能够正常继续履行，实现当事人的合同目的。

2. 救济功能

如前所述，合同在履行过程中难免会出现偏差，有的是由于非当事人的主观原因（如原材料价格上涨、标的物灭失、第三方侵权等），有的是由于当事人的主观原因（如追求利益最大化而主动违约等）。尽管不论是从道德层面还是从法律层面均在倡导坚持诚实信用原则，但实践中违约情况屡见不鲜。当违约行为已经发生并给合同履行造成障碍时，守约方显然因此遭受了损害，其理应享有相应的救济权利，追究违约方的违约责任就是最重要的救济途径，通过要求违约方承担违约责任，来减少违约行为造成的损害或使得受损的利益得到适当的赔偿。于此情形下，守约方有权依据违约条款的约定来追究违约方的违约责任，进而维护自身的合法权益，这就是违约责任条款救济功能的体现。

二、违约责任的法律依据

《民法典》第一百八十六条规定："因当事人一方的违约行为，损害对方人身权益、财产权益的，受损害方有权选择请求其承担违约责任或者侵权责任。"此外，《民法典》第三编第八章（包括第五百七十七条至第五百九十三条）是专门针对违约责任的规定，该章节中对于违约行为、违约责任的形式及承担方式进行了原则性的规定。以上规定，是当事人在合同中约定具体违约责任的基本法律依据。

三、违约责任的形态及适用条件

《民法典》第五百七十七条规定："当事人一方不履行合同义务或者履行合同义务不符合约定的，应当承担继续履行、采取补救措施或者赔偿损失等违约责任。"据此规定，违约行为包括不履行合同义务和履行合同义务不符合约定两大类，其中不履行合同义务可分为不能履行和拒绝履行，履行合同义务不符合约定又可以包括部分履行、迟延履行和不适当履行。针对这些违约行为，可以有不同的责任形态：

1. 继续履行

《民法典》第五百七十九条规定："当事人一方未支付价款、报酬、租金、利息，或者不履行其他金钱债务的，对方可以请求其支付。"第五百八十条第一款规定："当事人一方不履行非金钱债务或者履行非金钱债务不符合约定的，对方可以请求履行，但是有下列情形之一的除外：（一）法律上或者事实上不能履行；（二）债务的标的不适于强制履行或者履行费用过高；（三）债权人在合理期限内未请求履行。"根据上述规定，不论是对于金钱债务还是非金钱债务（不包括除外情形），法律均赋予守约方要求违约方继续履行合同的权利，因为合同的根本目的不在于追究违约责任而在于实现交易目的，因此，在合同具备履行条件的情况下，法律首先允许守约方依法强制违约方继续履行合同，这是违约责任条款纠偏功能的体现。若守约方已经受到损害的，合同继续履行并不影响守约方要求赔偿的权利。对此，《民法典》第五百八十三条规定："当事人一方不履行合同义务或者履行合同义务不符合约定的，在履行义务或者采取补救措施后，对方还有其他损失的，应当赔偿损失。"

2. 采取补救措施

采取补救措施作为一种违约责任形式，主要适用于合同不适当履行之情形，通过采取补救措施，使得合同履行缺陷得以弥补或消除。《民法典》第五百八十二条规定："履行不符合约定的，应当按照当事人的约定承担违约责任。对违约责任没有约定或者约定不明确，依照本法第五百一十条的规定仍不能确定的，受损害方根据标的的性质以及损失的大小，可以合理选择请求对方承担修理、重作、更换、退货、减少价款或者报酬等违约责任。”根据该规定，采取补救措施主要针对的是质量不符合约定的情形，但此处的“质量”应作宽泛解释，泛指合同标的的品质或标准，而并非狭义地解释为产品或者货物的质量。在合同标的为货物的情形下，质量是指货物的质量，在合同标的为服务（或行为）的场合，质量应指服务的品质或水平。适用采取补救措施这一违约责任形式时，应注意以下几点：

（1）以合同对质量不合格的违约责任没有约定或者约定不明确，且依《合同法》第六十一条仍不能确定违约责任为前提。

（2）以标的物的性质和损失大小为依据，确定相应的补救方式（在修理、更换、重作、退货、减少价款或者报酬等方式之间选择相应的责任方式）。

（3）守约方对采取的具体补救措施享有选择权，但应当具有合理性。比如，在货物买卖合同中，若80%的货物质量符合约定，20%的货物质量不符合约定，守约方若要求更换20%的货物就具有合理性，若要求更换全部货物或退货，在合同没有约定的情况下，其合理性就会受到质疑，守约方需要对该主张的合理性进一步举证证明。

（4）采取补救措施并不影响守约方要求赔偿的权利，其法律依据同样是《民法典》第五百八十三条之规定。

3. 赔偿损失

《民法典》第五百八十四条规定：“当事人一方不履行合同义务或者履行合同义务不符合约定，造成对方损失的，损失赔偿额应当相当于因违约所造成的损失，包括合同履行后可以获得的利益；但是，不得超过违约一方订立合同时预见到或者应当预见到的因违约可能造成的损失。”赔偿损失是违约责任的重要形态之一，但实践当中较为困难的是如何举证证明损失的存在以及损失的大小。直接损失，如利息损失、货款损失、运费损失等较为直观，举证较为容易。但对于可得利益损失则较为复杂，既要区分可得利益的种类，还要承担必要的举证责任。《最高人民法院关于当前形势下审理民商事合同纠纷案件若干问题的指导意见》（法发〔2009〕40号）第九条规定：“在当前市场主体违约情形比较突出的情况下，违约行为通常导致可得利益损失。根据交易的性质、合同的目的等因素，可得利益损失主要分为生产利润损失、经营利润损失和转售利润损失等类型。生产设备和原材料等买卖合同违约中，因出卖人违约而造成买受人的可得利益损失通常属于生产利润损失。承包经营、租赁经营合同以及提供服务或劳务的合同中，因一方违约造成的可得利益损失通常属于经营利润损失。先后系列买卖合同中，因原合同出卖方违约而造成其后的转售合同出售方的可得利益损失通常属于转售利润损失。”第十一条规定：“人民法院认定可得利益损失时应当合理分配举证责任。违约方一般应当承担非违约方没有采取合理减损措施而导致损失扩大、非违约方因违约而获得利益以及非违约方亦有过失的举证责任；非违约方应当承担其遭受的可得利益损失总额、必要的交易成本的举证责任。对于可以预见的损失，既可以由非违约方举证，也可以由人民法院根据具体情况予以裁量。”

对于赔偿损失这一违约责任形态，还需要注意两个问题：一是损失的计算方式是可以预先约定的（法律依据为《民法典》第五百八十五条第一款），即合同当事人可以在合同中预先约定损失赔偿额的计算方法，以便降低损失的举证难度。二是损失额度要受到可预见规则、减损规则等法律规则的制约，不能肆意约定。参照《最高人民法院关于当前形势下审理民商事合同纠纷案件若干问题的指导意见》（法发〔2009〕40号）第十条之规定，人民法院在计算和认定可得利益损失时，应当综合运用可预见规则、减损规则、损益相抵规则以及过失相抵规则等，从非违约方主张的可得利益赔偿总额中扣除违约方不可预见的损失、非违约方不当扩大的损失、非违约方因违约获得的利益、非违约方亦有过失所造成的损失以及必要的交易成本。

4. 支付违约金

支付违约金是实践中运用最广的一类违约责任形式，其操作简单，举证方便（证明存在违约行为即可）。但从合同审查的角度来看，应当注意以下问题：

（1）违约金的数额应当明确。《民法典》第五百八十五条第一款规定：“当事人可以约定一方违约时应当根据违约情况向对方支付一定数额的违约金，也可以约定因违约产生的损失赔偿额的计算方法。”据此规定，合同中要么约定明确的违约金数额，要么约定违约金的计算方法。

（2）违约金数额不宜过高或过低。《民法典》所规定的违约金，是以补偿损失为主、以惩罚性为辅的，侧重于弥补守约方因为对方的违约行为而遭受的损失。《民法典》第五百八十五条第二款规定："约定的违约金低于造成的损失的，人民法院或者仲裁机构可以根据当事人的请求予以增加；约定的违约金过分高于造成的损失的，人民法院或者仲裁机构可以根据当事人的请求予以适当减少。"可见，对于违约金的数额，原则上以当事人的约定为主，但为了防止当事人滥用违约金条款，法律对违约金的数额进行了必要的限制，即"以损失为基础，不宜过高或过低"，参照《合同法解释二》第二十九条规定，当事人主张约定的违约金过高请求予以适当减少的，人民法院应当以实际损失为基础，兼顾合同的履行情况、当事人的过错程度以及预期利益等综合因素，根据公平原则和诚实信用原则予以衡量，并作出裁决。当事人约定的违约金超过造成损失的百分之三十的，一般可以认定为过分高于造成的损失。《最高人民法院关于当前形势下审理民商事合同纠纷案件若干问题的指导意见》（法发〔2009〕40号）第六条规定："在当前企业经营状况普遍较为困难的情况下，对于违约金数额过分高于违约造成损失的，应当根据合同法规定的诚实信用原则、公平原则，坚持以补偿性为主、以惩罚性为辅的违约金性质，合理调整裁量幅度，切实防止以意思自治为由而完全放任当事人约定过高的违约金。"参照该意见第七条规定："人民法院根据合同法第一百一十四条第二款调整过高违约金时，应当根据案件的具体情形，以违约造成的损失为基准，综合衡量合同履行程度、当事人的过错、预期利益、当事人缔约地位强弱、是否适用格式合同或条款等多项因素，根据公平原则和诚实信用原则予以综合权衡，避免简单地采用固定比例等'一刀切'的做法，防止机械司法而可能造成的实质不公平。"

5. 定金责任

定金责任也是违约责任的形态之一。《民法典》第五百八十六条第一款规定："当事人可以约定一方向对方给付定金作为债权的担保。定金合同自实际交付定金时成立。"第五百八十七条规定："债务人履行债务的，定金应当抵作价款或者收回。给付定金的一方不履行债务或者履行债务不符合约定，致使不能实现合同目的的，无权请求返还定金；收受定金的一方不履行债务或者履行债务不符合约定，致使不能实现合同目的的，应当双倍返还定金。”在审查定金责任条款时，应当注意：

（1）定金的数额不得超过主合同标的的20%。《民法典》第五百八十六条第二款规定：“定金的数额由当事人约定；但是，不得超过主合同标的额的百分之二十，超过部分不产生定金的效力。实际交付的定金数额多于或者少于约定数额的，视为变更约定的定金数额。”实践当中，有的合同约定的定金数额为主合同标的的30%甚至更高，律师在审查时应当注意法律的限制性规定，超过20%的部分无效。

（2）定金的数额以实际交付为准。《民法典》第五百八十六条第一款规定：“当事人可以约定一方向对方给付定金作为债权的担保。定金合同自实际交付定金时成立。”据此规定，定金合同属于实践性合同，必须实际交付。实践当中，有的合同虽然约定了定金条款，但并未实际交付定金，这将会导致定金合同未成立，不能主张定金责任。律师在审查定金责任条款时，应当提示委托人予以注意。

6. 守约方的制约权

守约方的制约权并非违约方的违约责任，但从审查违约责任条款的角度出发，在违约方违约的情形下，赋予守约方相应的制约权同样具有纠偏和救济的功能。因此，笔者将守约方的制约权列入违约条款。

所谓守约方的制约权，是指合同当事人约定在一方违约的情况下，守约方能够采取的各种对抗和救济措施，其目的一方面在于促使违约方纠正其违约行为，另一方面也是给守约方的一种救济手段。这些对抗措施并不包含在上述5种违约责任形态当中，但从私法自治的角度来看，当事人完全可以根据具体合同情况及双方的谈判地位进行创设，只要这种创设条款不违反法律禁止性规定、不损害国家利益及社会公共利益即可。比如在买卖合同中，就卖方而言，获得货物的价款是其核心目的，因此，在违约责任条款的设计上，就可以约定若买方未能支付首笔货款（或预付款）的，卖方有权拒绝供货，或者约定在买方未付清全款之前，货物的所有权仍归属于卖方。《民法典》第六百四十一条第一款规定：“当事人可以在买卖合同中约定买受人未履行支付价款或者其他义务的，标的物的所有权属于出卖人。”此外，对于违约方对某些重要合同义务的违反赋予守约方单方解除权，同样也能起到纠偏和救济的效果，因为合同解除后，守约方可以终止履行合同，并可以就因此遭受的损失向违约方进行索赔。

四、违约责任条款的审查要点

律师在审查违约责任条款时，应当谨记违约责任条款的功能，熟悉各种违约责任形态及其适用条件，针对具体合同的特点及委托人的核心利益来进行审查和修改。

1. 对应性

所谓违约责任条款的对应性，是指违约责任应当与合同义务相对应，包含两层含义：一是合同义务与违约责任的对应，二是违约行为与违约责任形态的对应。

（1）合同义务与违约责任的对应

每一份合同中都必然包括合同当事人的义务条款，从违约责任的对应性要求来看，有义务就应当有责任。如果没有责任的制约，义务便缺少了必要的震慑力，义务方便缺少了履行义务的“动力”，换个角度就是增加了义务方违约的可能性。从合同当事人的目的出发，签订合同绝非为了追究对方的违约责任，而是希望对方能够全面履行合同义务。因此，针对合同义务约定相应的违约责任就尤为必要，一是能够督促义务方按照既定规则履行义务，二是让守约方在违约方出现违约时能够及时行使权利，保障己方合同利益。律师在审查合同的违约责任条款时，首先要审查相对方合同义务的内容、履行时间、履行程序及履行方式，然后针对具体的合同义务审查是否设置了相应的违约责任条款，如果没有约定，则应加以补增。实践当中，笔者多次审查到类似于“一方履行合同不符合约定的，需赔偿对方合同总额 20% 的违约金”的条款，这样的条款看似约定了明确的违约责任，实则隐患重重。比如在买卖合同中，卖方一物二卖，迟延交货，未交付货物附随单据，未及时提供售后服务，都属于违约，倘若不加以区分，一概以合同总额的 20% 追究违约责任的话，显然缺乏合理性，在实践中也容易受到对方和司法机构的否定。

（2）违约行为与违约责任形态的对应

违约行为与违约责任形态的对应，包括违约行为性质与违约责任形态的对应和违约程度与违约责任大小的对应。从违约行为性质来看，拒不履行合同义务对应的违约责任可以包括继续履行、赔偿损失、支付违约金等责任形式，但不宜对应采取补救措施的违约责任，比如在义务方拒不交付货物的情况下，如果约定的违约责任是更换或修理，则会显得逻辑不通，也无法操作。从违约程度来看，违约责任的大小应与违约程度保持一定的正比例关系，不宜“一刀切”，也不能过于失衡。笔者曾代理过一个货物（铁矿砂）买卖合同纠纷案件，该合同中对于违约责任的约定就是“甲方或乙方履行合同不符合约定的，视为违约，违约方应当赔偿守约方总货款30%的违约金”，在该案中，共涉及铁矿砂总量42130吨，货款3033万元，卖方实际交货24150吨，剩余货物由于被查封无法交货，买方起诉到法院后，根据合同违约条款提出了900余万元的索赔，笔者代理卖方，最终法院的判决结果并未支持买方的全部诉讼请求，而是参照未交货的比例判决支付违约金。违约程度与违约责任大小的对应性，实际上是合同诚实信用原则的必然要求，也是违约责任所具有的补偿性的体现。就交付货物或提供服务一方而言，不论是迟延1天还是10天抑或是1年，少交货物不论是1斤还是1吨抑或是100吨，都属于违约。就支付对价款项一方而言，不论是迟延1天还是10天抑或是1年，少付款项不论是1分还是1元抑或是100万元，也都属于违约。倘若不考虑违约程度约定“一刀切”式的违约责任条款，那么在实践中往往行不通。律师在审查违约责任条款时，可以根据当事人的谈判地位对违约责任的严苛程度进行适当的倾斜，但应当与违约程度保持大致的平衡，不能过于偏离，否则难免落入“镜花水月”的尴尬境地。

2. 可操作性

很多合同中对于违约责任的约定就一条“一方违反本合同约定的，应当赔偿守约方受到的全部损失”，这样的约定，仅仅起到了装饰合同结构的作用，实际上缺乏可操作性，相当于没有约定。因为即使合同中不作约定，当一方违约时，守约方也可以基于《合同法》的规定要求违约方承担违约赔偿责任。在审查违约责任条款的可操作性时，应注意以下问题。

（1）违约责任应当是明确而具体的，不宜含糊或过于笼统。如果约定的违约责任形式是继续履行，则应明确继续履行的时限及方式；如果是采取补救措施，则应明确采取何种补救措施，采取补救措施的时间、方式以及效果等；如果是赔偿损失，则应进一步约定损失的范围以及损失的计算方式；如果是约定违约金，则应明确违约金的数额或计算方式，并应当进一步约定若违约金不足以弥补守约方损失的，违约方应当继续予以赔偿。比如，在笔者审查的一份《汽车租赁合同》中，双方为长期租赁，承租人根据经营需要，不定期、不定时地向出租人租用机动车，租金按实际租用天数据实结算。但该合同的违约责任条款中却约定“一方违约的，应当按照本合同租金总额的30%支付违约金”，该约定就明显缺乏可操作性，其原因在于该合同中的“租金总额”是不确定的，进而导致违约金也无法计算。

（2）违约责任在设置上要以委托人的核心利益为出发点，主次结合，宽严相济。对于委托人的核心利益条款（如质量条款、价格条款等），对方的违约责任必须明确，且应当更为严格，并可在专门的违约条款章节中予以约定。对于非核心利益条款（如附随义务条款），则可适当简化，并可在相应的义务条款后进行约定，无须在专门的违约条款中进行约定。当然，是否属于委托人的核心利益，需要与委托人进行沟通，真正了解委托人的核心利益后才能确定。比如在收购公司股权的合同交易中，倘若委托人真正的目的是通过收购股权进而享有该公司名下的土地使用权，则该土地使用权就属于委托人的核心利益，在设置违约责任条款时应予突出，即应当明确约定一旦该公司名下的土地使用权存在瑕疵，股权转让方所应当承担的违约责任。

3. 合法性

任何条款的设置，其目的都是产生法律效力。如果不能产生法律效力，不论该条款设置得如何精致，表述如何完美，均没有适用价值，就违约责任条款而言，主要涉及违约责任的合并适用、违约金的调整及定金责任的特殊规定问题。

（1）违约责任的合并适用。不同的违约责任形态对违约方的制约力度和效果不尽相同，应根据合同的性质和目的就具体的违约行为约定不同的违约责任形式。同时还应该注意各种违约责任形式之间的合并适用问题。根据

《合同法》的现行规定，继续履行、采取补救措施可以与支付违约金、赔偿损失并用。定金和违约金不能并用（《民法典》第五百八十八条），但在违约金或定金不足以弥补损失的情况下，可以与赔偿损失并用。

（2）违约金的调整问题。违约金不能过分高于或低于实际损失，否则合同当事人可以请求调整。违约金的调整问题在本章已有详细论述，此不赘述。但需要指出的是，律师在审查合同时，应当对违约金的数额进行必要的考量，若损失难以计算或者发现违约金过高，则应当就此风险向委托人进行提示。

（3）定金责任的特殊规定。《民法典》第五百八十六条第二款规定："定金的数额由当事人约定；但是，不得超过主合同标的额的百分之二十，超过部分不产生定金的效力。实际交付的定金数额多于或者少于约定数额的，视为变更约定的定金数额。"此外，定金必须实际交付，否则定金合同不能成立，不能达到约定的法律效果。这属于法律的特殊规定，律师在审查合同时应当严格把握。

五、违约责任条款的常用表述

以下，笔者提供一些常用的违约责任条款，读者可以参照适用（但一定要结合具体的合同特点和合同目的来进行必要的调整和修改）。

1. 继续履行类

例 1. 乙方未能在本合同约定的期限内向甲方交付全部货物的，甲方有权要求乙方限期交货，同时有权要求乙方承担逾期交货的违约责任。

例 2. 出租方未能按照本合同的约定向承租方交付房屋的，承租方有权要求出租方在 30 日内交付房屋，该 30 日作为出租方的交房宽限期，在该宽限期内交付房屋的，出租方不承担违约责任，但免租期自实际交付之日起算，租期及付款期限相应顺延。

2. 采取补救措施类

例 3. 若卖方向买方交付的货物质量不符合本合同约定的质量标准的，买方有权选择下列第____种方式追究卖方的违约责任：

（1）拒绝接受，全部退货；

（2）要求卖方在____日内更换符合要求的货物；

（3）接受货物，但对于不符合约定的货物，按照约定价格的____%进行折价。

买方的上述选择不影响买方基于本合同的其他约定追究卖方违约责任的权利。

例4. 若乙方未能按照本合同约定的标准提供服务的，甲方有权要求乙方限期改正，甲方也可以向第三方另行采购类似服务予以替代，甲方因此支持的采购费用由乙方承担。甲方因此遭受其他损失的，乙方应予赔偿。

3. 赔偿损失类

例5. 卖方迟延向买方交付货物的，应当赔偿买方因此遭受的实际损失，包括仓储费（____元/天）、人工费（____元/天）、机器闲置折旧费（按____元/天计算）以及生产利润损失（按照____元/天计算）。若买方尚有其他损失的，卖方仍应予赔偿。

例6.（商铺租赁合同）一方提前解除本合同的，应当提前三个月通知对方，且应当支付相当于合同解除前六个月的租金作为对方的损失赔偿，该六个月的租金为双方均认为合理的赔偿数额。

4. 支付违约金类

例7. 卖方迟延向买方交付货物的，每逾期一天，按照货款总额的____%向买方支付违约金，迟延超过____天的，视为卖方不能交货，买方有权解除本合同，并按照本合同第____条的规定追究卖方不能交货的违约责任。违约金不足以弥补买方损失的，卖方应当继续予以赔偿。

例8. 乙方迟延付款的，应当向甲方支付违约金，违约金按照人民银行同期贷款利率的4倍计算。

5. 定金责任类

例9. 乙方向甲方支付本合同标的总额的20%（即人民币____元）作为定金，若乙方不履行合同的，甲方有权没收定金不予退还，若甲方不履行合同的，应当双倍返还乙方定金。乙方应当在本合同签订后____日内一次性支付前述定金。

6. 守约方制约权类

例 10. 乙方迟延支付履约保证金的，甲方有权暂停履行各项义务直至乙方支付全部履约保证金。乙方迟延达到 10 日以上（含 10 日）的，甲方有权单方解除本合同并以本合同第____条的约定追究乙方的违约责任。

例 11. 乙方应当在本合同约定的付款日之前至少 15 个工作日向甲方提供以甲方为付款人的等额发票，发票内容为______，否则，甲方的付款期限顺延，且不视为甲方违约，由此产生的责任由乙方承担且乙方不得以甲方未付款为由而拒绝履行其合同义务。

第十二章　其他程序条款审查要点解析

根据合同条款的内容及作用的不同，可将其分为实体性条款和程序性条款。所谓实体性条款，是指规定当事人在合同中的实体权利和义务内容的条款，一般均围绕合同标的而展开，如有关合同标的、数量、质量的条款。程序性条款，是指当事人在合同中规定的与合同标的无直接关联，但对于合同的整体效力或可操作性具有重要影响的条款，常用的程序性条款包括鉴于条款、免责条款、通知与送达条款、争议解决条款、保密条款、效力条款、附件条款、签署条款等，有的合同中还会设置不弃权、声明与保证等其他程序性条款。这些条款由于并不涉及合同的核心标的，在实践中往往不被当事人所重视，但这些条款对于合同的成立、生效、履行及争议解决等具有重大影响，恰恰是律师应当重点审查的对象。本章将对常用的程序性条款的审查要点进行分析和梳理。

一、鉴于条款的审查要点

鉴于条款，又称为叙述性条款，是指合同当事人对于合同背景、目的等进行的叙述和说明，一般位于合同主体条款之后合同正文之前。鉴于条款一般不涉及当事人的权利义务及责任，不属于合同必备条款。但从合同的完备性和争议解决角度来看，鉴于条款并非合同的“摆设”或“装饰”。作为一份完整的合同，除了必备条款之外，还需要具备一些其他的条款，如鉴于、通知与送达、管辖、效力、附件、签署等条款予以辅助，以使合同更为完备。这些条款大多数基于法律的赋权性规定，源于大量的实践经验和律师的创造性运用。实践中，当事人往往不重视，较少使用鉴于条款，认为可有可无，其原因在于不知道鉴于条款的作用。从律师审查合同的角度而言，对于内容简单、权利义务清晰的简易合同，可以不使用鉴于条款。但对于复杂合同（如资产收购、投资、合作经营、房地产开发、PPP 项目以及涉外合同）而言，鉴于条款在合同解释、责任承担、争议解决等方面具有重要的作用，应当引起重视。在合同审查实务中，律师应当对这些条款熟练运用，根据具体的合同情况予以增加或修改。

律师在审查鉴于条款时，首先要知道鉴于条款的类型和作用，其次要知道具体合同中不同目的的鉴于条款的制定要求，不能仅是为了形式需要而增加或修改鉴于条款。

1. 鉴于条款的类型及作用

鉴于条款往往是对合同目的、背景及原因的提炼和概括，对具体条款具有一定的补充和解释作用，尤其在合同条款未约定或约定不明的情况下，可以借助合同鉴于条款来进行合同解释，明确合同当事人最真实的意思表示。根据鉴于条款的内容及作用不同，可以分为以下三类：

一是目的型鉴于条款。此类鉴于条款的内容是叙述合同当事人的合同目的，即通过该合同所希望达到的目的。此类条款的作用一是能够让人清楚地知道合同当事人所追求的目的，二是在发生争议的情况下，能够借助合同目的来判断该合同是否符合解除条件。《民法典》第五百六十三条规定："有下列情形之一的，当事人可以解除合同：（一）因不可抗力致使不能实现合同目的……（四）当事人一方迟延履行债务或者有其他违约行为致使不能实现合同目的……"此条规定的是当事人的法定解除权，在一方以合同目的不能实现而主张解除合同时，目的类的鉴于条款就可以起到明确合同目的的作用，减轻当事人对于合同目的的举证责任。比如在《股权转让合同》中，若双方的合同目的是通过股权转让的方式而间接拥有转让方名下的土地使用权，那么在土地使用权被依法收回的情况下，则可考虑以合同目的不能实现为由而解除合同。

二是背景型鉴于条款。此类鉴于条款的内容是叙述该合同签订的客观背景，其作用在于介绍合同是在何种背景之下达成的，有利于更准确地理解合同内容。同时，在发生争议的情况下，有利于解释合同条款的含义。《民法典》第五百一十条规定："合同生效后，当事人就质量、价款或者报酬、履行地点等内容没有约定或者约定不明确的，可以协议补充；不能达成补充协议的，按照合同相关条款或者交易习惯确定。"可见，在当事人就前述内容未约定或约定不明又不能达成补充协议的情况下，鉴于条款就有可能起到补充或解释相关条款的作用。比如在一起买卖合同纠纷案件中，合同对于货物的交付方式未作约定，卖方主张买方自提，买方主张卖方送货。但鉴于条款中的表述为："卖方拥有完善的物流措施能够保障供货的及时性和安全。"在此种情况下，即应当结合鉴于条款的叙述，解释双方在签署合同时，对于卖方的送货能力有合理的认知和信赖，卖方应当承担送货义务。

三是标的型鉴于条款。此类鉴于条款的内容是叙述标的物的物理属性、权属状况，其作用在于，一是转让方披露标的物的权属状况（即拥有所有权或合法的处置权），二是转让方披露标的物的瑕疵状况，以达到充分告知避免欺诈之目的。比如在专利许可使用合同中，鉴于条款的内容为："鉴于许可方依法拥有××××专利的所有权且自愿按照本合同的约定将该专利许可给被许可方使用。"该条款就是典型的标的型鉴于条款，即因为许可方拥有该专利权，才有该合同存在的意义，若许可方所拥有的专利权被宣告无效，则该合同就失去履行的基础和必要，应予解除。

2. 鉴于条款的审查要点

如前所述，鉴于条款绝非合同的"摆设"或"装饰"，因此，对于需要有鉴于条款的合同，鉴于条款的内容应当符合目的明确、提纲挈领、语言简练这三个要求。所谓目的明确，是指鉴于条款在具体合同中的作用及目的应当明确，通俗地讲就是要确定写该鉴于条款是要达到什么目的，究竟是确定合同的目的，还是介绍合同的签署背景，抑或是确定合同签署的原因或前提条件。所谓提纲挈领，是指鉴于条款应当具有高度的概括性，不宜约定合同细节问题。如果将合同条款比作法律规范，则鉴于条款相当于法律原则，因此鉴于条款应当具有总括性和纲领性。所谓语言简练，是指鉴于条款应当简洁明了，不宜冗长。律师在合同审查实务中，把握这三个原则进行审查即可。举例如下：

（1）目的型鉴于条款

以下为一份《加油站站点租赁合同》的鉴于条款：

鉴于：

1. 甲方是________高速公路（起点：________ 终点：________）的建设单位，基于__________及相关规划文件，拥有出租该高速公路沿线加油站站点的土地使用权的合法权限。

2. 乙方是一家拥有成品油零售资质的企业，愿意承租________高速公路全线沿线的加油站站点建设加油站，甲方同意将该高速公路全线的加油站站点的土地使用权出租给乙方使用。

就相关站点租赁事宜，甲乙双方经协商一致，签署本合同，以资共守。

该鉴于条款清晰地介绍了本合同签订的背景及目的。背景是甲方拥有高速公路沿线加油站站点土地使用权的出租权，乙方的目的是拥有该高速公路全线加油站站点的租赁经营权。需要特别指出的是，在加油站的租赁经营方面，限制竞争是非常重要的，乙方的合同目的不仅仅是租赁建设加油站，而且还是全线独家经营，因此该鉴于条款中“全线”二字非常关键，也就是说基于该鉴于条款，即使合同签订时规划的站点在合同签订后发生变化，甲方也不能将变化后新增的站点租赁给其他单位建设经营加油站。

（2）背景型鉴于条款

以下为一份《租赁合同》的补充协议，双方拟解除之前已经签署的《租赁合同》，鉴于条款如下：

鉴于：

1. 甲、乙双方于2019年1月27日签订《上海市房屋租赁合同》（以下简称《租赁合同》），于2019年12月15日就《租赁合同》签订《补充协议》（《租赁合同》及《补充协议》以下统称原合同）。依照原合同约定，乙方向甲方承租房屋为办公楼B座201A、205室，租期为2019年3月15日至2030年3月14日；承租办公楼C座202、203、204室，租期为2019年6月15日至2030年6月14日。

2. 乙方基于自身原因于 2019 年 2 月 24 日向甲方提出退租申请，甲方同意乙方退租申请。

就退租事宜，经甲、乙双方协商一致，达成如下条款，以资共同遵守。

该鉴于条款非常清晰地介绍了本协议的签订背景，第一，双方此前已经签署了《租赁合同》，就乙方租赁甲方房屋事宜进行了约定；第二，乙方基于自身原因（而非甲方原因）提出退租；第三，甲方同意乙方退租（而非甲方单方解除合同）。通过该鉴于条款，读者可以非常清晰地了解到本协议的目的是解除双方之间的租赁关系，主要内容是关于合同解除后有关费用的结算、房屋腾还等事项。

（3）标的型鉴于条款

以下为一份《房屋买卖合同》的鉴于条款：

鉴于：

1. 甲方是天津市和平区云峰里____单元____室房屋（以下简称房屋）的所有权人（共有权人：________，身份证号：________），甲方及其共有权人拟按照本合同约定出售该房屋。该房屋属于老旧房屋，由于小区统一改造尚未完成，屋内下水管道存在锈蚀状况，无法正常使用。

2. 乙方为了孩子上学落户，自愿按照本合同约定购买该房屋。

甲乙双方就房屋买卖事宜，经协商一致，达成本合同条款。

该鉴于条款第 1 条介绍了房屋的权属状况，即甲方是登记的所有权人，其配偶是共有权人。同时，该条还披露了房屋属于老旧房屋，存在下水管道锈蚀无法正常使用的客观状况，属于对标的物权属及物理状况的合理披露。在本合同中，买方（乙方）在合同签署时应当要求甲方的配偶一并签署，在签署之后也不能以房屋下水管道不能正常使用为由而向卖方主张权利，因为卖方已经合理披露，买方购买该房屋的主要目的是孩子上学落户（该鉴于条款第 2 条），双方是基于对房屋现状的认可而进行的交易。

二、免责条款的审查要点

免责条款，是指基于法律规定或当事人的事先约定，旨在限制或免除当事人未来责任的条款。据此，免责条款可以分为法定免责条款和约定免责条款。

1. 法定免责条款

所谓法定免责条款，是指合同当事人基于法律的规定而免责的条款，免责事由是基于法律的规定而非当事人的事先约定。《民法典》第五百九十条第一款规定："当事人一方因不可抗力不能履行合同的，根据不可抗力的影响，部分或者全部免除责任，但是法律另有规定的除外。因不可抗力不能履行合同的，应当及时通知对方，以减轻可能给对方造成的损失，并应当在合理期限内提供证明。"据此规定，不可抗力是法定的免责事由，不论合同中是否约定，当事人均可以援用。但实践中需要注意的是：

（1）准确把握不可抗力的范围，限于合同订立时不能预见、不能避免且不能克服的客观情况，包括自然灾害，如台风、地震、洪水、冰雹；政府行为，如征收、征用；社会异常事件，如罢工、骚乱等方面。但不能将自然灾害、政府行为和社会异常事件一概界定为不可抗力。在现今条件下，一些自然灾害是可以提前预见的，比如笔者曾办理的一起内河运输合同纠纷，承运人在已经通过天气预报知悉即将有台风出现的情况下仍贸然前行，结果发生沉船事故导致运输货物灭失，台风在该案中就不能作为不可抗力而免除承运人的责任。

（2）不可抗力免责的适用条件是在正常履约的情况下，根据《民法典》第五百九十条第二款"当事人迟延履行后发生不可抗力的，不免除其违约责任"之规定，若不可抗力发生在当事人迟延履行期间，则不能援引不可抗力而主张免责。

（3）遭受不可抗力影响一方应履行通知、减损和证明义务。《民法典》第五百九十条第一款后半句规定："因不可抗力不能履行合同的，应当及时通知对方，以减轻可能给对方造成的损失，并应当在合理期限内提供证明。"

2. 约定免责条款

所谓约定免责条款，是指合同当事人事先约定的，旨在限制或免除当事人未来责任的条款。从意思自治的角度看，当事人可以根据自身需要约定若干免责情形（只要对方当事人同意接受即可），但需要注意的是，这种意思自治是在法律允许范围内的自治，若超出了法律允许的范围，免责条款可能是无效的，不能达到免责的目的。这些无效情形包括：

（1）造成对方人身损害，或因故意或者重大过失造成对方财产损失的免责条款无效。《民法典》第五百零六条规定："合同中的下列免责条款无效：（一）造成对方人身损害的；（二）因故意或者重大过失造成对方财产损失的。"

（2）格式条款中免除提供格式条款一方责任的条款无效。《民法典》第四百九十七条规定："有下列情形之一的，该格式条款无效：（一）具有本法第一编第六章第三节和本法第五百零六条规定的无效情形；（二）提供格式条款一方不合理地免除或者减轻其责任、加重对方责任、限制对方主要权利；（三）提供格式条款一方排除对方主要权利。"

律师在审查免责条款时，对于法定免责事由，应当准确把握不可抗力的范围，并进一步审查是否约定了相应的通知、减损及证明义务条款。对于不符合不可抗力范围的免责事由，则应列入约定的免责事由。而在审查约定的免责事由时，则可根据当事人在该合同中的谈判地位进行设置和约定，但务必排除上述三种无效的情形，否则就不能达到免责的目的。

三、通知与送达条款的审查要点

在合同中约定通知与送达条款，其主要目的有二：一是便于在合同履行过程中固定证据，二是出于争议解决程序便利的考虑。就固定证据而言，在合同履行过程中，合同当事人之间的沟通是必不可少的，有效而畅通的沟通是合同顺利履行的有效促进措施，实践中，电话、微信、邮件、QQ 等各种即时通信方式较为常用。但是当合同履行出现障碍或者有出现障碍的迹象时，即时通信在证据固定方面存在一定的缺陷，比如原始载体的保存问题、通信对方的身份证明问题等，因此，较多的是采用书面通知的方式，尤其是在重大事项的通知方面，也推荐采用书面方式。比如一方向另一方提出质量异议，或者向另一方发出解除合同通知书等，采用书面方式一是较为正式，二是易于固定证据。尤其在被通知方并不配合签收的情况下，通过快递方式向被通知方发出通知，结合快递的寄送状态查询结果即可证明通知已经完成送达。从争议解决程序便利角度，《最高人民法院关于进一步推进案件繁简分流优化司法资源配置的若干意见》（法发〔2016〕21 号）第三条规定："……当事人在纠纷发生之前约定送达地址的，人民法院可以将该地址作为送达诉讼文书的确认地址……"

律师对于通知与送达条款的审查，主要审查双方约定的联系方式是否完整（包括联系地址、联系人、联系电话等），送达方式是否明确。下面的通知与送达条款是笔者起草的一个示范条款，可供参考适用：

12. 通知与送达

12.1 甲乙双方确认各自的合法有效送达地址及联系方式如下（合同履行及争议解决过程中均可按照下列方式进行送达）：

甲方：________________________________

送达地址：________________________________

收件人：________________________________

联系方式：________________________________

乙方：________________________________

送达地址：________________________________

收件人：________________________________

联系方式：________________________________

12.2 一方变更名称、地址、联系人或联系方式的，应当在变更后 3 日内及时书面通知对方当事人，对方当事人实际收到变更通知前的送达仍为有效送达，电子送达与书面送达具有同等法律效力。变更方未及时通知的，对方当事人按照变更前的信息进行送达的仍视为有效送达，因此产生的不利后果由变更方承担。

12.3 一方向另一方送达文件，以被送达方的签收日期作为送达日期。通过快递方式送达的，以快递签收日期为送达日期，被送达方拒收或无法送达的，自交邮后第______日视为已经送达。通过电子文件送达的，自前述电子文件内容在发送方正确填写地址且未被系统退回的情况下，自文件进入对方数据电文接收系统即视为送达，若送达日为非工作日，则在下一个工作日视为已经送达。

12.4 本条款为独立条款，不受合同整体或其他条款的效力的影响，始终有效。

四、争议解决条款的审查要点

争议解决条款是合同当事人对于一旦发生争议的情况下如何解决争议的一种事先约定，虽然不约定合同当事人的权利义务，但对于合同争议的解决以及解决争议的便利程度及成本具有较大的影响，实践中也属于合同当事人的“必争之地”。一般而言，争议解决方式可以包括和解、调解、仲裁、诉讼四类。和解与调解属于当事人协商的范畴，法律并不干预，因此也无须进行过多的约定，类似于“因本合同发生争议的，双方首先应当友好协商解决”之类的条款实际上属于多余。

实践当中，最常适用的就是诉讼或仲裁方式。律师在审查争议解决条款时，首先要审查的就是是否约定了明确的争议解决方式，不能既约定诉讼又约定仲裁。《最高人民法院关于适用〈中华人民共和国仲裁法〉若干问题的解释》第七条规定：“当事人约定争议可以向仲裁机构申请仲裁也可以向人民法院起诉的，仲裁协议无效。但一方向仲裁机构申请仲裁，另一方未在仲裁法第二十条第二款规定期间内提出异议的除外。”一般认为，仲裁实行一裁终局制度（《仲裁法》第九条第一款规定：仲裁实行一裁终局的制度。裁决作出后，当事人就同一纠纷再申请仲裁或者向人民法院起诉的，仲裁委员会或者人民法院不予受理），较之于诉讼的两审终审制度效率更高。仲裁程序中，当事人对仲裁庭的组成人员具有一定的选择权，而对于诉讼程序中审判人员的组成是没有选择权的。另外，仲裁委员会的独立性更强一些（《仲裁法》第十四条规定：仲裁委员会独立于行政机关，与行政机关没有隶属关系。仲裁委员会之间也没有隶属关系），就这一点而言，不宜简单地这么判断，因为在立法上司法机关也是独立的。至于当事人是选择诉讼还是仲裁，属于双方协商的范畴，作为律师可以向委托人提示二者的区别，但具体选择哪种方式由当事人自行商定。在选定争议解决方式的情况下，根据不同的争议解决方式再进一步审查条款内容。

1. 约定通过仲裁方式解决争议

若合同约定通过仲裁方式解决争议的，必须要约定明确的仲裁机构和仲裁事项。《仲裁法》第十八条规定："仲裁协议对仲裁事项或者仲裁委员会没有约定或者约定不明确的，当事人可以补充协议；达不成补充协议的，仲裁协议无效。"就仲裁机构而言，必须明确约定仲裁机构的名称。《最高人民法院关于适用〈中华人民共和国仲裁法〉若干问题的解释》第三条规定："仲裁协议约定的仲裁机构名称不准确，但能够确定具体的仲裁机构的，应当认定选定了仲裁机构。"第四条规定："仲裁协议仅约定纠纷适用的仲裁规则的，视为未约定仲裁机构，但当事人达成补充协议或者按照约定的仲裁规则能够确定仲裁机构的除外。"第五条规定："仲裁协议约定两个以上仲裁机构的，当事人可以协议选择其中的一个仲裁机构申请仲裁；当事人不能就仲裁机构选择达成一致的，仲裁协议无效。"第六条规定："仲裁协议约定由某地的仲裁机构仲裁且该地仅有一个仲裁机构的，该仲裁机构视为约定的仲裁机构。该地有两个以上仲裁机构的，当事人可以协议选择其中的一个仲裁机构申请仲裁；当事人不能就仲裁机构选择达成一致的，仲裁协议无效。"就仲裁事项而言，《仲裁法》第二条规定："平等主体的公民、法人和其他组织之间发生的合同纠纷和其他财产权益纠纷，可以仲裁。"第三条规定："下列纠纷不能仲裁：（一）婚姻、收养、监护、扶养、继承纠纷；（二）依法应当由行政机关处理的行政争议。"

对于仲裁条款的审查，可参照具体选定的仲裁委员会的示范条款来进行。以中国国际经济贸易仲裁委员会为例，其示范条款为："凡因本合同引起的或与本合同有关的任何争议，均应提交中国国际经济贸易仲裁委员会____________________分会（仲裁中心），按照仲裁申请时中国国际经济贸易仲裁委员会现行有效的仲裁规则进行仲裁。仲裁裁决是终局的，对双方均有约束力。"

2. 约定通过诉讼方式解决争议

在合同约定通过诉讼方式解决争议的情况下，律师重点审查管辖法院是否确定以及是否符合委托人的意愿。《民事诉讼法》第二十三条规定："因合同纠纷提起的诉讼，由被告住所地或者合同履行地人民法院管辖。"此为合同纠纷管辖的一般性规定，若当事人无特别约定，则根据该条来确定管辖法院。当然，法律也允许当事人在合同中对管辖法院进行特别的约定。《民事诉讼法》第三十四条规定："合同或者其他财产权益纠纷的当事人可以书面协议选择被告住所地、合同履行地、合同签订地、原告住所地、标的物所在地等与争议有实际联系的地点的人民法院管辖，但不得违反本法对级别管辖和专属管辖的规定。"因此，合同当事人可以根据双方的谈判地位，结合己方的实际情况选择有利于己方的管辖法院。实践当中，一般谈判地位较强的一方会选择约定由己方所在地有管辖权的人民法院管辖。

五、保密条款的审查要点

保密条款对于保护合同各方的隐私信息和商业秘密，防范恶意磋商等不诚信行为，具有重要的作用。实践中不少合同都约定有保密条款。对于一些对商业秘密或知识产权保护要求更高的项目或合同，往往要单独签署一份保密协议。对于保密协议的审查，则应按照合同审查的方法来进行。本书中，主要介绍一般的保密条款的审查。保密条款的基本要素包括保密信息的范围、保密人员、保密期限、违反保密义务的责任及例外等内容。律师在审查保密条款时，应根据合同的整体繁简情况，结合前述要点来进行审查。下述保密条款可作为通用型条款，律师在审查合同保密条款时可以参照：

11. 保密

11.1 甲乙双方均应当对本协议的内容、因履行本协议或在本协议期间知悉的或收到的对方的商务、财务、技术、产品的信息、用户资料或其他标明保密的文件或信息（以下简称保密信息）予以保密，未经保密信息披露方事先书面同意，不得向本协议以外的任何第三方披露。

11.2 保密信息接收方为本协议目的可向其确有知悉必要的雇员、法律顾问或财务顾问披露对方提供的保密资料，但同时须指示该等人员遵守本条规定的保密义务，该等人员违反本条保密义务视为接收方违反本条保密义务。

11.3 保密信息接收方违反本条规定泄露披露方的保密信息的，由此产生的法律责任由接收方承担，造成披露方损失的，接收方依法应当承担赔偿责任。

11.4 本保密义务的保密期限为本协议签订、履行期间以及本协议履行完毕之后____年。

六、效力条款的审查要点

如前所述，当事人签署合同的目的在于使合同能够按照当事人之间的意思表示产生法律效力。因此，每份合同都应当对合同的效力进行约定，此处指的是合同是否生效或是否失效，而不是合同的有效与否，因为合同的有效与否属于法律判断，不以当事人的意志为转移。

一般而言，合同自当事人签字或盖章之时成立，自合同成立时同步生效。《民法典》第五百零二条规定："依法成立的合同，自成立时生效，但是法律另有规定或者当事人另有约定的除外。依照法律、行政法规的规定，合同应当办理批准等手续的，依照其规定。未办理批准等手续影响合同生效的，不影响合同中履行报批等义务条款以及相关条款的效力。应当办理申请批准等手续的当事人未履行义务的，对方可以请求其承担违反该义务的责任。依照法律、行政法规的规定，合同的变更、转让、解除等情形应当办理批准等手续的，适用前款规定。"但法律也允许合同当事人对合同的效力存续（包括生效及失效）时间或条件进行特殊的设置。《民法典》第一百五十八条规定："民事法律行为可以附条件，但是根据其性质不得附条件的除外。附生效条件的民事法律行为，自条件成就时生效。附解除条件的民事法律行为，自条件成就时失效。"第一百六十条规定："民事法律行为可以附期限，但是根据其性质不得附期限的除外。附生效期限的民事法律行为，自期限届至时生效。附终止期限的民事法律行为，自期限届满时失效。"

实践当中，合同的效力条款一般表述为“本合同自甲乙双方签字盖章之日起生效”。对于需要办理批准、登记手续的，一般表述为“本合同自甲乙双方签字盖章之日起成立，自__________________批准（登记）之日起生效”。律师在审查该条款时还应当提示委托人按照合同约定办理相应的批准登记手续；对于当事人对合同效力有特殊约定的，一般的表述为“本合同自甲乙双方签字盖章之日起成立，自同时具备下列条件之日起生效：1. ____________；2. ____________”。律师在审查该条款时，还应注意审查所约定的条件是否符合如下要求：(1) 该条件应当是将来的、尚未发生的事实，而不能是已经发生的事实；(2) 该条件应当是可能发生的事实，而不能是确定会发生或确定不会发生的事实；(3) 所约定的事实是否发生、何时发生应当是不可预见的；(4) 所约定的事实应当是合法的，而不能是违法的事实；(5) 所约定的事实应当属于当事人可以约定的范畴，而不能是由法律规定的范畴。如果约定的条件不符合前述要求，则应进行相应的修改；对于附生效时间的合同，一般的表述为“本合同自甲乙双方签字盖章之日起成立，自______年____月____日起生效”。如果当事人对于生效时间有特殊的要求或约定，也可采用其他表述，律师在审查时只需要审查该约定是否明确具体即可。关于合同失效的问题，一般情况下合同权利义务履行完毕即告终止，不再产生效力，但也有合同中会约定合同失效的时间或条件。关于合同失效的表述，可参照前述关于生效时间或条件表述进行约定；在审查补充合同的时候，还应当进一步约定补充合同与原合同之间的效力优先级问题，一般表述为“本补充协议与原协议不一致的，按照本补充协议执行，本补充协议未约定的，仍执行原协议的约定”。此外，大多数合同中还会进一步约定“本合同一式____份，甲方执____份，乙方执____份，各份具有同等法律效力”，这也是惯用表述，律师在审查时稍加注意即可。

需要进一步注意的是，《民法典》第一百四十五条规定：“限制民事行为能力人实施的纯获利益的民事法律行为或者与其年龄、智力、精神健康状况相适应的民事法律行为有效；实施的其他民事法律行为经法定代理人同意或者追认后有效。相对人可以催告法定代理人自收到通知之日起三十日内予以追认。法定代理人未作表示的，视为拒绝追认。民事法律行为被追认前，善意相对人有撤销的权利。撤销应当以通知的方式作出。”第一百七十一条规定："行为人没有代理权、超越代理权或者代理权终止后，仍然实施代理行为，未经被代理人追认的，对被代理人不发生效力。相对人可以催告被代理人自收到通知之日起三十日内予以追认。被代理人未作表示的，视为拒绝追认。行为人实施的行为被追认前，善意相对人有撤销的权利。撤销应当以通知的方式作出……"根据前述规定，律师在审查合同过程中，若发现合同相对方为限制民事行为能力人的，应当提示委托人要求更换合同主体或在30日内催告其法定代理人进行追认；若发现合同相对方以第三方名义签署合同的，应当提示委托人更换合同主体或者核实合同相对方是否具有该第三方的合法授权或者在30日内催告第三方予以追认。

七、附件条款的审查要点

对于内容较为复杂的合同，为了表述方便，也为了使合同整体结构显得合理，通常会把一些需要细化约定的事项以附件的形式加以约定，如买卖合同中的"货物"，若货物类型较多，一般都会以附件形式进行单独约定。对于合同有附件的情形，基本原则是要明确附件的名称，并与合同其他条款中对附件的引用相对应。一般而言，附件条款中应明确如下内容：1. 本合同包括____个附件，分别为附件1 ______，附件2 ______，附件3……2. 上述附件是本合同的组成部分，与本合同具有同等法律效力。对于一些大型的复杂合同，也可以在合同的条款目录中列明该合同包括的附件，如笔者所审查的第十三届全运会的赞助合同，包括近20个附件，就是将附件名称列明在合同的条款目录之中。律师在审查附件条款时，应当结合合同其他条款中引用附件的地方，核实相应的附件是否对应，名称是否统一。比如在合同某一条中的表述是"详见附件2《供应商的权利》"，但合同文本里附件2却是《关联机构》附件3才是《供应商的权利》，在这种情况下，如果结合该条款能够准确判断该附件的名称或序号，则直接进行删改，若不能准确确定，则应提示委托人进行核实后予以修正。

八、签署条款的审查要点

合同签署是合同成立之前的最后一关，应当谨慎审查并提示委托人规范签署。合同签署条款之前合同文本内容最后一句话之后应注明“以下为本合同签署页，无正文”。签署条款一般应包括合同主体名称、签字栏及签署日期、签署地点。对于合同主体的审查，应确保与合同首部的主体名称统一。对于签字栏，若合同主体为法人，则应为“法定代表人或授权代表（签字)”，若合同主体为自然人，则一般应为本人签字，有代理人的则注明“代理人（签字)”，需要提示当事人的是，若是授权代表或代理人签字，应在签署之前审查签字人的授权委托书，以确保合同成立。对于签署日期一栏，注明年月日即可，若合同文本上已经填写的日期早于律师审查合同的日期，则应当提示当事人据实填写。对于签署地点，应明确到区一级，比如应当明确到“本合同由甲乙双方签署于天津市河西区”而不宜仅写为“本合同由甲乙双方签署于天津市”。

第十三章　合同商务条款审查要点解析

本书第七章至第十二章是对不同功能的合同条款所进行的分类审查，这些条款都具有不同的功能，如主体条款是为了锁定合同主体，标的条款是为了锁定合同标的。而本章中所要讨论的商务条款，并不是基于其功能而进行的划分，而是基于其条款性质而进行的划分，与之相对应的条款是法律条款。传统的合同审查观点认为，律师只需要审查法律条款即可，对于商务条款则应当由当事人自行权衡和决策，不属于律师的工作范畴①，但在实践中这种做法已经越来越无法满足当事人的服务需求，商务条款已经逐渐成为律师必须审查的内容。究其原因，一方面是由于法律条款和商务条款往往交织在一起，无法严格区分；另一方面是由于律师行业竞争的加剧，律师的服务范围在日益扩大和深入，尤其是在服务顾问单位的过程中，律师不仅要懂法律，还要熟悉顾问单位的业务内容和流程，当事人对于律师服务的专业水平和深度的要求也越来越高，在审查法律条款作为律师的“基础课”的情况下，审查商务条款俨然成为律师的“提高班”，往往成为当事人衡量律师服务水平和服务质量的重要标尺。因此，很有必要就如何审查合同中的商务条款进行分析和讨论。

一、商务条款的概念

从条款性质的角度，合同条款可以分为法律条款和商务条款，法律条款是指与法律、法规及规章的规定有关的条款，主要解决的是合同条款与有关

---

① 如中华全国律师协会编：《律师执业基本技能（下）》，北京大学出版社2007年版，第129—130页即有此类观点。

法律法规的符合程度问题，若与法律法规相符，则能够产生预期的法律效力，若与法律法规不符，则可能会影响合同条款的效力（无效、可撤销等），或者会给当事人带来法律责任（如行政处罚）。商务条款是指围绕当事人的交易目的而设定的与交易内容相关的条款，这些条款与法律没有直接的关系，但与当事人的交易内容有关系，当事人可以根据自己的交易目的而进行权衡和决定，但不同的决定可能会导致不同的法律效果，会影响交易的顺利程度以及交易目的的实现程度。根据条款内容的侧重点不同，商务条款又可分为商业条款和技术性条款，商业条款是当事人关于彼此权利义务的履行时间、地点及方式等方面的商业性安排，主要包括货物（服务）的交付时间、地点、方式，合同价款的数额、支付时间、地点和方式等；若涉及运输、保险的，还包括运输、保险等相关内容。技术性条款则是关于合同标的物的特征和技术标准方面的条款，主要包括标的物的名称、规格、型号、质量、技术指标、包装要求、验收、后续维保等内容。

商务条款的法理基础在于合同自由原则。合同自由是市场经济条件下交易关系发展的基础和必备条件，发展市场经济，必然要鼓励合同自由。《民法典》第五条规定："民事主体从事民事活动，应当遵循自愿原则，按照自己的意思设立、变更、终止民事法律关系。"该规定即是我们国家允许合同自由的基本法律规定。一般而言，合同自由包括两个层面的含义，一是"约定优先原则"，即当事人之间达成的合意具有优先于法律适用的效力；二是合同当事人享有订立合同和确定合同的内容等方面的自由，具体包括是否缔结合同的自由、选择合同相对人的自由、决定合同内容的自由、变更和解除合同的自由、选择合同形式（口头、书面）的自由、选择补救方式的自由等内容。

二、商务条款的内容

如前所述，正是因为《民法典》允许当事人对合同缔结以及合同内容享有自由约定的权利，因此，从总体来看，法律条款相对于商务条款来讲要少，合同中大部分都属于商务条款或者商务内容。但需要注意的是，法律条款与商务条款之间并没有严格的"楚河汉界"，二者往往交织在一起，无法完全割裂开来。法律条款要服务于当事人的交易安排，商务条款要受到法律的规制。

以普通货物买卖合同为例，当事人买什么、买多少、什么标准、什么价格、如何支付、如何交货、如何检验、出现争议如何解决等都属于商务内容，分别简述如下：

1. 标的物条款

合同必须要有标的方可成立，从这一点上讲标的条款属于法律条款，但标的物名称、规格、型号等（即当事人买什么的问题）则属于当事人应当自行决定的范畴，属于商务条款中的技术性条款。在购买服务的场合，需要购买何种服务或者是哪些服务项目，完全取决于当事人自己的决定，与法律并无直接关系。

2. 数量条款

标的物的数量，即当事人买多少的问题，属于商务条款中的商业条款，取决于当事人自身的需求和购买能力，同样属于当事人自行决策的内容。

3. 质量条款

质量条款属于商务条款中典型的技术性条款，除了国家有强制性标准的产品之外，当事人可以根据具体情况决定购买何种质量的产品，比如在购买羊毛衣时究竟是购买含毛量为100%的还是70%的，在购买电脑时关于电脑的配置要求等，都属于当事人自行决定的事项。在购买服务时，购买什么样的服务（服务标准或服务要求），同样取决于当事人自身的决策。

4. 价格条款

价格条款是合同的核心条款之一，是有偿合同中“卖方”的核心权益。价格条款主要包括价格标准、支付方式、支付时间（进度），以及相应的开票等内容，这些问题均属于当事人应当自行决策的事项。律师在审查时应注意以下内容：

（1）价格标准。不论采取何种标准，均应当确保该价格是可以确定的。若约定的是总价，应当明确价款的币种及数额（大小写应当一致）。若约定的是单价，则应当明确单价标准以及相应的计算方式，以便能够通过该计算方式确定总价。价款的问题，属于当事人商务谈判和决策的范畴，原则上律师只需要审查其确定性即可，但对于明显低于市场价值的价格以及法律法规及政策有限制性规定的价格（比如金融不良资产交易价格、国有资产交易价格等，再如律师服务中的刑事案件、索要抚养费案件、离婚案件等不得采用风险收费模式等），则应当提示当事人价格的合规性问题。

（2）支付方式。支付方式可以包括现金支付、转账支付、票据支付、移动支付（微信、支付宝等）、第三方代付、抵销、资源互换等。在第三方代为支付的情况下，应当明确支付主体并要求委托付款方及实际付款方确认。在相互抵销的情况下，应当明确彼此之间的债权债务性质及数额。在资源互换的情况下，应当明确置换的资源明细及相应的市场价值。

（3）支付时间（进度）。应当明确约定具体的支付时间，若是分阶段支付的，应当明确每一笔款项的支付时间，该时间应当是封闭性规定。

（4）发票开具。应当明确价格中是否含税，约定开票的种类、税点、金额以及开票时间（是先款后货还是先货后款），并进一步明确发票是否可以作为已付款的证据，以免产生不必要的争议。

5. 履行方式条款

履行方式属于商务条款中典型的商业条款，在具体履行方式方面，主要包括包装、运输、交付、检验及保险条款。其中，包装条款包括包装方式、规格、包装材料、费用承担等内容；运输条款包括装运时间、运输方式、起运地和目的地等内容；交付条款包括交付时间、交付地点、交付方式等内容；检验条款包括检验机构、检验标准、检验方法、复验、质量异议期限及方式等内容，这些内容同样属于当事人应当自行决策的事项。

6. 违约责任条款

违约责任条款属于合同应当具备的条款之一，但属于当事人自由选择补救方式的范畴，具体的违约责任方式属于当事人应当自行决定的事项，比如在质量违约的情况下，究竟是退货、换货还是折价处理，应当由当事人自行决定。在约定违约金或赔偿损失的情况下，违约金或损失的数额以及计算方式，也属于当事人自行决定的事项。

7. 争议解决条款

从律师审查合同的角度，争议解决条款属于合同的必要条款，要给予高度的警惕和重视。但从法律的角度，并不强制要求合同当事人一定要约定争议解决条款（没有约定的情况下，当事人可以通过诉讼方式解决，管辖地也可以根据民事诉讼法的规定予以确定），但法律允许当事人进行约定，当事人不同的约定会产生不同的法律后果，因此，争议解决条款也属于商务条款。争议解决条款包括争议解决方式及管辖地，当事人可以选择通过仲裁方式或者诉讼方式解决争议，管辖地也可以在允许的范围内自行选择。

除了上述主要的商务条款之外，生效条款（生效条件、生效时间等）、通知与送达、合同份数、签署时间、签署地点等条款，也都属于当事人可以自行决策的范围，同样属于商务条款。

三、商务条款的审查要点

在审查商务条款时，应注意审查其合规性、合理性和可操作性，注意前后是否一致，是否有利于交易目的的实现。概括起来，可从以下三个方面予以把握：

1. 合规性

如前所述，商务条款要受到法律法规和有关规定的规制，因此，商务条款应当具备合规性，具体可以从以下几个方面来理解：

首先，从私法自治的空间来看，法不禁止即自由。合同法属于私法，合同自由即属于私法自治的体现，但这种自由并不是绝对的自由，而是在法律允许的框架内的自由，不存在不受任何束缚没有任何边界的行为自由。因此，当事人的自由约定也应当具有一定的边界，不能违反法律的禁止性规定。

其次，本书已多次述及，不论是合同整体，还是具体的合同条款，都需要符合法律的规定，否则就不能产生预期的法律效力（注：在有关内容不合法的情况下，虽然不会产生当事人预期的法律效力，但会产生相应的法律后果）。因此，商务条款也必须满足合法性标准，但对于商务条款而言，仅仅符合法律法规的规定还不够，还需要符合有关规章、政策、规范性文件的规定，甚至还需要符合企业内部的管理规定，因此，在本章当中要求商务条款要具备合规性，合规性比合法性要求更高、程度更深。

最后，从具体条款内容来看，由于商务条款和法律条款的区分并非绝对，往往交织在一起，商务条款中往往蕴含着法律问题，因此，需要注意法律法规及有关规定对于商务内容的限制，这样才能使得该商务条款受到法律的保障，避免给当事人带来不利的法律后果。比如，关于管辖法院的问题，根据《民事诉讼法》第三十四条规定，“合同或者其他财产权益纠纷的当事人可以书面协议选择被告住所地、合同履行地、合同签订地、原告住所地、标的物所在地等与争议有实际联系的地点的人民法院管辖，但不得违反本法对级别管辖和专属管辖的规定”。若当事人在前述范围内协议约定管辖法院，或者是将房地产买卖合同中的管辖法院约定为合同签订地法院，这样的约定就不能得到法律的保障，不能产生预定的法律效果。又如，《民法典》第九百三十三条规定“委托人或者受托人可以随时解除委托合同”，倘若当事人的委托合同中约定不得单方解除合同，则该条款的约定会因为违反《民法典》而不能受到法律的保护。再如，租赁合同中的租期应当属于当事人自行决定的内容，属于商务条款，但租期同时又涉及法律问题（不能超过 20 年），若超过 20 年，超过部分无效。此类的规定较多，往往规定在不同的法律法规之中，律师在审查合同过程中要多加注意。此外，对于商务条款的审查，还应当注意内部管理规定，比如某公司为子公司，其母公司规定子公司的采购权限为 100 万元，高于 100 万元的应当报母公司批准后方可采购，若该子公司拟签署 150 万元的采购合同，律师在审查类似条款时就应当对子公司进行相应的提示和建议，否则将会导致子公司对母公司管理规定的违反，子公司负责人将可能因此受到处罚，对于子公司负责人以及顾问律师都不是好事。

2. 可操作性

本书在第四章中就合同的可操作性问题进行了详细的论述，实际上合同整体是否可操作，商务条款具有决定性作用，若商务条款缺乏可操作性，则合同整体也就不具备可操作性。而商务条款是合同的主要内容，因此律师在审查商务条款时要尤为注意条款内容的可操作性问题，可操作性的判断标准

（权利义务明确、逻辑恰当、表述准确）可参考本书第四章的内容，本章再结合一些例子加以说明。比如，在笔者审查过的一份《设计合同》中，关于设计费用的支付约定如下：“（1）设计人完成智能化招标工作后20个工作日内，发包人支付给设计人相应设计费（含增值税）总额的40%。设计人完成项目智慧化蓝图及运营规划报告、智慧化平台及解决方案设计报告、智慧化实施规划报告并经发包人书面确认后20个工作日内，支付给设计人相应设计费（含增值税）总额的30%。所有成果提交后，指导项目实施落地，实施落地以智能化承包单位施工、调试、验收后20个工作日内，支付给设计人相应设计费（含增值税）的30%。（2）设计人完成本条款约定各阶段工作后，应及时提出付款申请。各阶段付款，必须经发包人确认分段设计工作完成，工作成果得到发包人认可，并收到设计人提交的与付款金额相当的等额税务发票原件，支付各阶段设计服务费。”该条约定是关于付款时间和付款比例的约定，属于典型的商务条款，但却存在操作层面的逻辑问题，在设计人完成相应工作且得到发包人认可的情况下，第（1）款中的付款是以时间为依据的，而第（2）款中是以设计人开具发票为依据的，若按照该条约定，在付款时间上设计人会依据时间要求付款，而发包人则会以开票作为条件，极有可能产生争议，要解决该问题，就应当将设计人开具发票同时作为付款的条件，即“在设计人完成相应工作、得到发包人认可并向发包人开具相应数额的增值税专用发票后____日内，发包人支付总额的____%”，否则发包人有权迟延付款且不视为违约。

又如，在一份《招商引资合同》中，约定政府一方依据对投资方的纳税情况给予奖励，内容为：“甲方（地方政府）在每年度结束后15个工作日内根据乙方（投资方）对本区的税收贡献情况给予乙方相应的奖励。”但实际上甲方是一个工业园区的管委会，经笔者与经办人核实，合同中的税收考核实际上要取决于税务部门的统计数据，但税务部门提供相关数据的时间甲方无法控制，因此，该条约定在履行过程中就会出现可操作性问题，一旦税务部门不能及时提供数据，甲方就无法进行考核，也就无法在年度结束后15个工作日内给予奖励，要解决该可操作性问题，可以修改为：“甲方（地方政府）在每纳税年度结束且经税务部门出具考核结果后15个工作日内根据乙方（投资方）对本区的税收贡献情况给予乙方相应的奖励。”

再如，在笔者审查过的一份《建设工程施工合同》中，在专用合同条款第12.2.1条“预付款支付比例”中约定预付款比例为0，而在第12.4.1条“关于付款周期的约定”中又约定“合同签订后30日内支付30%的预付款”，前后不一，需要与合同经办人沟通确认后予以修改和统一。在另外一份《咨询服务合同》中，第10条规定“乙方（受托方）在任何情况下都保留其根据本合同开发或提供的工艺、方法、软件、技术、创意、概念、商业秘密和专有技术（统称‘乙方交付物’）的一切权利、所有权和权益”，但在第11条中又约定“甲方（委托方）在支付完毕相关费用的前提下拥有乙方‘交付物’的所有权”，很显然二者之间存在矛盾，应当明确界定乙方拥有所有权的范围。

还如，在一份《钢材销售合同》中，约定买方提出质量异议的期限为3天，从实际情况来看，买方还需要委托第三方进行检验，在3天内根本就无法完成，该检验期间的约定就属于不合理约定，在发生质量争议的情况下，检验期间的合理性问题必然会成为争议的焦点问题之一，卖方会坚持用合同约定来抗辩，而买方只能以异议期间过短为由进行反驳，最终需要审判机构来进行认定。要避免该风险，就应当根据第三方检验所需时间再加上送检和提出异议的时间来设置一个合理的异议期间。

3. 是否隐含潜在风险

对于商务条款的审查，还应当注意审查该条款是否存在潜在的风险，需要进行风险识别和风险控制。尤其是在待审合同内容由相对方提供的情况下，审查合同时要尤为谨慎。比如，在一份《保险咨询服务协议》中，该合同由受托方提供，其中在第13条中约定“受托方在本合同项下的责任仅限于直接损失，对于任何包括但不限于数据损失、利润损失或商誉损失等间接损失，受托方不承担责任。无论本合同中的条款是否有相反规定，受托方在本合同项下的总责任，无论是基于违约或侵权或其他，包括违约金，累计不得超过委托方对作为标的物的服务所付金额的100%”，该条约定意味着在委托方损失超过已付服务费的情况下无法得到足额赔偿，属于潜在风险，因此笔者在审查意见中对此明确指出并建议委托方慎重考虑后再决定是否同意此限制。

又如，在一份《管材买卖合同》中，约定由卖方送货，自天津送往塔什库尔干塔吉克自治县，由于只能通过铁路加汽车运输的方式进行送货，但交货期仅约定了7天，客观上根本无法完成，一旦签约就意味着卖方必然违约，在与经办人沟通后对送货时间进行了修改，从而避免了潜在的风险。

再如，在一份《建设工程施工合同》中，在《协议书》部分记载合同订立日期为2019年3月10日，实际上发给律师审查的时候已经是3月19日，《专用合同条款》中约定，若发包方在合同签署后7日内未提供施工条件的，应当承担逾期违约责任。很明显，一旦双方在该合同上签字盖章（实践中很多当事人为了省事，往往不填写签署日期），即意味着发包方已经构成违约。经律师提示后，将《协议书》中已经填写的合同订立日期予以删除，并建议双方按照真实的签署日期填写，避免了潜在的风险。

四、商务条款的审查方法

在审查商务条款的过程中，从方法论的角度，有以下几个方面应当注意：

1. 了解客户的性质

不同性质的客户，其决策机制不同，律师在审查商务条款时应当注意加以区分，要根据客户的性质提出具有针对性的意见。一般而言，政府机关、国有性质的单位受到的监管较多，程序相对复杂，民营单位的决策程序相对简单。非常突出的特点是，对于政府机关、国有单位类型的客户，要考虑纪检和审计的因素，而民营单位一般不会涉及，国有单位在决策程序上通常要涉及国有资产监管部门的审批问题，而民营单位履行单位内部决策程序即可，一般不会涉及其他监管机构的审批问题。例如，一个国有单位的负责人向笔者咨询，其所在单位经过党委会议讨论决定免除一家合作单位40多万元的债务，合同已经签署，但上级纪检部门在检查过程中对此提出了疑问“为什么要免除合作单位的债务？是否存在违纪违法问题”，并据此对该负责人进行调查，很可能要被追责。笔者经询问得知：该合同在签署之前，经过了其法律顾问的审查，法律顾问仅对其中个别条款进行了修改，并没有提示风险。很显然，该单位的法律顾问在审查该合同时没有考虑到该单位的国有性质，也没有考虑到该单位在处置重大财产权益时应当向上级部门请示批准，于是给该单位负责人带来了被追责的风险。客观地分析，该单位负责人作为国有单位的领导，在进行重大财产处置时没有主动向上级请示，负有不可推卸的责任。但另一方面，该单位的法律顾问没有意识到潜在的风险并进行提示，显然也存在不足，暂且不论该律师是否应当承担法律责任，起码从职业水平和责任心角度是要受到质疑的。该单位负责人在向笔者咨询时就已经对该律师的执业水平表现出了严重的不满和愤怒，其结果至少是会解除与该律师事务所的聘用合同，对于该律师而言，何尝不是一种风险呢？如果该单位是民营企业，只要单位内部决策同意即可，不会涉及请示审批问题，也不会涉及纪检部门的追责问题。因此，律师在审查商务条款时，首先应当了解客户的单位性质，以便能够做出相应的风险判断、提示和建议。

2. 了解客户的内部经营管理流程

每个单位都会有自己的内部经营管理制度和流程，律师在审查合同，尤其是常年为法律顾问单位审查合同时，应当对顾问单位的内部经营管理流程尽可能地熟悉，只有这样，才能够避免因内部管理流程的问题而导致客户出现违约的风险。尤其是在一些大中型企业，内设部门较多，合同细节基本上都是由经办部门去商谈，决策层不可能对每个合同的每个细节都非常清楚，这种情况下要尤为注意内部管理流程对于合同履行的影响。比如，笔者的一个顾问单位是大型国企，股东双方都是国有单位，其内部规定所有的付款事项都应当由合同经办部门提出付款申请单，经部门领导签字、主管副总签字、董事长签字后方可交到财务部，财务部根据签批完毕的付款申请单进行付款，但该公司的主管和董事长还兼任着其他单位的领导职务，并不是经常在单位上班，整个签批流程一般都得 20 天以上。在这种情况下，该单位所有需要对外付款的合同，约定的付款时间都不能少于 20 天，一旦约定的付款时间少于 20 天，就必然会导致该单位无法按照合同约定的时间完成付款，进而导致违约。因此，笔者在为该单位进行培训时就明确向各个部门进行提示，所有合同中的付款时间都应当多于 20 天，同时在审查合同时也对付款时间条款给予特别的关注，以免造成单位违约。再举一个反面的例子，在笔者代理过的一个《商品房买卖合同》案件中，笔者代理购房者（原告），起诉开发商要求解除合同、返还已付购房款并支付一倍的赔偿金，原因在于该开发商在与原告签署《房屋预定协议》（注：该协议虽然名为预定协议，但已经具备房屋买卖合同的主要内容，应视为《房屋买卖合同》）时没有告知该房屋已办理抵押的事实。在庭审过程中，开发商的法务部工作人员作为代理人出庭，其抗辩理由是由于该公司财务部门负责资产抵押等工作，营销部门负责房屋销售，签协议时正在办理抵押登记过程中，两个部门之间没有及时沟通，因此认为该公司不存在“隐瞒抵押事实”的故意，而是内部沟通不畅所导致的。很显然，该公司的抗辩理由并不能作为其免责的理由，内部沟通不畅而导致的责任应当由该公司来承担。在该案所涉及的《房屋预定协议》中，并未充分考虑到各部门之间可能存在信息流通不畅和不及时的问题，进而导致了违约责任的产生。倘若律师熟悉该公司的内部管理流程，在审查该协议时就能够提示注意核实房屋是否存在抵押或是正在办理抵押登记，进而降低公司违约的可能性。

3. 了解具体交易事项的流程和要点

不同企业的主营业务不尽相同，即使是同类型的交易事项，由于企业不同或具体情况不同，在交易模式和交易流程方面也会存在差异，律师应当充分注意具体待审合同所对应的交易事项的特殊性，以便能够向客户提出更加“贴心”的修改意见和建议。比如，在笔者审查的某会展公司与某汽车销售公司的合作协议中，约定该汽车公司免费向会展公司提供展会用车，会展公司在展会期间免费向该汽车公司提供一个36平方米的展位。对于一个不了解展会行业的律师，该约定似乎并无明显瑕疵；但是，展位的位置会影响到展位的价值，展位的搭建会涉及不小的搭建费用，因此还应当建议客户进一步约定展位的位置以及展位搭建的费用承担问题，以免合同履行过程中产生争议。

客观地讲，律师不可能对所有的经济行为和交易模式都能像普通货物买卖合同一般熟悉，在审查一些并不十分熟悉的交易事项合同时，更需要通过学习和沟通掌握该交易事项的流程和要点。只有这样，才能准确地判断该合同是否存在缺项、权利义务是否清晰以及相关约定是否具有可操作性。要了解具体交易事项的流程和要点，一方面是律师自身对于相关业务知识的学习和经验积累，另一方面要特别注意发挥合同经办人的作用，通过与经办人的沟通知晓当事人的真实交易目的、交易流程、交易要点以及商谈细节。只有律师对于具体交易事项的流程和要点充分理解和掌握之后，才能够恰如其分地对合同进行相应的审查和修改，不能“想当然”地进行修改，更不能靠“蒙”。笔者在工作中的一个做法是，要求提供待审合同时一并提供合同经办人的联系方式，以便在审查合同中有疑问时能够及时与合同经办人取得联系和沟通，进而确保合同审查修改意见的准确性和适用性，同时也能够提高工作效率，这一方法，可供大家工作时参考。

4. 客观认识律师意见和建议的定位和作用

在审查商务条款的过程中，常用的方法是删改、提示和建议。对于不合规的约定、前后矛盾的事项以及经过核实或沟通能够确定的内容，通常采用删改的方法；对于不能确定的事项以及潜在的风险，通常采用提示的方法；对于可以进一步完善或选择的事项，通常采用建议的方法。在这个过程中，律师要针对具体的合同问题灵活运用不同的方法进行审改，但不论如何都需要注意的是要把握好律师意见和建议的定位和作用，律师的意见和建议主要是基于律师对于法律规定及其实践应用的理解和把握而提出的，其初衷是增强合同的可操作性、更好地保护己方委托人的合法权益、实现委托人的交易目的，对当事人而言仅具有参考作用。该当事人决定的事项应当由当事人决定，律师不能越俎代庖，不能代替当事人做决定。尤其是风险提示和修改建议，当事人综合全面情况考虑后可以采纳，也可以不采纳。比如，在笔者审查过的一份《商铺租赁合同》中，出租方为了加强对承租商铺的约束，在违约责任一条中规定“若乙方（承租方）未向消费者开具发票的，一经发现，甲方有权对乙方采取相当于发票金额 1000 倍的罚款”，笔者提示该条规定的罚款（实际上应为违约金）可能过高，发生纠纷后不一定能够得到法律支持。但委托人明确表示约定该条款主要是为了增加合同的震慑作用，决定不予修改，笔者自然也要尊重委托人的意见。实践当中，有的企业领导对于律师意见非常重视，只要律师出具的不是无保留的法律意见，就不同意签署，这是法律意识较强的体现，但若不能正确理解和看待律师意见和建议的话，这种要求有时也会显得过于僵化。笔者曾审查过一份《办公家具采购合同》，笔者代表卖方对合同进行修改，在违约责任中约定“若买方未按照约定时间支付第一笔货款的，视为违约，卖方有权没收定金并按照银行贷款利率要求支付违约金”，但在合同中通篇没有关于定金的相关约定，该条有两个问题需要提示，一是究竟有没有定金的问题，如果有，定金数额是多少？合同中应当增加相应的定金条款。二是同时约定定金和违约金的问题，根据《民法典》第五百八十八条之规定，当事人仅能择一适用而不能同时适用。对于第一个问题，合同经办人向笔者反馈说不知道需不需要约定定金，请律师予以决定。笔者当即明确予以回复，是否约定定金，完全取决于公司的需要和决定，并非律师所能决定的事项，这就属于非常典型的对于律师意见作用把握得过于僵化的问题，于此情形下，律师应当充分说明律师意见的作用并明确予以拒绝。从实践经验来看，比较适当的方式是，对于律师提出的意见或建议，经办人能采纳的就采纳，对于未采纳的事项，应当说明理由，再由领导层决策即可。当然，能否达到这一效果，需要律师与当事人之间进行充分的沟通并取得理解，这既是律师的工作方法和技巧问题，也是律师的驾驭能力问题。

下篇

常用合同审查要点解析

第十四章　买卖合同审查要点解析

第一节　买卖合同概述

《民法典》第五百九十五条规定："买卖合同是出卖人转移标的物的所有权于买受人，买受人支付价款的合同。"买卖合同位于《民法典》第三编规定的19类典型合同之首，在典型合同中起到核心作用。《民法典》第六百四十六条进一步规定："法律对其他有偿合同有规定的，依照其规定；没有规定的，参照适用买卖合同的有关规定。"从公开的网络查询渠道（如裁判文书网、北大法宝、威科先行、无讼案例等）的查询结果来看，近三年来买卖合同纠纷案件数量在所有合同纠纷案件中平均占比20%左右，由此可见买卖合同纠纷在合同纠纷案件中的重要性。

根据《民法典》关于买卖合同的规定，可以看出买卖合同的核心特征是标的物所有权与价款的对价交易。实际上，从互易的角度来说，几乎所有的合同都可以概括为"买"和"卖"的关系，都是合同双方的一种互易行为，只不过不同合同的互易内容不同而已。比如，股权转让合同，实质上是股权的所有权和转让价款的对价交易。房屋租赁合同，实质上是房屋使用权和租金的对价交易。劳动合同，实质上是劳动力和劳动报酬的对价交易。委托合同，实质上是代理服务和代理费用的对价交易。因此，律师在合同审查实务当中，首先应当全面、深入地理解买卖合同的基本要件和条款，并从中悟出审查其他交易合同的思维方式和具体方法。

实践中，买卖合同分为一般买卖合同和特殊买卖合同，特殊买卖合同包括分期付款买卖合同、凭样品买卖合同、试用买卖合同、互易合同、国际货物买卖合同、网络购物合同、电视购物合同、招投标买卖合同、拍卖合同等。但这些合同特殊性仅在于对价支付、货物转移、购买方式等个别内容上存在差异，但本质上仍然是标的物所有权和价款的对价交易。因此，本书以一般买卖合同为例，对买卖合同的基本审查要点进行分析和梳理。

第二节　买卖合同的基本条款

《民法典》第四百七十条第一款规定："合同的内容由当事人约定，一般包括下列条款：（一）当事人的姓名或者名称和住所；（二）标的；（三）数量；（四）质量；（五）价款或者报酬；（六）履行期限、地点和方式；（七）违约责任；（八）解决争议的方法。"第五百九十六条规定："买卖合同的内容一般包括标的物的名称、数量、质量、价款、履行期限、履行地点和方式、包装方式、检验标准和方法、结算方式、合同使用的文字及其效力等条款。"根据上述规定，结合实践经验，买卖合同的基本条款包括：

1. 合同主体条款，包括买卖双方当事人的名称（姓名）、住所等基本信息。

2. 合同标的条款，包括标的物的品名、规格、型号、等级、产地、数量等基本信息，原则是使标的物特定化。

3. 标的质量条款，即明确标的物应当符合的质量标准，是验收及质量索赔的依据。

4. 包装方式条款，即标的物采用何种包装方式。标的物的包装对于货物的完好无损具有重要作用，尤其在需要运输的情况下，如果包装不善，可能导致货物受损，对买卖双方均会产生不利影响。《民法典》第六百一十九条规定："出卖人应当按照约定的包装方式交付标的物。对包装方式没有约定或者约定不明确，依据本法第五百一十条的规定仍不能确定的，应当按照通用的方式包装；没有通用方式的，应当采取足以保护标的物且有利于节约资源、保护生态环境的包装方式。"

5. 标的交付条款，包括交付时间、交付地点、交付内容等，是判断货物风险转移以及卖方是否完成交付义务的依据。《民法典》第六百零四条规定："标的物毁损、灭失的风险，在标的物交付之前由出卖人承担，交付之后由买受人承担，但是法律另有规定或者当事人另有约定的除外。"

6. 标的检验条款，包括检验期限及异议提出、检验方式及程序等，是判断货物是否符合约定质量标准的必经程序。

7. 售后服务条款，对于需要长期使用或技术性较强的货物或产品，卖方在交付之后还应当提供相应的售后服务，如安装、培训、保修、升级等，对于买方充分实现货物的使用价值具有重要意义。

8. 价款及支付条款，包括单价、总价、支付时间、支付方式、发票开具等，是买方的主要合同义务，也是卖方的核心权益。

9. 违约责任条款，包括买卖双方的违约责任，对买方而言，主要是怠于接收货物、怠于检验及怠于付款的违约责任；对于卖方而言，主要是货物质量瑕疵、逾期交付、怠于提供售后服务等违约责任。

10. 争议解决条款，包括争议解决方式、管辖等内容。

11. 其他程序性条款，包括不可抗力、通知与送达、合同使用的文字、合同效力、份数、附件等。

第三节　买卖合同审查要点

一、合同主体条款审查

审查买卖合同中的主体条款，主要包括以下内容：

1. 主体基本信息。法人主体要审查其营业执照，核实名称、地址、法定代表人、统一社会信用代码等是否与营业执照一致。若实际经营地与注册地址不一致的，应当注明实际经营地。自然人主体要审查其身份证件，核实姓名、地址、联系方式、身份证号码等是否与身份证件一致。若经常居住地与身份证地址不一致的，应注明经常居住地。

2. 主体资质信息。主要审查主体的签约资质和履约能力。一般来讲，具有独立法人资格的法人以及具有完全民事行为能力的自然人均具有签约的主体资质，需要注意的是法人的分公司、子公司均可以签约，但法人的内设机构或部门、车间、项目部等，不宜作为签约主体。在签约主体为分公司的情况下，一定要审查其总公司的资质。在限制行为能力人及无行为能力人作为签约主体的情况下，应让其法定监护人予以确认。在履约能力方面，律师能审查的程度有限，从现有条件下，主要通过公开渠道（如裁判文书网、被执行人信息查询、失信人员信息查询等）进行审查。若发现合同相对方涉诉较多或已被列入失信人员名单，则应提示委托人慎重考虑是否还要继续与该相对方进行该项交易，或是采取必要的防范措施。

二、合同标的条款审查

买卖合同的标的物，一般为货物或产品。实践中，当事人提供的买卖合同中一般都会约定标的物的品名，但对于其他要素，则不一定全面约定。原因之一是当事人觉得事实上自己知道买卖的是什么，因此对合同标的条款的重视程度不够。更重要的原因是，由于标的物种类繁多且特征不一，有的通过品名、规格、型号、花色等即可确定，有的通过品牌、产地、成分等予以确定，因此很难有一个可以放之四海而皆准的表述方式，但总的原则是要使得标的物固定化和特定化，即能够达到买方确认是其所需要的货物或产品为准。律师在审查买卖合同标的条款的时候，也应当坚持这一原则来进行审查，如果根据待审合同条款无法达到标的物固定化和特定化的要求，则一种方法是加以增补必要的要素条款，另一种方法是提示委托人加以增补。

此外，关于标的物的数量问题，实践中问题比较集中的是计量单位不准确，使用非标准化的计量单位，如“包、箱、袋、捆、车”等。比如买卖木材，如果约定以“车”为计量单位，则会出现较大的风险，因为“车”的大小、装载情况均未约定，在履行过程中就极易产生争议。律师在审查时要提示委托人加以修正或是跟委托人沟通后加以修正，使用规范的标准计量单位。若标的物类型或数量较多，可以附件形式列明。

三、标的质量条款审查

货物的质量是否符合约定，关系到买方的核心利益，若货物质量不符合要求，买方的合同目的将大打折扣，甚至无法实现。因此，质量条款是买方必须关注的核心条款，同时，也是确定卖方责任的重要条款，卖方在签订合同时应当对己方的货物质量有客观的认知，不宜约定高于货物客观质量标准的条款，否则容易给己方带来违约责任。对于律师而言，在审查合同质量条款时，要着重审查该质量条款是否清晰。若约定的是执行国家标准或行业标准，应当有准确的标准名称及标准代码。若约定的是执行企业标准（或无法从公开渠道获取的标准），则应将该标准予以明确或作为附件。若双方通过具体的合同条款来确定货物质量标准（即约定标准），则应审查该等条款是否清晰、明确地界定出货物的质量。对于专业性比较强的货物，可与委托人就货物质量标准问题进行必要的沟通后再进行审查修改。

四、包装方式条款审查

在货物买卖合同中，通常会涉及运输、仓储等环节，对货物进行包装的作用就在于避免货物在运输及仓储过程中遭到损坏，保证货物在交付时的质量、品质、外观等不受损坏。实践中，货物包装一般由卖方负责。在买卖合同中，应当约定合理的包装方式。律师在审查买卖合同时，主要审查约定的包装方式是否明确，包装费用由哪一方来承担等内容，达到明确约定的标准即可。

五、标的交付条款审查

交付货物，是卖方的核心义务，也是买方实现合同目的的重要环节。律师在审查交付条款时，主要审查：

1. 交付时间：交付时间是货物风险转移的时间节点。该时间可以是具体的某一天，也可以是一个期间。实践中，大多数买卖合同中约定的是交付期间，一般的表述为“在……之前交付”或“自本合同生效之日起……日内交付”。《民法典》第六百零一条规定：“出卖人应当按照约定的时间交付标的物。约定交付期限的，出卖人可以在该交付期限内的任何时间交付。”从合理性角度而言，若买方受领货物需要必要的准备时间的话，在约定的交货期限内，应当进一步约定卖方交货时的提前告知义务。对于分期交付的情况，则应明确约定交付的次数、每次交付的时间及数量。

2. 交付地点：交付地点是货物风险转移的空间节点，直接影响到交付成本及货物风险转移地点，对于买卖双方而言都至关重要。《民法典》第六百零三条规定：“出卖人应当按照约定的地点交付标的物。当事人没有约定交付地点或者约定不明确，依照本法第五百一十条的规定仍不能确定的，适用下列规定：（一）标的物需要运输的，出卖人应当将标的物交付给第一承运人以运交给买受人；（二）标的物不需要运输，出卖人和买受人订立合同时知道标的物在某一地点的，出卖人应当在该地点交付标的物；不知道标的物在某一地点的，应当在出卖人订立合同时的营业地交付标的物。”律师在审查买卖合同时，一定要审查是否约定了明确的交付地点。对于需要运输的货物，应进一步明确运输费用由哪一方来承担。

3. 交付内容：交付内容即卖方应当交付的货物（或货权凭证）及附随资料。《民法典》第五百九十九条规定：“出卖人应当按照约定或者交易习惯向买受人交付提取标的物单证以外的有关单证和资料。”根据《最高人民法院关于审理买卖合同纠纷案件适用法律问题的解释》（以下简称《买卖合同司法解释》）第七条之规定，提取标的物单证以外的有关单证和资料，主要应当包括保险单、保修单、普通发票、增值税专用发票、产品合格证、质量保证书、质量鉴定书、品质检验证书、产品进出口检疫书、原产地证明书、使用说明书、装箱单等。律师在审查买卖合同的交付内容条款时，尤其应当注意卖方除了交付货物之外，还应当同时交付的其他附随资料。此外，在货物需要装卸的情况下，还应进一步约定装卸义务由哪一方来承担。

六、标的检验条款审查

对货物进行检验，是买方的重要权利，也是买方的义务。买方通过检验确定卖方交付的货物在数量及质量上是否符合约定，若不符合约定，有权向卖方提出异议或要求卖方承担违约责任。律师在审查检验条款时，主要审查以下内容：

1. 检验时间

《民法典》第六百二十条规定："买受人收到标的物时应当在约定的检验期限内检验。没有约定检验期限的，应当及时检验。"在实践中，如果没有约定检验期间或者约定不明，则容易产生争议，对于双方而言都应当避免。《民法典》第六百二十一条第一款规定："当事人约定检验期限的，买受人应当在检验期限内将标的物的数量或者质量不符合约定的情形通知出卖人。买受人怠于通知的，视为标的物的数量或者质量符合约定。"第二款规定："当事人没有约定检验期限的，买受人应当在发现或者应当发现标的物的数量或者质量不符合约定的合理期限内通知出卖人。买受人在合理期限内未通知或者自收到标的物之日起二年内未通知出卖人的，视为标的物的数量或者质量符合约定；但是，对标的物有质量保证期的，适用质量保证期，不适用该二年的规定。"也就是说，如果没有约定检验期间，要么适用"合理期间"，要么适用二年的"最长期间"，有质保期间的适用"质保期间"。但对于"合理期间"的理解，又是一个见仁见智的问题。根据《买卖合同司法解释》第十七条第一款之规定，人民法院具体认定合理期间时，应当综合当事人之间的交易性质、交易目的、交易方式、交易习惯、标的物的种类、数量、性质、安装和使用情况、瑕疵的性质、买受人应尽的合理注意义务、检验方法和难易程度、买受人或者检验人所处的具体环境、自身技能以及其他合理因素，依据诚实信用原则进行判断。

为了避免不必要的争议，律师在审查检验条款时，应当注意：

（1）约定明确的检验期间，即合同中应当根据检验的难易程度明确约定合理的检验期间，也是买方提出异议的期限。检验期间的长短取决于检验的难易程度，对于卖方而言，检验期间不宜过长；而对于买方而言，则希望检验期间长一些。但检验期间应当具有合理性，若约定的检验期间过短，买受人难以完成检验的，则该约定仍然难以避免纠纷。比如买卖合同约定的检验期间是20天，但对货物的检验需要通过第三方机构进行检验，检验时间需要30天，则约定的检验期间显然过短。《买卖合同司法解释》第十八条规定：

“约定的检验期间过短，依照标的物的性质和交易习惯，买受人在检验期间内难以完成全面检验的，人民法院应当认定该期间为买受人对外观瑕疵提出异议的期间，并根据本解释第十七条第一款的规定确定买受人对隐蔽瑕疵提出异议的合理期间。约定的检验期间或者质量保证期间短于法律、行政法规规定的检验期间或者质量保证期间的，人民法院应当以法律、行政法规规定的检验期间或者质量保证期间为准。”

（2）区分表面瑕疵和隐蔽瑕疵检验，即约定表面瑕疵的检验期间和隐蔽瑕疵的检验期间。所谓表面瑕疵，是指无须通过特殊的检验就可以发现的瑕疵，主要包括货物的外观、型号、规格、花色等方面的瑕疵。所谓隐蔽瑕疵，主要是指货物的内在质量瑕疵，一般情况下需要通过专业机构的检验或者使用一段时间后才能够发现。律师在审查买卖合同的检验条款时，从合理性角度，建议明确对货物数量瑕疵及表面瑕疵约定为即时检验或较短的检验期，而对于隐蔽瑕疵，则应考虑检验的难易程度约定一个相对较长的合理的检验期限。

2. 检验方式

检验方式涉及如何检验的问题，对于数量及表面瑕疵的检验，一般以现场清点、双方共同检验为主要方式。实践中通常是送货人代表卖方、收货人代表买方进行点交，如有异议，当场或较短时间内即可提出。而对于隐蔽瑕疵检验，则相对复杂，需要进一步明确检验机构的选择、送检程序、检验结果的确认、检验费用的承担等事项。实践中，若约定由双方共同委托检验，则应提前约定检验机构及共同送检的配合问题。若由单方进行检验，则应约定对方对于检验结果不认可时的解决途径，通常是对方可以申请复检。对于检验费用，一般由送检一方先行垫付，若检验结果符合约定，则可以约定由买方或卖方承担；若检验结果不符合约定，则一般由卖方承担检验费用较为合理。律师在审查合同时，应当将上述问题逐一进行审查，确保检验程序合理且具备可操作性。

七、售后服务条款审查

对于需要长时间使用或者技术性较强的货物，卖方的售后服务对于实现买方的合同目的、充分实现货物的使用价值也较为重要。因此，对此类合同，应当约定卖方的售后服务义务。律师在审查售后服务条款时，第一应当审查是否约定了明确的售后服务方式，如安装、调试、培训、保修、升级等；第二应当审查售后服务的可操作性，如安装调试的时限，培训次数、时间、师资、场地、方式，保修次数、保修范围，升级次数、方式等，均应逐一明确约定。

八、价款及支付条款审查

货款的结算及支付，是买方的核心义务，也是卖方的核心利益，同时也是律师的审查重点。律师在审查价款及支付条款时，应着重审查以下几个方面：

1. 计价标准是否明确。包括单价、总价、是否含税、币种等。若是用外币支付，还应当进一步审查是否约定了汇率变动带来的价款变化以及汇率风险的承担问题。

2. 支付方式是否明确。支付方式包括两个方面，一是指付款方式，如现金、转账、支票等。实践中，建议采用转账方式支付，以便保留支付痕迹，减轻买方关于付款的举证难度。在转账支付的方式下，还应当约定收款方的银行账户信息（开户行、账户名称、账号、联系电话等，具体可根据财务的要求进行约定）。二是指付款的次数及付款的时间，如一次性支付、分期支付、先款后货还是先货后款等。若是一次性支付，应有明确的付款时限或付款条件。若是分期支付，则应明确付款的期数以及每期付款的时限及数额。实践中，较为合理的方式是分期支付，一般是合同签订后支付一部分预付款，货到后支付一部分货款，验收合格后支付一部分货款，售后服务结束后支付尾款。当然，由于买卖双方的谈判地位不同，付款的方式各不一样，律师无需作过多的修改，提示委托人加以注意或给予委托人建议即可。

3. 开票事宜。从税法的角度，发票是财务收支、税款抵扣以及会计核算的合法凭证。但从法律或商业角度看，发票还具有付款证明的作用。实践当中，存在先付款后开票的情形，也存在先开票后付款的情形。在新疆创天公司与南通二建公司建设工程施工合同纠纷案（最高人民法院 2005 民一终字第 82 号民事判决）中，最高人民法院认为："发票应为合法的收款收据，是经济活动中收付款项的凭证。双方当事人对发票的真实性没有提出异议，持有发票一方在诉讼中处于优势证据地位，开具发票一方没有举出有效证据证明付款事实不存在。一审法院认为发票只是完税凭证，而不是付款凭证，不能证明付款事实的存在，曲解了发票的证明功能，应予纠正。"《买卖合同司法解释》第八条规定："出卖人仅以增值税专用发票及税款抵扣资料证明其已履行交付标的物义务，买受人不认可的，出卖人应当提供其他证据证明交付标的物的事实。合同约定或者当事人之间习惯以普通发票作为付款凭证，买受人以普通发票证明已经履行付款义务的，人民法院应予支持，但有相反证据足以推翻的除外。"因此，在买卖合同中，为了避免争议，应提示委托人对发票的开具及发票的作用进行约定，具体开票事宜应结合财务的意见予以约定。

九、违约责任条款审查

违约责任条款虽然不是合同的绝对必要条款，不影响合同的效力，但却是合同的相对必要条款，对合同的顺利履行具有重要影响，具有矫正功能和保障功能。即在合同履行过程中，当一方出现违约行为时，通过追究违约方的违约责任，可以达到矫正其违约行为的作用（如要求继续履行、采取补救措施等），同时也可以起到保障守约方的合法权益的作用（如要求支付违约金、赔偿损失等）。违约责任条款的设置应当以合同义务的违反为中心进行设置，即有合同义务就应有违约责任。

就买卖合同而言，卖方的主要合同义务是按照约定的数量、质量按时交付货物，如需提供售后服务的，还应提供相应的售后服务；而买方的主要合同义务是及时收货、验货并按照约定的时间和数额支付货款。因此，买卖合同中的违约责任条款也应针对买卖双方的合同义务来设置。律师在审查买卖合同的违约责任条款时，应当审查违约责任条款的全面性、合理性。

就违约责任条款的全面性而言，是指违约责任条款应当与合同双方的合同义务相对应，不宜以“一方不按照本合同约定履行义务的，应当承担违约责任”之类不具有实质意义的条款来概括，也不宜以“卖方未按照本合同约定提供货物的，应当支付总货款____%的违约金”之类未区分违约行为的内容和程度的条款来约定，而应当针对每一项合同义务进行相应的约定，如卖方的违约责任至少应包括：卖方未按照合同约定的时间交付货物的，每逾期一天，应当按照总货款的____%支付违约金，逾期超过____天的，买方有权解除合同并要求卖方支付违约金；卖方交付的货物不符合合同约定的质量标准的，应当承担违约责任；卖方未能按照合同约定提供售后服务的，买方有权向第三方购买同类服务，因此支出的费用有权向卖方追索（或从质保金中予以扣除）。买方的违约责任至少应包括：买方未及时受领货物的，每逾期一天，应当按照总货款的____%支付违约金，并承担卖方因此支出的仓储费、运输费及相关费用；买方未及时验收的，视为货物符合合同约定；买方未按照合同约定的时间和数额支付货款的，每逾期一天，应当按照其所拖欠货款的____%支付违约金（视履行情况，还可以进一步约定若买方逾期付款超过____天的，卖方有权解除合同并要求买方支付违约金）。

就违约责任条款的合理性而言，一是违约责任的类型应合理，二是违约责任的“量”也应合理。在违约责任的类型方面，一般而言，对数量、规格、型号、花色等表面瑕疵违约行为，其违约责任以“采取补救措施”（如补足、更换等）为宜，并可辅之以适当比例的违约金。对于质量瑕疵违约行为，则以更换、折价为宜，并可辅之以适当比例的违约金，若质量瑕疵对于买方而言较为重要，也可约定拒收、解除合同并要求赔偿损失等违约责任。而对于逾期交货或逾期付款违约行为，一般以支付逾期违约金为宜（如：每逾期一日，按照____支付违约金），该违约金为累计式违约金，与逾期天数成正比，也体现了对违约行为的制裁作用。若逾期天数过长的，还可以约定守约方有单方解除的权利。在违约责任的“量”方面，指的是违约责任的大小应当合理。此处所称的“合理”是在充分尊重买卖双方谈判地位基础上的“合理”，比如说在卖方谈判地位较高的情况下，对于逾期交货违约责任问题，一是可以约定一个宽限期，二是可以约定一个相对较低的违约金（笔者的主张是：此种情况下不宜不约定违约金，虽然不约定违约金看似对卖方有利，但并不能否认卖方逾期交货的违约事实，买方反而可以要求赔偿损失）。若在买方的谈判地位较高的情况下，对于逾期付款也可以作类似的约定。

十、争议解决条款审查

争议解决条款也是买卖合同的相对必要条款，是律师的重点审查内容，通常也是合同双方争夺的焦点之一。在发生争议的情况下，买卖双方均希望争取对己方相对有利的争议解决方式。这种相对的有利，包括解决方式的熟悉程度、争议解决成本、与争议解决机构的沟通便利等方面。从实务角度看，争议解决的方式包括双方协商和解、申请第三方调解、诉讼、仲裁等。双方协商的方式属于当事人对自身权利的处置，其实无须在合同中约定，原因在于如果双方能协商解决，任何情况下均可以协商，所谓的“争议”也就不成为争议。申请第三方调解，由于没有强制力，本质上还是属于协商，实践中较少适用。在律师实务中，最常采用的就是诉讼或仲裁。就争议解决条款的审查而言，要点有二：

一是争议解决的方式必须明确，不能既约定诉讼又约定仲裁。《最高人民法院关于适用〈中华人民共和国仲裁法〉若干问题的解释》第七条规定：“当事人约定争议可以向仲裁机构申请仲裁也可以向人民法院起诉的，仲裁协议无效。但一方向仲裁机构申请仲裁，另一方未在仲裁法第二十条第二款规定期间内提出异议的除外。”

二是争议解决机构应当明确。若选择诉讼方式，应明确管辖法院。除专属管辖之外，合同纠纷的管辖法院一般为被告所在地法院或合同履行地法院，也可以根据《民事诉讼法》第三十四条之规定，选择约定由被告住所地、合同履行地、合同签订地、原告住所地、标的物所在地等与争议有实际联系的地点的人民法院管辖，但不得违反民事诉讼法对级别管辖和专属管辖的规定。若选择仲裁方式，则应约定准确的仲裁机构名称，尤其在同一区域有两家以上的仲裁机构时，应当明确究竟是由哪一家仲裁机构进行仲裁，否则极有可能因为双方不能达成一致而导致该约定无效。

十一、其他程序性条款审查

其他程序性条款主要包括不可抗力、送达、合同效力、合同份数、合同附件等条款，属于通用型条款，参照本书第十二章相关内容进行审查即可。

第四节　买卖合同审查示例

在本节中，笔者以一份两个公司之间的《办公家具采购合同》为例，详细演示买卖合同的审查修改要点及方法。

修改立场：本合同中笔者为买方的法律顾问。在谈判地位上，买方相对占优势。

<table>
<tr><th>序号</th><th>待审合同</th><th>存在的问题</th><th>审查修改后的合同</th><th>修改方法</th></tr>
<tr><td>名称</td><td>办公家具采购合同</td><td>无</td><td>办公家具采购合同</td><td></td></tr>
<tr><td>主体</td><td>甲方：天津市××生产力促进有限公司
乙方：天津××家具有限公司</td><td>合同主体信息不全</td><td>甲方（购货方）：天津市××投资有限公司
住所地：________________
法定代表人：______________
统一社会信用代码：__________
乙方（供货方）：天津××家具有限公司
住所地：________________
法定代表人：______________
统一社会信用代码：__________</td><td>补增</td></tr>
<tr><td>鉴于</td><td>为维护甲乙双方的合法权益，根据《中华人民共和国消费者权益保护法》《中华人民共和国合同法》及有关法律、法规，双方本着平等互利的原则协商一致签订本合同，以资共守。</td><td>表述不严谨
引用法律规定不当，甲方不属于消费者，不适用《消费者权益保护法》</td><td>为维护甲乙双方的合法权益，根据《合同法》[①] 及有关法律、法规的规定，双方本着平等互利的原则，经协商一致签订本合同，以资共守。</td><td>删改</td></tr>
<tr><td>一</td><td colspan="4">标的物
<table>
<tr><th>品种</th><th>规格</th><th>单价（元）</th><th>数量</th><th>金额（元）</th></tr>
<tr><td>文件柜</td><td>800×400×2000</td><td>1350.00</td><td>15 个</td><td>20250</td></tr>
<tr><td>职员椅</td><td>——</td><td>430.00</td><td>30 把</td><td>12900</td></tr>
<tr><td>双人办公桌</td><td>1500×1400×750</td><td>1790.00</td><td>15 套</td><td>26850</td></tr>
<tr><td>合计</td><td></td><td></td><td></td><td>60000</td></tr>
</table></td></tr>
</table>

① 《民法典》实施后应改为“民法典”。

续表

<table>
<tr><th>序号</th><th>待审合同</th><th>存在的问题</th><th>审查修改后的合同</th><th>修改方法</th></tr>
<tr><td rowspan="2">一</td><td colspan="4">存在的问题：1. 条款标题与表格内容不完全吻合；2. 标的条款尚未达到特定化。
修改后的条款如下：</td></tr>
<tr><td colspan="3">甲方采购的货物及价款
<table>
<tr><th>品种</th><th>规格</th><th>材质</th><th>颜色</th><th>单价（元）</th><th>数量</th><th>金额（元）</th></tr>
<tr><td>文件柜</td><td>800×400×2000</td><td></td><td></td><td>1350.00</td><td>15 个</td><td>20250</td></tr>
<tr><td>职员椅</td><td>——</td><td></td><td></td><td>430.00</td><td>30 把</td><td>12900</td></tr>
<tr><td>双人办公桌</td><td>1500×1400×750</td><td></td><td></td><td>1790.00</td><td>15 套</td><td>26850</td></tr>
<tr><td>合计</td><td></td><td></td><td></td><td></td><td></td><td>60000</td></tr>
</table></td><td>删改
补增
提示甲方据实约定空白之处</td></tr>
<tr><td>二</td><td>付款时间及方式
2.1 甲方应在标的物验收合格后____日内向乙方结清货款。
2.2 货款结算采用电汇。
账号：
汇入行：天津农商银行××支行
如乙方的上述账户资料发生变更，须提前10个工作日书面通知甲方，否则一切后果由乙方承担。
2.3 乙方收到货款后____日内，根据甲方需要开具相关发票。</td><td>表述不规范</td><td>付款时间及方式
2.1 甲方应在货物验收合格后____日内向乙方结清货款。
2.2 货款结算采用电汇或转账。
户名：
账号：
开户行：天津农商银行××支行

如乙方的上述账户资料发生变更，须提前 10 个工作日书面通知甲方，否则一切后果由乙方承担。
2.3 乙方收到货款后____日内，根据甲方需要开具相应发票。</td><td>删改
补增</td></tr>
</table>

续表

序号	待审合同	存在的问题	审查修改后的合同	修改方法
三	送货及安装 乙方在本合同签订后 15 日内将货物送货上门并负责安装。	表述不规范	送货及安装 3. 1 乙方在本合同签订后 15 日内将货物送到甲方指定地点并负责安装，相关费用已包含在货款之中，甲方无需另行支付费用。 3. 2 安装过程中出现的一切安全责任以及财产损失或人身损害，均由乙方自行负责。	删改 补增
四	品质保证 乙方保证其提供的家具符合国家标准，为环保产品。	质量标准约定不明确	质量标准 乙方保证其提供给甲方的货物符合国家现行家具产品质量标准，为环保产品。	删改 建议约定明确的质量标准
五		缺少验收条款	验收 5. 1 乙方将货物安装完毕之后，通知甲方进行验收，验收由甲乙双方在安装现场共同进行清点和检验。 5. 2 验收标准为：所有货物表面无划痕或损坏、颜色统一无明显差别、结构稳固。 5. 3 若经验收，发现货物数量或表面质量不符合约定的，甲方有权要求乙方采取补足、加固、更换等必要措施，因此造成乙方交货逾期的，按照本合同第七条承担违约责任。 5. 4 甲方的验收不作为乙方货物内在质量合格的依据，乙方在质保期内仍需对货物的内在质量承担责任。	补增

续表

序号	待审合同	存在的问题	审查修改后的合同	修改方法
六	售后服务 6.1 乙方保证产品质量，承诺1年质量保障（自开具发票之日起算）。 6.2 在质保期内，标的物出现质量问题的，乙方应免费（包括材料费、工时费和运输费等）上门修理或更换，双方另有约定的除外。修理不好或不能更换的，甲方有权要求乙方退货并返还产品折旧后的货款。折旧费按每日最高不超过货物金额的____‰收取。折旧费计算自开具发票之日起至退货之日止。 6.3 保修期内家具因甲方故意或者重大过失造成的损坏，不在质保范围内的，乙方酌情收取材料及相关修理、更换等费用。	表述不严谨	售后服务 6.1 乙方提供货物的质保期为1年，自开具发票之日起算。 6.2 在质保期内，货物出现质量问题的，乙方应免费（包括材料费、工时费和运输费等）上门修理或更换。修理不好或不能更换的，甲方有权要求乙方退货并返还产品折旧后的货款。折旧费按每日货物金额的____‰计算。折旧费计算自开具发票之日起至退货之日止。 6.3 保修期内，因甲方故意或者重大过失造成的货物损坏，不在质保范围内的，乙方提供上门维修服务，但酌情收取材料及相关修理、更换等费用。	删改
七	违约责任 7.1 甲方逾期付款的，每逾期一日按照货款的2‰支付违约金。 7.2 乙方交付的标的物存在质量问题的，由乙方承担赔偿责任。	约定不明确 存在遗漏情形	违约责任 7.1 甲方逾期付款的，每逾期一日，按照逾期支付货款金额的2‰支付违约金。 7.2 乙方逾期交货的，每逾期一日，按照逾期部分货款的2‰支付违约金，逾期超过7日的，视为乙方不能交货，甲方有权单方解除本合同并要求乙方支付总货款20%的违约金。违约金不足以弥补甲方损失的，乙方应继续赔偿。	删改 补增

续表

序号	待审合同	存在的问题	审查修改后的合同	修改方法
七			7.3 因乙方交付的标的物存在质量问题导致甲方或第三人受到损害的，由乙方承担赔偿责任，甲方因此遭受第三方索赔的，有权向乙方追偿。 7.4 如乙方怠于履行其质量保修责任，甲方书面通知3日后仍未履行的，甲方有权自行委托他人维修，所有费用由乙方承担，并加收发生费用的50%作为惩罚性违约金（该违约金不以甲方的实际损失为限）。	
八	因为本合同发生的所有争议，双方应通过友好协商进行解决。如协商解决不成，任何一方可提交甲方所在地有管辖权的人民法院适用中国法律法规进行裁决。	表述不规范	争议解决及法律适用 8.1 因本合同发生的所有争议，双方应通过友好协商进行解决。如协商解决不成或任何一方不愿意协商的，由甲方所在地有管辖权的人民法院管辖。 8.2 本合同适用中国法律。	删改 补增
九	其他事项 8.2 本合同自双方签字或盖章后生效。 8.3 本协议一式两份，甲乙双方各执一份，具有同等法律效力。	标号错误 表述不严谨	其他事项 9.1 本合同自双方签字盖章之日起生效。 9.2 本协议一式两份，甲乙双方各执一份，具有同等法律效力。	删改
签署	甲方： 授权代表： ______年____月____日 乙方： 授权代表： ______年____月____日	不够严谨	（以下签署页，无正文） 甲方（盖章）： 法定代表人或授权代表签字： ______年____月____日 乙方（盖章）： 法定代表人或授权代表签字： ______年____月____日	删改 补增

第十五章　租赁合同审查要点解析

第一节　租赁合同概述

《民法典》第七百零三条规定："租赁合同是出租人将租赁物交付承租人使用、收益，承租人支付租金的合同。"租赁合同最核心的特征是租赁物的使用价值和租金之间的对价交易。对于出租人而言，其转移的是租赁物一定期限内的使用权，获得的是租金。对于承租人而言，其支出的是租金，获得的是一定期限内租赁物的使用权。

租赁合同是实践中常用的一类合同，不论是自然人之间、法人之间，还是自然人与法人之间，均可发生租赁合同关系。租赁合同也是律师在提供法律服务过程中经常遇到的一类法律服务关系，不论是租赁合同纠纷，还是顾问单位的合同审查，都会涉及租赁合同。从笔者的执业体会来看，可能正是由于租赁合同的这种普遍性才导致很多人（包括当事人和律师）对租赁合同司空见惯，觉得租赁合同很简单。但实际上，由于租赁合同的履行期限一般较长，租赁物为非消耗物，因此需要约定的事项较多，需要考虑的问题也非常多。对于租赁合同的审查而言，如果仅是浅层次的审查，应当说难度不大，但若想进行深度的审查，提供高质量的租赁合同文本，则需要对租赁合同进行全面的掌握和条款设计。

根据租赁物的不同，租赁合同主要包括土地租赁合同、房屋租赁合同、车辆租赁合同、设备租赁合同等。本章当中，笔者以最为常用的房屋租赁合同作为讨论对象，对租赁合同的审查进行梳理和解析，对于其余类型的租赁合同，除了特殊性条款之外（这种特殊性主要是基于标的物的不同而导致的，在审查时可参照本书第八章的内容进行)，其余条款的审查可参照适用。此外，融资租赁合同中，包含了出卖人与买受人（租赁合同的出租人）之间的买卖合同和出租人与承租人之间的租赁合同，是一种集合了借贷、买卖、租赁等的新型法律关系，因此，本书中为了表述方便也不做专门讨论。

第二节　租赁合同的基本条款

《民法典》第七百零四条规定："租赁合同的内容一般包括租赁物的名称、数量、用途、租赁期限、租金及其支付期限和方式、租赁物维修等条款。"这是《民法典》对于租赁合同特有条款的提示性规定，从合同的整体性而言，还需要包括《民法典》第四百七十条第一款的相关内容。结合实践经验，租赁合同的基本条款主要包括：

1. 合同主体条款，包括合同当事人的名称（姓名)、住所等基本信息。

2. 租赁物条款，主要包括租赁物的名称、数量、位置、配置等基本信息。

3. 租期条款，包括租赁期限、续租等。

4. 租赁物交付与返还条款，包括出租方交付租赁物和承租方交还租赁物。

5. 租赁物的使用条款，包括租赁用途、装修装饰及转租等。

6. 租赁物的维修条款，包括维修义务的承担、维修范围等。

7. 费用及支付条款，包括租金的标准、支付方式、支付时间以及承租期间其他费用的承担等。

8. 违约条款，包括对双方违约责任的约定。

9. 合同终止条款，包括合同终止的情形以及合同终止后相关后续事宜的处理等。

10. 争议解决条款，即约定发生争议后如何解决。

11. 其他程序性条款，包括合同生效、份数、附件等。

第三节　租赁合同审查要点

一、合同主体条款审查

租赁合同的主体包括出租人和承租人，对于其基本信息等方面的审查，可参照本书第七章的内容进行。在租赁合同中，尤其应当重点审查的是出租人对于租赁物是否拥有合法的出租权利，若出租人是产权人，则应注意是否还有其他共有权人，若有，应当将共有权人列明并确保共有权人对租赁合同内容知情同意。若出租人并非产权人，则应审查出租人是否获得了产权人的授权或同意，或者是否拥有其他权利证明。对于承租人而言，一般情况下并无特殊要求，但在车辆租赁合同中，承租人若是自然人的，应当持有合法有效的驾驶资质，若承租人为企业的，则应明确要求承租人使用车辆时必须安排持有合法有效驾驶资质的人员驾驶车辆，否则，一旦发生交通事故，出租人有可能会被认定为在承租人的选定方面存在过错而承担相应的责任。

二、租赁物条款审查

租赁物是租赁合同的核心，是租赁关系存在的基础和载体，没有租赁物就不可能存在租赁关系。租赁物的特定化和明确化是审查租赁物条款的标准。所谓特定化，是指租赁物必须是特定的，若租赁物是房屋，应当是客观存在的位于固定地点的房屋，而不能是一类房屋。若租赁物是车辆，应当是特定发动机号码（Engine No.）和特定车牌照号码的车辆。若是土地，则应是有明确四至的特定宗地。若是机器设备，应当是特定的机器设备。所谓明确化，是指在租赁合同中应当明确约定租赁物的适租状态，对于房屋而言，如产权证号、房屋面积、家具、装修、水、电、通信、取暖、物业等相关情况。对于车辆而言，如行驶证号、车辆里程数、保养情况、配置、性能等。对于土地而言，如宗地编号、土地平整情况、地下物情况、相邻关系等。对于机器设备而言，如设备的采购时间、使用年限、维修情况、性能等。在合同审查实践当中，可以结合实际情况对租赁物进行适当的描述和界定，但特定化是必须坚持的原则，在此基础上尽可能对租赁物的细节和特征信息进行明确约定。

三、租期条款审查

租期是租赁合同的必要条款，是指租赁物的租赁期限，从法律角度看，租期应当明确且不能超过《民法典》第七百零五条第一款规定的20年的最长期限。与此同时，还需要注意与其他几个关联概念的关系：一是免租期。免租期，是指承租人免交租金的期限，一般是出租人给予承租人进行装修或前期布置的期限，在该期限内，承租人不支付租金，但一般要承担房屋的水、电、物业及相关能源费用。二是计租日。计租日，是指开始计算租金的时间，一般是免租期限届满的次日。实践当中，租期一般不包括免租期，但也有的租赁合同中将免租期计入租期，只是租金从计租日开始计收。需要指出的是，并非每个租赁合同中都会约定免租期和计租日，律师在审查租期条款时，若有，则应厘清相关日期之间的关系，若没有，也无须刻意增加。但对于期限条款而言，必须有明确的年月日。

租期条款中，另一个重要的问题就是续租。续租，是指租赁期限届满后，承租人继续承租使用租赁物。关于续租，需要明确两个问题，一是续租的时间不能超过20年；二是承租人的优先承租权问题，我国《民法典》第七百三十四条第二款规定："租赁期限届满，房屋承租人享有以同等条件优先承租的权利。"实践当中，租赁合同中一般也会对此进行约定。常见的表述为"租赁期限届满前，承租人有意在租赁期限届满后继续承租的，应当在租赁期限届满前____日内向出租人提出续租申请，在同等条件下承租人享有优先承租权。若承租人未在该期限内提出续租申请，或者双方未就续租事宜达成一致的，本合同自租赁期限届满之次日终止"。

四、租赁物交付与返还条款审查

租赁物的交付，是承租人取得租赁物使用权的必要条件。租赁物的返还，是出租人收回租赁物的必要条件。在租赁合同中，租赁物的交付和返还对于合同双方而言都至关重要。从合同条款的角度看，律师在审查此类条款时，重点要审查的两个问题是时间和标准。就租赁物的交付而言，应当明确约定出租人交付租赁物的时间，且该时间应当早于计租日，同时还应当明确所交付的租赁物应当符合的条件或应当满足的标准，实践中往往还需要双方签署一份交接单作为双方完成租赁物交接的标志。需要注意的是，出租人必须保证交付的租赁物的安全性，不得危及承租人的安全或健康。《民法典》第七百三十一条规定："租赁物危及承租人的安全或者健康的，即使承租人订立合同时明知该租赁物质量不合格，承租人仍然可以随时解除合同。"就租赁物的返还而言，应当明确约定承租人返还租赁物的时限以及返还时租赁物应当符合的条件或应当满足的标准（如承租人物件的拆除、搬移、有关手续的注销、相关费用结算等）。若返还租赁物的时间晚于租期的截止日期，还应当进一步明确租期届满至实际返还租赁物这一段期间的租赁物占用费是否计收以及如何计收等问题。

五、租赁物的使用条款审查

由于出租人转移的仅是租赁物的使用权，而不是所有权，因此需要对租赁物的使用问题进行必要的约定，主要包括租赁用途、装修装饰及转租等。

关于租赁物的用途问题，《民法典》第七百零九条规定："承租人应当按照约定的方法使用租赁物。对租赁物的使用方法没有约定或者约定不明确，依据本法第五百一十条的规定仍不能确定的，应当根据租赁物的性质使用。"第七百一十条规定："承租人按照约定的方法或者根据租赁物的性质使用租赁物，致使租赁物受到损耗的，不承担赔偿责任。"第七百一十一条规定："承租人未按照约定的方法或者未根据租赁物的性质使用租赁物，致使租赁物受到损失的，出租人可以解除合同并请求赔偿损失。"因此，在租赁合同中应当明确约定承租人租用租赁物的用途，不能用于违法事宜（如存放赃物、运输毒品等），也不能用于与租赁物性质不符的用途（如租赁住房用于开设饭馆或工业生产，租赁写字楼用于开设宾馆等）。

关于租赁物的装修装饰问题，主要是在房屋租赁合同中进行约定。《民法典》第七百一十五条规定："承租人经出租人同意，可以对租赁物进行改善或者增设他物。承租人未经出租人同意，对租赁物进行改善或者增设他物的，出租人可以请求承租人恢复原状或者赔偿损失。"因此，在出租方允许承租人进行装修装饰的情况下，应当明确装修装饰方案的事先审查、不能破坏房屋主体结构以及合同终止后装修装饰的处置事宜。

关于租赁物的转租问题，《民法典》第七百一十六条规定："承租人经出租人同意，可以将租赁物转租给第三人。承租人转租的，承租人与出租人之间的租赁合同继续有效；第三人造成租赁物损失的，承租人应当赔偿损失。承租人未经出租人同意转租的，出租人可以解除合同。"在租赁合同中，出于严谨的考虑，一般应当明确约定是否允许转租，若允许转租，应当进一步约定转租的程序以及转租后的权利义务关系。若不允许转租，则应进一步约定擅自转租的违约责任（因为合同法仅规定了出租人可以解除合同，并未规定此种情况下承租人的违约责任）。

六、租赁物的维修条款审查

《民法典》第七百一十二条规定："出租人应当履行租赁物的维修义务，但当事人另有约定的除外。"第七百一十三条规定："承租人在租赁物需要维修时可以请求出租人在合理期限内维修。出租人未履行维修义务的，承租人可以自行维修，维修费用由出租人负担。因维修租赁物影响承租人使用的，应当相应减少租金或者延长租期。"根据上述规定，若租赁合同中对于租赁物的维修义务未作约定的，应当由出租人负责维修，但实践中一般都会对维修义务进行约定。从合理性角度来看，对于租赁物本身的维修一般由出租人承担较为合理，而对于承租人添附的物品或部件，以及租赁物的易耗设施设备，则由承租人承担较为合理。但具体如何维修，取决于出租人和承租人之间的约定，从法律上讲均为合法。从合同审查的角度来看，律师在审查此类条款时，应当审查的重点是合同各方承担责任的维修范围必须明确，并进一步约定义务方怠于承担维修义务时的违约责任。

七、费用及支付条款审查

本部分所称的费用，既包括租金，也包括租赁物使用期间所产生的其他费用，如房屋的物业费、取暖费、水电费、房产税等相关费用。

对于出租方而言，收取租金是其核心利益。因此必须明确约定租金的计收标准、支付方式、支付时间及支付数额等内容。对于其他的费用，应当明确费用的承担主体以及支付方式。

八、违约条款审查

在租赁合同中，根据双方的主要合同义务，出租方的违约情形主要包括：迟延交付租赁物、交付的租赁物存在瑕疵或不符合约定、怠于承担维修义务等。承租方的违约情形主要包括：迟延接收租赁物、迟延支付租金或有关费用、未按照约定用途使用租赁物、擅自转租、迟延返还租赁物等。在审查租赁合同的违约责任条款时，应当针对不同的违约情形约定相应的违约责任，具体违约责任由双方当事人进行约定，但应具备合法和合理两个标准。具体可参照本书第十一章的内容进行审查。

九、合同终止条款审查

由于租赁合同一般时间较长，且以租赁物的存在为必要条件，因此，从严谨的角度看，应当对合同履行过程中可能导致合同终止的情形进行必要的约定，并进一步约定合同终止后相关后续事宜的处理方式。《民法典》第五百五十七条规定："有下列情形之一的，债权债务终止：（一）债务已经履行；（二）债务相互抵销；（三）债务人依法将标的物提存；（四）债权人免除债务；（五）债权债务同归于一人；（六）法律规定或者当事人约定终止的其他情形。合同解除的，该合同的权利义务关系终止。"就租赁合同而言，除了租赁期限届满、双方协商一致等正常终止情形外，主要应当约定合同履行期间非正常终止合同的情形，主要包括：合同解除（包括法定解除和约定解除，约定解除一般与违约责任一并约定）、租赁物损毁或灭失、租赁物被依法征收（主要指房屋）等。

在租赁合同终止后，出租方和承租方必然涉及相关后续事宜的处理，主要包括租赁物的返还、费用结算等。在房屋被依法征收的情况下，还应当进一步约定关于征收补偿费用的分享事宜。

律师在审查此类条款时，要尽可能全面约定合同终止的情形以及终止后可能涉及的后续事宜，同时，要确保相关条款的内容是明确无歧义的，是可操作的。否则，容易导致当事人在出现相关情形时无据可依而产生争议，律师在审查合同时应当帮助当事人避免此种争议。

十、争议解决条款审查

对于租赁合同而言，当事人仅能够选择争议解决的方式，即选择诉讼或者是仲裁解决。若未明确约定通过仲裁方式解决争议，则应通过诉讼方式解决。根据《民事诉讼法》第三十三条第一款第（一）项“因不动产纠纷提起的诉讼，由不动产所在地人民法院管辖”之规定，在房屋租赁合同纠纷中，管辖法院只能是房屋所在地有管辖权的人民法院，当事人不能对管辖法院作出其他约定。笔者在审查房屋租赁合同时，曾见到过“由甲方所在地人民法院管辖”的约定，该类约定明显违法，应予修正。至于争议解决条款的其他方面的审查，可参照本书第十二章的相关内容。

十一、其他程序性条款审查

其他程序性条款主要包括合同生效、合同份数、合同附件等条款，属于通用型条款，参照本书第十二章相关内容进行审查即可。在租赁合同中，应单独进行提示的是附件条款，一般而言，对于租赁物的有关信息及文件均会采用附件的方式进行约定，如房屋产权证、设施设备明细、车辆配置清单、交接物品清单等，对于合同的履行及履行证明具有重要的作用，在审查时应当引起重视。但就审查方法而言，注意把握准确和完整这两个标准即可，并无其他特殊之处。

第四节　租赁合同审查示例

在本节中，笔者以一份两个公司之间的《房屋租赁合同》为例，详细演示租赁合同的审查修改要点及方法。

修改立场：本合同中笔者为承租方的法律顾问。在谈判地位上，承租方相对占优势。

序号	待审合同	存在的问题	审查修改后的合同	修改方法
名称	房屋租赁合同	无	房屋租赁合同	
主体	甲方：天津市××投资有限公司 乙方：天津××企业孵化器有限公司	合同主体信息不全	甲方：天津市××投资有限公司 住所地：____ 法定代表人：____ 统一社会信用代码：____ 乙方：天津××企业孵化器有限公司 住所地：____ 法定代表人：____ 统一社会信用代码：____	补增
鉴于	甲方系××房屋的产权人，拥有合法对外出租权力。 乙方是一家从事企业孵化的公司，拟承租甲方房屋用于企业孵化及提供配套服务。 双方本着平等自愿、共同协作的原则，经友好协商，达成如下协议。	表述不严谨 错别字	1. 甲方系××房屋的产权人，拥有合法对外出租该房屋的权利。 2. 乙方是一家从事企业孵化的公司，拟承租甲方房屋用于企业孵化及提供配套服务。 双方本着平等自愿、共同协作的原则，经友好协商，达成如下协议。	补增 删改
一	租赁标的 该房屋位于天津市××区××道××号园区1号大楼，房屋的现状建筑面积20034.38平方米，地下消防泵房公摊382.45平方米，合计20416.83平方米，楼内安装四台客梯及一台货梯，以现状水、电等附属设施租赁给乙方使用，由于本大楼内没有设置消防喷淋装置，属于毛坯的工业厂房，所以向政府相关部门审批手续和装修费用全部由乙方承担。	表述不严谨 逻辑混乱	租赁标的 1. 房屋坐落：天津市××区××道××号园区1号大楼。 2. 房屋面积：建筑面积20034.38平方米，地下消防泵房公摊382.45平方米，合计20416.83平方米。 3. 房屋现状：毛坯工业厂房，无消防喷淋装置，楼内安装有四台客梯及一台货梯，水、电附属设施齐备。 4. 甲方保证其交付的大楼是安全、完整、独立的，并且是通过国家相关机构验收合格的建筑。 房屋相关信息见附件一《房屋产权证》。	删改 补增

续表

序号	待审合同	存在的问题	审查修改后的合同	修改方法
二	租赁期限： 自 2019 年 × × 月 × × 日起至 2029 年 × × 月 × × 日止（无免租期）。	条款内容不全	租赁期限 1. 本合同租赁期限为 10 年，自 2019 年 × × 月 × × 日起至 2029 年 × × 月 × × 日止（无免租期）。若甲方迟延交付房屋的，租赁期限自实际交付之次日起算。 2. 租赁期满，同等条件下乙方有优先承租权。乙方拟在期满后续租的，需提前 90 天书面通知甲方。	补增
三		遗漏关于租赁用途的约定	租赁用途 1. 乙方租赁该房产用于办公及经营。 2. 甲方同意乙方自行将该房产用于招商，乙方招商过程中有权自主决定将该房屋的全部或部分进行转租，无需甲方另行同意。在租赁期内，乙方引进的企业在入主后的日常管理均由乙方全部负责。	补增
四		缺少交付条款	房屋交付 1. 交付条件：甲方以现状向乙方进行交付。向政府相关部门办理审批手续和房屋装修费用由乙方承担，需要甲方配合的，甲方予以配合。 2. 交付时间：本合同签订后 7 日之内，具体交付时间以乙方通知为准。 3. 交付明细：房屋图纸、设施设备明细（详见附件二《交付明细》）。	补增

续表

序号	待审合同	存在的问题	审查修改后的合同	修改方法
五	房屋租金 1. 2019 年××月××日至 2029 年××月××日房屋租金为 0.55 元/平方米/日，合计每年 4098678 元； 2029 年××月××日至 2034 年××月××日 0.65 元/平方米/日，合计每年 4843696 元。租金每半年支付一次，自合同签订后 10 日内支付。 2. 每平方米的租金 0.55 元以内的税收，乙方每年补给甲方 380000 元，0.55 元以外的税金全部由甲方承担。 3. 乙方在租赁期内，使用的供暖、冷气、水、电、物业、停车费由使用方承担。 （1）冬季供暖（11 月 15 日至 3 月 15 日）按照天津厂房统一标准收取 40.00 元/平方米。 （2）夏季供冷气（6 月 1 日起至 8 月 30 日止）40.00 元/平方米。 （3）水费 7.85 元/吨。 （4）电费 1.20 元/度；最高用电量另加基本电费 17.00 元/千瓦/月；甲方提供最高用电量为：800kva/3 相/接地 380v。	表述混乱	租金及相关费用 1. 租金标准 2019 年××月××日至 2029 年××月××日房屋租金为 0.55 元/平方米/日，合计每年 4098678 元；2029 年××月××日至 2034 年××月××日 0.65 元/平方米/日，合计每年 4843696 元。 2. 租金支付 （1）本合同项下的租金每六个月支付一次，首次租金于 2019 年××月××日之前支付，以此类推。甲方应于提前付款日 7 天向乙方开具相应的租赁费发票，否则乙方付款期限顺延。 （2）甲方收款账户信息如下： 账户名称：____________ 开户行：____________ 账号：____________ 甲方变更收款账户的，应当在 3 日内书面通知乙方，否则由此导致的不利后果由甲方承担。 每平方米的租金 0.55 元以内的税收，乙方每年补给甲方 380000 元，0.55 元以外的税金全部由甲方承担。 3. 乙方在租赁期内，使用的供暖、冷气、水、电、物业、停车费由使用方承担。	删改 补增 提示乙方就本条第 3 款中的税费承担事宜征求财务意见后予以确定。

续表

序号	待审合同	存在的问题	审查修改后的合同	修改方法
五	（5）停车费收取标准为200.00元/辆/月。 （6）物业管理费1.70元/平方米/月（只负责大楼外部的保洁、垃圾清运、绿地养护）。乙方应在收到甲方水、电、供热、供冷气、物业费收款收据一周内全额支付水、电、供暖、供冷气、物业费。另该租赁大楼内的水电维修由乙方负责。		（1）冬季供暖（11月15日至3月15日）按照天津厂房统一标准收取40.00元/平方米。 （2）夏季供冷气（6月1日起至8月30日止）40.00元/平方米。 （3）水费7.85元/吨。 （4）电费1.20元/度；最高用电量另加基本电费17.00元/千瓦/月；甲方提供最高用电量为：800kva/3相/接地380v。 （5）停车费收取标准为200.00元/辆/月。 （6）物业管理费1.70元/平方米/月（只负责大楼外部的保洁、垃圾清运、绿地养护）。乙方应在收到甲方水、电、供热、供冷气、物业费收款收据一周内全额支付水、电、供暖、供冷气、物业费。	
六	乙方在租赁期间必须严格执行国家有关法律、法规，必须接受甲方所在地区安全、环保、消防、卫生、治安等指导和监督。特别是消防安全和环保一定要符合国家有关部门规定，否则引起的一切后果由乙方承担全部及相关连带责任。	表述不严谨	乙方在租赁期间必须严格执行国家有关法律、法规，必须接受甲方所在地区安全、环保、消防、卫生、治安等指导和监督。特别是消防安全和环保一定要符合国家有关部门规定，否则引起的一切责任由乙方承担。	删改

续表

序号	待审合同	存在的问题	审查修改后的合同	修改方法
七	甲方交付的大楼是安全、完整、独立的，并且是通过国家相关机构验收合格的建筑。乙方使用房屋时应爱惜房屋及设施，在承租期内必须对房屋财产的消防和安全负责。租赁期内房屋的修缮（包括屋面渗漏）由乙方承担，因乙方原因使房屋设施损坏带来的损失费用由乙方承担，如因地震、自然灾害以及其他不能防止或避免的不可抗力因素所造成房屋损坏，乙方不负责赔偿。因不可抗力致使双方公司不能按约定条件履行，双方互不进行经济赔偿，而由甲乙双方协商决定是否解除合同或延期履行合同。	逻辑混乱	房屋使用及维修 1. 乙方使用房屋时应爱惜房屋及设施，在承租期内必须对房屋财产的消防和安全负责。 2. 租赁期内房屋的修缮（包括屋面渗漏）由乙方承担，因乙方原因使房屋设施损坏带来的损失费用由乙方承担（因不可抗力因素导致的除外）。因房屋本身固有的质量瑕疵导致的损坏以及相应的责任由甲方承担。	删改 补增
八	乙方在租赁期间，如需对房屋的重大结构进行改动除必须要符合有关部门的规划外，还要经甲方书面同意后方可搭建。退租时乙方应拆除附加在原建筑物上的物件并恢复房屋原状，如甲方决定无需将房屋及临时搭建的建筑等不动产恢复原状，则按退租当时房屋状况无偿交给甲方（包括从甲方账面支出购买的家具和设施）且不可拆除或人为损坏。如乙方需要对房屋室内进行扩充面积，则须经甲方书面同意后方可搭建，搭建费用由乙方自负，退租时不予拆除，无偿交给甲方。	表述不清 逻辑混乱	房屋装修 1. 租赁期间，乙方如需对房屋的重大结构进行改动或对房屋内进行扩充面积的，除必须要符合有关部门的规划外，还需要经甲方书面同意后方可进行（但对于房屋现有空间进行的分割或改动除外）。 2. 合同终止后，乙方应拆除附加在原建筑物上的物件并恢复房屋原状，如甲方决定无需将房屋及临时搭建的建筑等不动产恢复原状，则按退租当时房屋状况无偿交给甲方（包括从甲方账面支出购买的家具和设施）且不可拆除或人为损坏。	删改

续表

序号	待审合同	存在的问题	审查修改后的合同	修改方法
九	租赁期间如遇市政府拆迁或市政建设施工，使乙方不得继续经营的，本合同自行终止（甲方自收到政府通知后3日内通知乙方），如市政或政府部门给予经济补偿，涉及土地和房屋的由甲方收取，与乙方无关；如遇房屋装修补偿直接由乙方收取，与甲方无关，甲方不作任何经济补偿。	用词不当 标点错误	租赁期间，如遇政府拆迁或市政建设施工，使乙方无法继续经营的，本合同自行终止（甲方自收到政府通知后3日内通知乙方），如市政或政府部门给予经济补偿，涉及土地和房屋的由甲方收取，与乙方无关；如遇房屋装修补偿直接由乙方收取，与甲方无关，甲方不作任何经济补偿。	删改
十	任何一方违反本合同约定的均应承担相应的法律责任。乙方延迟支付租金的，还应赔偿甲方利息损失。	违约责任条款不清晰，对甲方缺少必要的约束	违约责任 1. 任何一方违反本合同约定的均应承担相应的法律责任。 2. 乙方迟延支付租金的，应当按照银行同期贷款利率支付违约金。 3. 甲方迟延交付房屋的，每迟延一天，应当按照____________标准支付违约金，逾期超过30天的，乙方有权单方解除本合同并追究甲方的违约责任。 4. 甲方交付的房屋危及乙方或实际使用人的安全或健康的，乙方有权单方解除本合同，甲方应当按照____________标准支付违约金，违约金不足以弥补乙方损失的，甲方应当继续予以赔偿。 5. 租赁期间，因甲方原因导致乙方无法继续使用租赁房屋的，乙方有权要求甲方消除相关妨害，以便乙方能够继续租用房屋，乙方也可以单方解除本合同并要求甲方按照____________标准支付违约金，违约金不足以弥补乙方损失的，甲方应当继续予以赔偿。	补增

续表

序号	待审合同	存在的问题	审查修改后的合同	修改方法
十一	因本合同产生争议的，可向甲方所在地法院提起诉讼。	管辖约定违法	争议解决 因本合同所产生之争议，由房屋所在地有管辖权的人民法院管辖。	删改
十二	本合同的附件内容与合同具有同等法律效力，合同附件如下： 1. 产权证复印件； 2. 交接明细； 3. 甲乙双方营业执照、税务登记证、组织机构代码证复印件； 4. 建设工程项目规划许可证及图纸； 5. 政府机构对房屋验收出具的合格证明（如：消防、防雷等）；	表述不规范 标点错误	本合同包括下列附件，是本合同的组成部分： 1. 产权证复印件； 2. 交付明细； 3. 甲乙双方营业执照、税务登记证、组织机构代码证复印件； 4. 建设工程项目规划许可证及图纸； 5. 政府机构对房屋验收出具的合格证明（如：消防、防雷等）。	删改
十三	其他 1. 本合同其他未尽事宜，双方另行协商； 2. 本合同一式四份，双方各执两份，经双方代表签字盖章后生效。	文字表述不规范	其他 1. 本合同其他未尽事宜，由甲乙双方另行协商。 2. 本合同自甲乙双方签字盖章之日起生效。 3. 本合同一式四份，双方各执两份，具有同等法律效力。	删改 补增
签署	甲方： 2019 年　　月　　日 乙方： 2019 年　　月　　日	不够严谨	（以下签署页，无正文） 甲方（盖章）： 法定代表人或授权代表签字： 2019 年　　月　　日 乙方（盖章）： 法定代表人或授权代表签字： 2019 年　　月　　日	删改 补增

第十六章　融资租赁合同审查要点解析

第一节　融资租赁合同概述

融资租赁交易作为一种集融资与融物于一体的新兴交易方式，于 20 世纪 50 年代首先出现在美国，80 年代初引进到我国，至今已有近 40 年的发展历史。融资租赁直接服务于实体经济，在促进装备制造业发展、中小企业融资、企业技术升级改造、设备进出口、商品流通等方面具有重要的作用，是推动产融结合、发展实体经济的重要手段。2015 年 9 月 7 日，国务院办公厅发布了《关于加快融资租赁业发展的指导意见》（国办发〔2015〕68 号），促进了融资租赁业进一步快速发展。据中国租赁联盟和天津滨海融资租赁研究院统计，全国融资租赁企业（不含单项公司、分公司、SPV 公司和收购海外的公司）总数在 2016 年年底为 7136 家，2017 年年底为 9676 家，2018 年年底为 11777 家，每年递增 20% 以上。业务总量在 2016 年年底为 53300 亿元人民币，2017 年年底为 60800 亿元人民币，2018 年年底为 66500 亿元人民币，每年递增 10% 左右。

在法律层面，1996 年发布了《最高人民法院关于审理融资租赁合同纠纷案件若干问题的规定》，1999 年《合同法》对该前述司法解释的相关内容予以吸收，并在第十四章专章规定了融资租赁合同，2013 年 9 月 18 日商务部印发《融资租赁企业监督管理办法》（商流通发〔2013〕337 号），2014 年 2 月 24 日最高人民法院发布《关于审理融资租赁合同纠纷案件适用法律问题的解释》，《民法典》第三编第十五章针对融资租赁合同进行了专门规定，2020 年 5 月 26 日中国银保监会印发《融资租赁公司监督管理暂行办法》。随着融资租赁行业的发展，融资租赁合同纠纷也逐年增多。根据无讼案例的查询结果显示，以“融资租赁合同纠纷”为关键词，搜索到的2016年的裁判文书为19895件，2017年的裁判文书为30236件，2018年的裁判文书为36729件，2019年的裁判文书为47087件①。

融资租赁合同是《民法典》规定的19类典型合同之一。根据《民法典》第七百三十五条之规定，融资租赁合同是出租人根据承租人对出卖人、租赁物的选择，向出卖人购买租赁物，提供给承租人使用，承租人支付租金的合同。该条规定是典型的融资租赁模式（也称为直接租赁模式），实践中还有另外三种常见的融资租赁模式：

1. 回租模式，也称为售后回租，是指承租人将自己所有的“租赁物”卖给出租人，同时与出租人签订融资租赁合同租用该“租赁物”，在此种情形下，承租人与出卖人为同一人，出租人与买受人为同一人。

2. 转租模式，即承租人按合同约定将自己租来的租赁物转租给新承租人使用的一种租赁模式，在此种情形下，承租人同时又是出租人。

3. 杠杆租赁模式，即出租人先支付租赁物部分款项而获得租赁物的所有权，通过抵押租赁物、质押融资租赁合同中的租金收取权向金融机构融资来解决剩余款项。

考虑到直接租赁是最为典型的融资租赁形式，其他的融资租赁形式均是由此演变而来的，因此本章中主要讨论直接租赁模式下融资租赁合同的审查问题。融资租赁合同是融资租赁交易的产物②，与普通租赁交易相比，融资租赁交易的主要特点如下：

1. 融资租赁交易至少涉及三方主体（出租人、承租人和出卖人）和两个合同（出租人与出卖人之间的买卖合同和出租人与承租人之间的融资租赁合同），融资是目的，融物是手段；

2. 出租人根据承租人对出卖人、租赁物的选择而购买租赁物；

3. 承租人支付的租金不仅是使用租赁物的代价，而且包括租赁物的成本（购买费用、运费、利息、营业费用）以及出租人的合理利润；

---

① 查询时间：2020年6月20日。

② 崔建远：《合同法》，北京大学出版社2013年版，第522页。

4. 出租人不承担租赁物的瑕疵担保责任，也不承担租赁物的维修义务；

5. 租赁期限届满后，租赁物的归属由当事人自行约定。

第二节 融资租赁合同的基本条款

《民法典》第七百三十六条规定："融资租赁合同的内容一般包括租赁物的名称、数量、规格、技术性能、检验方法，租赁期限，租金构成及其支付期限和方式、币种，租赁期限届满租赁物的归属等条款。融资租赁合同应当采用书面形式。"结合《民法典》第四百七十条第一款之规定及实践经验，融资租赁合同的基本条款主要包括：

1. 合同主体条款，包括合同当事人的名称（姓名）、住所等基本信息。

2. 租赁物条款，包括租赁物的名称、数量、规格、技术性能、生产厂家等内容。

3. 租赁物的交付及检验条款，主要包括租赁物采购、交付及检验等内容。

4. 租赁期限条款，即承租人租用租赁物的期限。

5. 租金条款，即关于租金总额、租金构成、租金支付方式、租金支付期限等方面的规定。

6. 租赁物的保管及使用条款，即关于租赁期间租赁物的保管、使用及维修等方面的规定。

7. 租赁物归属条款，即关于租赁期限届满后租赁物归属的约定。

8. 担保条款，即关于承租人支付租金有关担保的约定。

9. 违约条款，即关于双方违约责任的规定。

10. 争议解决条款，即约定发生争议后如何解决。

11. 其他程序性条款，包括合同生效、份数、附件等。

第三节　融资租赁合同审查要点

一、合同主体条款审查

融资租赁合同的主体包括出租人和承租人，对于其基本信息等方面的审查，可参照本书第七章的内容进行，务必达到全面、准确的要求。需要注意的是，融资租赁合同中的出租人只能是从事融资租赁业务资质的租赁公司，而不能是一般的自然人、法人或其他组织[①]。从司法实践角度来看，如果出租人没有融资租赁的资质，属于超范围经营，融资租赁合同不一定无效，但有可能会给出租人带来其他法律责任，轻则是行政责任，重则可能构成非法经营罪。因此，在审查融资租赁合同时，除了要审查合同主体的基本信息之外，还应当重点审查出租人是否具有从事融资租赁的经营范围。

二、租赁物条款审查

对于租赁物条款的审查，主要包括以下三个方面：

（一）租赁物的界定

《融资租赁企业监督管理办法》（商流通发〔2013〕337 号）第十条第一款规定："融资租赁企业开展融资租赁业务应当以权属清晰、真实存在且能够产生收益权的租赁物为载体。"《融资租赁公司监督管理暂行办法》第七条规定："适用于融资租赁交易的租赁物为固定资产，另有规定的除外。融资租赁公司开展融资租赁业务应当以权属清晰、真实存在且能够产生收益的租赁物为载体。融资租赁公司不得接受已设置抵押、权属存在争议、已被司法机关

---

① 崔建远：《合同法》，北京大学出版社 2013 年版，第 524 页。

查封、扣押的财产或所有权存在瑕疵的财产作为租赁物。”

结合融资租赁交易的特性，融资租赁合同中的租赁物应当满足如下条件：

1. 租赁物是客观存在的，而不能是虚拟的，否则不能构成融资租赁合同关系，而可能构成借贷或其他法律关系。

2. 租赁物应当是适于租用的非消耗品，而不能是消耗品，原因在于租赁期满租赁物应当具备返还的可能性。

3. 租赁物应当是有体物，一般体现为固定资产，无形资产不能作为融资租赁的租赁物。

4. 租赁物应当具备交付的可能性，一方面是指出租人应当对租赁物拥有合法的处置权；另一方面是指租赁物本身没有设置权利限制，能够交付给承租人使用。尤其在售后回租的模式下，如果租赁物不具备产权转移的条件（如设置有抵押、权属存在争议、已被司法机关查封、扣押的财产或所有权存在瑕疵），则不能被认定为融资租赁法律关系。

5. 租赁物应当是法律允许流通的，若租赁物不具有合法性，则不能作为融资租赁合同的标的。

（二）租赁物的基本信息

标的物的信息主要包括标的物的名称、数量、规格、技术性能、生产厂家等，具体可参照本书第八章的相关内容进行审查。

（三）租赁物的确定程序

融资租赁合同的租赁物及租赁物的卖方均应当是承租人选定的，故一般情况下出租人对于租赁物不承担瑕疵担保责任。但《民法典》第七百四十七条规定：“租赁物不符合约定或者不符合使用目的的，出租人不承担责任。但是，承租人依赖出租人的技能确定租赁物或者出租人干预选择租赁物的除外。”因此，在租赁物条款中，还应当进一步明确承租人确定租赁物时是否依赖了出租人的技能或者受到了出租人的干预，以避免对于租赁物不符合约定或使用目的时对责任的划分产生争议。

三、租赁物的交付及检验条款审查

在融资租赁关系中，买卖合同是出租人根据承租人对出卖人和租赁物的选择而与出卖人订立的，出租人承担支付货款的义务，承租人对租赁物享有占有、使用和收益的权利，融资租赁合同中的租赁物就是买卖合同中的标的物，从这个意义上讲，真正的买卖双方是承租人和出卖人，因此，融资租赁合同中一般应由出卖人直接向承租人交付租赁物。同时，由于租赁物是承租人选定的，一般情况下承租人对于标的物的性能及技术指标能否满足其需求应当较为熟悉，因此，承租人在受领租赁物后应当进行相应的检验。对于具体的交付时间、地点、方式以及检验时间、标准、程序、异议等，可以参照本书第十四章的相关内容进行审查。

四、租赁期限条款审查

融资租赁合同属于有期限的一类合同，应当约定明确的租赁期限及租赁起止日期。在实务中应当注意的是，融资租赁合同中的租赁期限一般由双方当事人根据租赁物的经济寿命、使用及利用设备所产生的效益而商定。租赁期限对于明确租赁双方权利义务的存续期间具有非常重要的法律意义，由于融资租赁合同的一个很重要的特性就是合同的不可中途解约性，因此，此条款还应当进一步约定：在合同有效期内，当事人双方无正当、充分的理由，不得单方要求解约或退租[①]。当然，如果当事人在融资租赁合同中约定的解除条件成就的情况下，仍然可以依法行使合同解除权。

五、租金条款审查

《民法典》第七百四十六条规定："融资租赁合同的租金，除当事人另有约定外，应当根据购买租赁物的大部分或者全部成本以及出租人的合理利润

---

① 引自《〈中华人民共和国合同法〉释义》，全国人大常委会法制工作委员会编写。

确定。”据此规定，通常情况下融资租赁合同中的租金主要包括两个部分，一是出租人购买租赁物的大部分或者全部成本（以下简称“租赁成本”），二是出租人的“合理利润”。出租人的成本主要包括：出租人为购买租赁物而支付的采购成本（货款）、在购买过程中支付的其他费用（如税款、保险费、运费、安装费以及营业费用）以及利息，从融资的角度来说，相当于承租人的融资款。出租人的合理利润是指“融资款”的对价，相当于利息。

融资租赁合同中对租金的规定应当包括租金总额、租金构成、租金计算方法、租金支付方式、租金支付期限及数额、发票开具等事项，具体可参照本书第十三章的内容进行审查。需要注意的是，关于租金的构成，应当遵循“租赁成本＋合理利润”的基本原则，如果“合理利润”过高，则其合理性可能会受到质疑，尤其是在涉嫌构成民间借贷融资的情况下，若高于24%，则难以得到法院的支持。实践当中，融资租赁合同中的租金一般体现为“租赁成本”和“租赁费率”，租赁成本以租赁物购买价款加上双方确认的其他费用为计算基数，租赁费率可以是固定比例的利率或者是以同期贷款利率上浮一定比例作为计算基数。

六、租赁物的保管及使用条款审查

与普通租赁合同一样，融资租赁合同的承租人在租赁期间对租赁物享有占有、使用和收益的权利。《民法典》第七百四十八条第一款规定：“出租人应当保证承租人对租赁物的占有和使用。”但租赁物的维修则由承租人负责，这是融资租赁合同与普通租赁合同的重要区别。第七百五十条规定：“承租人应当妥善保管、使用租赁物。承租人应当履行占有租赁物期间的维修义务。”其原因在于出租人的主要义务实际上是提供资金，而租赁物是由承租人选择的。当然，实践当中，若在承租人依赖出租人的技能确定租赁物的情况下，出租人可能会比承租人更为专业，笔者认为在此情形下，若双方同意由出租人承担维修义务，亦应允许。

此外，承租人对于租赁物负有妥善保管和使用的义务，在融资租赁合同中应当根据实际需要进一步细化约定。实践中还有的出租方会要求承租人购买商业保险，在租赁物损毁或灭失的情况下，确保出租方能够得到保险赔偿。

七、租赁物归属条款审查

在普通租赁合同中，租赁期间届满，承租人应将租赁物返还给出租人。而在融资租赁合同中，租赁期间届满，租赁物的归属可以由当事人自行约定。《民法典》第七百五十七条规定："出租人和承租人可以约定租赁期限届满租赁物的归属；对租赁物的归属没有约定或者约定不明确，依照本法第五百一十条的规定仍不能确定的，租赁物的所有权归出租人。"根据该规定，融资租赁合同中当事人应当明确约定租赁期间届满租赁物的归属。实践中，承租人一般可以有三种选择：留购、续租或退租，但出租人通常更愿意选择留购这一方式，原因在于出租人更关心的是如何投资营利，而并不关心租赁物。留购是指租期届满，承租人支付给出租人相当于租赁物残值的货款，从而取得租赁物的所有权。在此种情况下，还应当进一步明确租赁物的残值或计算方式，以免产生争议。

八、担保条款审查

由于融资租赁合同中的租赁物通常价值比较高，出租人往往投入大量的资金和成本，同时租赁期限一般又比较长，因此，出租人通常会要求承租人提供担保，如履约保证金、保证、抵押等。从合同审查的角度来看，主要注意的问题包括：一是要明确约定担保方式；二是要注意不同担保方式的要点。比如保证金应当实际交付并明确保证金的扣除和补足等问题，保证担保应当注意保证人资格和保证方式问题，抵押应当注意抵押权登记等问题，以确保担保条款能够切实发挥担保作用。需要特别注意的是，融资租赁合同中的租赁物的抵押以及应收账款的质押登记，可以在人民银行征信中心的动产融资统一登记公示系统上进行备案登记手续，以取得对抗第三人的效力。根据《最高人民法院关于审理融资租赁合同纠纷案件适用法律问题的解释》（法释〔2014〕3号）第九条第（二）项的规定，出租人授权承租人将租赁物抵押给出租人并在登记机关依法办理抵押权登记的，第三人将不能基于善意取得制度而取得租赁物的所有权或其他物权。

九、违约条款审查

违约责任条款属于通用型条款，可参照本书第十一章有关内容进行。但融资租赁合同中的违约责任与其他合同的违约责任相比有三个特殊之处，在审查融资租赁合同时应予注意：

1. 承租人未按照约定支付租金时的违约责任。《最高人民法院关于审理融资租赁合同纠纷案件若干问题的规定》[①] 第十六条规定："承租人未按合同约定支付部分或全部租金，属违约行为，承租人应按合同约定支付租金、逾期利息，并赔偿出租人相应的损失。"此规定与其他有偿合同的违约责任类型并无二致，但根据《民法典》第七百五十二条之规定，承租人应当按照约定支付租金。承租人经催告后在合理期限内仍不支付租金的，出租人可以请求支付全部租金；也可以解除合同，收回租赁物。因此，在融资租赁合同中，承租人未按照约定支付部分租金的情况下，出租人可以：（1）要求支付已到期租金、逾期利息并赔偿损失；（2）要求支付全部租金，即要求租金加速到期；（3）要求解除合同并收回租赁物。需要注意的是，出租人不能既要求支付全部租金又要求解除合同收回租赁物，《最高人民法院关于审理融资租赁合同纠纷案件适用法律问题的解释》第二十一条规定：" 出租人既请求承租人支付合同约定的全部未付租金又请求解除融资租赁合同的，人民法院应告知其依照合同法第二百四十八条（笔者注：《民法典》颁布后，应为《民法典》第七百五十二条）的规定作出选择。"

2. 出租人对租赁物的瑕疵担保责任。与普通租赁合同不同，融资租赁合同中的出租人原则上不承担租赁物的瑕疵担保责任。《民法典》第七百四十七条规定："租赁物不符合约定或者不符合使用目的的，出租人不承担责任。但是，承租人依赖出租人的技能确定租赁物或者出租人干预选择租赁物的除外。"因此，在融资租赁合同中应当对此予以重视并明确承租人是否依赖于出租人的技能或是否受到了出租人的干预。

---

① 已被2014年3月1日施行的《最高人民法院关于审理融资租赁合同纠纷案件适用法律问题的解释》废止。

3. 未按照合同约定交付租赁物的违约责任。普通租赁合同中，交付租赁物的为出租人，不涉及第三方，而融资租赁合同中交付租赁物的是买卖合同中的卖方。《民法典》第七百三十九条规定："出租人根据承租人对出卖人、租赁物的选择订立的买卖合同，出卖人应当按照约定向承租人交付标的物，承租人享有与受领标的物有关的买受人的权利。"第七百四十一条规定："出租人、出卖人、承租人可以约定，出卖人不履行买卖合同义务的，由承租人行使索赔的权利。承租人行使索赔权利的，出租人应当协助。"《最高人民法院关于审理融资租赁合同纠纷案件适用法律问题的解释》第二十四条第三款规定："承租人基于买卖合同和融资租赁合同直接向出卖人主张受领租赁物、索赔等买卖合同权利的，人民法院应通知出租人作为第三人参加诉讼。"根据前述规定，在出卖人未按照买卖合同约定向承租人交付租赁物的情况下，其责任应当由出卖人来承担，但出租人应当予以协助。

十、争议解决条款审查

融资租赁合同中，当事人可选择诉讼或者是仲裁解决，没有特别规定，参照本书第十二章相关内容进行审查即可。但需要注意的一点是：关于不动产的融资租赁合同纠纷，当事人也可以约定管辖法院，并不适用不动产所在地专属管辖的规定（民事诉讼法关于不动产纠纷是指因不动产的权利确认、分割、相邻关系引起的物权纠纷——《民诉法司法解释》第二十八条第一款）。在当事人未约定管辖法院的情况下，由被告所在地或者合同履行地法院管辖，按照《民诉法司法解释》第十九条之规定，融资租赁合同的合同履行地为租赁物使用地（当事人另有约定的除外）。

十一、其他程序性条款审查

其他程序性条款主要包括合同生效、合同份数、合同附件等，属于通用型条款，参照本书第十二章相关内容进行审查即可。需要注意的是，由于融资租赁合同涉及的内容较多，因此通常会将租赁物明细、租金构成及支付、租赁物残值计算以及买卖合同等单独作为合同附件，于此情形下，律师还应当对合同附件条款进行仔细的审查，不可大意。

十二、总体提示

基于融资租赁合同的特性，在审查融资租赁合同时，在整体思路上还应当注意以下两个问题：

1. 融资租赁法律关系与其他法律关系的区别问题。融资租赁应当具备融资与融物的双重属性，若缺少了融物的属性（如租赁物实际不存在），则可能不被认定为融资租赁关系，而被认定为其他法律关系。《最高人民法院关于审理融资租赁合同纠纷案件适用法律问题的解释》第一条规定："人民法院应当根据合同法第二百三十七条（笔者注：《民法典》颁布后，应为《民法典》第七百三十五条）的规定，结合标的物的性质、价值、租金的构成以及当事人的合同权利和义务，对是否构成融资租赁法律关系作出认定。对名为融资租赁合同，但实际不构成融资租赁法律关系的，人民法院应按照其实际构成的法律关系处理。"实践当中，融资租赁合同经常会因为租赁物不存在或不明确而被认定为借贷合同，在审查合同时应予注意，如存在此种情况，应当提示委托人这种法律风险并建议其进行相应的修改和完善。

2. 融资租赁合同与买卖合同的联系问题。实践中有人认为融资租赁合同包括买卖合同和租赁合同两个，实际上这是不准确的。《最高人民法院关于审理融资租赁合同纠纷案件适用法律问题的解释》第二十四条第一款规定："出卖人与买受人因买卖合同发生纠纷，或者出租人与承租人因融资租赁合同发生纠纷，当事人仅对其中一个合同关系提起诉讼，人民法院经审查后认为另一合同关系的当事人与案件处理结果有法律上的利害关系的，可以通知其作为第三人参加诉讼。"据此规定，融资租赁合同和买卖合同是两个不同的合同，我国法律规定的融资租赁合同是指承租人和出租人之间签订的融资租赁合同，而不包括出租人和出卖人之间签署的买卖合同，准确的说法应当是融资租赁合同中包括融资租赁合同和买卖合同，二者之间的标的物相同，并据此相互关联。正是基于这种复合关系的特点，在审查融资租赁合同时必须要结合买卖合同的内容来进行审查，确保二者之间的约定不出现冲突。比如关于租赁物的交付问题，在融资租赁合同中约定由出卖人向承租人交付，同样在买卖合同中也应当明确约定由出卖人向承租人直接交付。与此相关的承租人向出卖人索赔的问题，也应当同时在融资租赁合同和买卖合同中予以约定。再如，在融资租赁合同中应当载明买卖合同中出卖人及标的物的基本信息，而在买卖合同中也应当载明融资租赁合同中承租人和租赁物的基本信息，以便能够将两份合同结合起来，构成一个完整的融资租赁法律关系，避免产生歧义和不必要的争议。

第四节 融资租赁合同审查示例

在本节中，笔者以一份某融资租赁公司（出租方）与某商业管理公司之间的《融资租赁合同》为例，详细演示融资租赁合同的审查修改要点及方法。

修改立场：本合同中笔者为出租方的法律顾问。在谈判地位上，出租方相对强势。

序号	待审合同	存在的问题	审查修改后的合同	修改方法
名称	融资租赁合同（直租）	无	融资租赁合同（直租）	
主体	甲方（出租方）：天津××融资租赁有限公司 住所地：__________ 法定代表人：__________ 联系人：__________ 乙方（承租方）：天津××商业管理有限公司 住所地：__________ 法定代表人：__________ 联系人：__________	合同主体信息不全	甲方（出租方）：天津××融资租赁有限公司 住所地：__________ 法定代表人：__________ 联系人：__________ 统一社会信用代码：__________ 乙方（承租方）：天津××商业管理有限公司 住所地：__________ 法定代表人：__________ 联系人：__________ 统一社会信用代码：__________	补增
鉴于	鉴于： 1. 甲方是一家依法成立并有效存续的拥有融资租赁资质的内资企业，同意按照本合同的约定通过融资租赁直租方式向乙方提供财务支持； 2. 乙方是一家依法成立并有效存续的商业管理企业，同意按照本合同的约定通过融资租赁（直租）的方式来融通资金； 3. 根据乙方对租赁物和供应商的自主选择，甲方通过向乙方出租财产提供融资租赁服务且签订融资租赁合同，甲乙双方根据《中华人民共和国合同法》等有关法律	无	鉴于： 1. 甲方是一家依法成立并有效存续的拥有融资租赁资质的内资企业，同意按照本合同的约定通过融资租赁直租方式向乙方提供财务支持； 2. 乙方是一家依法成立并有效存续的商业管理企业，同意按照本合同的约定通过融资租赁（直租）的方式来融通资金； 3. 根据乙方对租赁物和供应商的自主选择，甲方通过向乙方出租财产提供融资租赁服务且签订融资租赁合同，甲乙双方根据《中华人民共和国合同法》① 等有关法律的规定，本着平等、自愿原则，经友好协商达成一致意见，以供双方共同遵照履行。	

① 《民法典》实施后应修改为《中华人民共和国民法典》。

续表

序号	待审合同	存在的问题	审查修改后的合同	修改方法
鉴于	的规定，本着平等、自愿原则，经友好协商达成一致意见，以供双方共同遵照履行。			
一	第一条、交易条件和流程 1.1 甲方根据乙方对租赁物和供应商的自主选择，向供应商购买租赁物（见附件一《概算表》），并出租给乙方使用，同时乙方必须承租。 1.2 乙方承租租赁物应当向甲方支付租金、租赁手续、服务费、预付租金、租赁保证金以及留购价款等各项费用。 1.3 租赁物名称、数量、种类、规格、图样等以附件一《概算表》为准。租金起止日、租赁期限，租金、利息、手续费等甲方收取的各种款项的金额和时间以本合同附件三《租金支付表》为准。 1.3 甲方在每期租金支付到期前5个工作日内有权向乙方发出《租金支付通知书》（格式见附件四），乙方应足额、按时向甲方支付租金。 1.4 支付日为《租金支付表》中所列日期，如遇节假日则推后至节假日后第一个工作日。甲方在收到乙方支付的各期租金后10个工作日内向乙方开具租金发票。	表述不严谨 没有强调乙方对租赁物及卖方的自主选择，避免出租方的潜在风险 标题序号错误	第一条、交易条件和流程 1.1 甲方根据乙方对租赁物和供应商的自主选择，向供应商购买租赁物（见附件一《概算表》），并出租给乙方使用，同时乙方必须承租。 1.2 乙方承租租赁物应当按照本合同的约定向甲方支付租金、租赁手续费、服务费、预付租金、租赁保证金以及留购价款等各项费用。 1.3 租赁物名称、数量、种类、规格、图样等以附件一《概算表》为准。甲乙双方一致认可并确认《概算表》中所载明的租赁物系由乙方自主选定，租赁物的卖方（即供应商）也是乙方自主选定，并不依赖于甲方的任何专业技术，也不受甲方的任何干预。租金起止日、租赁期限，租金、利息、手续费等甲方收取的各种款项的金额和时间以本合同附件三《租金支付表》为准。 1.4 甲方在每期租金支付到期前5个工作日内有权向乙方发出《租金支付通知书》（格式见附件四），《租金支付通知书》寄送到本合同中乙方确认的通信地址即视为妥投送达。乙方应足额、按时向甲方支付租金，但甲方发出《租金支付通知书》不是乙方向甲方支付租金及其他费用的必要前提条件。	补增 删改

续表

序号	待审合同	存在的问题	审查修改后的合同	修改方法
一	如甲方变更收款账户，则应于支付日前10个工作日内向乙方发出书面通知。 1.5 如乙方未按期足额向甲方支付《租金支付表》中所列费用，须向甲方支付迟延违约金。 1.6 本合同签订后，甲方应根据乙方要求购买租赁物。甲方与供应商签订《买卖合同》后且向供应商付款前，乙方应向甲方支付租赁物货款总额的首付款［　　］元整，向甲方支付保证金［　　］元整，向甲方支付手续费［　　］元整。 1.7 若乙方未履行或未完全履行本融租合同项下义务，甲方有权自行决定租赁保证金的冲抵顺序；若乙方违反本合同项下的任何规定及条件，甲方有权敦促乙方履约，并有权扣留保证金作为违约处理并索赔一切因此而引起的损失，或从保证金中扣除一定数目的金额以补偿由于乙方违约不遵守或不履行义务而给甲方以及第三方造成的损失（具体数额应按实际发生的为准）。 当保证金不足本合同约定的最低租赁保证金金额时，乙方应按照甲方出具的《补足租赁保证金通知书》（格式见附件五）		1.5 支付日为《租金支付表》中所列日期，如遇节假日则推后至节假日后第一个工作日。甲方在收到乙方支付的各期租金后10个工作日内向乙方开具租金发票。如甲方变更收款账户，则应于支付日前10个工作日内向乙方发出书面通知。 1.6 如乙方未按期足额向甲方支付《租金支付表》中所列费用，须向甲方支付迟延违约金。 1.7 本合同签订后且甲方与供应商签订的《买卖合同》成立后，甲方应根据乙方要求购买租赁物。甲方与供应商签订《买卖合同》后且向供应商付款前，乙方应向甲方支付租赁物货款总额的首付款［　　］元整，向甲方支付履约保证金［　　］元整，向甲方支付手续费［　　］元整。 1.8 若乙方未履行或未完全履行本合同项下义务，甲方有权自行决定履约保证金的冲抵顺序；若乙方违反本合同项下的任何规定及条件，甲方有权敦促乙方履约，并有权扣留保证金作为违约处理并索赔一切因此而引起的损失，或从保证金中扣除一定数目的金额以补偿由于乙方违约不遵守或不履行义务而给甲方以及第三方造成的损失（具体数额应按实际发生的为准）。 当保证金不足本合同约定的最低租赁保证金金额时，乙方应按照甲方出具的《补足租赁保证金通知书》（格式见附件五）及时补足租赁保证金，否则，甲方	

续表

序号	待审合同	存在的问题	审查修改后的合同	修改方法
一	及时补足租赁保证金，否则，甲方有权以乙方其后支付的租金或其他应付款项优先补足租赁保证金。若乙方没有发生违约事件或违约事件已全部纠正，甲方有权决定以租赁保证金抵扣最后一期或几期租金。 1.8 若国家税收政策发生变化导致出租人的税赋增加，出租人有权相应地调整每次租金。需对租金作出调整时，出租人应书面通知承租人，租金的调整从书面通知发出之日起生效，承租人从下次起应该按调整后的金额向出租人支付。		有权以乙方其后支付的租金或其他应付款项优先补足租赁保证金。若乙方没有发生违约事件或违约事件已全部纠正，甲方有权决定以租赁保证金抵扣最后一期或几期租金。租赁保证金不计利息。 1.9 若国家税收政策发生变化导致甲方的税赋增加，甲方有权按照调整后的税款计算每期的租金。因税款调整导致租金变更的，甲方应书面通知乙方，租金的调整从书面通知发出之日起生效，乙方从下一租赁期间起应按调整后的金额向甲方支付。	
二	第二条、租赁物的购买和质量瑕疵索赔 2.1 租赁物选择：双方一致确认，甲方根据乙方对租赁物和供应商的自主选择，以自身名义向供应商购买租赁物，甲方只承担因购买租赁物所需缴纳的购买价款及相关费用。 2.21 租赁物交付：租赁物由供应商根据《买卖合同》的约定直接向乙方交付。乙方自行直接与供应商协商确定租赁物的交付、验收等事宜并负有受领租赁物的义务。	表述不规范 不符合租赁物的选择、购买、交付、受领、验收等正常的逻辑顺序 部分条款约定不够严谨 合同条款序号错误	第二条、租赁物的购买和质量瑕疵索赔 2.1 租赁物选择和购买：双方一致确认，甲方根据乙方对租赁物和供应商的自主选择，以自身名义向供应商购买租赁物，甲方只承担因购买租赁物所需缴纳的购买价款及相关购买费用。 2.2 租赁物交付：租赁物由供应商根据《买卖合同》的约定直接向乙方交付，乙方负有及时受领租赁物的义务。 2.3 租赁物受领：乙方应当于接收交付当日出具《收货证书》（格式见附件六），移交甲方和供应商各一份留存。乙方对租赁物的接收日期以《收货证书》上	补增 删改 提示将《买卖合同》作为合同附件

续表

序号	待审合同	存在的问题	审查修改后的合同	修改方法
二	2.22 租赁物验收：甲方不直接承担交付租赁物的义务、不承担租赁物运输过程及与租赁物交付验收、安装、调试相关的任何风险或责任，乙方有权且应当依照《买卖合同》中甲方享有的权利向供应商主张因供应商违约造成的损失。 2.23 租赁物受领：乙方应当于接收交付当日出具《收货证书》（格式见附件六），移交甲方和供应商各一份留存。乙方对租赁物的接收日期以《收货证书》上载明的日期为准。如乙方无正当理由不接受交付货物及迟延出具、未出具《收货证书》，或者供应商违反《买卖合同》约定且乙方未向甲方通知的，接收日期为《买卖合同》约定的交付日期，也是甲方向乙方交付租赁物的日期。 2.3 租赁物交接主体：鉴于供应商及租赁物的型号、规格、数量和质量等均由乙方自主选择，并未依赖甲方的技能确定，并且甲方未干预乙方的自主选择，因此若供应商迟延交付租赁物、未能交付租赁物或交付的租赁物与融租合同的约定不符，或租赁物在安装、调试、操作过程中及质量		载明的日期为准。如乙方无正当理由不接受交付货物及迟延出具、未出具《收货证书》，或者供应商违反《买卖合同》约定且乙方未向甲方通知的，接收日期为《买卖合同》约定的交付日期，也是甲方向乙方交付租赁物的日期。 2.4 租赁物验收：甲方不直接承担交付租赁物的义务、不承担租赁物运输过程及与租赁物交付验收、安装、调试相关的任何风险或责任，乙方应当自行负责前述义务并有权且应当依照《买卖合同》中甲方享有的权利向供应商主张因供应商违约造成的损失。 2.5 租赁物瑕疵担保责任：鉴于供应商及租赁物的型号、规格、数量和质量等均由乙方自主选择，并未依赖甲方的技能确定，并且甲方未干预乙方的自主选择，因此若供应商迟延交付租赁物、未能交付租赁物或交付的租赁物与融租合同的约定不符，或租赁物在安装、调试、操作过程中及质量保证期间有质量瑕疵，有关租赁物的保养、维修、替换以及其他责任等情况，甲方不承担任何责任。若发生前述情况，乙方应直接向供应商索赔，索赔的结果由乙方享有，索赔的风险和费用由乙方承担。甲方因此发生的全部费用和遭受的全部损失（包括但不限于人民法院通知甲方作为第三人参加诉讼发生的律师费、差旅费等全部费用）由乙方赔偿。甲方应根据乙方的合理要求提供	

续表

序号	待审合同	存在的问题	审查修改后的合同	修改方法
二	保证期间有质量瑕疵，有关租赁物的保养、维修、替换以及其他责任等情况，甲方不承担任何责任。若发生前述情况，乙方应直接向供应商索赔，索赔的结果由乙方享有，索赔的风险和费用由乙方承担。甲方因此发生的全部费用和遭受的全部损失由乙方赔偿。甲方应根据乙方的合理要求提供必要协助。 2.4 买卖合同违约后果：发生下列任一情形，甲方或者乙方均有权解除融租合同：1）非因甲方原因导致买卖合同被解除、被确认无效或者被撤销；2）供应商未能履行买卖合同约定的义务致使融租合同目的不能实现。[若起租前融租合同被解除，乙方应赔偿甲方因此遭受的全部损失。若起租后融租合同被解除，乙方应立即向甲方支付下列款项：1）全部已到期未付租金、迟延违约金；2）全部未到期租金；3）留购价款；4）其他应付款项。在甲方收到乙方支付的上述所有款项后，融租合同终止，租赁物的所有权按照届时状态转移至乙方。]		必要协助。无论乙方能否通过索赔得到补偿，亦无论索赔是否在进行中，本合同的效力以及乙方在本合同项下的租金支付等义务均不受任何影响。 2.6 买卖合同违约后果：发生下列任一情形，甲方或者乙方均有权解除本合同： 2.6.1 非因甲方原因导致买卖合同被解除、被确认无效或者被撤销的。 2.6.2 供应商未能履行买卖合同约定的义务致使本合同目的不能实现的。 2.6.3 若起租前本合同被解除的，乙方应赔偿甲方因此遭受的全部损失。若起租后本合同被解除的，乙方应立即向甲方支付下列款项：1）全部已到期未付租金、迟延违约金；2）全部未到期租金；3）留购价款；4）其他应付款项。在甲方收到乙方支付的上述所有款项后，本合同终止，租赁物的所有权按照届时状态转移至乙方。	

续表

序号	待审合同	存在的问题	审查修改后的合同	修改方法
三	第三条、租赁物的所有权和使用权 3.1 租赁期限内甲方享有租赁物的完整所有权。乙方同意在租赁物显著位置贴附甲方为租赁物所有权人的标识，甲方代表可在乙方正常营业时间检查租赁物及其所有权标识并进行拍照，乙方应给予配合。 3.2 乙方确认代为甲方接受供应商交付的动产、不动产、权利凭证后不得主张因占有属于乙方自有。乙方确认因融租合同甲方购买租赁物的买卖合同、发票、物流凭证，甲方对租赁物制作标识的照片、视频等是甲方对租赁物具有完全所有权的凭证，乙方不得因甲方没有实际占有抗辩甲方的所有权。 3.3 未经甲方事先书面同意，乙方不得有下列任一可能侵犯租赁物所有权的行为：1）对租赁物所有权进行无权处分；2）转租、转借租赁物；3）将租赁物所涉及项目收费权进行质押，在租赁物上设置抵押或其他权利负担；4）以租赁物或租赁物所涉及项目收费权投资入股；5）将租赁物迁离《概算表》记载的使用地点；6）其他可能侵犯租赁物所有权的行为。	表述不严谨 对部分问题考虑不够周全（如公示登记问题）	第三条、租赁物的所有权和使用权 3.1 租赁期限内甲方享有租赁物的完整所有权。乙方同意在租赁物显著位置贴附甲方为租赁物所有权人的标识，甲方代表可在乙方正常营业时间检查租赁物及其所有权标识并进行拍照，乙方应给予配合。若甲方要求进行相关公示登记的，乙方应当无条件予以配合。 3.2 乙方确认系代甲方接受供应商交付的租赁物及权利凭证，但不得因占有租赁物而主张租赁物为乙方所有。乙方确认因本合同甲方购买租赁物的买卖合同、发票、物流凭证，甲方对租赁物制作标识的照片、视频等是甲方对租赁物具有完全所有权的凭证，乙方不得因甲方没有实际占有租赁物而否认或抗辩甲方的所有权。 3.3 未经甲方事先书面同意，乙方不得有下列任何一种可能侵犯租赁物所有权的行为：1）无权处分租赁物；2）转租、转借或与第三人共同使用租赁物；3）将租赁物所涉及项目收费权进行质押，在租赁物上设置抵押或其他权利负担；4）以租赁物或租赁物所涉及项目收费权投资入股；5）将租赁物迁离《概算表》记载的使用地点；6）其他可能侵犯甲方对租赁物所有权的行为。 3.4 乙方享有使用租赁物的权利，甲方不得有下列影响	删改 补增

续表

序号	待审合同	存在的问题	审查修改后的合同	修改方法
三	3.4 乙方享有使用租赁物的权利，甲方不得有下列影响乙方正常占有和使用租赁物的行为：1）无正当理由收回租赁物；2）无正当理由妨碍或者干扰乙方对租赁物的占有和使用；3）因甲方原因导致第三人对租赁物主张权利。 3.5 乙方应当严格按照租赁物的使用说明或操作手册使用租赁物，并负责租赁物的维修、维护、保管和保养。乙方应当根据甲方要求定期向甲方提交租赁物的维修、维护和保养记录。因维修、维护和保养更换或添附的部件属于甲方所有。乙方占有、使用租赁物期间造成第三方人身伤害或财产损害，甲方不承担责任，并且乙方应赔偿由此给甲方造成的全部损失和费用。		乙方正常占有和使用租赁物的行为：1）无正当理由收回租赁物；2）无正当理由妨碍或者干扰乙方对租赁物的占有和使用；3）因甲方原因导致第三人对租赁物有效主张权利（指第三人之主张获得司法机构的支持）。 3.5 乙方应当严格按照租赁物的使用说明或操作手册使用租赁物，并负责租赁物的维修、维护、保管和保养，相关费用由乙方全部承担。乙方应当根据甲方要求定期向甲方提交租赁物的维修、维护和保养记录。因维修、维护和保养更换或添附的部件以及提升租赁物使用性能和价值的部件均属于甲方所有。乙方占有、使用租赁物期间造成第三方人身伤害或财产损害的，由乙方承担全部责任，甲方不承担责任，并且乙方应赔偿因此给甲方造成的全部损失和费用。	
四	第四条、租赁物的毁损及灭失 4.1 租赁期限内，乙方承担租赁物毁损或灭失的风险。若租赁物发生毁损但未达到全损程度，乙方在融租合同项下的租金支付等义务不受任何影响，仍继续向甲方支付，并自付费用将租赁物修复至可正常使用的状态。 4.2 若租赁物因乙方原因发生灭失或者毁	表述不规范、不严谨	第四条、租赁物的毁损及灭失 4.1 租赁期限内，乙方承担租赁物毁损或灭失的风险。若租赁物发生毁损但未达到全损程度，乙方在本合同项下的租金支付等义务不受任何影响，乙方应当按照本合同继续向甲方支付租金，并自付费用将租赁物修复至可正常使用的状态。 4.2 若租赁物因乙方原因发生灭失或者毁损至无法修理的程度，乙方应立即向甲方支付下列款项：1）全	补增 删改

续表

序号	待审合同	存在的问题	审查修改后的合同	修改方法
四	损至无法修理的程度，乙方应立即向甲方支付下列款项：1）全部已到期未付租金、迟延违约金；2）全部未到期租金；3）留购价款；4）其他应付款项。在甲方收到乙方支付的上述所有款项后，融租合同终止，租赁物的所有权按照届时状态转移给乙方。 4.3 若租赁物因不可归责于甲乙双方原因发生意外灭失或者毁损至无法修理的程度，乙方请求解除融租合同的，甲方有权要求乙方立即支付下列款项：1）全部已到期未付租金、迟延违约金；2）全部剩余租赁本金；3）金额相当于全部剩余租赁本金____%的手续费。在甲方收到乙方支付的上述全部款项后，融租合同终止，租赁物的所有权按照届时状态转移给乙方。		部已到期未付租金、迟延违约金；2）全部未到期租金；3）留购价款；4）其他应付款项。在甲方收到乙方支付的上述所有款项后，本合同终止，租赁物若尚未灭失的，其所有权按照届时状态转移给乙方。 4.3 若租赁物因不可归责于甲乙双方原因发生意外灭失或者毁损至无法修理的程度，甲乙双方均可主张解除本合同，同时甲方有权要求乙方立即支付下列款项：1）全部已到期未付租金、迟延违约金；2）全部剩余租赁本金；3）金额相当于全部剩余租赁本金____%的手续费。在甲方收到乙方支付的上述全部款项后，本合同终止，租赁物若尚未灭失的，其所有权按照届时状态转移给乙方。	
五	第五条、租赁物的保险 5.1 甲乙双方同意，融租合同期限内租赁物的保险依照下述第____种方式处理： 1）甲方以自身为第一受益人为租赁物购买保险，以乙方为被保险人购买责任保险［保险费计入租赁成本］。	表述不规范、不严谨	第五条、租赁物的保险 5.1 甲乙双方同意，本合同期限内租赁物的保险依照下述第____种方式处理： 1）甲方以自身为第一受益人为租赁物购买保险，以乙方为被保险人购买责任保险［保险费计入租赁成本］。	补增 删改

续表

序号	待审合同	存在的问题	审查修改后的合同	修改方法
五	2）乙方承诺，《融资租赁合同》签订后5个工作日内或起租后5个工作日内自付费用以甲方为第一受益人为租赁物购买财产一切险等保险，以自身为被保险人购买责任保险。保险金额不得低于乙方未偿还租金及其他款项的总额。租赁物投保保险应当满足下列条件：1）向甲方指定或认可的保险公司购买；2）购买的险种应当符合甲方的要求以及相关行业要求；3）保险单正本应当注明甲方为保险金请求权人，并且保险单副本交由甲方保存；4）除非经甲方同意，租赁物发生灭失或者毁损至无法修理的程度，全部保险金应当全额向甲方赔付。 5.2 若租赁物发生毁损，乙方有权使用保险金，并且保险金用于修理租赁物。保险事故的发生或者保险金的赔付均不影响融租合同的效力以及乙方在融租合同项下的租金支付等义务。若租赁物发生灭失或者毁损至无法修理的程度，乙方应当及时通知甲方并提供一切必要协助以便甲方领取保险金，甲方有权自主决定保险金的清偿顺序。如保险金不足以偿付租赁物的修理、		2）乙方承诺，本合同签订后5个工作日内或起租后5个工作日内自付费用以甲方为第一受益人为租赁物购买财产一切险等保险，以自身为被保险人购买责任保险。保险金额不得低于乙方未偿付租金及其他款项的总额。租赁物投保保险应当满足下列条件：1）向甲方指定或认可的保险公司购买；2）购买的险种应当符合甲方的要求以及相关行业的要求；3）保险单正本应当注明甲方为保险金请求权人，并且保险单副本交由甲方保存；4）除非经甲方同意，租赁物发生灭失或者毁损至无法修理的程度，全部保险金应当全额向甲方赔付。若乙方未履行本条款约定的投保义务，甲方有权自行投保，保险费由乙方承担，乙方应当在收到甲方通知之日起5个工作日内将保险费及相关费用足额支付至甲方账户。 5.2 若租赁物发生毁损，乙方有权使用保险金，并且保险金用于修理租赁物。保险事故的发生或者保险金的赔付均不影响本合同的效力以及乙方在本合同项下的租金支付等义务。若租赁物发生灭失或者毁损至无法修理的程度，乙方应当及时通知甲方并提供一切必要协助以便甲方领取保险金，甲方有权自主决定保险金的清偿顺序。如保险金不足以偿付租赁物的修理、更换费用以及乙方应当支付的费用，乙方应就不足部分向甲方进行补偿。	

续表

序号	待审合同	存在的问题	审查修改后的合同	修改方法
五	更换费用以及乙方应当支付的费用，乙方应就不足部分向甲方进行补偿。 5.3 乙方占有、使用租赁物期间造成第三方人身伤害或者财产损害的，由乙方向保险公司提出向第三方赔偿责任保险项下的保险金，甲方对此不承担任何责任。甲方因此发生的全部费用和遭受的全部损失由乙方赔偿。		5.3 乙方占有、使用租赁物期间造成第三方人身伤害或者财产损害的，由乙方向保险公司提出向第三方赔偿责任保险项下的保险金，甲方对此不承担任何责任。甲方因此发生的全部费用和遭受的全部损失由乙方赔偿。	
六	第六条、违约和救济 6.1 融租合同期限内，乙方无正当理由书面或口头向甲方表示其将不履行融租合同，或者甲方有确凿证据证明乙方在融租合同履行期限届满前将不履行或不能履行融租合同，而乙方又不愿意增加提供必要的履约担保或增加提供的履约担保不足以保证融租合同履行的，视为乙方预期违约。 6.2 发生下列情况之一，视为乙方根本违约：1）乙方未按约定支付到期租金、预付租金、租赁手续及服务费、租赁保证金及其他应付款项，经甲方催告后5个工作日内仍未支付的；2）乙方未按约定使用、维修、维护或保养租赁物；3）乙方实施侵犯租赁物所有权的行为；4）乙方	表述不规范 部分条款考虑不够周全 未约定迟延违约金的计算标准 所约定的救济措施与司法解释存在冲突的可能	第六条、违约和救济 6.1 本合同期限内，乙方以书面或口头方式或者以乙方的行为向甲方表明其将不履行本合同项下义务，或者甲方有初步证据证明乙方在本合同履行期限届满前将不履行或不能履行本合同项下义务，而乙方又不愿意增加提供必要的履约担保或增加提供的履约担保不足以保证本合同正常履行的，为乙方预期违约。 6.2 出现下列情况之一，为乙方根本违约：1）除本合同另有约定外，乙方未按约定支付到期租金、预付租金、租赁手续及服务费、租赁保证金及其他应付款项，经甲方催告后5个工作日内仍未支付的；2）乙方未按约定使用、维修、维护或保养租赁物的；3）乙方实施侵犯甲方对租赁物的所有权行为的；4）乙方在本合同中所做的陈述或保证存在虚假成分或提供的任何文件是虚假的；5）乙方未按约定为租赁物购	删改 补增 提示： 应约定迟延违约金的计算标准

续表

序号	待审合同	存在的问题	审查修改后的合同	修改方法
六	在融租合同中所做的陈述或保证存在虚假成分；5）乙方未按约定为租赁物购买保险；6）乙方违反融租合同其他条款，经甲方首次书面通知后5个工作日内仍未纠正的。 6.3 若乙方预期违约或根本违约，甲方有权采取下列一项或几项措施：1）要求乙方立即支付融租合同项下全部到期未付租金、迟延违约金、全部未到期租前息/租金、留购价款以及其他应付款项。2）解除融租合同，取回并自行处理租赁物。甲方取回租赁物时无需乙方同意，因取回租赁物造成损失由乙方自行承担。3）要求乙方赔偿甲方的全部损失。4）采取法律允许的其他救济方式。 6.4 若甲方决定采取解除融租合同并取回租赁物的措施，甲乙双方对租赁物的价值有争议的，由甲方确定的有资质的评估机构评估确定。对于租赁物处理所得价款按如下顺序清偿：1）甲方因取回、保管、评估及处理租赁物所发生的全部价款和费用；2）乙方在融租合同项下全部到期未付租前息/租金、迟延违约金、全部未到		买保险的；6）乙方违反本合同其他条款，经甲方首次书面通知后5个工作日内仍未纠正的。 6.3 若乙方预期违约或根本违约，甲方有权采取下列一项或几项措施：1）要求乙方一次性立即支付本合同项下全部到期未付租金、迟延违约金、全部未到期租金、留购价款以及其他应付款项，本合同继续履行。2）解除本合同，取回并自行处理租赁物。甲方取回租赁物时无需乙方同意，因取回租赁物造成损失由乙方自行承担。3）要求乙方赔偿甲方的全部损失。4）采取法律允许的其他救济方式。 6.4 若甲方决定采取解除本合同并取回租赁物的措施，甲乙双方对租赁物的价值有争议的，由甲方确定的有资质的评估机构评估确定。对于租赁物处理所得价款按如下顺序清偿：1）甲方因取回、保管、评估及处理租赁物所发生的全部价款和费用；2）乙方在本合同项下全部到期未付租金、迟延违约金、全部未到期租金、留购价款以及其他应付款项；3）甲方遭受的全部损失。若处理租赁物所得价款不足以支付上述款项，乙方应就不足部分向甲方进行赔偿。 6.5 若乙方可能发生下列任一情况，须提前20个工作日通知甲方：1）乙方发生关闭、停产、停业、合并、分立、破产等情况或其他经济状况实质性恶化的情形；2）乙方进行资产重组、股权并购、资产或权	根据《最高人民法院关于审理融资租赁合同纠纷案件适用法律问题的解释》第二十一条之规定，甲方不能既请求乙方支付合同约定的全部未付租金又请求解除融资租赁合同

续表

序号	待审合同	存在的问题	审查修改后的合同	修改方法
六	期租前息/租金、留购价款以及其他应付款项；3）甲方遭受的全部损失。 6.5 若乙方可能发生下列任一情况，须提前 20 个工作日通知甲方：1）乙方发生关闭、停产、停业、合并、分立、破产等情况或其他经济状况实质性恶化的情形；2）乙方进行资产重组、股权并购、资产或权利的转让或质押等可能影响其正常履行融租合同项下义务的行为；3）非因甲方原因，租赁物被查封、扣押或被执行、留置的。若甲方认为前述情形可能影响乙方正常履行融租合同项下义务，甲方有权采取第 6.2 条规定的措施。		利的转让或质押等可能影响其正常履行本合同项下义务的行为；3）非因甲方原因，租赁物被查封、扣押或被执行、留置的。若甲方认为前述情形可能影响乙方正常履行本合同项下义务，甲方有权采取第 6.2 条规定的措施。 6.6 本合同对违约责任另有约定的，从其约定。与本条约定的违约责任不重复的，可以累加适用。	
七	第七条、合同权利的转让和抵押 在不影响乙方正常使用租赁物的情况下，甲方有权将融租合同项下的全部或部分权利转让或质押给第三方，或将租赁物抵押给第三方。	应当对乙方权利的转让进行适当限制，以增强甲方对乙方及租赁物的控制力	第七条、合同权利的转让和抵押 7.1 在不影响乙方正常使用租赁物的情况下，甲方有权将本合同项下的全部或部分权利转让或质押给第三方，或将租赁物抵押给第三方。 7.2 未经甲方事先书面同意，乙方不得将其在本合同项下的权利转让给第三方。	补增
八	第八条、合同终止后租赁物所有权选择 8.1 租赁合同接起后双方选择下列____方式对租赁物所有权做出处分。	表述不规范、不严谨	第八条、合同终止后租赁物所有权的归属 8.1 本合同期限届满后，双方选择按照下列第____种方式确定租赁物的归属：	删改 补增

续表

序号	待审合同	存在的问题	审查修改后的合同	修改方法
八	8.1.1 租赁期限届满，若乙方没有违约行为或者违约行为已经全部纠正，乙方应于租赁期限届满日以人民币______元的价格留购租赁物，并取得租赁物的所有权，甲方向乙方出具《所有权转移证书》（格式见附件二）。 8.1.2 租赁期满、合同终止、合同解除以及因其他原因本租赁合同终止的，承租人应自负费用立即将租赁物以完整的、合理使用后的状态返还给出租人，并运送至出租人指定的返还地点。租赁物中存有数据（电子信息）的，应清除数据后返还。返还的租赁物中残存数据的，对于因残存数据的泄露等带给承租人及第三人的损害，出租人不承担任何责任。 承租人迟延返还租赁物的，自返还期限的第二日起至实际返还日止，每个月应支付相当于月租金二倍的迟延使用费。不满一个月，视为一个月，不按日计算。	未考虑到留购情况租赁物的品质保证问题	（1）留购：租赁期限届满，若乙方没有违约行为或者违约行为已经全部纠正，或者甲方提出留购要求的，乙方应于租赁期限届满日以人民币______元的价格留购租赁物并取得租赁物的所有权，甲方向乙方出具《所有权转移证书》（格式见附件二）。由于租赁期限内乙方占有、使用租赁物，因此甲方对租赁物的状态和品质不作任何保证，乙方不得以此向甲方主张任何权利。 （2）退租：租赁期满、合同终止、合同解除以及因其他原因本合同终止的，乙方应自本合同终止日起____日内将租赁物以完整的、合理使用后的状态返还给甲方，并运送至甲方指定的返还地点，因返还租赁物发生的一切费用如包装费、运输费、人工费等均由乙方自行承担。租赁物中存有数据（电子信息）的，应清除数据后返还。返还的租赁物中残存数据的，对于因残存数据的泄露等带给乙方及第三人的损害，甲方不承担任何责任。 乙方迟延返还租赁物的，自返还期限届满的第二日起至实际返还日止，每个月应支付相当于月租金二倍的占有使用费。不满一个月，视为一个月，不按日计算。	

续表

序号	待审合同	存在的问题	审查修改后的合同	修改方法
九	第九条、担保 9.1 融租合同期限内，乙方应在下列报表和报告完成后 7 个工作日内，向甲方提交正本一份：1）年度财务报表；2）半年财务报表；3）季度财务报表；4）会计师事务所出具的年终审计报告；5）甲方要求乙方提交的其他业务或财务状况资料。 9.2 保证人______为乙方在本融租合同中的所有债务提供担保。	条款标题与内容不统一 未约定乙方违反第 9.1 条的违约责任 未约定保证方式及保证期间	第九条、保障措施 9.1 融租合同期限内，乙方应在下列报表和报告完成后 7 个工作日内，向甲方提交正本一份：1）年度财务报表；2）半年财务报表；3）季度财务报表；4）会计师事务所出具的年终审计报告；5）甲方要求乙方提交的其他业务或财务状况资料。乙方违反本条规定的，按照本合同第 6.2 条规定承担违约责任。 9.2 保证人______自愿对乙方在本合同中的所有债务向甲方承担保证责任，保证方式：__________，保证期间：__________。	删改 补增 建议甲方进一步约定保证方式及保证期间
十	第十条、通知 10.1 本合同项下通知及各种通信联系按本合同记载的通信地址、联系方式送达对方，一方联系方式发生变化应及时书面通知对方。如一方信息变更，未书面通知另一方，另一方的信息送达到变更前地址的，视为履行了通知义务。 10.2 双方确认的通知信息如下： （1）甲方： 通信地址：____________________ 电话：____________________ 联系人：____________________ 电子邮箱：____________________		第十条、通知与送达 10.1 本合同项下通知及各种通信联系按下列通信地址、联系方式送达对方，一方联系方式发生变化应在 2 日内书面通知对方。如一方信息变更而未书面通知另一方，另一方的信息送达到变更前地址的，仍视为履行了通知义务。 10.2 双方确认的通知信息如下： （1）甲方： 通信地址：____________________ 电话：____________________ 联系人：____________________ 电子邮箱：____________________	删改 补增

续表

序号	待审合同	存在的问题	审查修改后的合同	修改方法
十	（2）乙方： 通信地址：______ 电话：______ 联系人：______ 电子邮箱：______ 10.3 若以邮件方式送达的，快递投邮当日视为送达。若通过数据电文方式发出，在发送方终端收到确认信号后视为送达。直接送达的，收件人签收之日为送达日。	标题不规范 “及时”属于模糊词语，不易操作 投邮当日视为已送达缺少合理性	（2）乙方： 通信地址：______ 电话：______ 联系人：______ 电子邮箱：______ 10.3 若以邮寄方式送达的，投邮后第 3 日视为送达。若通过数据电文方式发出，在发送方终端收到确认信号后视为送达。直接送达的，收件人签收之日为送达日。	
十一	第十一条、适用法律与争议解决 11.1 融租合同受中华人民共和国法律管辖并按照中华人民共和国法律法规、司法机关会议纪要进行解释。 11.2 有关融租合同的任何争议，各方应友好协商解决，协商不成的，各方均有权向甲方所在地法院提起诉讼，诉讼费用、律师费用、差旅费用、评估或鉴定费用等均由败诉方承担。 11.3 有关融租合同发生的争议如向人民法院起诉，人民法院向本合同所述的经营地址寄送传票后，无论收件人是否签收，视为送达成功。	表述不规范、不严谨	第十一条、适用法律与争议解决 11.1 本合同受中华人民共和国法律管辖并按照中华人民共和国法律法规、规章、规范性文件及司法解释等进行解释。 11.2 有关本合同的任何争议，各方应友好协商解决，协商不成或任何一方不愿意协商的，各方均有权向甲方所在地有管辖权的人民法院提起诉讼，诉讼费用、律师费用、差旅费用、评估或鉴定费用等均由败诉方承担。 11.3 甲乙双方确认本合同第十条中载明的地址及联系方式可以作为人民法院送达有关司法文书的有效送达地址。有关本合同发生的争议如向人民法院起诉，人民法院向本合同第十条所述的地址寄送传票或有关法律文书的，无论收件人是否签收，均视为送达成功。	删改 补增

续表

序号	待审合同	存在的问题	审查修改后的合同	修改方法
十二	第十二条、合同生效及其他 12.1 融租合同自各方法定代表人或授权代表签字并盖章之日生效。除融租合同另有约定外，任何一方无权单方面解约。对融租合同进行修改、补充或变更，须以书面形式经各方签字并盖章后生效，作为融租合同的组成部分。 12.2 融租合同正本一式四份，各方各执两份，每份具有同等法律效力。 12.3 乙方同意甲方有权就融租合同及融租合同项下租赁物在中国人民银行征信中心融资租赁登记公示系统中予以登记。 12.4 本合同的全部附件及合同履行过程中签订的文件是合同的有效组成部分。本合同加盖的骑缝章是每一页不可更换的证明。 12.5 如本合同任何附件中没有签订日期，则视为与本合同生效日期相同。本合同截至生效日共有六个附件。	表述不严谨、不规范 附件未列明 未考虑到乙方可能会主张本合同属于格式条款的潜在风险	第十二条、合同生效及其他 12.1 本合同自甲乙双方法定代表人或授权代表签字并加盖公章或合同专用章之日起生效。除本合同另有约定外，任何一方无权单方面解约。对本合同进行的任何修改、补充或变更，须以书面形式经各方签字并盖章后方为有效。 12.2 本合同正本一式四份，甲乙双方各执两份，每份具有同等法律效力。 12.3 乙方同意甲方有权就本合同及本合同项下租赁物在中国人民银行征信中心融资租赁登记公示系统中予以登记，需要乙方配合的，乙方无条件予以配合。 12.4 本合同的全部附件及合同履行过程中签订的文件是合同的有效组成部分。本合同加盖的骑缝章是每一页不可更换的证明。 12.5 如本合同任何附件中没有签订日期，则视为与本合同生效日期相同。本合同截至生效日共有七个附件，分别为： 附件一：《概算表》 附件二：《所有权转移证书》 附件三：《租金支付表》 附件四：《租金支付通知书》 附件五：《补足租赁保证金通知书》 附件六：《收货证书》	删改 补增

续表

序号	待审合同	存在的问题	审查修改后的合同	修改方法
十二			附件七：《买卖合同》（待签稿，买卖双方盖章后自动作为本合同附件） 12.6 特别说明：本合同系甲乙双方协商一致的真实意思表示。有关限制权利、加重或免除责任的条款已由甲乙双方向对方详细说明且为对方理解和接受，而非一方提供的格式条款。	
签署	甲方： 法人代表签字： 2019 年　月　日 乙方： 法人代表签字： 2019 年　月　日	表述不严谨	（以下签署页，无正文） 甲方（盖章）： 法定代表人或授权代表（签字）： 2019 年　月　日 乙方（盖章）： 法定代表人或授权代表（签字）： 2019 年　月　日	删改 补增 提示：若非法定代表人本人签署，需提供签字人的授权证书

注：本合同附件较多，考虑到有关租赁物、租金、买卖合同等内容在本书其他章节中已有述及，有关通知、证明等文件属于常规法律文件，故未予全部列明。

第十七章　借款合同审查要点解析

第一节　借款合同概述

借款合同是《民法典》规定的19类典型合同之一，《民法典》第六百六十七条规定："借款合同是借款人向贷款人借款，到期返还借款并支付利息的合同。"借款合同最本质的特征是货币（本金）所有权和货币（本金+利息）所有权之间的交易，借款人获得的是本金的所有权，需要付出的是本息的所有权。贷款人付出的是本金的所有权，获得的是本金以及出借期间的利息。对于借款人而言，获得本金的所有权是其核心目的，对于贷款人而言，按时足额收回本金及利息是其核心目的。

借款合同，包括金融借款合同和民间借款合同，前者是指金融机构向借款人提供贷款，借款人到期返还借款并支付利息的合同。后者则泛指非金融机构的自然人、法人之间的借款合同。由于金融借款合同适用于专门的主体，即金融机构，且金融机构在长期的实践中已经形成了相对完善和固定的合同文本，在实践中也不允许借款人进行修改，因此，本书中将以民间借款合同为讨论对象，分析梳理民间借款合同的相关内容及审查要点。

在2015年9月1日《最高人民法院关于审理民间借贷案件适用法律若干问题的规定》（以下简称《规定》）施行之前，民间借贷一般仅限于自然人之间的借贷或自然人与企业之间的借贷，而企业之间的借贷一般以违反国家金融监管而被认定为无效。自《规定》实施以后，企业之间的借贷拥有了合法的地位。《规定》第一条规定：本规定所称的民间借贷，是指自然人、法人、其他组织之间及其相互之间进行资金融通的行为。根据最高人民法院审判委员会专职委员杜万华法官在新闻发布会上关于《规定》的介绍，2011 年全国法院审结民间借贷纠纷案件 59.4 万件，2012 年审结 72.9 万件，同比增长 22.68%；2013 年审结 85.5 万件，同比增长 17.27%；2014 年审结 102.4 万件，同比增长 19.89%；2015 年上半年审结 52.6 万件，同比增长 26.1%。民间借贷纠纷已经成为继婚姻家庭纠纷之后位居第二的民事诉讼类型，诉讼标的额逐年上升，引起社会各界广泛关注。①从目前有关公开渠道（如裁判文书网、威科先行、北大法宝、无讼案例等）的查询结果来看，在全国法院审理的合同纠纷一审案件中，案件数量居合同案件前五位的依次为买卖合同、借款合同、建设工程合同、租赁合同和服务合同纠纷，借款合同纠纷案件数量位居第二。以中国裁判文书网查询结果为例，2019 年买卖合同纠纷案件裁判文书 1613773 件，借款合同纠纷案件裁判文书 945253 件，建设工程合同纠纷案件裁判文书 364756 件，租赁合同纠纷案件裁判文书 347642 件，服务合同纠纷案件裁判文书 227476 件。② 因此，从律师的角度看，深入掌握借款合同的要点，提高借款合同的审查水平和质量，十分必要。

第二节　借款合同的基本条款

《民法典》第六百六十八条规定："借款合同应当采用书面形式，但是自然人之间借款另有约定的除外。借款合同的内容一般包括借款种类、币种、用途、数额、利率、期限和还款方式等条款。"这是《民法典》对于借款合同特有条款的规定，从合同的整体性而言，还需要包括《民法典》第四百七十条第一款的相关内容。结合实践经验，借款合同的基本条款主要包括：

1. 合同主体条款，包括合同当事人的名称（姓名）、住所等基本信息。
2. 借款条款，主要包括借款种类、币种、用途、数额、期限等内容。
3. 利息条款，主要包括借款利率和利息的计算等内容。

---

① 资料引自最高人民法院网，http://www.court.gov.cn/zixun-xiangqing-15147.html，最后访问时间：2017 年 6 月 18 日。

② 查询时间：2020 年 6 月 22 日。

4. 还款条款，包括还款期限及还款方式等。

5. 担保条款，指借款人提供的还款担保。

6. 违约条款，包括对双方违约责任的约定，主要是关于借款方违约责任的约定。

7. 争议解决条款，即约定发生争议后如何解决。

8. 其他程序性条款，包括合同生效、份数、附件等。

第三节　借款合同审查要点

一、合同主体条款审查

借款合同的主体包括贷款人（出借人）和借款人，对于其基本信息等方面的审查，可参照本书第七章的内容进行，务必达到全面、准确的要求。在借款合同中，尤其应当重点审查的是借款人的资信情况，有无还款能力，是否为失信人员等，律师可通过公开的渠道进行初步的查询（重点是提示出借方进行必要的查询）。实践当中，洽谈借款事宜的当事人与实际发生借贷关系的当事人有时并不同一，出借人可能会安排其他人提供资金，借款人也可能安排其他人接收资金（甚至签署借款合同），在此种情况下，必须将真正的借款人锁定，不能亲信口头承诺或“哥们儿义气”而放松对合同主体的审查。在借款人有配偶的情况下，应建议由配偶共同签字作为借款人，以免日后产生纠纷时陷入个人债务和夫妻共同债务的认定困难之中。

二、借款条款审查

借款条款，是关于借款种类、币种、用途、数额、期限等内容的总称，律师在审查此类条款时，坚持的原则是清晰、明确。其中尤为应当注意的是：借款用途应当注明，《规定》第十四条第（三）项规定，出借人事先知道或者应当知道借款人借款用于违法犯罪活动仍然提供借款的借贷合同无效。同时，还可以进一步约定借款人不得将所借款项用于其他用途，以加强对资金使用范围的限制，对于保障出借人的资金安全有一定的积极作用。对于借款数额，应当坚持使用大写，且应当与实际提供的借款数额一致，不得提前扣除利息。借款期限应当有明确的起止日期。

三、利息条款审查

利息是借款合同的核心条款之一，因为出借方之所以愿意出借资金，一般来讲都是为了获取相应的利息。《规定》第二十五条第一款规定："借贷双方没有约定利息，出借人主张支付借期内利息的，人民法院不予支持。"因此，若非无息借款，则必须在借款合同中约定明确的利息。就利息的计算标准而言，《规定》第二十六条将年利率固定化，并且设定了"两线三区"，即年利率24%以内的为法律保护区，年利率36%以上的为无效区，在24%—36%这一区间的为"自然债务区"，对于自然债务区内的利息，如果出借人提起诉讼要求法院保护，法院不予保护，但是借款人自动履行后又要求返还或将其计入本金的，人民法院也不予支持。律师在审查借款合同时必须严格掌握上述规定，确保利息条款的合法性。

此外，从笔者的审查经验来看，民间借款合同中关于利率的表述并不规范，常用"月息×分""周息×分"之类的表述，这类表述在口语化的交流中问题不大，但在书面的借款合同中，应当采用"年利率×%"的规范表述。

四、还款条款审查

还款，是出借人最为关注的内容，也是借款人的核心合同义务。在审查还款条款时，应当把握的标准是：还款的日期务必清楚，应当使用"××年××月××日之前"之类的封闭性明确表述，而不能使用模糊的时间表述。还款的数额必须清楚，若是一次性还款，应当注明本金及利息的数额。若是分期还款，则应写明每一期还款的时间及本息数额。还款方式一般应当采用转账方式，以便留痕，不建议采用现金方式，采用现金方式容易产生争议且证明难度会大大增加。

五、担保条款审查

《民法典》第三百八十七条第一款规定："债权人在借贷、买卖等民事活动中，为保障实现其债权，需要担保的，可以依照本法和其他法律的规定设立担保物权。"合法有效的担保，对于出借人实现债权来讲具有重要的保障作用。但实践当中，担保条款不是借款合同的必备条款，是否提供担保取决于当事人之间的约定以及借款人是否能够提供。借款人提供担保的，若提供的是保证担保，可以由保证人在借款合同上签字确认，若是提供抵押担保，则应另行签署抵押合同并办理相关的抵押权登记手续，若是提供质押担保，则应另行签署质押合同并转移质物占有。

六、违约条款审查

在借款合同中，出借人只要提供了约定的借款，一般不会再有其他的违约责任。因此，主要的违约责任应当是关于借款人的违约责任，包括未按照约定用途使用款项以及未按照约定进行还款等，其中以未按照约定还款最为重要。在此情形下，出借人一般可约定要求借款人立即偿还所有欠款并支付逾期还款期间的违约金。但律师在审查合同时应当注意的是：约定的违约金+约定的逾期还款利率总计不能超过24%。《规定》第三十条规定："出借人与借款人既约定了逾期利率，又约定了违约金或者其他费用，出借人可以选择主张逾期利息、违约金或者其他费用，也可以一并主张，但总计超过年利率24%的部分，人民法院不予支持。"

七、争议解决条款审查

对于借款合同而言，当事人可选择诉讼或者是仲裁解决，实践中一般均是通过诉讼方式解决。在双方没有约定的情况下，由被告所在地或合同履行地人民法院管辖。《规定》第三条规定："借贷双方就合同履行地未约定或者约定不明确，事后未达成补充协议，按照合同有关条款或者交易习惯仍不能确定的，以接受货币一方所在地为合同履行地。"为减少关于管辖方面的争议，一般可在合同中约定由出借方所在地有管辖权的人民法院管辖，这也是由民间借贷中出借方的优势地位所决定的。至于争议解决条款其他方面的审查，可参照本书第十二章的相关内容。

八、其他程序性条款审查

其他程序性条款主要包括合同生效、合同份数、合同附件等条款，属于通用型条款，参照本书第十二章相关内容进行审查即可。

第四节　借款合同审查示例

在本节中，笔者以一份某自然人（出借方）与某公司的《借款合同》为例，详细演示借款合同的审查修改要点及方法。

修改立场：本合同中笔者为出借方的法律顾问。在谈判地位上，出借方相对强势。

序号	待审合同	存在的问题	审查修改后的合同	修改方法
名称	借款合同	无	借款合同	
主体	甲方：贺××，男，身份证号码×××××××× 乙方：天津××环保科技有限公司	合同主体信息不全	甲方（出借方）：贺××，男，身份证号码×××××××× 乙方（借款方）：天津××环保科技有限公司 住所地：__________ 法定代表人：__________ 统一社会信用代码：__________	补增
鉴于	甲乙双方经友好协商，就借款事宜达成如下协议：	表述不严谨	甲乙双方经友好协商，就甲方向乙方提供借款事宜达成如下条款：	补增
一	乙方向甲方借款300万元，月息4分，借款期限2个月。	表述不规范 缺少必要条款 利息过高违法	借款： 甲方于本合同签订之后____日内向乙方提供借款人民币300万元（大写：叁佰万元整）。 借款期限：60天，自甲方将所借款项实际提供给乙方之日起算。 利息：按照年利率36%计算。 乙方指定的收款账户为： 开户行： 户名： 账号：	删改 补增 提示甲方超过24%的部分如果乙方不支付，不能得到法院支持
二		缺少借款用途	借款用途： 乙方承诺将所借款项用于________，未经甲方书面同意，不得用于其他任何用途。	补增

续表

序号	待审合同	存在的问题	审查修改后的合同	修改方法
三	借款期间，按周支付利息，借款期限届满，本息一次性还清。	条款内容不全，表述不规范	还款： 1. 借款期限内，乙方于每七天支付一次利息______元（大写：______元整）。 2. 借款期限届满，乙方一次性支付剩余利息及全部本金。 3. 借款期限内，乙方可以提前还款，利息据实结算。	补增
四	乙方未按时还款的，甲方有权强制收回全部本息，乙方按照双倍利息支付罚金。	表述不规范 违约金违法	违约责任： 乙方未能按照本合同约定及时支付任何一期利息的，甲方有权宣布所有未还款项立即到期，并要求乙方立即偿还所有未还的本金及利息。 乙方逾期还款期间，按照年利率 24% 支付违约金，直至全部还清。	补增 删改
五		缺乏争议解决条款	因本合同所产生之争议，由甲方所在地有管辖权的人民法院管辖。	补增
六	本协议自甲乙双方签字盖章之日起生效，一式两份，各执一份为凭。	表述不规范	本合同自甲乙双方签字盖章之日起生效，一式两份，甲乙双方各执一份，具有同等法律效力。	删改
签署	甲方： 2017 年　　月　　日 乙方： 2017 年　　月　　日	不够严谨	（以下签署页，无正文） 甲方（签字）： 2017 年　　月　　日 乙方（盖章）： 法定代表人或授权代表签字： 2017 年　　月　　日	删改 补增

第十八章　担保合同审查要点解析

第一节　担保合同概述

除保证合同外，《民法典》中并未将其他担保合同作为典型合同进行专门规定，但不论是企业之间，还是自然人之间，或者是企业与自然人之间，担保合同却是日常生活中应用得非常广泛的一类合同。《民法典》第三百八十七条第一款规定："债权人在借贷、买卖等民事活动中，为保障实现其债权，需要担保的，可以依照本法和其他法律的规定设立担保物权。"第三百八十八条第一款规定："设立担保物权，应当依照本法和其他法律的规定订立担保合同。担保合同包括抵押合同、质押合同和其他具有担保功能的合同。担保合同是主债权债务合同的从合同。主债权债务合同无效的，担保合同无效，但是法律另有规定的除外。"尤其是在借贷合同中，债权人要求债务人提供担保的情况更为普遍。因此，担保合同的审查也是律师执业中经常遇到的一类业务。

根据《民法典》的有关规定，我国法律上有五种担保方式，即保证、抵押、质押、留置和定金。其中，保证属于人的担保，抵押、质押和留置属于物的担保，定金属于金钱的担保。留置担保属于法定担保，如《民法典》第七百八十三条规定："定作人未向承揽人支付报酬或者材料费等价款的，承揽人对完成的工作成果享有留置权或者有权拒绝交付，但是当事人另有约定的除外。"此外，《民法典》第八百三十六条规定："托运人或者收货人不支付运费、保管费或者其他费用的，承运人对相应的运输货物享有留置权，但是当事人另有约定的除外。"可见，留置权系基于法律的规定而产生，而不基于留置合同而产生，实践中也不存在留置担保合同。定金担保一般是在主合同中约定定金条款，无须签署单独的定金合同。因此，实践中常见的担保合同包括保证合同、抵押合同和质押合同。《民法典》第六百八十一条规定："保证合同是为保障债权的实现，保证人和债权人约定，当债务人不履行到期债务或者发生当事人约定的情形时，保证人履行债务或者承担责任的合同。"根据《民法典》第三百九十四条第一款之规定，抵押是指为担保债务的履行，债务人或者第三人不转移财产的占有，将该财产抵押给债权人的，债务人不履行到期债务或者发生当事人约定的实现抵押权的情形，债权人有权就该财产优先受偿。质押是指为担保债务的履行，债务人或者第三人将其质押财产出质给债权人占有，债务人不履行到期债务或者发生当事人约定的实现质权的情形，债权人有权就该动产优先受偿。质押财产可以包括动产、权利（如汇票、本票、支票、债券、存款单、仓单、提单、可以转让的基金份额、股权、注册商标专用权、专利权、著作权等知识产权中的财产权、应收账款等）。

根据《民法典》关于保证以及抵押、质押等担保物权的规定，可以将担保合同的概念定义为：债权人和担保人之间关于设立、变更、终止担保关系的协议，其核心内容为债务人不履行或无法履行债务时，担保人以一定方式保证债权人债权得以实现，其核心目的在于保障债权人的债权得以实现。担保合同具有如下特点：

一是从属性，即担保合同从属于主债权债务合同（债权人与债务人之间的合同），随主债权债务合同的存在而存在。《民法典》第六百八十二条第一款规定："保证合同是主债权债务合同的从合同。主债权债务合同无效的，保证合同无效，但是法律另有规定的除外。"第三百八十八条第一款规定："设立担保物权，应当依照本法和其他法律的规定订立担保合同。担保合同包括抵押合同、质押合同和其他具有担保功能的合同。担保合同是主债权债务合同的从合同。主债权债务合同无效的，担保合同无效，但是法律另有规定的除外。"

二是补充性，包括两层含义：其一是从债权实现的角度，担保合同的存在使得主债权实现的可能性得以补充和加强；其二是从效力的角度，只有当主债权债务合同不能正常履行时，担保合同才开始发生效力。

三是要式性，即担保合同应为书面合同。《民法典》第六百八十五条规定："保证合同可以是单独订立的书面合同，也可以是主债权债务合同中的保证条款。第三人单方以书面形式向债权人作出保证，债权人接收且未提出异议的，保证合同成立。"第四百条第一款规定："设立抵押权，当事人应当采用书面形式订立抵押合同。"第四百二十七条第一款规定："设立质权，当事人应当采用书面形式订立质押合同。"

第二节　担保合同的基本条款

《民法典》中对不同的担保合同进行了示范性的规定。第六百八十四条规定："保证合同的内容一般包括被保证的主债权的种类、数额，债务人履行债务的期限，保证的方式、范围和期间等条款。"第四百条第二款规定："抵押合同一般包括下列条款：（一）被担保债权的种类和数额；（二）债务人履行债务的期限；（三）抵押财产的名称、数量等情况；（四）担保的范围。"第四百二十七条第二款规定："质押合同一般包括下列条款：（一）被担保债权的种类和数额；（二）债务人履行债务的期限；（三）质押财产的名称、数量等情况；（四）担保的范围；（五）质押财产交付的时间、方式。"

上述规定是《民法典》对于不同类型的担保合同所应具备的特征条款而作出的示范性规定，是担保合同的主要内容。结合《民法典》第四百七十条第一款的规定及实践经验，担保合同的基本条款主要包括：

1. 合同主体条款，包括合同当事人的名称（姓名）、住所等基本信息。

2. 主债权债务条款，主要包括主债权种类、数额以及债务人的债务履行期限。

3. 担保方式条款，即担保人提供何种担保方式。

4. 担保物条款，本条款为抵押合同和质押合同的基本条款，主要包括抵押物的名称、数量、质量、状况、所在地、所有权权属、抵押物登记或者使用权权属或者质物的名称、数量、质量、状况、质物交付、登记及保管等内容。

5. 担保范围条款，指担保人承担担保责任的范围。

6. 担保期限条款，指担保人承担担保责任的期限。

7. 保密条款，主要包括债权人、债务人和担保人之间的保密义务。

8. 违约条款，包括对双方违约责任的约定。

9. 争议解决条款，即约定发生争议后如何解决。

10. 其他程序性条款，包括通知与送达、合同生效、份数、附件等。

第三节　担保合同审查要点

一、合同主体条款审查

担保合同的主体一般包括债权人和担保人，债权人在抵押合同中为抵押权人，在质押合同中为质押权人，担保人在保证合同中为保证人，在抵押合同中为抵押人，在质押合同中为质押人。有的担保合同中，还会把债务人也作为合同当事人之一，对于厘清各方之间的债权债务关系实属有利，但债务人不是担保合同的必备当事人。对于担保合同主体基本信息等方面的审查，可参照本书第七章的内容进行，务必达到全面、准确的要求。在担保合同中，尤其应当重点审查的是保证人的签约资质。根据《民法典》第六百八十三条之规定，机关法人不得为保证人，但是经国务院批准为使用外国政府或者国际经济组织贷款进行转贷的除外，以公益为目的的非营利法人、非法人组织不得为保证人。

二、主债权债务条款审查

主债权债务条款，主要包括主债权种类、数额以及债务人的债务履行期限。律师在审查此类条款时，坚持的原则是特定化、明确化。即明确担保的是何种债权，债权的数额或范围是多大以及债务人履行债务的期间（关系到担保人担保责任出现的时间节点）。

三、担保方式条款审查

担保方式主要包括保证、抵押、质押，在合同中应当明确担保人的担保方式。审查的原则是明确化，即究竟提供何种担保方式，若提供的是保证担保，还应进一步明确是一般保证还是连带责任保证。《民法典》第六百八十七条第一款规定："当事人在保证合同中约定，债务人不能履行债务时，由保证人承担保证责任的，为一般保证。"第六百八十六条第二款规定："当事人在保证合同中对保证方式没有约定或者约定不明确的，按照一般保证承担保证责任。"若提供的是质押担保，还应进一步明确是动产质押还是权利质押。担保方式的不同会直接影响到双方的权利义务，比如抵押合同中，就必然会涉及抵押物的登记，而质押合同中，又会涉及质物的转移占有及质押登记等。

四、担保物条款审查

本条款为抵押合同和质押合同的基本条款，保证合同中并不涉及。在抵押合同中，主要包括抵押物的名称、数量、质量、状况、所在地、所有权权属、抵押物登记及使用权权属等内容。在质押合同中，主要包括质物的名称、数量、质量、状况、质物交付、登记及保管等内容。其中，对担保物明确性和确定性的审查可参照本书第八章对标的条款的审查原则进行。对于抵押物登记、质物交付、登记及保管条款，属于必备内容，否则会影响抵押、质押合同的生效及对外公示效力。在审查此类条款时，应当明确约定交付的时间、方式、保管责任以及登记程序中双方的配合义务。

此外，在抵押合同中需要特别注意的是审查抵押物是否为法律所允许。《民法典》第三百九十五条第一款规定："债务人或者第三人有权处分的下列财产可以抵押：（一）建筑物和其他土地附着物；（二）建设用地使用权；（三）海域使用权；（四）生产设备、原材料、半成品、产品；（五）正在建造的建筑物、船舶、航空器；（六）交通运输工具；（七）法律、行政法规未禁止抵押的其他财产。"第三百九十九条规定："下列财产不得抵押：（一）土地所有权；

（二）宅基地、自留地、自留山等集体所有土地的使用权，但是法律规定可以抵押的除外；（三）学校、幼儿园、医疗机构等为公益目的成立的非营利法人的教育设施、医疗卫生设施和其他公益设施；（四）所有权、使用权不明或者有争议的财产；（五）依法被查封、扣押、监管的财产；（六）法律、行政法规规定不得抵押的其他财产。”在动产质押合同中，应注意法律、行政法规禁止转让的动产不得出质（《民法典》第四百二十六条）。在权利质押合同中，应当注意可以进行质押的权利范围包括（《民法典》第四百四十条）：（一）汇票、本票、支票；（二）债券、存款单；（三）仓单、提单；（四）可以转让的基金份额、股权；（五）可以转让的注册商标专用权、专利权、著作权等知识产权中的财产权；（六）现有的以及将有的应收账款；（七）法律、行政法规规定可以出质的其他财产权利。

五、担保范围条款审查

担保范围，指的是担保人承担担保责任的范围。《民法典》第三百八十九条规定：“担保物权的担保范围包括主债权及其利息、违约金、损害赔偿金、保管担保财产和实现担保物权的费用。当事人另有约定的，按照其约定。”第六百九十一条规定：“保证的范围包括主债权及其利息、违约金、损害赔偿金和实现债权的费用。当事人另有约定的，按照其约定。”因此，律师在审查担保范围条款时，若当事人对于担保范围有限定的，必须在合同中明确约定，否则将被扩展至全部债务，包括主债权及其利息、违约金、损害赔偿金、保管担保财产和实现担保物权（或债权）的费用等。

六、担保期限条款审查

担保期限，是指担保人承担担保责任的期限。《民法典》第四百一十九条规定：“抵押权人应当在主债权诉讼时效期间行使抵押权；未行使的，人民法院不予保护。”对于抵押合同和质押合同而言，担保人承担担保责任的期限应当为主债权时效结束之前。

对于保证合同而言，保证期间可以由当事人进行约定，但不得短于或等于主债务履行期限，否则视为没有约定；没有约定或者约定不明确的，保证期间为主债务履行期届满之日起六个月（《民法典》第六百九十二条第二款）。一般保证的债权人未在保证期间对债务人提起诉讼或者申请仲裁的，保证人不再承担保证责任。连带责任保证的债权人未在保证期间请求保证人承担保证责任的，保证人不再承担保证责任（《民法典》第六百九十三条）。对于保证期间的审查，主要是审查保证期间的明确性，不能采用模糊的表达，否则有可能被视为约定不明。

七、保密条款审查

在担保合同中，债权人和担保人之间互相会知悉和掌握对方的一些保密信息，尤其是担保人必然会知悉债权人和债务人之间的债权债务信息以及债务人的保密信息，这些信息一般都会要求予以保密。因此，在担保合同中，保密条款的审查重点是保密信息的范围，至于其他方面的审查，可参照本书第十二章的内容进行。

八、违约条款审查

在担保合同中，主要是担保人的合同义务，律师在审查担保合同的违约条款时，主要就是审查担保人的违约责任。而债权人的合同义务相对较少，一般仅在抵押及质押登记程序中负有协作配合义务、质物的接收及保管义务，实践中债权人为了自身利益一般不会违约。律师审查的重点一是要审查违约情形的全面性，即是否全面约定了各方（尤其是担保人）的违约责任情形。从实践经验来看，担保人的违约情形主要包括不具备担保资质，提供的抵押物、质物与合同约定不符（包括权属瑕疵和价值不符），拒不配合办理登记手续或移交质物等，因此，其违约责任也主要是围绕前述情形来进行约定。二是审查违约责任的明确化，即要明确不同违约情形下所应承担的责任。其他方面可参照本书第十一章内容进行审查。

九、争议解决条款审查

鉴于担保合同的从属性，其争议解决条款一般均与主债权债务合同的争议解决条款保持一致。

十、其他程序性条款审查

其他程序性条款主要包括合同生效、合同份数、合同附件、通知与送达、不可抗力等条款，属于通用型条款，参照本书第十二章相关内容进行审查即可。

第四节　担保合同审查示例

在本节中，笔者以一份三个公司之间的《担保合同》为例，详细演示担保合同的审查修改要点及方法。

修改立场：本合同中笔者为担保人的法律顾问。在谈判地位上，担保人相对处于劣势。

序号	待审合同	存在的问题	审查修改后的合同	修改方法
名称	担保合同	名称不准确	保证合同	删改
主体	债权人：天津××经营管理有限公司（以下简称甲方或债权人） 保证人：天津市××建设开发有限公司（以下简称乙方或保证人） 债务人：天津××科技股份有限公司（以下简称丙方或债务人）	合同主体信息不全，“简称”重复	债权人：天津××经营管理有限公司（以下简称甲方） 住所地：________ 法定代表人：________ 统一社会信用代码：________ 保证人：天津市××建设开发有限公司（以下简称乙方） 住所地：________ 法定代表人：________ 统一社会信用代码：________ 债务人：天津××科技股份有限公司（以下简称丙方） 住所地：________ 法定代表人：________ 统一社会信用代码：________	补增 删改
鉴于	甲方作为出借人与借款人（以下简称债务人）于2019年7月____日与丙方签订的编号为××号的《委托贷款合同》（以下简称主合同），为确保主合同的履行，保障甲方权利的实现，乙方愿意作为债务人的保证人向甲方提供不可撤销的连带责任保证。甲乙丙三方经协商一致，订立本合同，以便共同遵守执行。	表述不严谨 背景介绍不清晰	甲方于2019年7月____日与丙方签订了编号为××号的《委托贷款合同》（以下简称主合同），借款期限自2019年7月____日始至2020年7月____日止，年利率为5.25%。 为确保主合同的履行，保障甲方权利的实现，乙方愿意作为丙方的保证人向甲方提供不可撤销的连带责任保证。甲乙丙三方经协商一致，订立本合同，以便共同遵守执行。	删改 补增

续表

序号	待审合同	存在的问题	审查修改后的合同	修改方法
一	被担保的主债权 主债权为主合同项下的本金人民币（大写）叁亿叁仟万元整，乙方按照持有的丙方股权比例35%对主债权进行担保，担保的金额为人民币（大写）壹亿壹仟伍佰伍拾万元整；年利率为5.25%。借款期限自2019年7月____日始至2020年7月____日止。	表述不严谨 利率、期限等内容不应在本条约定，与条款标题不相符	被担保的主债权 主债权为主合同项下的本金人民币（大写）叁亿叁仟万元整，乙方按照持有的丙方股权比例35%对主债权中的部分债权进行担保，担保的金额为人民币（大写）壹亿壹仟伍佰伍拾万元整。	补增 删改
二	保证方式 乙方承担保证责任的方式为连带责任保证。	无	保证方式 乙方承担保证责任的方式为连带责任保证。	
三	保证担保的范围 乙方保证担保的范围包括主债权本金、利息、复利、罚息、违约金、损害赔偿金以及实现债权和担保权利的费用（包括但不限于诉讼费、律师费、差旅费、保全费、公告费、保险费、评估费、拍卖费、保管费、鉴定费等所有其他应付合理费用）。	保证范围与第一条中限定的范围不一致，扩大了担保人的担保范围，加重了其义务	保证担保的范围 乙方保证担保的范围以壹亿壹仟伍佰伍拾万元整为限，即乙方承担的保证责任最高不超过壹亿壹仟伍佰伍拾万元整。	删改

续表

序号	待审合同	存在的问题	审查修改后的合同	修改方法
四	保证期间 1. 乙方的保证期间为：自主合同债务人的主债务履行期限届满之日起两年，即2019年7月____日至2021年7月____日；甲方根据主合同之约定宣布借款提前到期的，则乙方的保证期间为借款提前到期之日起两年。 2. 主合同中约定主合同债务人可分期履行还款义务的，甲方的保证期间按各期还款义务分别计算，自每期债务履行期限届满之日起，计至最后一期债务履行期限届满之日后两年止。	表述不规范 保证期限的约定存在矛盾	保证期间 1. 乙方的保证期间为：自丙方的主债务履行期限届满之日起两年，即2019年7月____日至2021年7月____日；甲方根据主合同之约定宣布借款提前到期的，则乙方的保证期间为借款提前到期之日起两年。 2. 主合同中约定丙方可分期履行还款义务的，甲方的保证期间按各期还款义务分别计算，自每期债务履行期限届满之日起，计至最后一期债务履行期限届满之日后两年止。	删改 提示：若保证期间是自主债务履行期限届满之日起算，则应自2020年8月起算，截止日期应为2022年7月。请核实后予以修正。
五	乙方的承诺与保证 1. 签署和履行本合同是乙方真实的意思表示，并经过乙方有权决策和批准机构的决定或授权，不存在任何法律上的瑕疵。 2. 乙方在签署和履行本合同过程中向甲方提供的全部文件、资料及信息是真实、准确、完整和有效的。 3. 乙方有合法的收入来源和充足的代偿能力。	表述不严谨	乙方的承诺与保证 1. 签署和履行本合同是乙方真实的意思表示，并经过乙方有权决策和批准机构的决定或授权，不存在任何法律上的瑕疵。 2. 乙方在签署和履行本合同过程中向甲方提供的全部文件、资料及信息是真实、准确、完整和有效的。 3. 乙方有合法的收入来源和充足的代偿能力。 4. 乙方在发生或可能发生对乙方担保能力有或可能有重大不利影响行为和事件时应当在5日内书面通知甲方。	删改

续表

序号	待审合同	存在的问题	审查修改后的合同	修改方法
五	4. 乙方在发生或可能发生对乙方担保能力有或可能有重大不利影响行为和事件时应当在5日内书面通知出借人。 5. 甲方有权对乙方的经营情况和财务资金状况、负债和对外担保等信息和情况进行检查、监督，乙方应给予配合并按时如实提供甲方要求的有关资料和报告相关信息。 6. 主债权本金或利息到期（包括甲方宣布提前到期）债务人未予清偿的，乙方承诺自接到甲方通知之日起5个工作日内，无条件履行本合同项下的保证责任。 7. 乙方同意当债务人也为主债权提供物的担保的，甲方可直接要求乙方承担保证责任，而无需先以债务人提供的物的担保实现债权。		5. 甲方有权对乙方的经营情况和财务资金状况、负债和对外担保等信息和情况进行检查、监督，乙方应给予配合并按时如实提供甲方要求的有关资料和报告相关信息。 6. 主债权本金或利息到期（包括甲方宣布提前到期），丙方未予清偿的，乙方承诺自接到甲方通知之日起5个工作日内，无条件履行本合同项下的保证责任。 7. 乙方同意当丙方也为主债权提供物的担保的，甲方可直接要求乙方承担保证责任，而无需先以丙方提供的物的担保实现债权。	
六	违约 本合同生效后，任何一方不履行或不完全履行其在本合同项下的任何义务，或违背其在本合同项下所作的任何陈述、保证与承诺的，即构成违约。因此而给对方造成损失的，应予赔偿。	条款标题及条款表述不规范	违约责任 任何一方不履行或不完全履行其在本合同项下的任何义务，或违背其在本合同项下所作的任何陈述、保证与承诺的，即构成违约。因此而给对方造成损失的，应予赔偿。	补增 删改

续表

序号	待审合同	存在的问题	审查修改后的合同	修改方法
七	争议解决方式 凡由本协议引起的或与本合同有关的争议和纠纷，三方应协商解决，协商不成的向甲方住所地有管辖权的法院起诉。争议期间，各方仍应继续履行未涉争议的条款。	表述不严谨	争议解决方式 凡由本合同引起的或与本合同有关的争议和纠纷，三方应协商解决，协商不成的向甲方住所地有管辖权的法院起诉。争议解决期间，各方仍应继续履行未涉争议的条款。	删改 补增
八	通知与送达 1. 甲乙丙三方的联系信息如下。 2. 三方履行本合同过程中相互发送的函件或通知应按照本合同第十七条所预留的联系方式和地址进行送达。 3. 如为信函，以邮戳所示日期为送达之日。 4. 如为专人递送，收件人签收之日为送达之日。 5. 任何一方变更其联系方式或地址应及时书面通知另一方，否则另一方仍有权将变更前的联系方式视为有效。	表述不规范	通知与送达 1. 甲乙丙三方以本合同首部载明的联系方式为有效联系方式。三方履行本合同过程中相互发送的函件或通知应按照该联系方式进行送达。 2. 若以信函或快递方式送达的，以签收之日为送达之日。若被送达方拒绝签收或无法送达的，以交邮后第3日为送达之日。 3. 如为专人递送，收件人签收之日为送达之日。 4. 任何一方变更其联系方式或地址应及时书面通知另外两方，否则另外两方仍按照变更前的联系方式进行的送达视为有效送达。	删改

续表

序号	待审合同	存在的问题	审查修改后的合同	修改方法
九	合同生效 1. 本合同经合同三方签章后成立和生效。 2. 对本合同的任何变更应由三方协商一致并以书面形式作出。变更条款或协议构成本合同的一部分，与本合同具有同等法律效力。除变更部分外，本合同其余部分依然有效，变更部分生效前本合同原条款仍然有效。 3. 本合同一式三份，甲方、乙方、丙方各执一份。	标题与内容不相符 表述不规范	其他 1. 本合同自甲乙丙三方签章之日起成立并生效。 2. 对本合同的任何变更应由甲乙丙三方协商一致并以书面形式作出。变更条款或协议构成本合同的一部分，与本合同具有同等法律效力。除变更部分外，本合同其余部分依然有效，变更部分生效前本合同原条款仍然有效。 3. 本合同一式三份，甲方、乙方、丙方各执一份，具有同等法律效力。	删改
签署	甲方： 2019 年　　月　　日 乙方： 2019 年　　月　　日 丙方： 2019 年　　月　　日	不够严谨	（以下签署页，无正文） 甲方（盖章）： 代表签字： 2019 年　　月　　日 乙方（盖章）： 代表签字： 2019 年　　月　　日 丙方（盖章）： 代表签字： 2019 年　　月　　日	删改 补增

第十九章 债权转让合同审查要点解析

第一节 债权转让合同概述

债权转让合同并非《民法典》规定的19种典型合同之一，但《民法典》第五百四十五条规定："债权人可以将债权的全部或者部分转让给第三人，但是有下列情形之一的除外：（一）根据债权性质不得转让；（二）按照当事人约定不得转让；（三）依照法律规定不得转让。当事人约定非金钱债权不得转让的，不得对抗善意第三人。当事人约定金钱债权不得转让的，不得对抗第三人。"该条规定为债权转让提供了基础法律依据。此外，《民法典》第五百四十五条至第五百五十条分别对债权转让的程序、效力等作了进一步的规定。根据前述条款的规定，债权转让合同是指在保持债权同一性的前提下债权人将其合法拥有的合同债权转让给受让方的合同。

在实践当中债权转让行为普遍存在，随着经济社会的发展，商事交易越来越频繁，债权流转的数量和频率也在与日俱增。尤其在金融不良资产处置、P2P、融资租赁、商业保理、民间借贷等领域，债权转让行为大量存在。但由于很多当事人对于债权转让法律规定及程序要件（如债权转让通知）等并不熟悉，导致很多债权转让合同并不规范，争议频发且逐年增多。根据无讼案例的查询结果显示，以债权转让合同纠纷为关键词，搜索到的2016年的裁判文书为15519件，2017年的裁判文书为20552件，2018年的裁判文书为29030件，2019年的裁判文书为30439件[①]。因此，很有必要对债权转让合同的基本条款及相应的内容进行系统的分析和梳理，规范债权转让合同行为，减少不必要的纠纷。

① 检索时间：2020年6月20日。

第二节 债权转让合同的基本条款

结合《民法典》第四百七十条第一款的相关内容及实践经验，债权转让合同的基本条款主要包括：

1. 合同主体条款，包括合同当事人的名称（姓名）、住所等基本信息。

2. 鉴于条款，主要包括标的债权有关情况的介绍及转让方、受让方之间的法律关系及合同目的等。

3. 标的物条款，也可称之为标的债权条款，主要包括标的债权的可转让性以及债权数额、履行期限、担保措施等有关信息。

4. 价格条款，包括债权转让的对价以及所产生的税、费承担等。

5. 债权交割条款，主要是指债权凭证的交接，如交接时间、交接方式、交接明细等。

6. 债权转让通知条款，包括通知主体、通知时间、通知方式等。

7. 声明与保证条款，包括转让方对债权转让有关事项的声明与保证以及受让方关于受让债权有关事项的声明与保证。

8. 违约责任条款，即债权转让双方对于违约责任的有关约定。

9. 争议解决条款，即约定发生争议后如何解决。

10. 其他程序性条款，包括合同生效、份数等。

第三节 债权转让合同审查要点

一、合同主体条款审查

债权转让合同的主体包括转让人和受让人，对于其基本信息等方面的审查，可参照本书第七章的内容进行，务必达到全面、准确的要求。

二、鉴于条款审查

债权转让合同会导致原有合同关系的变更或终止，也会导致新的合同关系的产生，因此需要将有关的合同背景以及各方当事人的关系加以介绍和说明，以便让后来看到该合同的人能够根据合同文本便捷、准确地了解相关事实和法律关系。鉴于条款中主要包括两项内容：一是关于转让方与原合同债务人之间的债务情况介绍，同时也是关于标的债权的介绍，本项内容属于重点内容，缺少本项内容就会导致无法清楚掌握标的债权的形成过程及相关信息；二是关于转让方与受让方法律关系及签署债权转让合同目的的介绍，比如有这样一种情况，转让方对受让方负有债务，因此转让方将其对债务人享有的债权用于抵偿对受让方的债务，于此情形下就应当对转让方和受让方之间的关系及合同目的进行简要的叙述。

三、标的物条款审查

债权转让合同中的标的物，即是转让方转让给受让方的债权，一般称之为“标的债权”。标的债权是债权转让合同的必备核心条款，律师应当重点审查以下内容：

1. 标的债权的可转让性

不是所有的债权都可以作为标的债权进行转让，标的债权应当是依法可以转让的债权，具有可转让性。具体包括以下几个方面的含义：

（1）真实性。标的债权应当是真实存在的，而不能是虚构的债权。对此，可以结合标的债权的形成原因及过程资料来进行审查，至少应对转让方与债务人之间的债权合同及相关确认书、履行证据等进行审查，最大限度地保障标的债权的真实性。

（2）合法性。包括权限的合法性和债权性质的合法性，权限的合法性是指转让方拥有对标的债权的合法处置权，属于有权处分，否则构成无权处分，合同效力会处于不确定状态；债权性质的合法性是指标的债权应当是法律上可以转让的债权。《民法典》第五百四十五条规定:“债权人可以将债权的全部或者部分转让给第三人,但是有下列情形之一的除外:(一)根据债权性质不得转让;(二)按照当事人约定不得转让;(三)依照法律规定不得转让。当事人约定非金钱债权不得转让的,不得对抗善意第三人。当事人约定金钱债权不得转让的,不得对抗第三人。”据此规定,除了前述三类不能转让的权利之外,其余合同权利均可进行转让。在具体的审查过程中,应注意对前述规定的理解和掌握。其中,根据合同性质不得转让的权利,主要是指标的债权所依据合同是基于当事人的特定身份而订立的,合同权利转让可能会动摇合同订立的基础,违反当事人订立合同的目的。比如当事人基于特定的信任关系而订立的合同(如委托合同、雇佣合同及赠与合同等)、基于特定的身份关系而订立的合同(如离婚协议、抚养协议、赡养协议等)、基于“不作为”债权而订立的合同(如竞业禁止、保密)等,此外,从权利一般也不能脱离于主债权而单独转让。按照当事人约定不得转让的权利,是指转让方和债务人在订立原债权合同时对权利的转让作出了禁止性的规定,即约定不得将合同权利转让给第三人,对此,必须要审查原债权合同中是否存在此类规定,如果存在,则意味着债权转让合同的效力存在风险,需要征得债务人的同意或认可后方可转让。依照法律规定不得转让的权利,指的是《民法典》以及其他法律中规定的禁止转让的权利,如《民法典》第三百六十九条规定:“居住权不得转让、继承……”第四百二十一条规定:“……最高额抵押权不得转让,但是当事人另有约定的除外。”第四百四十三条第二款规定:“基金份额、股权出质后,不得转让,但是出质人与质权人协商同意的除外。”第四百四十五条第二款第一句规定:“应收账款出质后,不得转让,但是出质人与质权人协商同意的除外。”此外,对于根据法律规定转让债权需要有关审批机关批准而未获批准的债权转让也属此类。

(3)有效性。债权的有效性主要包括两个方面,一是转让方对标的债权是否拥有合法的处分权?二是标的债权是否有效存续?因此,在审查债权转让合同时应当审查转让方与债务人之间的合同是否有效、是否被撤销或解除、是否已经履行完毕、是否已经转让、债务人是否拥有抗辩权(如有,应进一步审查债务人可能享有哪些抗辩权,如同时履行抗辩权、诉讼时效抗辩权等)以及抵销权等事项,以确保标的债权的有效性。若标的债权的有效性存在风险的话，律师应当向委托人提示该等风险并建议委托人进一步核实和考虑是否仍要继续签署债权转让合同。

2. 标的债权的数额及范围

在标的债权依法可以转让的情况下，需要进一步明确的事项就是标的债权的数额。根据《民法典》第五百四十五条之规定，债权人既可以转让全部债权，也可以转让部分债权。债权全部转让的，原债权关系消灭，受让人取代原债权人的地位成为新的债权人。债权部分转让的，受让人加入到原债权关系中，与原债权人共同享有债权。至于是全部转让还是部分转让，取决于债权人和受让方的协商，律师无须过多关注，只需审查数额是否明确即可。

此外，在约定标的债权的时候，还应当进一步明确所转让的权利范围，一般应包括主债权、担保权利、违约金及孳息等。

3. 标的债权的履行期限

《民法典》第五百四十八条规定："债务人接到债权转让通知后，债务人对让与人的抗辩，可以向受让人主张。"据此规定，若债务人对债权转让方负有的债务尚未到履行期限的，则债务人可以进行抗辩，进而会影响受让方实现债权的时间。因此，律师在审查合同时还应当注意审查标的债权的履行期限，若尚未到履行期限的，应当提示委托人予以注意。

4. 是否存在担保措施

《民法典》第五百四十七条规定："债权人转让债权的，受让人取得与债权有关的从权利，但是该从权利专属于债权人自身的除外。受让人取得从权利不因该从权利未办理转移登记手续或者未转移占有而受到影响。"据此规定，受让方在受让标的债权的同时，也取得与标的债权有关的从权利，实践中主要体现为抵押、质押、保证等担保权利。律师在审查债权转让合同时应当对此予以注意，若有担保措施，则应在合同中予以载明。

四、价格条款审查

司法实践中，受让方是否支付对价并不影响债权转让合同的效力，但就债权转让合同本身而言，应属双务有偿合同，因此，一般均需要约定相应的价格条款。债权转让合同中的价格条款主要有两类，一类是以不良资产处理为代表，价格通常会低于标的债权的数额；另一类是抵债类的债权转让，即转让方用标的债权来抵偿其对受让方的债务。对于金融不良资产处置中的价格，应当遵循相关的定价规则经过规定的程序进行定价。但对于其他普通债权的转让，并没有定价的依据和标准，因此应当注意审查债权转让价格的合理性，若过分低于债权数额或是零对价转让，则可能会有转移资产、逃避债务之嫌，转让方的其他债权人可能会主张行使撤销权，进而引起不必要的诉累。在确定了转让价格的情况下，还需要进一步明确约定支付时间、支付方式、发票开具等内容。

此外，在价格条款中，还应进一步明确相应的税金及过户费、登记费、手续费等相关税、费的承担事项，以免在后续履行过程中产生争议。

五、债权交割条款审查

债权转让合同的目的就是将转让方合法拥有的债权转让给受让方，受让方据此向债务人主张权利，因此，必然要求受让方持有相关的债权原始凭证，而这些凭证应由转让方交割给受让方。在本条款中，律师应当重点审查交接时间、交接方式、交接资料明细等内容，在交接资料较多的情况下，采取另行签署交接清单并作为合同附件的方式为宜。

六、债权转让通知条款审查

债权转让与债务转移最大的不同点在于债务转移需要经债权人同意方可为之，而债权转让无须征得债务人同意，仅需通知债务人即可。《民法典》第五百四十六条规定："债权人转让债权，未通知债务人的，该转让对债务人不发生效力。”据此规定，债权转让通知是债权转让合同效力及于债务人的必要程序，但《民法典》并未进一步规定通知主体、通知时间及通知方式等内容，因此，为了避免产生争议，在债权转让合同中应当明确约定相关内容。一般而言，通知主体应当是转让方，因为转让方是债务人的原始债权人，由其通知更符合逻辑。在通知时间上，一般应当及时通知，可以约定在债权转让合同签署后一定日期内进行通知。在通知方式上，一般应选择书面通知并应以易于留痕的通知方式，如在债务人能够书面确认的情况下，应当由债务人签收债权转让通知书，若债务人难以直接签收，可通过 EMS 进行邮寄通知。若邮寄方式也难以通知到债务人的情况下，应采取公告通知的方式，在此种情况下，应进一步约定公告费用的承担问题。此外，对于受让方而言，为了避免在后期的通知问题上出现不必要的障碍，可要求转让方在签署债权转让合同时一并出具多份债权转让通知交由受让方留存备用。

七、声明与保证条款审查

由于客观上转让方与受让方在标的债权以及转让方的对外负债情况等方面存在信息不对称的问题，因此，在债权转让合同中有必要设定专门的声明与保证条款，以增强合同的约束力，同时也保护双方的合法权益。转让方的声明与保证内容主要包括：对债权真实、合法、有效性的声明与保证，对披露信息完整性的声明与保证，对内部决策程序合规的声明与保证以及对其债权人不会主张撤销权的声明与保证等内容；受让方的声明与保证内容主要包括：对标的债权相关信息已经知情的声明与保证及对内部决策程序合规的声明与保证等内容。

八、违约责任条款审查

违约责任主要是针对转让方和受让方违反合同义务以及声明与保证条款相关内容的责任的约定，对于转让方而言，核心是受让方未按照合同约定支付对价的违约责任；对于受让方而言，核心是转让方违反关于标的债权的可转让性保证义务的违约责任以及怠于交割债权的违约责任。具体违约条款的审查可参考本书第十一章相关内容。

九、争议解决条款审查

对于债权转让合同而言，当事人可选择诉讼或者是仲裁解决，实践中一般均是通过诉讼方式解决。在双方没有约定的情况下，由被告所在地或合同履行地人民法院管辖。至于争议解决条款的其他方面的审查，可参照本书第十二章相关内容。需要说明的是，此处所讨论的争议解决方式及管辖问题，仅限于转让方与受让方之间的债权转让合同，并不意味着受让方可以基于债权转让合同中的管辖约定而向债务人主张债权，受让方通过司法途径向债务人主张债权的，仍应按照原债权合同中的约定执行。

十、其他程序性条款审查

其他程序性条款主要包括合同生效、合同份数等，属于通用型条款，参照本书第十二章相关内容进行审查即可。

第四节　债权转让合同审查示例

在本节中，笔者以一份某公司（转让方）与某自然人（受让方）的《债权转让协议》为例，详细演示债权转让合同的审查修改要点及方法。

修改立场：本合同中笔者代表转让方。在谈判地位上，双方地位相当，但转让方暂无偿还能力，受让方被动接受债权。

序号	待审合同	存在的问题	审查修改后的合同	修改方法
名称	协议书	名称不准确	债权转让协议	删改
主体	甲方：天津××石油设备有限公司 乙方：张××	合同主体信息不全	甲方（转让方）：天津××石油设备有限公司 住所地：__________ 法定代表人：__________ 统一社会信用代码：__________ 乙方（受让方）：张××，男，身份证号码××××××××	补增
鉴于	就乙方受让甲方合法享有的债权事宜，双方在平等自愿的基础上，依据《中华人民共和国合同法》等相关法律规定，达成如下协议，共同遵守。	未将协议背景及目的介绍清楚	甲乙双方于2018年9月4日签署《借款协议》，乙方借给甲方人民币300万元，截止到本协议签订之日，甲方共计欠款350万元，据此，乙方对甲方享有350万元的合法债权（下称甲方债务）。 甲方与天津××环境工程有限责任公司（下称债务人）于2015年4月23日签署《设备采购合同》，截止到本协议签订之日，债务人尚欠甲方货款270万元。据此，甲方对债务人享有270万元本金及相应违约金共计3405315元（下称甲方债权），债务人的法定代表人申××及其妻子李××提供保证担保。 为了妥善解决甲乙双方之间的债权债务，就甲方向乙方转让标的债权并据此清偿甲方债务事宜，经甲乙双方协商一致签署本协议。	补增 删改

续表

序号	待审合同	存在的问题	审查修改后的合同	修改方法
一	转让债权基本情况 1.1 甲乙双方一致确认：甲方与天津××环境工程有限责任公司于2015年签署《设备采购合同》，截止到本协议签订之日，该公司尚欠甲方货款270万元本金及违约金共计3405315元。申××及李××提供保证。 1.2 甲方将上述第1.1条中的债权及相应的担保权利全部转让给乙方，乙方同意受让。	表述不规范	1. 标的债权的基本情况 甲乙双方共同确认：甲方转让给乙方的债权（即标的债权）包括前述甲方债权中的下列内容： 1.1 货款本金270万元； 1.2 截止到本协议签订之日的违约金705315元以及本协议签订之后的违约金请求权； 1.3 对申××及李××享有的担保债权。	删改
二	甲方于本协议签署之日将全部原始文件交给乙方。	表述不规范 缺少对交接资料的详细记载	2. 债权凭证交割 2.1 甲方于本协议签署之日将全部债权凭证原件交割给乙方（详见附件一）。	删改 补增
三	甲乙双方一致同意，以本协议约定的甲方对天津××环境工程有限责任公司享有的债权转让给乙方，用以抵偿甲方对乙方的欠款本息350万元。	条款内容不全 表述不规范	3. 债权转让对价及税费 3.1 甲乙双方一致同意：以本协议第1条中的标的债权抵偿甲方对乙方的全部债务，乙方无需另行支付债权转让对价，但在债权转让及乙方实现债权的过程中所产生的税费，由甲乙双方按照有关税收法律规定各自负担并缴纳其所应承担的部分。 3.2 本协议签署后，乙方有权向债务人主张相应的债权。不论乙方实现的债权数额为多少，均归乙方所有，甲方债务不可逆转地归于消灭。	删改 补增

续表

序号	待审合同	存在的问题	审查修改后的合同	修改方法
四		缺少债权通知条款	4. 债权转让通知 4.1 本协议签署之日，甲方同时出具两份书面债权转让通知，一份交由乙方保管，另一份由甲方在3日内邮寄给债务人并将邮寄凭证交给乙方。 4.2 甲方不保证邮寄的债权转让通知一定会被债务人签收，甲方将债权转让通知交邮后即视为甲方已经完成通知义务。	补增
五	承诺 5.1 甲方承诺对天津××环境工程有限责任公司的债权是真实合法的债权，没有任何隐瞒或不实。 5.2 甲方承诺全力配合乙方向天津××环境工程有限责任公司追索债权。	承诺事项不完整 表述不够简洁	5. 声明与承诺 5.1 甲方承诺对债务人的债权是真实合法的债权，没有任何隐瞒或不实。 5.2 甲方承诺全力配合乙方向债务人主张债权。 5.3 乙方声明对于标的债权的现状及债务人情况已充分知悉，并自愿受让标的债权。无论因何种原因导致债权全部或部分不能实现的风险由乙方自行承担。	删改 补增
六	其他规定 6.1 在本协议履行过程中发生的纠纷，双方应友好协商解决，协商不成的，任何一方均有权向本协议签署地享有管辖权的人民法院提起诉讼。 6.2 本协议一式两份，各方各执一份，具有同等效力。	缺少生效条款 表述不规范	6. 其他约定 6.1 因本协议所产生之争议，由协议签署地有管辖权的人民法院管辖。本协议签署于天津市________区。 6.2 本协议自甲乙双方签字盖章之日起生效。 6.3 本协议一式两份，甲乙双方各执一份，具有同等法律效力。	删改 补增

续表

序号	待审合同	存在的问题	审查修改后的合同	修改方法
签署	甲方： 乙方： 签署时间： 年 月 日 签署地点：	不够严谨	（以下签署页，无正文） 甲方（盖章）： 法定代表人或授权代表签字： 2019 年 月 日 乙方（签字）： 2019 年 月 日	删改 补增

注：从合同条款体系的完整性角度考虑，本协议中至少还应当增加一条“违约责任”，但本协议中甲方用对债务人的债权抵偿其对乙方的债务，乙方无需另行支付转让对价，因此没有约定乙方的违约责任。而相反，甲方承担的义务较多，但乙方并未要求对甲方约定违约责任，甲方也不希望规定其违约责任，因此，笔者在修改合同时并未增加关于甲方违约责任的约定，倘若笔者作为乙方的法律顾问，则应增加关于甲方违约责任的规定，这是律师审查合同的倾向性体现。当然，不约定违约责任，不代表甲方就可以违约，在甲方违约的情况下，应当按照法律规定承担违约责任，对此笔者已另行向甲方进行提示。

第二十章　赠与合同审查要点解析

第一节　赠与合同概述

赠与合同是《民法典》规定的19种典型合同之一，根据《民法典》第六百五十七条之规定，赠与合同是赠与人将自己的财产无偿给予受赠人，受赠人表示接受赠与的合同。在赠与合同中，将自己财产给予他人的一方为赠与人，接受财产一方为受赠人。从《民法典》的规定当中，可以看出赠与合同具有如下特点：

1. 赠与合同为无偿合同。在赠与合同中，赠与人无偿地将自己的财产给予受赠人，受赠人无需向赠与人偿付相应的对价即可取得赠与的财产。这是赠与合同与其他有偿合同（如买卖合同）的主要区别。

2. 赠与合同为单务合同。在赠与合同中，赠与人负有将自己的财产给予受赠人的义务，而受赠人并不负有义务。虽然《民法典》第六百六十一条规定："赠与可以附义务。赠与附义务的，受赠人应当按照约定履行义务。"但受赠人所负担的义务并非是接受赠与财产的对价，与赠与人的义务并非相互对应。

3. 赠与合同为诺成合同。赠与合同只要当事人意思表示一致即告成立，不以赠与财产的交付作为成立条件。

4. 赠与合同为不要式合同。法律没有要求赠与合同必须具备特定的形式（但也不排斥当事人采用特定的形式），当事人既可采用口头形式，也可采用书面形式或者在合同订立后办理公证。但无论采用何种形式，均不影响赠与合同的成立。

在实践当中，常见的情形是亲属之间的财产赠与，如父母将自己名下的房产赠与子女。但随着社会的发展，机构之间的赠与也并不鲜见，比如在扶贫、救灾的活动中，很多机构也都会进行赠与（习惯上称之为“捐赠”）。在捐赠活动中，虽然不一定要签订书面的赠与合同，但并不影响在捐赠人和受赠人之间成立赠与合同关系。从法律角度而言，虽然法律并不要求赠与合同必须采用书面形式，但从规范赠与行为、避免争议的角度而言，笔者认为还是采取书面形式为宜。

第二节　赠与合同的基本条款

结合《民法典》第四百七十条第一款的相关内容及实践经验，赠与合同的基本条款主要包括：

1. 合同主体条款，包括合同当事人的名称（姓名）、住所等基本信息。

2. 标的物条款，即赠与人赠与受赠人的财产。

3. 财产交付条款，包括赠与财产的交付时间、方式以及是否需要办理变更登记，因交付所产生的税、费承担等。

4. 附义务赠与条款，即明确赠与是否附义务。如果附义务，则约定相应的义务。

5. 赠与性质及公证条款，即明确赠与的性质以及是否办理公证。

6. 争议解决条款，即约定发生争议后如何解决。

7. 其他程序性条款，包括合同生效、份数等。

第三节　赠与合同审查要点

一、合同主体条款审查

赠与合同的主体包括赠与人和受赠人，对于其基本信息等方面的审查，可参照本书第七章的内容进行，务必达到全面、准确的要求。需要注意的是，由于赠与合同为单务合同，受赠人并不承担义务，因此并不要求受赠人具有完全民事行为能力。根据《民法典》第二十二条之规定，限制民事行为能力人可以独立实施纯获利益的民事法律行为或者与其年龄、智力、精神健康状况相适应的民事法律行为。因此，受赠人可以是限制行为能力人。

二、标的物条款审查

赠与合同的核心内容就是赠与人将自己的财产所有权转移给受赠人，因此必须将财产的基本情况约定清楚，具体可参照本书第八章的内容进行审查。此外需要注意的是，《民法典》第六百六十二条规定："赠与的财产有瑕疵的，赠与人不承担责任。附义务的赠与，赠与的财产有瑕疵的，赠与人在附义务的限度内承担与出卖人相同的责任。赠与人故意不告知瑕疵或者保证无瑕疵，造成受赠人损失的，应当承担赔偿责任。"据此规定，赠与人还应当重点就标的物是否存在瑕疵向受赠人进行告知，以免产生纠纷和责任。

三、财产交付条款审查

根据《民法典》第六百五十八条之规定，除经过公证的赠与合同或者依法不得撤销的具有救灾、扶贫、助残等公益、道德义务性质的赠与合同外，赠与人在赠与财产的权利转移之前可以撤销赠与。此外，根据《民法典》第六百六十六条之规定，赠与人的经济状况显著恶化，严重影响其生产经营或者家庭生活的，可以不再履行赠与义务。因此，财产交付是赠与合同实现合同目的的关键步骤。从合同审查的角度，应当注意审查以下问题：

1. 交付时间，即在何时交付财产？应当采用封闭性的约定；

2. 交付地点，即在何地交付财产？地点应当准确无误；

3. 交付方式，应根据财产的性质约定不同的交付方式，对于需要办理变更登记的（如不动产、股权等），还应当进一步明确约定办理变更登记的时间；

4. 费用承担，因赠与而产生的财产所有权变动，可能会产生相应的税金及有关过户费用，因此，在赠与合同中还应当进一步约定有关费用的承担方式。

四、附义务赠与条款审查

根据《民法典》第六百六十一条之规定，赠与合同可以附义务，附义务的赠与合同与不附义务的赠与合同在违约责任方面存在以下区别：

1. 受赠人是否承担违约责任不同：在附义务的赠与合同中，如果受赠人不履行义务，赠与人可以要求受赠人履行义务或者撤销赠与，而不附义务的赠与合同中不存在受赠人的义务，也不存在违约责任的问题；

2. 瑕疵担保责任不同：在不附义务的赠与合同中，赠与人原则上不对标的物的瑕疵承担责任（除非赠与人存在故意不告知受赠人瑕疵），而在附义务的赠与合同中，若赠与的财产有瑕疵，赠与人应当在赠与所附义务的限度内承担瑕疵担保责任。

基于上述原因，在审查赠与合同时，首先要确定是否为附义务的赠与。如果是，则应进一步明确受赠人的义务以及不履行义务的违约责任。

五、赠与性质及公证条款审查

根据《民法典》第六百五十八条之规定，赠与人在赠与财产的权利转移之前享有任意撤销权，可以随时撤销赠与。但具有救灾、扶贫、助残等公益、道德义务性质的赠与合同或者经过公证的赠与合同，不得任意撤销赠与。因此，为了避免产生争议，应当在赠与合同中明确该赠与的性质以及赠与人撤销权的行使问题（包括撤销方式、撤销后的财产返还及费用承担等）。

六、争议解决条款审查

对于赠与合同而言，当事人可选择诉讼或者是仲裁解决，实践中一般均是通过诉讼方式解决。在双方没有约定的情况下，由被告所在地或合同履行地人民法院管辖。若涉及不动产赠与的，则由不动产所在地法院专属管辖。至于争议解决条款的其他方面的审查，可参照本书第十二章相关内容。

七、其他程序性条款审查

其他程序性条款主要包括合同生效、合同份数等，属于通用型条款，参照本书第十二章相关内容进行审查即可。

第四节　赠与合同审查示例

在本节中，笔者以一份某自然人（赠与人，某私营企业的大股东）与其员工（受赠人）之间的《股份赠与合同》为例，详细演示赠与合同的审查修改要点及方法。

修改立场：本合同中笔者与该员工系朋友关系，故无偿帮忙修改。在谈判地位上，受赠人相对占劣势。因此，只能是尽可能地在合同中争取权利，而无法对合同进行大幅度的修改。

序号	待审合同	存在的问题	审查修改后的合同	修改方法
名称	股份赠与合同	无	股份赠与合同	
主体	甲方：周××，身份证号码×××××××× 乙方：顾××，身份证号码××××××××	合同主体信息不全	甲方：周××，身份证号码××××××××，住所地：____________ 乙方：顾××，身份证号码××××××××，住所地：____________	补增
鉴于	为了增加乙方对公司的忠诚度、激励乙方更好地工作，甲乙双方经友好协商，就股份赠与事宜达成如下合同：	表述不严谨	甲方是天津__________公司（下称公司）的股东，持股比例为88%，乙方是该公司的员工，截止到本合同签订之日已在该公司工作9年，甲方认可乙方的工作能力以及对公司的贡献。为了增加乙方对公司的忠诚度、激励乙方更好地工作，甲乙双方经友好协商，就甲方向乙方赠与股份事宜达成如下条款：	补增
一	甲方根据乙方的工作表现，赠与乙方5%的股份，但该股份不在工商部门登记，由甲方代为持有。	表述不严谨	甲方根据乙方的工作表现，将其在天津__________公司所持股份中的5%赠与乙方，即乙方持有该公司5%的股份，但该股份不在工商部门登记，由甲方代为持有，乙方作为隐名股东。	删改 补增
二	每年会计年终，根据公司的盈利情况进行分红，分红后甲方扣除税款后将乙方应得收益的50%转给乙方。	未约定期限 税费的指向有歧义	每年会计年终，根据公司的盈利情况进行分红，分红后30日内甲方将乙方应得收益的50%转给乙方，相应的税费由乙方承担，甲方直接扣除。	补增 删改

续表

序号	待审合同	存在的问题	审查修改后的合同	修改方法
三	乙方承诺 遵守公司的各项管理规定，认真工作，为公司发展做出贡献。 在公司继续工作 10 年以上。	未约定甲方的义务	甲乙双方的权利义务 乙方应当遵守公司的各项管理规定，认真工作，为公司发展做出贡献。 乙方承诺在公司继续工作 10 年以上。 甲方承诺非因法定原因公司不会解除与乙方的劳动合同。 本合同生效后，在乙方正常工作的情况下，甲方不得撤销赠与。	补增
四	违约责任 若乙方违背承诺，在规定的服务期内擅自离职或辞职，剩余的 50% 分红不再支付。	表述不规范 未约定甲方的违约责任	违约责任 若乙方违背承诺，在规定的服务期内（10 年）擅自离职或辞职，剩余的 50% 分红不再支付。否则甲方应当在服务期满后 30 日内一次性将尚未支付的分红支付给乙方。 若甲方或公司非因法定原因解除乙方的劳动合同的，尚未支付的乙方的所有分红应当支付给乙方。	补增
五	因本合同的签订、履行和解释产生争议的，双方应当友好协商，协商不成由甲方所在地法院诉讼解决。	表述不规范	因本合同的签订、履行和解释产生争议的，双方应当友好协商，协商不成由甲方所在地法院管辖。	删改
六	其他规定 本合同自甲乙双方签字盖章起生效。 本合同一式两份，甲乙双方各一份。	无	其他规定 本合同自甲乙双方签字盖章起生效。 本合同一式两份，甲乙双方各一份。	

续表

序号	待审合同	存在的问题	审查修改后的合同	修改方法
签署	甲方： 乙方：	不够严谨 未写日期	甲方（签字）： 2019年　　月　　日 乙方（签字）： 2019年　　月　　日	删改 补增

第二十一章　委托合同审查要点解析

第一节　委托合同概述

《民法典》第九百一十九条规定：“委托合同是委托人和受托人约定，由受托人处理委托人事务的合同。”其中，委托他方处理事务的，为委托人，接受委托为他人处理事务的，为受托人。委托合同的本质特征在于委托报酬和劳务的对价交易，属于劳务合同的一种。但《民法典》所规定的“处理事务”是一个外延相当广泛的概念，因此《民法典》对于委托合同的规定属于一般、抽象的规定。对于一些特殊的事务处理，如行纪、中介、保管、仓储等，应当首先适用《民法典》关于该类合同的特殊规定，在无特殊规定的场合，可适用《民法典》关于委托合同的一般性规定。如《民法典》第九百六十条（关于行纪合同）规定：“本章没有规定的，参照适用委托合同的有关规定。”

委托合同区别于其他合同的一个重要特征是委托合同以委托人和受托人之间的相互信任为前提，因此，法律赋予了委托人和受托人任意解除权。《民法典》第九百三十三条规定：“委托人或者受托人可以随时解除委托合同。因解除合同造成对方损失的，除不可归责于该当事人的事由外，无偿委托合同的解除方应当赔偿因解除时间不当造成的直接损失，有偿委托合同的解除方应当赔偿对方的直接损失和合同履行后可以获得的利益。”

需要进一步理解的是，委托人所委托的事务分为对内事务（如委托评估机构对本人的某项财产进行评估）和对外事务（如委托律师代理诉讼案件），对内事务不涉及对外关系，不涉及第三人。而对外事务则涉及对外关系，涉及受托人与第三人之间的关系，受托人通常以委托人的代理人身份出现（实践中以此类形式较为多见），该合同也通常称为委托代理合同。

鉴于委托合同的上述特点，本章将以一般的委托合同作为讨论对象，即以委托他人代为处理普通对外事务（即《民法典》没有特别规范的一般事务）为讨论对象，分析阐述委托合同的审查要点和注意事项。

第二节　委托合同的基本条款

委托合同是《民法典》规定的典型合同之一，但《民法典》并未就委托合同的基本条款予以规定，根据《民法典》第四百七十条第一款对于合同一般条款的规定，结合实践经验，委托合同的基本条款主要包括：

1. 合同主体条款，包括合同当事人的名称（姓名）、住所等基本信息。

2. 委托事项条款，即委托人所委托的具体事务。

3. 委托报酬及有关费用条款，主要包括委托费用的数额、支付方式以及处理委托事务所产生的费用承担等内容。

4. 委托要求条款，指委托人对受托人处理委托事项的具体要求，包括是否允许转委托以及转委托后的责任承担等。

5. 合同解除条款，主要包括合同解除的条件以及解除后果。

6. 保密条款，主要是指受托人对委托人及委托事项的保密义务。

7. 违约责任条款，包括对双方违约责任的约定。

8. 争议解决条款，即约定发生争议后如何解决。

9. 其他程序性条款，包括通知与送达、合同生效、份数、通知与送达、附件等。

第三节　委托合同审查要点

一、合同主体条款审查

委托合同的主体包括委托方和受托方，对于主体条款的一般性审查可参照本书第七章内容。需要特别提示的是，受托人的能力和资质对于委托人而言至关重要，关系到委托目的能否实现。因此，在委托合同中，从委托人的角度，尤其要加强对受托人的能力和资质进行审查。一般而言，委托人之所以会委托受托人处理事务，均是基于其对受托人的了解和信任，这一点属于委托人的自我职责和义务范畴，律师并不能越俎代庖。律师的审查重点在于对受托人资质的审查，尤其是对于某些需要有特殊资质的事项，比如代理进出口就需要受托人具有相应的进出口资质，委托某鉴定机构进行鉴定则需要受托人具备相应的鉴定资质。在受托人为法人或其他机构，需要指派专门的人员完成委托事务的情况下，还应当对受托人指派的人员资质进行约定，最为明显的例子就是在委托律师代理诉讼案件的合同中，受托人是律师事务所，但具体承办案件的律师通常都是委托人特别选定的，如果要更换承办律师，应当获得委托人的同意。

二、委托事项条款审查

委托合同中所委托处理的“事务”，泛指一切与我们的生活有关的事项，无论它是事实行为还是法律行为，为财产上的行为抑或非财产上的行为，是委托人自己的事务还是第三人的事务，只要该事项不违反法律、行政法规的禁止性规定，不违背公序良俗，委托人都可以委托他人处理。① 律师在审查委

① 崔建远：《合同法》，北京大学出版社2013年版，第632页。

托事项条款时，需要把握两个原则，一是合法性，除违法事项（如委托购买毒品、委托销售淫秽物品）和违反公序良俗的事项（如委托代孕、委托代替参加考试）以及涉及身份关系的事项（如登记结婚、收养）之外，原则上均属可以委托的范围；二是明确性，即委托的事项必须清楚，委托权限必须明确。

三、委托报酬及有关费用条款审查

委托合同一般均是有偿合同，但法律并不禁止无偿委托。《民法典》第九百二十九条第一款规定："有偿的委托合同，因受托人的过错造成委托人损失的，委托人可以请求赔偿损失。无偿的委托合同，因受托人的故意或者重大过失造成委托人损失的，委托人可以请求赔偿损失。"该条规定为无偿委托提供了依据。有偿委托和无偿委托的最大区别在于受托人的赔偿责任前提不同，在有偿委托的情况下，受托人的"过错"是其承担赔偿责任的前提，在无偿委托的情况下，受托人承担责任的前提是"故意或者重大过失"。

《民法典》第九百二十八条规定："受托人完成委托事务的，委托人应当按照约定向其支付报酬。因不可归责于受托人的事由，委托合同解除或者委托事务不能完成的，委托人应当向受托人支付相应的报酬。当事人另有约定的，按照其约定。"根据该规定，在有偿委托的情况下，委托报酬与委托事务的完成情况密切相关，但法律允许当事人作出与法律规定不一致的约定。委托报酬条款需要审查的重点是委托报酬的数额及支付时间。委托报酬可以约定具体的数额，也可以约定报酬的计算方式，但不论采用何种方式，均应明确。就支付时间而言，根据该条规定，委托报酬一般是在委托事务完成后支付，但同样，法律允许当事人另行约定。从律师审查合同的角度而言，不论是何时支付，关键在于约定明确的支付时间或条件。条款内容不能含糊或有歧义，应当使用"______年____月____日之前"或"____之后____日内"等封闭性表述。

关于委托费用，是指受托人在处理委托事务过程中需要支出的费用，不同于委托报酬。《民法典》第九百二十一条规定："委托人应当预付处理委托事务的费用。受托人为处理委托事务垫付的必要费用，委托人应当偿还该费用并支付利息。”但实践中并不禁止当事人另行约定该等费用的承担主体及支付时间。律师在审查此类条款时，着重审查是否有关于委托费用的约定以及约定是否明确。

四、委托要求条款审查

所谓的委托要求条款，是指委托人对于受托人处理委托事务的各项要求，即受托人应当如何处理委托事务。这是委托合同的核心条款，对于委托人而言直接关系到委托事务的处理结果是否符合自己的预期，对于受托人而言是妥善处理委托事务并获得委托报酬而必须遵守的行为准则。该等条款并不一定是集中的一条或者几条，可以集中约定，也可以分散约定。大多体现为委托人的权利和受托人的义务。一般而言，包括以下几个方面：

1. 受托人应当亲自处理委托事务

《民法典》第九百二十三条规定：“受托人应当亲自处理委托事务。经委托人同意，受托人可以转委托。转委托经同意或者追认的，委托人可以就委托事务直接指示转委托的第三人，受托人仅就第三人的选任及其对第三人的指示承担责任。转委托未经同意或者追认的，受托人应当对转委托的第三人的行为承担责任；但是，在紧急情况下受托人为了维护委托人的利益需要转委托第三人的除外。”第九百三十一条规定：“委托人经受托人同意，可以在受托人之外委托第三人处理委托事务。因此造成受托人损失的，受托人可以向委托人请求赔偿损失。”这是《合同法》关于受托人亲自处理委托事务以及转委托的规定，尽管有此规定，但从实践中来看，由于委托事务的处理过程中可能出现各种情况，有的会超出委托人的预料和控制，有的甚至会超出委托人和受托人的预料和控制，因此律师在审查委托合同时，应当在合同当中对是否允许转委托以及转委托的程序、责任承担等进行更加明确和详细的约定，以免产生争议。

2. 受托人应当按照委托人的指令处理委托事务

基于委托合同的性质，委托事务的处理结果归属于委托人，因此，受托人应当按照委托人的指示处理委托事务，而不能违背委托人的指示或凭自己的意志来处理。《民法典》第九百二十二条规定："受托人应当按照委托人的指示处理委托事务。需要变更委托人指示的，应当经委托人同意；因情况紧急，难以和委托人取得联系的，受托人应当妥善处理委托事务，但是事后应当将该情况及时报告委托人。"

3. 受托人应当向委托人报告事务办理进度、提交办理结果

《民法典》第九百二十四条规定："受托人应当按照委托人的要求，报告委托事务的处理情况。委托合同终止时，受托人应当报告委托事务的结果。"第九百二十七条规定："受托人处理委托事务取得的财产，应当转交给委托人。"在审查委托合同时，应当将委托人的要求进一步细化，如报告的时间、频率、方式等。

以上是法律对于受托人义务的明确规定，也是委托人对于委托事项的常规要求，实践中委托人可以根据自身及委托事项的情况约定其他要求，但从合同审查的角度而言，应当重点审查的是各项要求的明确化和可操作性。

五、合同解除条款审查

如前所述，委托人和受托人之间的相互信任是委托合同存在的前提，如果委托人和受托人互不信任，则不可能达成委托合同。即使在已经达成委托合同的情况下，一旦这种信任丧失，合同继续履行也就没有必要，实际上也难以再继续履行。因此，《民法典》第九百三十三条赋予了委托人和受托人的单方任意解除权，即任何一方均可以随时解除合同。但毕竟也要考虑法律关系的稳定性和公平性，不能让当事人滥用此项权利，因此，在赋予当事人任意解除权的同时也规定了解除一方的赔偿责任。这是委托合同区别于其他合同的重要特征。当然，委托合同中除了法定的单方任意解除权之外，还可以由双方约定若干解除的情形。

律师在审查委托合同的任意解除条款或者约定解除时，重点应当审查解除权的行使以及合同解除后的后果及责任承担问题。就解除权的行使而言，从诚信原则角度，解约方一般应当在合理期间内提前通知对方，至于具体提

前的时间期限，可以由双方自行约定。就解除后的后果问题，主要应当审查委托终止后的财物及文件交接以及终止前已经完成的事项如何处理等问题。对于赔偿责任问题，可参照本书第十一章中关于违约责任的审查要点进行审查。

六、保密条款审查

在委托合同中，合同双方必然会了解到对方的一些保密信息，尤其是受托方必然知悉委托事项的详细信息，这些信息对于委托方而言是极为重要的。因此，保密条款对于委托合同而言也十分重要，实践中属于必要条款。就委托合同的保密条款而言，特殊性在于保密的范围不仅包括委托人及受托人的保密信息，而且应当包括与委托事项及其处理的有关信息。其他方面的审查，可参照本书第十二章的内容进行。

七、违约责任条款审查

在委托合同中，委托方的主要合同义务是支付委托报酬、受领委托事务的处理结果以及处理事务过程中必要的配合，而受托方的主要合同义务是按照委托人的指示办理委托事务，在处理委托事务过程中还应当秉承诚实信用的原则尽力办好委托事务，达到委托要求。因此，在委托合同中，对于委托方而言，主要的违约责任是未按照约定及时足额支付委托报酬的责任、迟延受领委托事务处理结果的责任以及在委托事务所处理过程中由于己方原因导致的责任（包括承担不利后果以及赔偿受托人因此所受损失的责任）。对于受托方而言，主要的违约责任则是未能按照委托人的委托要求处理委托事务所带来的责任。律师在审查委托合同的违约条款时，一是要审查违约情形的全面性，即是否全面约定了各方的违约责任情形？二是违约责任的明确化，即要明确不同违约情形下所应承担的责任。其他方面可参照本书第十一章内容进行审查。

八、争议解决条款审查

对于委托合同而言，当事人可选择诉讼或者仲裁解决，并无特别之处，可参照本书第十二章相关内容进行审查。

九、其他程序性条款审查

其他程序性条款主要包括通知与送达、合同生效、合同份数、合同附件等条款，属于通用型条款，参照本书第十二章相关内容进行审查即可。实践中需要注意的是，在委托事项较为复杂，需要委托人及受托人之间频繁沟通及协商的情况下，应当对通知与送达条款予以特别重视，以确保当事人在合同履行过程中有据可依，避免争议的产生。即使产生争议，也易于区分双方各自的责任。

第四节　委托合同审查示例

在本节中，笔者以一份两个公司之间的《招商代理委托合同》为例，详细演示委托合同的审查修改要点及方法。

修改立场：本合同中笔者为委托方的法律顾问。在谈判地位上，委托方略占优势。

序号	待审合同	存在的问题	审查修改后的合同	修改方法
名称	商业广场招商代理委托合同	与合同内容不够统一	商业广场招租代理委托合同	删改
主体	甲方（委托方）：××展览有限责任公司 地址：上海市××区××路××号 法定代表人：×× 乙方（受托方）：上海××商务咨询有限公司 地址：上海市××路××号××大厦7楼 法定代表人：××	合同主体信息不全，用语不够规范	甲方（委托方）：××展览有限责任公司 住所地：上海市××区××路××号 法定代表人：×× 统一社会信用代码：××__________ 乙方（受托方）：上海××商务咨询有限公司 住所地：上海市××路××号××大厦7楼 法定代表人：×× 统一社会信用代码：××__________	补增 删改
鉴于	甲乙双方依照相关法律、法规和上海市有关规定，就甲方委托乙方为本项目招商代理事宜，经友好协商达成一致，特订立本合同，以资互约共遵。	表述不严谨	甲乙双方依照相关法律、法规和上海市有关规定，就甲方委托乙方为甲方经营的商业广场项目招商代理事宜，经友好协商达成一致，特订立本合同，以资互约共遵。	删改
一	第一条　定义 1.1“本项目”：是指甲方经营的××商业广场项目 1.2“客户”：是指已与甲方签订本项目房屋预租/租赁合同的单位、团体或个人。 1.3“准客户”：是指有意向租赁本项目房屋的单位、团体或个人。 1.4 租赁单价指标：本项目的不同区域（各幢各楼层）计划租赁单价。	在各项定义之前应当适当描述 标点符号应补全	第一条　定义 在本合同中，除非上下文另有所指，下列词语具有以下含义： 1.1“本项目”：是指甲方经营的××商业广场项目。 1.2“客户”：是指已与甲方签订本项目房屋预租/租赁合同的单位、团体或个人。 1.3“准客户”：是指有意向租赁本项目房屋的单位、团体或个人。 1.4“租赁单价指标”：是指本项目的不同区域（各幢各楼层）计划租赁单价。	补增

续表

序号	待审合同	存在的问题	审查修改后的合同	修改方法
一	1.5“实际月租金”指代理成交个案预租/租赁合同中约定的月租金，具体计算方式为：该合同约定的租赁单价×租赁面积×365÷12。 1.6“净租金”指代理成交个案租赁合同中约定的租金，并且不包括物业管理费，空调费用，政府相关费用与其他相关费用。具体计算方式有以下两种： A. 租赁期为24个月以上的（含24个月）： 净租金=实际月租金×［租赁期－免租期（如有）］/租赁期 B. 租赁期不足24个月的： 净租金=实际月租金×租赁期/24 上述计算公式中提到的“租赁期”和“经营免租期”均指代理成交个案租赁合同中列明的“租赁期”和“经营免租期”（按月计算）。		1.5“实际月租金”：指代理成交个案预租/租赁合同中约定的月租金，具体计算方式为：该合同约定的租赁单价×租赁面积×365÷12。 1.6“净租金”：指代理成交个案租赁合同中约定的租金，并且不包括物业管理费，空调费用，政府相关费用与其他相关费用。具体计算方式有以下两种： A. 租赁期为24个月以上的（含24个月）： 净租金=实际月租金×［租赁期－免租期（如有）］/租赁期 B. 租赁期不足24个月的： 净租金=实际月租金×租赁期/24 上述计算公式中提到的“租赁期”和“经营免租期”均指代理成交个案租赁合同中列明的“租赁期”和“经营免租期”（按月计算）。	
二	第二条　委托事项 2.1 甲方按本合同约定条款委托乙方代理本项目的租赁事宜。乙方须履行本合同项下各条款约定并须遵守甲方制定之方针及政策。 2.2 乙方于委托期内按照本合同规定完成	用语不规范	第二条　委托事项 2.1 甲方按本合同约定条款委托乙方代理本项目的租赁事宜。乙方须履行本合同项下各条款约定并须遵守甲方制定之方针及政策。 2.2 乙方于委托期内按照本合同规定完成本项目的租赁工作，并同意甲方对乙方实际租赁业绩按照本合同	删改

续表

序号	待审合同	存在的问题	审查修改后的合同	修改方法
二	本项目的租赁工作，并同意甲方对乙方实际租赁业绩按照本合同相关条款实施佣金支付。 2.3 本合同委托期限内，乙方在未获得甲方同意前，不得将甲方在本合同项下所委托事项全部或部分再转委托给其他方代理。		相关条款计算代理报酬并支付。 2.3 本合同委托期限内，乙方在未获得甲方书面同意前，不得将甲方在本合同项下所委托事项全部或部分转委托给其他方代理。	
三	第三条　代理模式 3.1 甲方确认：给予其余招租代理的代理佣金结算原则均不优于本合同约定的乙方的结算原则。 3.2 乙方确认：如在招租过程中其准客户与其余招租代理之准客户就同一租赁位置均有承租意向，甲方有权根据准客户业态、质量、知名度等选择条件较优者承租。 3.3 甲方可自行出租部分商铺而无需向乙方支付任何佣金。	缺少对乙方代理模式的准确概括（即是否独家代理） 表述不规范	第三条　代理模式 3.1 乙方为非独家代理，甲方有权同时委托其他代理商同时从事与乙方相同或类似的招租代理工作。甲方确认：给予其余招租代理商的代理报酬结算原则均不优于本合同约定的给予乙方的结算原则。 3.2 乙方确认：如在招租过程中其准客户与其余招租代理商之准客户就同一租赁位置均有承租意向，甲方有权根据准客户业态、质量、知名度等自主选择条件较优者承租。 3.3 甲方可自行出租部分商铺而无需向乙方支付任何报酬。	补增 删改
四	第四条　委托期限 委托期限为：自本合同签订之日起至12个月届满之日止。本委托期限结束后，双方可另行协商是否继续委托。	表述不严谨	第四条　委托期限 本合同委托期限为：自本合同签订之日起至12个月届满之日止。本委托期限结束后，双方可另行协商是否继续委托。若双方未达成书面续约文件的，本合同期满自行终止。	补增

续表

序号	待审合同	存在的问题	审查修改后的合同	修改方法
五	第五条　甲方职责 5.1 甲方应向乙方提供本项目的相关资料。 5.2 甲方应全力配合乙方租赁代理及推广工作。 5.3 甲方应尽力协助客户向有关政府部门进行申请、办理各种执照。 5.4 甲方应本项目租赁代理中对乙方的工作给予积极配合。 5.5 甲方应根据本合同约定向乙方支付代理佣金。	表述不严谨 内容啰唆 第5.4条与第5.2条内容有重叠	第五条　甲方职责 5.1 向乙方提供本项目的相关资料。 5.2 对乙方租赁代理及推广工作给予必要的配合。 5.3 为客户向有关政府部门进行申请、办理各种执照提供必要的协助。 5.4 根据本合同约定向乙方支付代理报酬。	删改
六	第六条　乙方职责 6.1 乙方应为本项目组成专门的服务团队，并保证本项目的主要工作人员必须保持相对稳定；若需变动，须事先与甲方沟通，并得到甲方认可后方可实施变动。 6.2 对于预租及租赁合同中任何条款及补充协议的更改、承诺或签订等，必须事先书面报告甲方，在获得甲方的书面同意后方可实施。 6.3 若有准客户有意租赁本项目的房屋的，在未得到甲方的书面同意前，乙方不得与该准客户达成任何正式或临时合同。	交割事项不完整 标点符号不统一	第六条　乙方职责 6.1 乙方应为本项目组成专门的服务团队，并保证本项目的主要工作人员必须保持相对稳定；若需变动，须事先与甲方沟通，并得到甲方认可后方可实施变动。 6.2 对于预租及租赁合同中任何条款及补充协议的更改、承诺或签订等，必须事先书面报告甲方，在获得甲方的书面同意后方可实施。 6.3 若有准客户有意租赁本项目的房屋的，在未得到甲方的书面同意前，乙方不得与该准客户达成任何正式或临时合同。所有与本项目租赁相关事宜，乙方必须及时与甲方通报协商，未经甲方同意不得擅权施行。	提示将本条中提及的附件与本合同一并签署

续表

序号	待审合同	存在的问题	审查修改后的合同	修改方法
六	所有与本项目租赁相关事宜，乙方必须及时与甲方通报协商，未经甲方同意不得擅权施行。 6.4 乙方应严格遵守甲方制订的《××商业广场招租代理管理办法》（详见附件）相关要求。		6.4 乙方应严格遵守甲方制订的《××商业广场招租代理管理办法》（详见附件）相关要求。	
七	第七条　代理成交 本项目租赁代理工作的招租代理佣金支付均以代理成交为前提。“代理成交”的标准为： （1）在委托期限内，本项目房屋已成功租赁给乙方向甲方介绍的客户，且该等客户已与甲方签署具有约束性的租赁合同，并将租赁合同约定的保证金（保证金数额不低于该成交个案的两个月租金，甲方另行同意的除外）支付到甲方指定账户； （2）本合同或本合同的补充协议对代理成交设置附加条件的，尚须该附加条件全部成就时方视为代理成交；	表述不够规范 标点符号错误	第七条　代理成交 本项目乙方的招租代理佣金支付均以代理成交为前提。“代理成交”的标准为： （1）在委托期限内，本项目房屋已成功租赁给乙方向甲方介绍的客户，且该等客户已与甲方签署具有约束性的租赁合同，并将租赁合同约定的保证金（保证金数额不低于该成交个案的两个月租金，甲方另行同意的除外）支付到甲方指定账户； （2）本合同或本合同的补充协议对代理成交设置附加条件的，尚须该附加条件全部成就时方视为代理成交。	删改

续表

序号	待审合同	存在的问题	审查修改后的合同	修改方法
八	第八条　乙方报酬的计算及支付 8.1 租赁代理佣金 基准代理佣金是计算本合同项下乙方租赁代理佣金的基础。根据客户引进方的不同，基准代理佣金分别按以下方式确定： （1）由乙方引进客户并代理成交的：基准代理佣金为该成交个案 1.5 个月净租金； （2）由甲方自行引进、甲方通过第三方代理引进、乙方通过第三方代理引进，但由乙方完成谈判并代理成交的：乙方基准代理佣金为该成交个案 0.25 个月净租金的佣金；	条款标题与内容不一致，缺少支付条款内容 表述不严谨 标点符号错误	第八条　代理报酬的计算 8.1 代理报酬的计算标准：根据客户引进方式的不同，乙方代理报酬按照以下标准计算： （1）由乙方引进客户并代理成交的：代理报酬为该成交个案 1.5 个月净租金； （2）由甲方自行引进、甲方通过第三方代理引进、乙方通过第三方代理引进，但由乙方完成谈判并代理成交的：乙方代理报酬为该成交个案 0.25 个月净租金的报酬。	删改
九	第九条　代理佣金的支付 9.1 第一阶段截止到 2015 年 12 月 31 日，对于代理成交的租赁代理项目，每笔佣金先支付 60%，商户开业满 3 个月后，乙方可向甲方申请结算支付该笔招商代理佣金剩余的 40%。第二阶段自 2016 年 1 月 1 日起，对于代理成交的租赁代理项目，每笔佣金支付 100%。乙方成交的代理项目应分批申报佣金，每 3 个月为一期，甲方于收到双方无异议的佣金结算清单和乙方提供的合法有效的统一税务发票后，15	标题与内容不统一 表述不清晰、不规范 缺少乙方的收款信息	第九条　代理报酬的支付及退还 9.1 对于 2015 年 12 月 31 日代理成交的租赁代理项目，每笔报酬先支付 60%，客户开业满 3 个月后，乙方可向甲方申请结算支付该笔代理报酬剩余的 40%。 9.2 对于 2016 年 1 月 1 日之后代理成交的租赁代理项目，每笔报酬支付 100%。乙方成交的代理项目应分批申报报酬，每 3 个月申报一次。 9.3 对于每一笔报酬，甲方于收到双方无异议的报酬结算清单和乙方提供的合法有效的统一税务发票后，15 个工作日内完成支付。 9.4 乙方的收款信息如下：	补增 删改

续表

序号	待审合同	存在的问题	审查修改后的合同	修改方法
九	个工作日内完成支付。 9.2 委托期限内，若非因甲方原因致使原已签合同租户提前解除合约，乙方应在3个月内另行为甲方寻找替代客户，乙方按约定找到替代客户并代理成交的，按多退少补的原则，根据解约客户已经提取的佣金与乙方结算替代客户的佣金。如在3个月内，乙方仍未找到替代客户的，应向甲方退还该解约客户已经提取的佣金。		开户行： 户名： 账号： 9.5 委托期限内，若非因甲方原因致使原已签约客户提前解除合约，乙方应在3个月内另行为甲方寻找替代客户，乙方按约定找到替代客户并代理成交的，按多退少补的原则，根据解约客户已经提取的报酬与乙方结算替代客户的报酬。如在3个月内，乙方仍未找到替代客户的，乙方应在×日内向甲方退还乙方基于该解约客户已经提取的报酬，甲方也可以从其他应付报酬中扣除。	
十	第十条　其他费用 10.1 乙方自行举办或制作的对本项目的招租广告费、推广费、宣传册、广告牌及其他推广制作费用均由乙方承担。 10.2 委托期限内，若甲方要求乙方前往上海市以外城市为本项目开展招租工作，则由甲方承担乙方的差旅费（食、宿、车），乙方凭发票向甲方报销；若乙方自行前往上海市以外城市，产生的差旅费则由乙方自行承担；为便于代理工作的开展，甲方还应免费提供办公场所停车证4张，人员通行证8张。	条款逻辑不清晰表述不严谨	第十条　其他费用 10.1 乙方自行举办或制作的对本项目的招租广告费、推广费、宣传册、广告牌及其他推广制作费用均由乙方承担。 10.2 委托期限内，若甲方要求乙方前往上海市以外城市为本项目开展招租工作，则由甲方承担乙方的差旅费（食、宿、车），乙方凭发票向甲方报销；若乙方自行前往上海市以外城市，则产生的差旅费由乙方自行承担。 10.3 为便于乙方代理工作的开展，甲方向乙方免费提供办公场所停车证4张，人员通行证8张。	删改

续表

序号	待审合同	存在的问题	审查修改后的合同	修改方法
十一	第十一条　广告及宣传 11.1 乙方须充分运用己方已设有的和能运用的各类工具手段（包括但不限于网络、季报、公司出版物等多种载体或推介渠道）为本项目做好积极的宣传辐射和推广工作。 11.2 乙方应将通过地处不同国家的各辖（附）属公司和团队将本项目向境外合适的目标客户群予以推介。 11.3 乙方应事先向甲方申报广告及宣传方案。乙方不得擅自承诺不符合项目实际情况的配套设施或优惠等。由此造成已签租户向甲方主张权利致甲方损失的，应由乙方承担，甲方有权向乙方追索。	表述不严谨、不规范	第十一条　广告及宣传 11.1 乙方须充分运用己方已设有的和能运用的各类工具手段（包括但不限于网络、季报、公司出版物等多种载体或推介渠道）为本项目做好积极的宣传辐射和推广工作，费用自担。 11.2 乙方应通过地处不同国家的各辖（附）属公司和团队将本项目向境外合适的目标客户群予以推介，费用自担。 11.3 乙方应事先向甲方申报广告及宣传方案，不得擅自承诺不符合项目实际情况的配套设施或优惠等，否则由此造成已签租户向甲方主张权利导致甲方损失的，应由乙方承担赔偿责任，甲方承担责任后有权向乙方追偿。	删改
十二	第十二条　违约责任 12.1 甲方的违约责任 甲方不按本合同之约定按期向乙方支付租赁代理佣金的，乙方有权要求甲方赔偿因其违约行为给乙方造成的经济损失。 12.2 乙方的违约责任 乙方违反按本合同第6.2条规定，擅自对预租及租赁合同中任何条款及补充协议作出任何更改、承诺、修订的，甲方有权要	违约责任约定不清晰、不严谨	第十二条　违约责任 12.1 甲方的违约责任 甲方不按本合同之约定按期向乙方支付租赁代理佣金的，按照人民银行同期同类贷款利率支付逾期期间内的利息。 12.2 乙方的违约责任 12.2.1 乙方违反本合同第6.2条规定，擅自对预租及租赁合同中任何条款及补充协议作出任何更改、承诺、修订的，甲方有权拒绝追认和遵守，所产生的不	补增 删改

续表

序号	待审合同	存在的问题	审查修改后的合同	修改方法
十二	求乙方赔偿因其违约行为给甲方造成的经济损失。 乙方违反本合同第 6.3 条规定，在未得到甲方的书面同意前，与准客户达成任何正式或临时合同的，甲方有权要求乙方赔偿因其违约行为给甲方造成的经济损失。		利责任概由乙方承担，造成甲方损失的，甲方有权要求乙方予以赔偿。同时，甲方有权单方解除本合同。 12.2.2 乙方违反本合同第 6.3 条规定，在未得到甲方的书面同意前，与准客户达成任何正式或临时合同的，甲方有权拒绝承认和履行该等合同，所产生的不利责任一概由乙方承担，造成甲方损失的，甲方有权要求乙方予以赔偿。同时，甲方有权单方解除本合同。 12.3 本合同对违约责任另有约定的，从其约定，可与本条同时适用。	
十三	第十三条　终止 13.1 乙方由于停止经营、破产或被法院等政府机关强制关停、解散或其他原因而无法继续履行本合同，甲方有权单方面提前终止本合同。 13.2 乙方未严格执行经甲方确认的招租策略和价格体系，经甲方书面警告后仍未改正的，甲方有权单方面提前终止本合同，乙方应赔偿由此给甲方造成的一切直接损失。 13.3 本合同任何一方按本合同约定须提前终止本合同的，须提前 30 个工作日以书面形式通知另一方。 13.4 本合同无论因何原因终止，乙方均应	第 13.4 条中的委托方、受托方指代不明，与合同不统一 对合同终止后乙方的义务未约定	第十三条　终止 13.1 乙方由于停止经营、破产或被法院等政府机关强制关停、解散或其他原因而无法继续履行本合同，甲方有权单方面提前终止本合同。 13.2 乙方未严格执行经甲方确认的招租策略和价格体系，经甲方书面警告后仍未改正的，甲方有权单方面提前终止本合同，乙方应赔偿由此给甲方造成的一切直接损失。 13.3 本合同任何一方按本合同约定须提前终止本合同，须提前 30 个工作日以书面形式通知另一方。 13.4 本合同无论因何原因终止，乙方均应立刻向甲方提供所有已提供最终报价的客户名单。若名单上已签署《租赁意向书》的客户在委托期限届满前或本合同终止日后 3 个月内与甲方签署了合法的有约束力	删改 补增

续表

序号	待审合同	存在的问题	审查修改后的合同	修改方法
十三	立刻向甲方提供所有已提供最终报价的客户名单。若名单上已签署《租赁意向书》的客户在委托服务期届满前或本合同终止日后3个月内与委托方签署了合法的有约束力的预租/租赁合同，并且按照预租/租赁合同之约定向甲方支付了保证金及首期租金（不论保证金及首期租金支付日是否在委托服务期届满前或本合同提前终止日前），则仍视为代理成交，委托方仍需按照本合同之约定向代理方支付代理报酬。		的预租/租赁合同，并且按照预租/租赁合同之约定向甲方支付了保证金及首期租金（不论保证金及首期租金支付日是否在委托服务期届满前或本合同提前终止日前），则仍视为代理成交，甲方仍需按照本合同之约定向乙方支付代理报酬。 13.5 本合同无论因何原因终止，乙方应当立即将正在洽谈的客户相关资料及信息移交给甲方，将甲方提供的乙方的项目资料全部退还给甲方，并停止其他所有工作，不得再以甲方代理方的名义从事任何行为。	
十四	第十四条　保密 14.1 除非本合同另有约定，双方应尽最大努力，对本合同以及本合同履行过程中所取得的所有有关相对方的各种形式的任何信息承担保密义务，不得用于本合同目的以外的其他用途，不得向除因工作需要必须知情的本方高级管理人员、外聘专业顾问外的第三方披露和提供相关信息，并应责成前述人员遵守本条所约定的保密义务。如一方需披露本合同有关信息，必须事先得到相对方的书面同意。 14.2 本合同无论因何种原因终止，本条约定均继续保持其原有效力。	条款内容不严谨	第十四条　保密 14.1 除非本合同另有约定，双方应尽最大努力，对本合同以及本合同履行过程中所取得的所有有关相对方以及本项目有关的各种形式的任何信息（下称“保密信息”）承担保密义务，不得用于本合同目的以外的其他用途，不得向除因工作需要必须知情的本方高级管理人员、外聘专业顾问外的第三方披露和提供相关信息，并应责成前述人员遵守本条所约定的保密义务。 14.2 如一方需披露本合同保密信息的，必须事先得到相对方的书面同意。否则，由此产生的责任由披露方承担，造成对方损失的，由披露方予以赔偿。 14.3 本合同保密期限为长期，本合同无论因何种原因终止，本条约定均继续保持其原有效力。	删改 补增

续表

序号	待审合同	存在的问题	审查修改后的合同	修改方法
十五	第十五条　送达 15.1 与履行本合同有关的通知应通过邮寄、专人送达或者电子邮件等方式以书面形式送达对方，且该通知送达下列地址及受送达人时即视为已经送达： （1）甲方 受送达人： 邮寄地址及邮政编码： 电子邮件地址： （2）乙方 受送达人： 邮寄地址及邮政编码： 电子邮件地址：	应当约定视为送达的情形	第十五条　送达 15.1 与履行本合同有关的通知应通过邮寄、专人送达、传真或者电子邮件等方式以书面形式送达对方，且该通知送达下列地址及受送达人时即视为已经送达（若受送达方拒绝签收或无法联系的，自交邮后第 3 日视为已经送达）： （1）甲方 受送达人： 邮寄地址及邮政编码： 电子邮件地址： （2）乙方 受送达人： 邮寄地址及邮政编码： 电子邮件地址：	补增
十六	第十六条　排他性 本合同委托期限，未经甲方事先书面同意，乙方不得在甲方项目周边五公里范围内从事与本项目相似的租赁代理工作。	表述不严谨 缺少责任条款，约束力较小	第十六条　排他性 在本合同委托期限内，未经甲方事先书面同意，乙方不得在本项目周边五公里范围内从事与本项目相同或相似的租赁代理工作。否则甲方有权单方解除本合同，并按照乙方从事相同或相似代理工作所获得报酬的 3 倍要求乙方支付违约金。	补增
十七	第十七条　其他 17.1 本合同内的一切条款均为可分割及	未约定合同签订地	第十七条　其他 17.1 本合同内的一切条款均为可分割及独立之条款，	补增

续表

序号	待审合同	存在的问题	审查修改后的合同	修改方法
十七	独立之条款，故此任何条款的无效性、不合法性或无强制性，不应影响其他任何条款的有效性、合法性或强制性。 17.2 本合同未尽事宜，由双方另行协商确定。经双方协商一致，可以书面形式签署补充协议或变更本合同内容。 17.3 本合同适用于中华人民共和国法律。如因本合同的履行而产生任何争议，双方应通过协商解决；若协商不成的，任何一方可向本合同签订地法院提起诉讼。 17.4 本合同自甲、乙双方授权代表签字或签章并加盖单位印章之日起生效。本合同签署后将取代此前双方作出的任何口头或书面的约定。 17.5 本合同一式五份，甲方持叁份，乙方执两份。		故此任何条款的无效性、不合法性或无强制性，不应影响其他任何条款的有效性、合法性或强制性。 17.2 本合同未尽事宜，由双方另行协商确定。经双方协商一致，可以书面形式签署补充协议或变更本合同内容。 17.3 本合同适用于中华人民共和国法律。如因本合同的履行而产生任何争议，双方应通过协商解决；若协商不成的，任何一方可向本合同签订地法院提起诉讼。 17.4 本合同自甲、乙双方授权代表签字或签章并加盖单位印章之日起生效。本合同签署后将取代此前双方作出的任何口头或书面的约定。 17.5 本合同一式五份，甲方持叁份，乙方执两份。 17.6 本合同的签订地为上海市××区。	
签署	甲方： 2019 年　　月　　日 乙方： 2019 年　　月　　日	不够严谨	（以下签署页，无正文） 甲方（盖章）： 法定代表人或授权代表签字： 2019 年　　月　　日 乙方（盖章）： 法定代表人或授权代表签字： 2019 年　　月　　日	补增

第二十二章　运输合同审查要点解析

第一节　运输合同概述

运输合同是《民法典》规定的19种典型合同之一，《民法典》第八百零九条规定："运输合同是承运人将旅客或者货物从起运地点运输到约定地点，旅客、托运人或者收货人支付票款或者运输费用的合同。"运输合同最本质的特征是运费（一般为货币）和运输服务之间的对价交易，托运人（旅客）获得的是运输服务，需要付出的是运费。承运人付出的是运输服务（劳务+运输工具），获得的是运费。对于托运人（旅客）而言，获取运输服务是其核心目的，对于承运人而言，按时足额获取运费是其核心目的。

运输合同是实践中应用范围非常广泛的一类合同，由于运输方式、运输标的的不同，可以分为若干种类型。如以运输标的为标准，可以分为客运合同和货运合同；以运输工具为标准，可以分为陆路运输合同、铁路运输合同、航空运输合同、内河运输合同、海上运输合同等；以承运人的数量为标准，可以分为单一运输合同和联合运输合同。由于客运合同往往以客票代替合同，且公共运输带有一定的社会公益性（《民法典》第八百一十条规定从事公共运输的承运人不得拒绝旅客、托运人通常、合理的运输要求），铁路、航空、内河及海上运输属于特殊运输方式，受到相关领域特殊规定的制约，联合运输合同只是承运人数量的增加以及责任承担形式略有变化，因此，本章以普通的陆路运输合同为主要研究对象，详细分析和讨论运输合同的审查要点。

第二节　运输合同的基本条款

《民法典》第三编第十九章是关于运输合同的专门规定，但并未就运输合同的条款予以示范或提示。参考《民法典》第四百七十条第一款的相关内容，结合实践经验，运输合同的基本条款主要包括：

1. 合同主体条款，包括合同当事人的名称（姓名）、住所等基本信息。

2. 运输标的条款，主要包括运输标的的品名、规格、性质、重量、数量等相关信息。

3. 运输条款，主要包括承运人以何种方式进行运输以及运输安全、运输时间等内容。

4. 货物托运条款，主要包括货物包装、手续办理、托运时间地点等内容。

5. 货物交付及验收条款，主要包括交付地点、收货人、货物验收等内容。

6. 运费条款，主要包括付款主体、运费数额、支付时间及方式等内容。

7. 合同解除及变更条款，主要包括合同解除的条件、解除后果以及托运人变更运输事项的有关内容。

8. 保密条款，主要是指承运人、托运人、收货人及运输货物的保密义务。

9. 违约条款，包括对双方违约责任的约定。

10. 免责条款，主要是指承运人据以免责的情形。

11. 争议解决条款，即约定发生争议后如何解决。

12. 其他程序性条款，包括通知与送达、合同生效、份数、附件等。

第三节　运输合同审查要点

一、合同主体条款审查

运输合同的主体包括托运人和承运人，对于其基本信息等方面的审查，可参照本书第七章的内容进行，务必达到全面、准确的要求。在运输合同中，尤其应当重点审查的是承运人的资信情况及履约能力。律师可通过公开渠道对承运人的资信进行初步的查询，但重点是提示托运人对承运人的资信和履约能力进行必要的调查和了解。实践当中，应当特别注意审查承运人是否拥有《道路运输经营许可证》，这是承运人从事运输经营行为的必备资质。对于陆路运输而言，承运人是否拥有自己的运输车辆也是衡量其履约能力的重要指标。

二、运输标的条款审查

运输标的条款，包括运输标的（货物）的品名、规格、性质、重量、数量等相关信息。律师在审查此类条款时，坚持的原则是特定化、明确化。具体可参照本书第八章相关内容进行。需要特别注意的是，托运人应当如实、全面申报货物的实际情况，如果需要承运人在运输途中特殊照顾的，必须予以提前说明，否则不仅会给后续运输造成麻烦，也可能会给承运人及托运人造成损失。《民法典》第八百二十五条规定："托运人办理货物运输，应当向承运人准确表明收货人的姓名、名称或者凭指示的收货人，货物的名称、性质、重量、数量，收货地点等有关货物运输的必要情况。因托运人申报不实或者遗漏重要情况，造成承运人损失的，托运人应当承担赔偿责任。"

三、运输条款审查

将货物及时、安全地运输到目的地，是承运人的核心合同义务，关系到承运人能否获得运费，也关系到托运人的合同目的能否实现。因此，运输条款中，至少应当明确约定运输方式、运输安全及运输时间等内容。运输方式的不同会直接影响到双方的权利义务以及运输成本，同时在运输资质及运输规则方面都会有所不同，比如海上运输和陆路运输在运输成本、资质、包装要求、运输规则以及双方的权利义务方面均存在不同。因此，在运输合同中必须约定明确的运输方式，并进一步约定是否允许联合运输。《民法典》第八百三十四条规定："两个以上承运人以同一运输方式联运的，与托运人订立合同的承运人应当对全程运输承担责任；损失发生在某一运输区段的，与托运人订立合同的承运人和该区段的承运人承担连带责任。"

运输安全是运输合同中必须考虑的问题。《民法典》第八百三十二条规定："承运人对运输过程中货物的毁损、灭失承担赔偿责任。但是，承运人证明货物的毁损、灭失是因不可抗力、货物本身的自然性质或者合理损耗以及托运人、收货人的过错造成的，不承担赔偿责任。"因此，在运输合同中，应当对承运人的安全保障义务以及应当采取的安全保障措施进行约定，以确保运输安全。

关于运输时间问题。首先，运输时间应当明确约定，实践中通常约定的是货物交付收货人的时间。其次，在运输时间的长短方面，应当综合考虑路途中可能出现的耽误，并将托运人托运的货物以及收货人收货的时间合理排除在外。

四、货物托运条款审查

就运输合同而言，托运人交运货物是承运人履行运输义务的起点，没有货物的交运，运输就无从谈起。自托运人交运货物起，货物的运输、照看责任就转移到了承运人一方，因此，对于货物的托运相关事项应当进行明确的约定，主要包括货物包装、手续办理、托运时间、托运地点等内容。

托运货物的包装，是托运人的义务。《民法典》第八百二十七条规定："托运人应当按照约定的方式包装货物。对包装方式没有约定或者约定不明确的，适用本法第六百一十九条的规定。托运人违反前款规定的，承运人可以拒绝运输。"第六百一十九条规定："……对包装方式没有约定或者约定不明确，依据本法第五百一十条的规定仍不能确定的，应当按照通用的方式包装；没有通用方式的，应当采取足以保护标的物且有利于节约资源、保护生态环境的包装方式。"在运输合同中，为了避免产生不必要的争议和损失，应当约定明确的包装方式。这也是律师审查的重点，对于包装方式没有约定或约定不明的，应当建议当事人予以明确。此外，对于一些特殊货物的包装，国家有规定的，应当按照规定的方式进行包装。《民法典》第八百二十八条规定："托运人托运易燃、易爆、有毒、有腐蚀性、有放射性等危险物品的，应当按照国家有关危险物品运输的规定对危险物品妥善包装，做出危险物品标志和标签，并将有关危险物品的名称、性质和防范措施的书面材料提交承运人。托运人违反前款规定的，承运人可以拒绝运输，也可以采取相应措施以避免损失的发生，因此产生的费用由托运人负担。"

《民法典》第八百二十六条规定："货物运输需要办理审批、检验等手续的，托运人应当将办理完有关手续的文件提交承运人。"因此，对于货物托运需要办理审批或检验手续的，应当就托运人的该项义务进行明确约定。

所谓托运时间，是指托运人将货物托付给承运人的时间，该时间应当明确。若承运人的运输时间计划是事先制定好，产生变化将导致重大影响的，还应当约定托运人逾期托运货物时如何处理。

所谓托运地点，是指托运人将货物托付给承运人的地点，实践中，一种是托运人将货物运送到承运人指定的地点，另一种是承运人到托运人指定的地点收取货物，但不论采取何种方式，该地点应当明确约定，且应当进一步约定送货或者取货的费用承担问题。

五、货物交付及验收条款审查

承运人将货物运送到目的地并交付给收货人，是承运人运输义务的终点。货物交付后，承运人的运输义务即告完成。因此，本条款也是运输合同的核心条款之一，主要包括交付地点、收货人、货物验收等内容。

交付地点，是指托运人与承运人约定的将货物交给收货人的地点，实践中，交付地点可以是承运人的货场，也可以是收货人所在地，还可以约定在其他地方，这取决于托运人和收货人的实际需要，但不论是什么地方，均应当提前明确约定。

收货人，是指承运合同中指定的收取货物的人，可以是托运人，也可以是托运人指定的第三人。律师在审查时，应当着重审查该收货人是否明确具体，否则将影响承运人完成交货并可能因此产生额外的仓储、保管等费用。

货物验收，指的是收货人对货物的验收，该种验收应当限于表面瑕疵验收，即对货物的数量、重量、包装、花色、表面是否完好等进行验收，而不包括对货物质量的验收。一般而言，只要和托运人托运时保持一致即可。在运输合同中，应当约定承运人在交付货物时与收货人进行清点验收，并将验收结果反馈给托运人，以便托运人对承运人的运输行为是否符合约定进行判断。

六、运费条款审查

运费是承运人的核心目的，也是托运人的主要合同义务。关于运费条款，主要审查要点是付款主体、运费数额、支付时间及方式等内容。

关于付款主体问题，一般情况是由托运人支付。但货物运输合同的特殊性在于存在收货人，而且收货人通常不是托运人。实践当中，基于托运人和收货人之间的约定，有可能是托运人负责办理托运，而运费由收货人承担，因此在运输合同中也可能会约定运费由收货人支付给承运人（俗称“到付”），但由于承运人与收货人之间并无合同关系，基于合同的相对性原则，托运人与承运人之间的约定并不能约束收货人，因此，在约定由收货人支付运费的情况下，应当进一步约定如果收货人拒不支付运费时如何处理。《民法典》第八百三十六条规定：“托运人或者收货人不支付运费、保管费或者其他费用的，承运人对相应的运输货物享有留置权，但是当事人另有约定的除外。”关于运费的支付时间、数额、方式等的约定，应当符合明确化这一基本原则。

七、合同解除及变更条款审查

《民法典》第八百二十九条规定："在承运人将货物交付收货人之前，托运人可以要求承运人中止运输、返还货物、变更到达地或者将货物交给其他收货人，但是应当赔偿承运人因此受到的损失。"据此规定，运输合同中，托运人拥有单方任意解除运输合同以及单方变更运输地点及收货人的权利，与委托合同、承揽合同相类似。在审查解除条款时，重点应当审查解除权的行使以及合同解除后的后果及责任承担问题。就解除权的行使而言，从诚信原则角度，解约方一般应当在合理期间内提前通知对方，至于具体提前的时间期限，可以由双方自行约定。就解除后的后果问题，主要应当审查合同解除后货物的处理及费用承担事宜。在审查单方变更权条款时，重点审查变更事项的通知以及因此产生的费用承担事宜。此外，合同双方还可以约定其他解除条款，属于约定解除，不同于《合同法》第三百零八条规定的法定解除。

对于法定解除和单方变更而言，不论是托运人单方解除合同还是单方变更合同事项，对承运人造成损失的，托运人均应当予以赔偿，对于具体的赔偿责任问题，可参照本书第十一章中关于违约责任的审查要点进行审查。对于约定解除而言，重点是审查解除的条件是否明确。

八、保密条款审查

在运输合同中，合同双方必然会了解到对方的一些保密信息，尤其是承运人必然知悉运输货物方面的详细信息以及收货人的信息，这些信息对于托运人、收货人而言都是极为重要的。因此，实践中一般也会约定承运人的保密义务。就运输合同的保密条款而言，特殊性在于保密的范围不仅包括托运人及承运人的保密信息，而且应当包括收货人的保密信息以及货物的信息。其他方面的审查，可参照本书第十二章的内容进行。

九、违约条款审查

在运输合同中，托运人的主要合同义务是包装货物、办理托运手续并将货物交运给承运人、支付工作报酬，而承运人的主要合同义务是按照约定的方式按时将货物安全送达目的地并交付给收货人。因此，在运输合同中，对于托运人而言，主要的违约责任是未按照约定包装货物、办理托运手续和未及时足额支付运费的责任。对于承运人而言，主要的违约责任则是未能按照约定的时间、方式将货物安全运送并交付给收货人所带来的责任。需要特别注意的是，《民法典》第八百三十二条规定："承运人对运输过程中货物的毁损、灭失承担赔偿责任。但是，承运人证明货物的毁损、灭失是因不可抗力、货物本身的自然性质或者合理损耗以及托运人、收货人的过错造成的，不承担赔偿责任。"第八百三十三条规定："货物的毁损、灭失的赔偿额，当事人有约定的，按照其约定；没有约定或者约定不明确，依据本法第五百一十条的规定仍不能确定的，按照交付或者应当交付时货物到达地的市场价格计算。法律、行政法规对赔偿额的计算方法和赔偿限额另有规定的，依照其规定。"因此，为了避免发生货物损毁或灭失后关于赔偿数额产生争议，在合同中应当就货物损毁或灭失的赔偿额进行明确约定。

律师在审查运输合同的违约条款时，一是要审查违约情形的全面性，即是否全面约定了各方的违约责任情形。二是违约责任的明确化，即要明确不同违约情形下所应承担的责任。其他方面可参照本书第十一章的内容进行审查。

十、免责条款审查

由于货物运输一般均是异地长途运输，且在运输途中可能会出现若干意外的事件导致运输受阻，甚至导致货物的损毁、灭失。对于此类风险，应当进行合理的分担。因此，运输合同中一般会就承运人免责的情形进行约定。常见的免责条款包括：不可抗力，货物本身的自然性质或者合理损耗以及托运人、收货人的过错，承运人无责任的交通事故，交通管制等。在审查此类条款时，重点应审查免责的具体情形是否明确，以及根据该免责情形而免除的是何种责任。

十一、争议解决条款审查

对于运输合同而言，当事人可选择诉讼或者仲裁解决，实践中一般均是通过诉讼方式解决。在双方没有约定的情况下，由被告所在地或合同履行地人民法院管辖。至于争议解决条款其他方面的审查，可参照本书第十二章相关内容。

十二、其他程序性条款审查

其他程序性条款主要包括合同生效、合同份数、合同附件、通知与送达等条款，属于通用型条款，参照本书第十二章相关内容进行审查即可。

第四节　运输合同审查示例

在本节中，笔者以一份两个公司之间的《货物运输合同》为例，详细演示运输合同的审查修改要点及方法。

修改立场：本合同中笔者为托运人的法律顾问。在谈判地位上，承运人相对占劣势。

序号	待审合同	存在的问题	审查修改后的合同	修改方法
名称	货物运输合同	无	货物运输合同	
主体	委托方：天津××管材有限公司，以下简称甲方 承运方：天津××运输服务有限公司，以下简称乙方	合同主体信息不全 表述不规范	托运方：天津××管材有限公司 住所地：____________ 法定代表人：____________ 统一社会信用代码：____________ 以下简称甲方 承运方：天津××运输服务有限公司 住所地：____________ 法定代表人：____________ 统一社会信用代码：____________ 以下简称乙方	补增 删改
鉴于	就甲方委托乙方运输货物事宜，经双方友好协商签署本合同。	表述不严谨	甲方是一家专业的管材生产厂家，其货物销往全国各地。乙方是一家专门从事运输服务的企业，拥有成熟的运输网络能够将客户的货物运往全国各地。就甲方委托乙方运输货物事宜，经双方友好协商签署本合同。	
一	服务期限：本合同签订之日起 1 年。期满后双方视情况决定是否续约。	表述不严谨	服务期限：自本合同生效之日起一年，合同期满后双方均有续约意愿的，重新续签合同。	补增

续表

序号	待审合同	存在的问题	审查修改后的合同	修改方法
二	货物交接： 1. 甲方每次发货时，如收货地在天津市以外，提前 2 天通知乙方，市内提前 1 天通知乙方。 2. 乙方至甲方厂内装货，并按照甲方的《送货单》进行清点签字确认； 3. 货物包装由甲方负责，出厂包装标准。	表述不严谨 标点符号错误	货物交接： 1. 甲方每次发货前提前通知乙方，向乙方发出《送货单》，如收货地在天津市以外，提前 2 天通知，天津市内提前 1 天通知。 2. 乙方接到甲方《送货单》后按照甲方通知的时间到甲方厂内装货，并按照甲方的《送货单》进行清点无误后签字确认。 3. 货物包装由甲方负责，按照甲方出厂标准进行包装。	删改
三	运输时间要求：按照甲方与客户的买卖合同执行。	约定不明	运输时间要求：由甲方根据与自身客户之间关于交货时间的要求确定，并在《送货单》中注明。	删改
四	运费结算： 1. 按路途远近，1000 公里以内，到交货点每吨运费为______元，1000 公里以上每增加 500 公里，运费增加______元。 2. 运费按照送货单每月结算一次，下月 10 日之前付款。	表述不规范 遗漏开票事宜	运费结算： 1. 运费计算标准：按甲方位置与收货人之间的距离计算，运输距离在 1000 公里以内（含 1000 公里）的，到交货点每吨运费为______元，1000 公里以上每增加 500 公里（含 500 公里），运费增加______元。 2. 运费结算：按照经收货人签收的《送货单》，每月月底结算一次，下月 20 日之前付款。付款之前，乙方提前 10 天向甲方开具等额运输费发票。未经收货人签署的《送货单》不得作为结算依据。 3. 甲方支付的运费为乙方完成运输所应支付的全部费用（包括但不限于燃油费、人工费、路桥费、修理费等），除双方另有约定外，甲方无需支付其他任何费用。	删改 补增

续表

序号	待审合同	存在的问题	审查修改后的合同	修改方法
五	双方权利义务： 1. 甲方应当按照本合同约定向乙方支付运费。 2. 乙方应当保证货物的运输安全，按时将货物送交甲方指定的收货人。 3. 在货物运输途中，乙方应当每隔 3 天向甲方报告运输完成进度。特殊情况立即报告。 4. 乙方应当将货物交付给甲方指定的收货人并要求其签字或盖章确认。	存在遗漏	双方权利义务： 1. 甲方应当按照本合同约定向乙方支付运费。 2. 乙方应当保证货物的运输安全，按时将货物送交甲方指定的收货人。 3. 在货物运输途中，乙方应当每隔 3 天向甲方报告运输完成进度。特殊情况立即报告。 4. 运输途中，甲方有权临时变更送货地点及收货人，甚至要求乙方将货物运回甲方。乙方应当按照甲方的指令进行运输，因此增加的运费按照第四条约定的标准结算。	补增
六		未约定交付及验收条款	货物交付及验收： 1. 乙方应当将货物交付给甲方指定的收货人并要求其在《送货单》上签字或盖章确认。结算时将《送货单》原件提交给甲方留存。 2. 若收货人对货物提出异议的，乙方应当立即将异议情况向甲方报告，并根据甲方指令进行处理。	补增
七	违约责任： 因发生自然灾害等不可抗力造成货物无法按期运达目的地时，乙方应将情况及时通知甲方并取得相关证明，以便甲方与客户协调；非因自然灾害等不可抗力造成货物无法按时到达的，应当赔偿甲方的经济损失。	表述不严谨 存在遗漏	违约责任： 1. 除不可抗力原因外，乙方未能按照约定的时间将货物交付给收货人的，每逾期一天，应当按照该批货物运费总额的____%支付违约金。违约金不足以赔偿甲方因此遭受的损失（包括但不限于甲方因此向客户承担的违约责任）的，乙方应当继续予以赔偿。	补增

续表

序号	待审合同	存在的问题	审查修改后的合同	修改方法
七			2. 除不可抗力原因外，货物在运输途中发生损毁或灭失的，由乙方承担赔偿责任（按照甲方与客户之间的买卖合同价格计算）。	
八		遗漏保密条款	保密：乙方对于在签订及履行本合同过程中所知悉的甲方及收货人的商业秘密承担保密义务，未经甲方及收货人书面同意，乙方不得向任何第三方泄露。否则由乙方承担因此产生的一切法律责任，造成甲方或收货人损失的，由乙方予以赔偿。本保密期限为永久保密。	补增
九	争议解决： 本合同未尽事宜，双方协商解决。如协商不成，向甲方住所地法院提起诉讼解决。	表述逻辑有问题	争议解决：因本合同所产生之争议，由甲方住所地有管辖区的人民法院管辖。	删改
十	本合同双方签署后生效，一式两份，双方各执一份。	表述不严谨	本合同自甲乙双方签字盖章之日起生效，一式两份，双方各执一份。	删改
签署	甲方： 2019 年　　月　　日 乙方： 2019 年　　月　　日	不够严谨	（以下签署页，无正文） 甲方（盖章）： 代表签字： 2019 年　　月　　日 乙方（盖章）： 代表签字： 2019 年　　月　　日	删改 补增

第二十三章　承揽合同审查要点解析

第一节　承揽合同概述

承揽合同是《民法典》规定的19种典型合同之一，《民法典》第七百七十条第一款规定：“承揽合同是承揽人按照定作人的要求完成工作，交付工作成果，定作人支付报酬的合同。”其中，完成工作并将工作成果交付给对方的一方为承揽人，接受工作成果并支付报酬的一方为定作人。承揽合同最本质的特征是报酬（一般为货币）和工作成果（劳务+成果）之间的对价交易，定作人获得的是工作成果，需要付出的是报酬。承揽人付出的是工作成果，获得的是报酬。对于定作人而言，获得工作成果是其核心目的，对于承揽人而言，按时获取足额报酬是其核心目的。

在承揽合同中，定作人关注的是承揽人以其自身的技术、设备和劳务完成一定的工作并交付工作成果，尤其强调工作成果的交付。这是承揽合同与其他劳务性质合同（如雇佣合同、运输合同、保管合同）的根本区别。

根据《民法典》第七百七十条第二款之规定，承揽包括加工、定作、修理、复制、测试、检验等工作。这是《民法典》对于承揽种类的列举式规定，基本含义如下：

1. 加工

加工，也可称之为来料加工，是指定作人提供材料，承揽人以自己的技术、设备和劳务为定作人进行加工，并将符合定作人要求的成品交付给定作人。

2. 定作

定作，也可称之为包工包料，是指由承揽人提供材料，并以自己的技术、设备和劳务为定作人进行加工制作，并将符合定作人要求的成品交付给定作人。

3. 修理

修理，是指定作人将损坏的物品交给承揽人，承揽人以自己的技术、设备和劳务对其进行修理，并将修好后的物品交付给定作人。

4. 复制

复制，是日常生活中非常常见的一种行为，是指定作人提供样品，由承揽人以自己的技术、设备和劳务，按照定作人的要求将样品重新制作，并将制作的复制品交付给定作人。

5. 测试

测试，是指承揽人按照定作人的要求，以自己的技术、设备和劳务为定作人指定的项目进行测试，并向定作人提供测试结果。

6. 检验

检验，是指承揽人按照定作人的要求，以自己的技术、设备和劳务对定作人指定的项目进行检验，并向定作人提供检验结论。

在上述六类承揽行为中，最为典型的当属加工承揽。因此，本章中也将以加工承揽合同作为主要研究对象，详细分析和讨论承揽合同的审查要点。

第二节　承揽合同的基本条款

《民法典》第七百七十一条规定："承揽合同的内容一般包括承揽的标的、数量、质量、报酬，承揽方式，材料的提供，履行期限，验收标准和方法等条款。”这是《民法典》对于承揽合同特有条款的规定，从合同的整体性而言，还需要包括《民法典》第四百七十条第一款的相关内容。结合实践经验，承揽合同的基本条款主要包括：

1. 合同主体条款，包括合同当事人的名称（姓名）、住所等基本信息。

2. 承揽标的条款，主要包括承揽的标的、数量等内容。

3. 承揽方式条款，主要包括承揽人以何种方式进行承揽，以及是否允许转承揽、承揽时间等内容。

4. 材料提供条款，主要包括材料的明细、质量要求及提供方式等内容。

5. 承揽质量条款，指承揽人提交的工作成果应当符合的质量要求。

6. 交付及验收条款，主要包括工作成果的交付、验收标准、验收方式以及材料的返还等内容。

7. 承揽报酬条款，主要包括报酬的数额、支付时间及方式，以及相关费用的承担等内容。

8. 合同解除条款，主要包括合同解除的条件以及解除后果。

9. 保密条款，主要是指承揽人对定作人及承揽事项的保密义务。

10. 违约条款，包括对双方违约责任的约定。

11. 争议解决条款，即约定发生争议后如何解决。

12. 其他程序性条款，包括通知与送达、合同生效、份数、附件等。

第三节　承揽合同审查要点

一、合同主体条款审查

承揽合同的主体包括定作人和承揽人，对于其基本信息等方面的审查，可参照本书第七章的内容进行，务必达到全面、准确的要求。在承揽合同中，尤其应当重点审查的是承揽人的资信情况及履约能力。律师可通过公开渠道对承揽人的资信进行初步的查询，但重点是提示定作人对承揽人的资信和履约能力进行必要的调查和了解。实践当中，对于承揽的标的需要具有特殊资质的，如修理、设计、检验等，还应当审查承揽人及其具体完成承揽事项的人员（如检验人员）是否具有相应的资质。

二、承揽标的条款审查

承揽标的条款，实际上指的是承揽标的所指向的物，包括该标的物的明细及数量，律师在审查此类条款时，坚持的原则是特定化、明确化。具体可参照本书第八章相关内容进行。

三、承揽方式条款审查

承揽方式的不同会直接影响到双方的权利义务，比如加工合同中，就必然会涉及定作人提供材料的义务。而定作合同中，提供材料的义务则是承揽人。因此，在承揽合同中，应当明确承揽方式，并应与具体的权利义务相对应和统一。

在承揽方式条款中，一般还应进一步约定是否允许转承揽的问题。《民法典》第七百七十二条规定："承揽人应当以自己的设备、技术和劳力，完成主要工作，但是当事人另有约定的除外。承揽人将其承揽的主要工作交由第三人完成的，应当就该第三人完成的工作成果向定作人负责；未经定作人同意的，定作人也可以解除合同。"第七百七十三条规定："承揽人可以将其承揽的辅助工作交由第三人完成。承揽人将其承揽的辅助工作交由第三人完成的，应当就该第三人完成的工作成果向定作人负责。"因此，在承揽方式条款中，应当明确约定是否允许承揽人将全部或部分工作交由第三人完成，如果允许，应当明确允许的范围，即明确哪些属于主要工作，哪些属于辅助工作。

此外，在承揽方式条款中，还应约定承揽时间，即承揽人交付工作成果的时间。该时间应当是明确的闭合性时间，并且应当将定作人提供、更换材料的时间以及履行协助义务的时间合理排除在外。

四、材料提供条款审查

在承揽合同中，材料的提供不仅关乎交易成本，更会影响承揽工作是否能够顺利进行以及合同责任的承担。尤其在定作人提供材料的情况下，如果定作人未能按照约定提供材料，承揽人将无法进行加工工作，造成逾期交付工作成果的，定作人不能要求承揽人承担责任。因此，在定作人提供材料的情况下，应当明确约定提供材料的明细、时间、方式以及材料的质量等事项，并应进一步约定承揽人对于材料的检验时间和检验不合格时的通知义务，以及定作人更换、补齐材料的时间等内容。《民法典》第七百七十五条规定："定作人提供材料的，应当按照约定提供材料。承揽人对定作人提供的材料应当及时检验，发现不符合约定时，应当及时通知定作人更换、补齐或者采取其他补救措施。承揽人不得擅自更换定作人提供的材料，不得更换不需要修理的零部件。"第七百七十六条规定："承揽人发现定作人提供的图纸或者技术要求不合理的，应当及时通知定作人。因定作人怠于答复等原因造成承揽人损失的，应当赔偿损失。"第七百七十七条规定："定作人中途变更承揽工作的要求，造成承揽人损失的，应当赔偿损失。"

如果合同约定的是由承揽人提供材料，则应进一步就该等材料的明细、质量以及定作人的事先知情同意权和检验权进行约定。《民法典》第七百七十四条规定："承揽人提供材料的，应当按照约定选用材料，并接受定作人检验。"

五、承揽质量条款审查

承揽合同中的承揽质量，指的是承揽人所提交的工作成果的质量。承揽合同中承揽人一般均是按照定作人的要求进行工作并提交工作成果，因此，承揽质量一般取决于定作人的要求。在承揽合同中，定作人对于工作成果的要求必须明确且能够进行评价，这也是律师在审查承揽质量条款时应当重点关注的地方。如果约定的质量标准是使用国家、地方或行业的标准，则应明确约定该标准的名称及代号。具体可参见本书第九章相关内容。

六、交付及验收条款审查

主要包括工作成果的交付、验收标准、验收方式以及材料的返还等内容。交付工作成果，是承揽人的主要合同义务，也是其获得报酬的必要条件。对于定作人而言，工作成果的交付，是其主要的合同目的，也是其支付报酬的原因和依据。因此，工作成果的交付及验收条款对于双方而言均十分重要。《民法典》第七百八十条规定："承揽人完成工作的，应当向定作人交付工作成果，并提交必要的技术资料和有关质量证明。定作人应当验收该工作成果。"

关于工作成果的交付，应当明确约定交付的时间、地点、交付内容及交付方式以及相应费用的承担等内容。

关于验收条款，应当明确约定验收的标准（一般是按照约定的质量标准进行验收）、验收方式以及验收争议的处理规则等内容。

关于材料的返还，主要是指在提供的材料有剩余的情况下，应当对剩余材料的返还时间、方式、费用承担等内容进行约定。

律师在审查合同时，一是审查待审合同是否存在漏项，如存在漏项则应增补或建议委托人据实补增约定。二是要审查约定的合同条款的表述是否清晰准确。

七、承揽报酬条款审查

《民法典》第七百八十二条规定："定作人应当按照约定的期限支付报酬。对支付报酬的期限没有约定或者约定不明确，依据本法第五百一十条的规定仍不能确定的，定作人应当在承揽人交付工作成果时支付；工作成果部分交付的，定作人应当相应支付。"一般情况下，定作人应当于承揽人交付工作成果时支付报酬，但《民法典》允许当事人对报酬的支付事宜（包括支付时间、数额、方式等）进行特别约定。但不管如何约定，均应当符合明确化这一基本原则。此外，在承揽人提供材料的情况下，还应进一步约定材料费用的承担及支付事宜。

八、合同解除条款审查

在承揽合同中，若由于合同签订后的情况发生变化，致使定作人不需要承揽人继续完成工作的，法律赋予了定作人可以单方解除承揽合同的权利，《民法典》第七百八十七条规定："定作人在承揽人完成工作前可以随时解除合同，造成承揽人损失的，应当赔偿损失。"这一规定与委托合同相似，对于定作人及承揽人而言，可以避免造成更多的浪费。但基于公平原则，《合同法》在赋予定作人任意解除权的同时也规定了定作人的赔偿责任。当然，承揽合同中除了定作人的法定单方任意解除权之外，还可以由双方约定若干约定解除的情形。

律师在审查承揽合同的任意解除条款或者约定解除时，重点应当审查解除权的行使以及合同解除后的后果及责任承担问题。就解除权的行使而言，从诚信原则角度，解约方一般应当在合理期间内提前通知对方，至于具体提前的时间期限，可以由双方自行约定。就解除后的后果问题，主要应当审查合同终止后的财物及文件交接以及终止前已经完成的工作成果如何处理等问题。对于赔偿责任问题，可参照本书第十一章中关于违约责任的审查要点进行审查。

九、保密条款审查

在承揽合同中，合同双方必然会了解到对方的一些保密信息，尤其是承揽人必然知悉承揽事项以及工作进度、工作成果方面的详细信息，这些信息对于定作人而言是极为重要的。因此，实践中保密条款属于承揽合同的必要条款。《合同法》第二百六十六条规定："承揽人应当按照定作人的要求保守秘密，未经定作人许可，不得留存复制品或者技术资料。"就承揽合同的保密条款而言，特殊性在于保密的范围不仅包括定作人及承揽人的保密信息，而且还应当包括与承揽事项及工作进展、工作成果的有关信息。其他方面的审查，可参照本书第十二章的内容进行。

十、违约条款审查

在承揽合同中，定作人的主要合同义务是支付工作报酬、受领工作成果以及承揽过程中必要的配合，而承揽人的主要合同义务是按照定作人的要求进行工作并交付工作成果。因此，在承揽合同中，对于定作人而言，主要的违约责任是未按照约定及时足额支付工作报酬的责任、迟延受领工作成果的责任以及在承揽过程中由于己方原因导致的责任（包括承担不利后果以及赔偿受托人因此所受损失的责任）。需要特别注意的是，《民法典》第七百八十三条规定："定作人未向承揽人支付报酬或者材料费等价款的，承揽人对完成的工作成果享有留置权或者有权拒绝交付，但是当事人另有约定的除外。"因此，对于定作人未按约定支付报酬或材料费用的，应当约定承揽人是否拥有留置权，如果拥有留置权，则应进一步约定留置权的行使等相关事项。对于承揽人而言，主要的违约责任则是未能按照定作人的要求按时、保质保量完成承揽工作并交付工作成果所带来的责任。需要特别注意的是，《民法典》第七百八十一条规定："承揽人交付的工作成果不符合质量要求的，定作人可以合理选择请求承揽人承担修理、重作、减少报酬、赔偿损失等违约责任。"

律师在审查承揽合同的违约条款时，一是审查违约情形的全面性，即是否全面约定了各方的违约责任情形？二是审查违约责任的明确化，即要明确不同违约情形下所应承担的责任。其他方面可参照本书第十一章内容进行审查。

十一、争议解决条款审查

对于承揽合同而言，当事人可选择诉讼或者仲裁解决，实践中一般均是通过诉讼方式解决。在双方没有约定的情况下，由被告所在地或合同履行地人民法院管辖。至于争议解决条款的其他方面的审查，可参照本书第十二章相关内容。

十二、其他程序性条款审查

其他程序性条款主要包括合同生效、合同份数、合同附件、通知与送达、不可抗力等条款，属于通用型条款，参照本书第十二章相关内容进行审查即可。

第四节　承揽合同审查示例

在本节中，笔者以一份某公司与某制衣店之间的《制衣合同》为例，详细演示承揽合同的审查修改要点及方法。

修改立场：本合同中笔者为定作人的法律顾问。在谈判地位上，定作人相对占优势。

序号	待审合同	存在的问题	审查修改后的合同	修改方法
名称	制衣合同	无	制衣合同	
主体	甲方：天津××企业管理咨询有限公司 乙方：天津××制衣店	合同主体信息不全，乙方为个体工商户，应注明经营者姓名	甲方：天津××企业管理咨询有限公司 住所地：______ 法定代表人：______ 统一社会信用代码：______ 乙方：天津××制衣店 经营场所：______ 经营者：____ 身份证号码：____ 统一社会信用代码：______	补增
鉴于	根据《中华人民共和国经济合同法》及相关法律法规的规定，甲乙双方本着诚信、互利的原则，经友好协商达成如下合同条款，共同遵守执行。	表述不严谨 引用法律已失效	根据《合同法》① 及相关法律法规的规定，就乙方为甲方定作员工工服事宜，经友好协商达成如下合同条款，共同遵守执行。	删改 补增
一	服装数量：40套。	表述不规范、不详细	服装数量：40套（含上衣和裤子）。包括男装____套，女装____套。以甲方最终参加量体的人员为准。	补增
二	质量要求：以样品为准。	表述不清 对样品的确认和封存未约定	质量要求： 1. 乙方制作的成衣在面料、款式、做工等各个方面均需与样品一致。 2. 本合同签订之日，甲乙双方共同对样品进行确认和封存，男装女装各封存一套，存放于甲方。样品于甲方验收合格后3个月内退还乙方。	补增

① 《民法典》实施后应为《民法典》。

续表

序号	待审合同	存在的问题	审查修改后的合同	修改方法
三		未约定承揽方式	承揽方式：本合同承揽方式为乙方包工包料并提供全部辅料。所有工作均应由乙方亲自完成，不得转承揽。	补增
四	原材料由乙方提供，费用已包含在总价中。	表述不规范	所有原材料（主料、辅料）均由乙方提供，质量需与样品一致，原材料的费用已包含在总价之中，甲方无需另行支付。	补增
五	报酬：单价____元/套，总价款____元。甲方提货前付清。	表述不严谨	报酬及结算： 1. 报酬标准：男装单价____元/套，女装单价____元/套，总价款人民币____元（大写____）。按照甲方实际定作的数量进行结算。 2. 乙方制作完成后，通知甲方到现场进行验货，初步验收合格，支付结算金额的70%。乙方将货物送到甲方，经甲方验收合格后30日内支付30%尾款。 3. 乙方应当在甲方支付尾款前开具全额发票，否则甲方付款顺延。	补增 删改
六		未约定量体事项	本合同签订后，乙方即安排技术人员到甲方营业场所对甲方员工进行量体，并做好信息登记。因乙方测量错误或登记错误导致成衣不符合甲方员工的尺寸的，甲方有权拒收，责任及损失由乙方承担。	补增
七	交货：本合同签订之日起60日。乙方负责送货。	表述不严谨	交货： 1. 本合同签订之日起60日内交货。由乙方负责送货至甲方指定地点，运费由乙方承担。 2. 乙方交货时，每套衣服额外提供纽扣，每种规格各5枚。	补增

续表

序号	待审合同	存在的问题	审查修改后的合同	修改方法
八	检验：乙方送货后，甲方可以进行逐一检验，如有异议应当当场提出，乙方负责解决。	可操作性欠缺	检验： 1. 乙方送货到甲方，若成衣数量正确、包装完好，甲乙双方共同拆封样品，按照样品进行检验。若检验不合格，由乙方限期调换，造成逾期的，乙方承担违约责任。 2. 甲方收货后，发现成衣质量存在瑕疵或者尺寸不符合甲方员工的实际情况的，有权在30日内向乙方提出异议，由乙方予以解决。若系乙方原因造成，由乙方按照甲方规定的时间进行调换或重新制作，并按照该等瑕疵成衣价格的20%支付违约金。	删改 补增
九	违约责任： 甲方逾期付款的，每日按照总货款的万分之二支付违约金。其余按照法律规定执行。	缺少对甲方单方解除权的约定，应当增加 缺少对乙方违约责任的约定，应当增加	违约责任： 1. 甲方逾期付款的，按照逾期付款总额的日万分之二的标准支付违约金。 2. 本合同签订后，甲方若不需要继续定作工服的，可以随时通知乙方解除本合同。甲方按照乙方实际完成的成衣数量支付报酬，除此之外无需给予乙方其他赔偿。 3. 乙方迟延交货的，每逾期一日，按照逾期交货货款的万分之二支付违约金，逾期超过30日，甲方有权选择整体解除合同或者就逾期部分解除合同。乙方向甲方支付总价款____%的违约金。 4. 乙方提供的成衣质量不符合约定的，甲方有权拒绝受领全部或该不合格的成衣，并有权要求乙方限期	补增 提示

续表

序号	待审合同	存在的问题	审查修改后的合同	修改方法
九			交付合格成衣，造成逾期的，乙方按照前款支付违约金。 5. 违约金不足以弥补甲方损失的，乙方应当继续予以赔偿。	
十		遗漏保密条款	保密：乙方对于在签订及履行本合同过程中所知悉的甲方的商业秘密以及甲方员工的个人信息承担保密义务，未经甲方书面同意，乙方不得向任何第三方泄露。否则由乙方承担因此产生的一切法律责任，造成甲方或甲方员工损失的，由乙方予以赔偿。本保密期限为永久保密。	补增
十一	未尽事宜，双方协商解决。如因本合同履行发生争议，双方均可向法院提起诉讼。	管辖约定不明	未尽事宜，双方协商解决。如因本合同履行发生争议，双方均可向甲方所在地法院提起诉讼。	建议 补增
十二	本协议自双方签字盖章后生效，各执一份为凭。	表述不规范	本合同自甲乙双方签字盖章之日起生效，一式两份，双方各执一份，具有同等法律效力。	删改
签署	甲方： 2019 年　　月　　日 乙方： 2019 年　　月　　日	不够严谨	（以下签署页，无正文） 甲方（盖章）： 代表签字： 2019 年　　月　　日 乙方（盖章）： 经营者（签字）： 2019 年　　月　　日	删改 补增

第二十四章　中介合同审查要点解析

第一节　中介合同概述

中介合同与原《合同法》中规定的居间合同含义相同，在《民法典》中称之为中介合同。根据《民法典》第九百六十一条之规定，中介合同是中介人向委托人报告订立合同的机会或者提供订立合同的媒介服务，委托人支付报酬的合同。在中介合同中，接受委托报告订立合同机会或者提供交易媒介的一方为中介人，给付报酬的一方为委托人。根据《民法典》关于中介合同的规定，可以看出中介合同的核心特征是中介服务与中介报酬的对价交易，中介服务包括报告订立合同的机会（也可称之为报告中介）和提供订立合同的媒介服务（也可称之为媒介中介）两类。报告中介，是指中介人接受委托人的委托，寻找、搜索信息并报告给委托人，从而为委托人提供订立合同的机会；媒介中介，是指中介人不仅要向委托人报告订立合同的机会，而且还要在委托人与潜在相对方之间进一步协调和斡旋，促成委托人与潜在相对方之间订立合同。

中介合同是典型的一类服务合同。实践当中，最为常见的就是房屋买卖过程中与房屋中介机构签订的中介服务合同。此外，随着经济的不断发展，在招投标、资产处置、招商引资、民间借贷、展会招商、商铺租赁等诸多领域也都出现了中介行为，中介合同纠纷也呈现出逐年增多的趋势。虽然与买卖合同纠纷案件相比中介合同纠纷要少得多，但中介行为却是生活和工作中常见的一种合同行为，在生活当中，通常把提供中介服务的一方称为中间人或者介绍人，很少会用中介人这一概念，虽然从事的是中介服务，但却很少有人从中介合同的角度来梳理各方的权利义务关系。很多时候，当事人发来的合同本质上属于中介合同，但名称却是服务合同或者合作合同之类，因此律师在审查的时候应当严格按照中介合同的有关规定来进行规范和修改。

第二节　中介合同的基本条款

结合《民法典》第四百七十条第一款的相关内容及实践经验，中介合同的基本条款主要包括：

1. 合同主体条款，包括合同当事人的名称（姓名）、住所等基本信息。

2. 中介服务内容条款，也可称为中介事项条款，主要包括中介服务内容，即中介人为委托人提供何种中介服务。

3. 中介义务条款，包括中介人所应承担的各项中介义务及判断标准，如报告义务、中介成功的判断标准等。

4. 中介报酬及费用条款，包括中介报酬的支付以及费用承担等内容。

5. 中介服务期限条款，即中介人提供中介服务的期限。

6. 合同解除条款，即在哪些情况下委托人可以解除中介合同以及合同解除后的相关事项处理。

7. 违约条款，主要是关于双方违约责任的约定。

8. 争议解决条款，即约定发生争议后如何解决。

9. 其他程序性条款，包括合同生效、附件、份数等。

第三节　中介合同审查要点

一、合同主体条款审查

中介合同的主体包括委托人和中介人，对于其基本信息等方面的审查，可参照本书第七章的内容进行，务必达到全面、准确的要求。需要注意的是，我国法律对于委托人在主体资质上没有特殊的限制，只要具备相应的民事行为能力即可。但对于一些特殊行业的中介人，如出入境中介机构、房产中介、期货公司、网络借贷平台（P2P）等，需要有相应的资质方可从事中介业务。

二、中介服务内容条款审查

中介服务内容，主要包括提供订立合同机会的报告中介和提供订立合同媒介服务的媒介中介两大类，实践中往往都是报告中介和媒介中介兼而有之。

从合同审查的角度看，主要审查委托人委托中介人提供的服务内容是否合法，是否具体、明确。中介服务内容的合法性问题是应当重点审查的内容，对于一些明显违法的事项（如销售毒品），律师能够较为容易地进行判断。但对于一些相对隐蔽的违法事项，则需要律师在审查合同时多加注意。比如在建设工程招投标过程中，如果中介人仅仅是提供建设工程招标信息或撮合建设方与施工方签订《建设工程施工合同》，应属合法范畴，但如果中介人参与实施串通投标、围标等违法活动，或存在就投标价格、投标方案等实质性内容进行谈判、泄露标底及应当保密的与招标投标活动有关的情况和资料等违规行为的，将会导致中标无效，且还可能被追究其他行政责任甚至刑事责任。

此外，在服务内容条款中，还应当注明中介人提供的中介服务是否具有排他性，以免产生争议。如果委托人于中介人签署中介合同后不再委托其他人提供相同或类似服务，则存在排他性，反之则不存在排他性。

三、中介义务条款审查

1. 中介人的义务条款审查

根据《民法典》第九百六十二条“中介人应当就有关订立合同的事项向委托人如实报告。中介人故意隐瞒与订立合同有关的重要事实或者提供虚假情况，损害委托人利益的，不得请求支付报酬并应当承担赔偿责任”之规定，中介人应当承担如实报告的法定义务，不得隐瞒，也不得进行虚假报告。有关订立合同的事项，是指包括但不限于相对人的主体资格、资信状况，履约能力、产品信息等与订立合同有关的事项。委托人与中介人订立中介合同的目的在于借助中介人的时间、专业知识等资源优势找到订约的机会。基于诚信原则，中介人必须如实客观地报告相关信息。在中介合同中，还应当进一步约定中介人向委托人进行报告的时间（何时报告）、频率（多长时间报告一次）、报告形式（电话、微信、邮箱、书面报告等）以及报告的事项等，尤其在一些专业性比较强的领域，中介人往往是相关领域的专业机构，因此还需要就报告的内容进行约定。

此外，在中介义务条款中，还有一个核心的事项需要进行审查，即中介成功的判断标准是什么？中介成功是委托人的核心目的，是中介人的核心义务，同时也是中介人向委托人请求支付中介报酬的前提条件。因此，在中介合同中必须要明确约定中介成功的判断标准，即中介服务需要达到何种状态或产生何种结果才能视为中介成功？在提供订立合同机会的情况下，应明确约定中介人提供服务认定方式，如约定以中介人的邮件报告时间为准进行判断，尤其是在存在多个中介人情况下更要明确约定判断标准，以免产生纠纷；在提供媒介服务的情况下，是以签订合同为标准还是以实际收到合同款项为标准？是部分款项支付为标准还是以全部款项支付为标准？等等问题，均需要进行明确的约定，同时该等标准还应当是客观的、可评价的，而不能是模糊的。比如笔者曾审查过的一份中介合同中，委托人为某大型综合商场的运营管理方，其委托某公司进行招租，约定中介成功的标准为：“承租人与委托人正式签署《店铺租赁合同》且支付租赁费用后视为成功招租。”但实际上其

《店铺租赁合同》中的租金支付方式并非是一次性支付，而是随着销售业绩按月结算（保底租金＋销售金额提成的模式），因此该条约定就存在判断标准不清晰的问题，因为并未约定"支付租赁费用"的具体细节，容易产生争议。经笔者与经办人沟通后，其真实的想法是承租人正常交纳三个月的房租后才视为招租成功，因此笔者将该条修改为："承租人与委托人正式签署《店铺租赁合同》，并按照《店铺租赁合同》的约定与委托人结算并支付完毕自计租日起三个月的租赁费用后视为成功招租。"

2. 委托人的义务条款审查

在中介合同中，对于中介人而言，最大的风险在于委托人在知悉潜在的签约对象后绕过中介人直接联系，从而影响到中介人索要中介报酬的权利。比如在房屋买卖及租赁市场，房屋中介最担心的就是"跳单"问题。因此，站在中介人的角度考虑，需要在合同中明确约定委托人的"不绕过"义务，即在中介人向委托人提供潜在的合同相对人或其他特定的时点或事件之后，委托人不得绕过中介人直接与该潜在相对人进行磋商，否则应当承担相应的违约责任。有时还可以进一步约定在中介合同期内以及合同期限届满后的一段时间（如半年、一年等）内，若委托人与该潜在相对人达成合意的，仍视为中介人中介成功，中介人有权索要中介报酬。如此约定，同样是基于诚信原则对委托人的基本要求，对于中介人而言至关重要，律师在审查合同时应当引起重视。

四、中介报酬及费用条款审查

获取中介报酬，是中介人的核心目的，也是委托人的主要合同义务，无疑是中介合同的重要条款之一，也是律师的重点审查条款之一。《民法典》第九百六十三条规定："中介人促成合同成立的，委托人应当按照约定支付报酬。对中介人的报酬没有约定或者约定不明确，依据本法第五百一十条的规定仍不能确定的，根据中介人的劳务合理确定。因中介人提供订立合同的媒介服务而促成合同成立的，由该合同的当事人平均负担中介人的报酬。中介人促成合同成立的，中介活动的费用，由中介人负担。"第九百六十四条规定："中介人未促成合同成立的，不得请求支付报酬；但是，可以按照约定请求委托人支付从事中介活动支出的必要费用。"根据该规定，委托人支付中介报酬的前提是中介人成功完成中介服务促成合同成立，若未能成功完成中介服务，则无须支付报酬，但应当支付必要的中介活动费用（如交通费、差旅费、通信费等）。此条中需要注意中介报酬和中介费用的区别，二者不能同时主张，若中介成功，则不能索要中介费用但可以索要中介报酬，若中介未成功，则不能索要中介报酬但可以索要中介费用。

此外，在中介报酬条款中，还应当进一步明确约定中介报酬的数额或计算方式、支付方式及支付时间等内容。中介费用条款中，应明确约定中介费用的范围以及承担方式，即哪些属于中介费用？是委托人预付还是中介人垫付？以及如何支付等内容。实践中一般均是由中介人先垫付，然后视中介活动的结果再看是否需要支付中介费用。

五、中介服务期限条款审查

是否约定中介服务期限，主要取决于委托人的需要，不是必须约定。但对于委托人而言，一般情况下都会对委托事项的完成进度有明确的计划和要求，因此通常会约定明确的中介服务期限，以促使中介人积极提供中介服务，完成委托事项。具体期限由委托人与中介人协商确定，明确即可。但律师在审查中介期限时应重点注意两个问题：一是对于委托人而言，在排他性中介服务情况下，中介服务期限不宜过长，以增加委托人的灵活性，在中介人不符合要求的情况下能够尽早了结既存的中介合同关系另行委托他人；二是对于中介人而言，由于中介活动往往需要一定的时间周期方可完成，因此要重点关注的问题是在中介服务期限届满前已经开始的中介服务，但在中介期限届满后才产生符合要求的中介成果的情况下如何确定中介报酬的问题。一般而言应当约定在中介期限届满前已经开始的中介服务，在中介期限届满后一定时间内（如半年、一年等）产生中介成果的，仍应作为中介人的成果，按照中介合同约定支付相应的中介报酬。

六、合同解除条款审查

中介合同本质上属于委托合同，《民法典》第九百六十六条规定："本章（笔者注：《民法典》第三编第二十六章 中介合同）没有规定的，参照适用委托合同的有关规定。"因此，根据《民法典》第九百三十三条"委托人或者受托人可以随时解除委托合同。因解除合同造成对方损失的，除不可归责于该当事人的事由外，无偿委托合同的解除方应当赔偿因解除时间不当造成的直接损失，有偿委托合同的解除方应当赔偿对方的直接损失和合同履行后可以获得的利益"之规定，委托人和中介人均可以随时单方解除合同，这是双方当事人的法定解除权，但单方任意解除可能会产生相应的赔偿责任。为了避免赔偿责任的产生，合同中还可以约定其他的解除条款，即在对方出现某些违约行为的情况下守约方可以按照合同约定解除合同且无须承担违约责任。律师在审查中介合同的任意解除或者约定解除条款时，重点应当审查解除权的行使以及合同解除后的后果及责任承担问题。具体可参见本书第二十一章中的相关内容，此不赘述。

七、违约条款审查

在中介合同中，对于委托人而言，主要需要针对中介人的如实报告义务约定相应的违约责任。对于中介人而言，主要需要针对委托人支付报酬的义务和不得"跳单"的义务约定相应的违约责任。其余合同义务所对应的违约责任需要根据具体合同的情况再决定是否约定。对于中介合同违约条款的其他审查重点，可参见本书第十一章中的相关内容，此不赘述。

八、争议解决条款审查

对于中介合同而言，当事人可选择诉讼或者仲裁解决，实践中一般均是通过诉讼方式解决。在双方没有约定的情况下，由被告所在地或合同履行地人民法院管辖。至于争议解决条款的其他方面的审查，可参照本书第十二章相关内容。

九、其他程序性条款审查

其他程序性条款主要包括合同生效、合同份数等，属于通用型条款，参照本书第十二章相关内容进行审查即可。

第四节　中介合同审查示例

在本节中，笔者以一份某建设公司（委托人）与某资产管理公司（中介人）的《中介合同》为例，详细演示中介合同的审查修改要点及方法。

修改立场：本合同中笔者为委托人的法律顾问。在谈判地位上，双方地位相当，无明显优劣势。

序号	待审合同	存在的问题	审查修改后的合同	修改方法
名称	项目推荐客户服务合同	无	项目推荐客户服务合同	
主体	甲方：天津市××建设开发有限公司 乙方：天津××资产管理有限公司	合同主体信息不全	甲方：天津市××建设开发有限公司 住所地：________ 法定代表人：________ 统一社会信用代码：________ 乙方：天津××资产管理有限公司 住所地：________ 法定代表人：________ 统一社会信用代码：________	补增
鉴于	根据《中华人民共和国合同法》及中华人民共和国有关法律、法规的规定，甲乙双方在平等、自愿、等价有偿、公平、诚实信用的基础上，经友好协商，就甲方委托乙方为其合法拥有的________项目提供客户推荐服务等相关事宜达成如下合同条款，供双方共同恪守。	表述不够简洁	根据《民法典》及有关法律、法规的规定，甲乙双方在平等、自愿、等价有偿、公平、诚实信用的基础上，经友好协商，就甲方委托乙方为其合法拥有的________项目提供客户推荐服务等相关事宜达成如下合同条款，供双方共同恪守。	删改
一	服务内容 1.1 项目名称：________（以下简称本项目）。 1.2 推荐服务期：自 2020 年 8 月 20 日起至 2021 年 7 月 19 日止，推荐服务期满前 15 天甲乙双方另行商定后续的合作事宜，如继续合作则另行签订合同。	表述不严谨 对于服务范围界定不够清晰	服务内容 1.1 项目名称：________（以下简称本项目）。 1.2 服务期限：自 2020 年 8 月 20 日起至 2021 年 7 月 19 日止，推荐服务期满前 15 天甲乙双方另行商定后续的合作事宜，如继续合作则另行签订合同，否则本合同期满自行终止。	删改 补增 明确界定乙方提供中介服务

续表

序号	待审合同	存在的问题	审查修改后的合同	修改方法
一	1.3 本合同推荐服务范围：客户推荐等服务。		1.3 服务范围：中介服务具体包括：(1) 向甲方推荐承租客户，提供订立《房屋租赁合同》的信息；(2) 为甲方与承租客户签订《房屋租赁合同》提供沟通、协调及媒介服务。 1.4 对于本项目，乙方不具有排他性，甲方还可以委托其他第三方提供类似服务。	
二	成功推荐的标志 2.1 本合同项下的推荐项目为____________项目，按照以下方式确认乙方成功推荐：凡在推荐服务期经甲方书面确认的乙方推荐客户，在客户保护期内实际租赁________项目产品，客户与甲方签署《租赁合同》及相关手续，且向甲方缴纳完合同首期租金及押金。 2.2 具体推荐服务费的计算方法按照本合同第三条的约定执行，甲乙双方对推荐服务费有争议的，以甲方书面审定的推荐服务费为准。	成功服务的判断标准不够清楚、准确将服务费用置于成功服务的标志条款中不符合逻辑	成功服务的标志 甲乙双方约定同时达到以下条件的，视为乙方成功服务：(1) 乙方推荐的承租客户经过甲方的书面确认；(2) 承租客户在客户保护期内实际租赁____________项目房屋，与甲方签署《房屋租赁合同》并办理相关租赁手续，租期不少于一年；(3) 承租客户向甲方缴纳完《房屋租赁合同》中约定的首期租金及押金。	删改 补增

续表

序号	待审合同	存在的问题	审查修改后的合同	修改方法
三	推荐服务费计算及结算付款流程 3.1 计算方法 推荐服务期内，甲方依据如下约定向乙方支付推荐服务费（含税），具体支付标准如下： 推荐服务费用：通过乙方渠道成功租赁的房源，乙方收取第 1 年签约租金的 1 个月（不含物业管理费）的租金作为乙方服务费。 3.2 账户信息 甲方向乙方如下账户以电汇形式支付本合同约定的推荐服务费： 户名：天津××资产管理有限公司 开户行：中国农业银行天津××支行 账号：×××××××××× 3.3 结算方式：乙方服务费按成功推荐数计算应结服务费数额，每季度结算一次，由乙方提交费用结算申请单，甲方应在收到乙方提交的费用申请单后 3 个工作日内对表单的内容予以书面确认或提出异议，并须在审核确认费用表单无误且收到发票后 3 个工作日内将乙方应结费用一次性支付。 3.4 支付方式：电汇或转账支票。	表述不规范 缺少开票要求	服务费的结算及支付 3.1 计算标准 服务期内，甲方按照如下标准向乙方支付服务费：乙方每推荐成功一个客户，按照该客户与甲方签署的《房屋租赁合同》中第 1 个租赁年度首月的租金（不含物业管理费）计算乙方应当收取的服务费。 3.2 账户信息 乙方确认其收款账户信息如下： 户名：天津××资产管理有限公司 开户行：中国农业银行天津××支行 账号：×××××××××× 3.3 结算方式：乙方服务费按照第 3.1 条的标准进行计算，每季度结算一次，由乙方提交费用结算申请单，甲方应在收到乙方提交的费用申请单后 3 个工作日内对表单的内容予以书面确认或提出异议，并须在审核确认费用表单无误且收到发票后 3 个工作日内将乙方应结费用一次性支付。 3.4 支付方式：电汇或转账支票，甲方每次付款前，乙方应向甲方提供与付款金额相符的合法发票，否则甲方有权顺延付款期限。	删改 补增

续表

序号	待审合同	存在的问题	审查修改后的合同	修改方法
四	推荐服务程序 4.1 推荐服务期内，乙方须派租赁管理人员与甲方人员对接及处理相关租赁事宜：甲方对接人为__________，乙方对接人为__________。如甲乙双方须更换对接人，应提前 3 日以书面形式通知对方。 4.2 推荐服务期内，凡乙方带领客户前往租赁场所了解该项目相关情形或者实地察看该项目的，需提前向甲方报备推荐客户的信息。经甲方对接人在《客户确认书》签字确认后，该客户视为乙方推荐的有效客户。 4.3 乙方推荐客户保护期为 90 天，即自乙方第一次带看之日起（以经甲方签字的《客户确认书》上载明的带看日期为准）90 天，如乙方带领推荐客户进行复访，则自复访之日起再行计算 90 天的客户保护期。 4.4 所有租赁客户均由甲方与其签订《租赁合同》，客户所缴付的租金均由甲方收取，并由甲方为客户办理相关财务手续。	表述不严谨	服务程序 4.1 服务期内，乙方须派租赁管理人员与甲方人员对接及处理相关租赁事宜：甲方对接人为__________，联系方式为__________；乙方对接人为__________，联系方式为__________。如甲乙双方须更换对接人，应提前 3 日以书面形式通知对方。 4.2 服务期内，凡乙方带领客户前往租赁场所了解该项目相关情形或者实地察看该项目的，需提前向甲方报备推荐客户的信息。经甲方对接人在《客户确认书》签字确认后，该客户视为乙方推荐的有效客户。 4.3 乙方推荐客户保护期为 90 天，即自乙方第一次带看之日起（以经甲方签字的《客户确认书》上载明的带看日期为准）90 天，如乙方带领推荐客户进行复访，则自复访之日起再行计算 90 天的客户保护期。在该保护期内，客户与甲方签约的，仍视为乙方推荐，超出该保护期的，不视为乙方推荐。 4.4 所有推荐成功的租赁客户均由甲方与其签订《房屋租赁合同》，客户所缴付的租金均由甲方收取，并由甲方为客户办理相关财务手续。	补增 删改

续表

序号	待审合同	存在的问题	审查修改后的合同	修改方法
五	甲方权利义务 5.1 甲方负责与协调成功的租赁客户签署天津市《租赁合同》。 5.2 甲方须按照合同约定向乙方支付推荐服务费。	表述不规范	甲方权利义务 5.1 甲方负责与推荐成功的租赁客户签署《房屋租赁合同》。 5.2 甲方须按照本合同约定向乙方支付服务费。	删改
六	乙方权利义务 6.1 乙方应充分调动经纪人的积极性，集中电话约客，针对自有客户优先推荐该项目。 6.2 乙方须按照甲方确定的条件（租赁价、折扣、付款方式及《租赁合同》条款）向客户推荐项目，推荐过程中不得对客户进行任何不符合实际情况或者违反甲方要求的承诺或说明。 6.3 乙方人员发生的费用及责任由乙方自行承担，与甲方无关。	表述不严谨 缺少对乙方如实报告义务的规定	乙方权利义务 6.1 乙方应充分调动其负责本项目的员工的积极性，集中电话约客，针对自有客户优先推荐本项目。 6.2 乙方须按照甲方确定的条件（租赁价、折扣、付款方式及《房屋租赁合同》条款）向客户推荐项目，推荐过程中不得对客户进行任何不符合实际情况或者未经甲方书面确认的承诺或说明，否则，由此产生的责任全部由乙方承担，且甲方有权解除本合同并追究乙方违约责任。 6.3 乙方人员发生的费用及责任由乙方自行承担，与甲方无关。 6.4 乙方应当将其知悉或掌握的承租客户的有关信息及时并如实地向甲方进行报告，不得有任何的隐瞒或虚报，否则甲方有权解除本合同并要求乙方赔偿甲方因此受到的全部损失。	删改 补增

续表

序号	待审合同	存在的问题	审查修改后的合同	修改方法
七	合同终止与违约责任 7.1 因一方未遵守合同中的相应条款，或未履行本合同中的相应责任或义务，则在提前7个工作日书面通知违约方后，守约方有权提前终止本合同的履行，守约方因本合同的提前终止而受到损失的，违约方应承担违约责任。 7.2 如因甲方违约致使乙方终止本合同的，甲方仍应按本合同的规定向乙方支付违约行为发生前已经成功与甲方签约客户之推荐服务费用，同时终止与乙方的代理合作。 7.3 合同有效期间，因不可抗力（如洪水、地震、水灾等自然灾害及战争、严重的经济萧条等人力无法抗拒、不能预料又不可避免的事件；无支付能力、破产等不视为不可抗力）造成一方不能履行本合同的，不视为违约。 7.4 推荐服务期内，除本合同约定情形外，任何一方提出终止本合同的，应提前10天书面通知对方，互不承担违约责任。 7.5 本合同约定的推荐期限届满后，甲方仍须依照本合同第三条的约定向乙方支付于推荐服务期间已成功签约，但未向乙方支付的推荐服务费。	违约责任约定不明缺少对于因乙方原因终止合同时的违约责任	合同终止与违约责任 7.1 因一方未遵守合同中的相应条款，或未履行本合同中的相应责任或义务，则守约方在提前7个工作日书面通知违约方后，有权提前终止本合同的履行，违约方应承担______的违约责任，并赔偿守约方因此遭受的全部损失。 7.2 如因甲方违约致使乙方终止本合同的，甲方仍应按本合同的规定向乙方支付违约行为发生前已经成功与甲方签约客户之推荐服务费用。 7.3 如因乙方原因致使甲方终止本合同的，乙方应当承担______的违约责任，并赔偿甲方全部损失。 7.4 合同有效期间，因不可抗力（如洪水、地震、水灾等自然灾害及战争、严重的经济萧条等人力无法抗拒、不能预料又不可避免的事件；无支付能力、破产等不视为不可抗力）造成一方不能履行本合同的，不视为违约，无需承担违约责任。 7.5 推荐服务期内，除本合同约定情形外，任何一方提出终止本合同的，应提前10天书面通知对方，互不承担违约责任。 7.6 本合同约定的推荐期限届满后，甲方仍须依照本合同第三条的约定向乙方支付于推荐服务期间已成功签约，但未向乙方支付的推荐服务费。	建议甲方约定具体的违约责任形式，并增加因乙方原因终止合同时的违约责任。

续表

序号	待审合同	存在的问题	审查修改后的合同	修改方法
八	管辖 本合同履行发生争议，协商不成时，甲乙双方均有权向甲方住所地人民法院诉讼解决。	表述不规范	管辖 因本合同所产生之争议，甲乙双方均有权向甲方住所地人民法院诉讼解决。	删改
九	其他 9.1 本合同一式四份，甲、乙双方各执两份，自双方盖章之日起生效。 9.2 本合同未尽事宜，甲、乙双方可另行签订补充协议，所签订之补充协议为本合同不可分割的组成部分。 9.3 合同附件 附件一：推荐看房单 （以下无正文）	表述不规范	其他 9.1 本合同一式四份，甲、乙双方各执两份，自双方签字盖章之日起生效。 9.2 本合同未尽事宜，甲、乙双方可另行签订补充协议。 9.3 本合同包括一个附件，即 附件一：推荐看房单 （以下无正文）	
签署	甲方： 2020 年　　月　　日 乙方： 2020 年　　月　　日	不够严谨	甲方（盖章）： 法定代表人或授权代表签字： 2020 年　　月　　日 乙方（盖章）： 法定代表人或授权代表签字： 2020 年　　月　　日	删改 补增

注：本合同附件内容略。

第二十五章　广告合同审查要点解析

第一节　广告合同概述

一、广告的含义

广告，顾名思义，是广而告之之意，是指通过一定形式的媒体，向不特定公众公开传递信息的一种宣传手段。根据广告目的的不同，广告可分为营利性广告和非营利性广告。营利性广告又可称为商业广告，是指以营利为目的的广告，即《广告法》第二条中所规定的商品经营者或者服务提供者通过一定媒介和形式直接或者间接地介绍自己所推销的商品或者服务的商业广告活动，其主要目的是吸引消费、获取经济效益。非营利性广告，也可称为效应广告，一般不以营利为目的，而是为了传递信息，如政府部门发布的公益广告、单位或个人发布的启事、公告等。根据广告的媒介不同，广告又可以分为报纸广告、杂志广告、电视广告、电影广告、网络广告、广播广告、交通广告、直邮广告、车体广告，等等。本章中的研究对象为营利性广告。

广告是经济社会不断发展的产物，经济越发达，广告就越活跃。随着我国经济社会的不断发展，广告在日常生活中已经司空见惯，尤其是对于企业而言，不论是生产型企业还是服务型企业，广告需求几乎可以说是“必需品”，广告宣传费用已经成为企业的主要成本费用之一。与此同时，因广告而引发的争议也在日益增多，究其原因，主要是广告的发布受政策的影响较大，而广告领域涉及的专业知识和技术较多，广告主和广告经营者之间信息不对称，所签署的合同不完善或可操作性不强。因此，从律师实务角度，对广告合同进行专门的分析和掌握是十分必要的。

二、广告合同的概念及特征

广告合同属于非典型合同，结合《民法典》和《广告法》的相关规定，可以将广告合同定义为：广告主、广告经营者以及广告发布者之间就广告事宜所达成的设立、变更、终止各方权利义务关系的协议。广告合同具有如下特征：

1. 广告合同应当采用书面形式

《广告法》第三十条规定："广告主、广告经营者、广告发布者之间在广告活动中应当依法订立书面合同。"据此规定，广告合同应当采用书面形式订立，为要式合同。

2. 广告合同主体需具有特定的资质

《广告法》第二条第二款规定："本法所称广告主，是指为推销商品或者服务，自行或者委托他人设计、制作、发布广告的自然人、法人或者其他组织。"第四十六条规定："发布医疗、药品、医疗器械、农药、兽药和保健食品广告，以及法律、行政法规规定应当进行审查的其他广告，应当在发布前由有关部门（以下称广告审查机关）对广告内容进行审查；未经审查，不得发布。"第四十七条第一款规定："广告主申请广告审查，应当依照法律、行政法规向广告审查机关提交有关证明文件。"根据上述规定，对于广告主而言，一般没有特别的资质要求，但对于特定的广告类型，广告主需具备相应的证明文件，如果不具备相应的证明文件，则无法作为广告主签署并履行相关广告合同，即使签订也无法实际履行。

对于广告经营者和广告发布者而言，均应当具备相应的广告经营或广告发布资质。《广告法》第三十二条规定："广告主委托设计、制作、发布广告，应当委托具有合法经营资格的广告经营者、广告发布者。"

3. 广告内容及发布程序受到法律的较多干预

由于广告是面向不特定的社会公众，涉及不特定公众的利益，因此法律对于广告的内容及发布程序需要进行必要的干预和规制。在广告内容方面，比如，《广告法》第八条第一款规定："广告中对商品的性能、功能、产地、用途、质量、成分、价格、生产者、有效期限、允诺等或者对服务的内容、提供者、形式、质量、价格、允诺等有表示的，应当准确、清楚、明白。"《广告法》第九条对于广告内容规定了11种禁止的情形。第十五条第一款规定："麻醉药品、精神药品、医疗用毒性药品、放射性药品等特殊药品，药品类易制毒化学品，以及戒毒治疗的药品、医疗器械和治疗方法，不得作广告。"此外，《广告法》还对医疗、药品、医疗器械、保健食品、农药、兽药、饲料和饲料添加剂、酒类、教育、培训、招商、房地产、农作物种子、林木种子、草种子、种畜禽、水产苗种广告中不得包含的内容进行了列举式的规定。在广告发布程序方面，《广告法》第四十六条规定："发布医疗、药品、医疗器械、农药、兽药和保健食品广告，以及法律、行政法规规定应当进行审查的其他广告，应当在发布前由有关部门（以下称广告审查机关）对广告内容进行审查；未经审查，不得发布。"此外，有关国家部委、地方政府也颁布了大量关于广告内容及广告发布程序方面的具体规定，在广告活动中都必须予以遵守。

三、广告合同的类型

按照广告合同的标的分类，可以把广告合同分为三类：

一是广告设计，即广告经营者或发布者按照广告主的要求进行广告的设计并提交设计成果（广告作品），由此形成的法律关系可归属于承揽合同关系。

二是广告制作合同，即广告经营者或发布者按照广告主的要求进行广告的制作并提交工作成果（成品广告），由此形成的法律关系也可归属于承揽合同关系。

三是广告发布合同，即广告发布者或具有发布资质的广告经营者根据委托发布广告。实践中，有的将设计、制作、发布分别签署合同，也有的将其中的两项或三项一并签署合同。

此外，有的著作或文章中将广告活动合同也作为广告合同的一类，但笔者的观点是：此类合同的主要内容为广告经营者接受客户的委托为客户组织特定的广告宣传活动，但实际上对于委托一方和组织一方均无特殊要求，因此，此类合同可归属于委托合同。

在实践中，一份广告合同有的仅包括设计、制作或发布中的一项工作（或称为一个阶段），有的包括两项，有的包括三项，这取决于广告主的需求和广告经营者和发布者的经营资质，但从合同审查的角度，应当将三个阶段分别进行审查，因为三个阶段的审查重点并不一致。

第二节 广告合同的基本条款

《民法典》和《广告法》均未就广告合同的基本条款予以示范或提示。参考《民法典》第四百七十条第一款的相关内容，结合实践经验，广告合同的基本条款主要包括：

1. 合同主体条款，包括合同当事人的名称（姓名）、住所等基本信息。

2. 标的条款，主要是关于广告合同的标的内容的约定，即广告经营者或广告发布者承担的具体工作内容，可以是广告设计、制作、发布中的一项或者是多项。实践中需要特别注意的是，在条款内容方面不仅要明确具体的工作内容，还应将与该项工作有关的步骤及广告主与广告经营者或发布者之间的相互配合等问题进行详细约定，一般可以用多个具体条款从不同角度来对广告合同的标的进行全面约定。

3. 质量条款，主要包括广告设计制作标准、时间，广告频率、广告位置、维修等内容，需根据广告合同标的进行约定。

4. 交付及验收条款，主要包括广告作品的交付及验收，或者是广告发布质量的验收，需根据广告合同标的进行约定。

5. 费用条款，主要包括广告设计费、制作费、安装费、发布费、设施费、维护费等，需根据广告合同标的进行约定。

6. 保密条款，主要是指广告经营者对广告主的保密义务。

7. 违约条款，主要包括对双方违约责任的约定。在广告发布合同中，还可以在违约责任条款中加入免责条款。

8. 知识产权条款，主要包括广告设计及制作过程中广告作品的知识产权归属，可能涉及的第三方的知识产权问题以及侵权责任等内容。

9. 争议解决条款，即约定发生争议后如何解决。

10. 其他程序性条款，包括通知与送达、合同生效、份数、附件等。

第三节　广告合同审查要点

一、合同主体条款审查

广告合同的主体包括广告主和广告经营者或广告发布者，对于其基本信息等方面的审查，可参照本书第七章的内容进行，务必达到全面、准确的要求。在广告合同中，尤其应当重点审查的是广告经营者或广告发布者的资信情况及履约能力。实践当中，应当特别注意审查广告经营者或广告发布者是否拥有广告经营资质或广告发布资质。如果没有相应的经营资质或发布资质，广告合同签订后将无法正常履行，对于广告经营者或广告发布者而言还可能因此遭受行政处罚。具体而言，对于广告业务专营企业，可通过其营业执照中的营业范围进行审查。对于广告业务兼营企业（如广播电台、电视台或报纸杂志出版单位等），则应审查其是否具有《广告经营许可证》。对于广告代理商，则应审查其拥有相应媒体广告代理权的证明文件（如代理协议、授权书等）。对于广告发布者，则应审查其是否拥有户外广告设置证、户外广告登记证等证明文件。

二、标的条款审查

广告合同的标的，是指广告经营者或广告发布者承担的具体工作内容，可以是广告设计、制作、发布中的一项或者是多项。实践中常见的问题，一是合同中对于广告合同标的约定不明，导致合同审查者无法确定究竟是广告设计、制作或发布中的一项还是多项，有的合同名称写的是广告设计合同，但内容中又包含了广告制作的条款，或者合同内容是关于广告制作或发布，但没有对广告设计及样稿的提供进行任何约定。二是条款内容缺乏可操作性，比如在广告设计合同中，仅约定了广告经营者的设计时限及设计义务，但却没有约定广告主提供素材、进行检验和提出修改意见的时间和义务，这样的条款在履行过程中无法满足实践需求，极可能产生争议。律师在审查此类条款时，应坚持的原则是明确化和可操作性。所谓的明确化，指的是广告经营者或发布者承担具体工作内容应当明确约定包括哪些、不包括哪些。可操作性则是指应当按照广告设计、制作或发布的客观操作流程来约定广告主和广告经营者或发布者各自的权利义务，使得合同双方能够按照合同条款的规定相互协作，保障合同得以顺利履行。在合同审查实践中，应当在明确广告合同标的的情况下，根据不同的广告合同标的约定不同的操作流程，并确保相关约定的可操作性。律师在审查过程中，应当审查广告设计、制作、发布流程中每个阶段双方的工作内容和工作时限的约定是否明确、合理。在广告发布阶段，还应当约定广告发布的媒体、时间段、位置、频率、规格等。对于在广告设施（包括室内广告设施和户外广告设施）上的广告发布行为，还应当约定发布（安装）过程中的安全责任、发布后的维护保养责任等内容。否则容易给合同履行带来障碍，还可能出现在发生纠纷后双方各执一词无据可依。

需要特别指出的是，对于特殊行业（如酒类、食品、药品、化妆品、医疗器械等）的广告，广告经营者和广告发布者除了审查广告主的身份证明材料之外，还应当特别注意对其广告相关资质及证明材料的审查，必须根据不同的广告内容而明确约定广告主应当提供的资料明细，否则可能会给广告经营者和广告发布者带来法律责任。《广告法》第三十四条规定：“广告经营者、广告发布者应当按照国家有关规定，建立、健全广告业务的承接登记、审核、档案管理制度。广告经营者、广告发布者依据法律、行政法规查验有关证明文件，核对广告内容。对内容不符或者证明文件不全的广告，广告经营者不得提供设计、制作、代理服务，广告发布者不得发布。”第六十一条第一款进一步规定：“违反本法第三十四条规定，广告经营者、广告发布者未按照国家有关规定建立、健全广告业务管理制度的，或者未对广告内容进行核对的，由市场监督管理部门责令改正，可以处五万元以下的罚款。”

广告设计、制作、发布的一般流程如下：

1. 广告设计

广告设计工作的主要内容是广告经营者根据广告主（广告客户）的需求为广告主设计广告作品。其一般的流程是：广告主提出设计需求——→双方沟通设计方案——→广告主提供基础材料——→广告经营者进行材料审核——→广告经营者进行初步设计——→广告主提出修改意见——→广告经营者进行修改——→广告主进行确认——→交付设计作品。

2. 广告制作

广告制作工作的主要内容是广告经营者根据广告主（广告客户）的需求及提供的广告素材制作成广告成品并交付给广告主（广告客户）。其一般的流程是：广告主提出制作要求——→广告主提供广告素材（广告作品）——→广告经营者审查广告主的相关证明材料——→广告经营者制作样稿——→广告主提出修改意见——→广告经营者进行修改——→广告主进行确认——→交付广告成品。

3. 广告发布

广告发布的主要工作内容是广告发布者根据广告主（广告客户）的需求及提供的广告成品为广告主（广告客户）发布广告。其一般的流程是：广告主提出发布要求——→广告主提供广告成品及广告相关证明材料——→广告发布者审查广告内容及相关证明材料——→广告发布者发布广告——→广告主对发布的广告进行验收。

三、质量条款审查

广告合同的质量条款也取决于广告合同的标的，在广告设计阶段，由于设计的广告作品属于智力成果，更多体现为图像、文字、影像的组合，因此难以有客观统一的评价标准，更多取决于设计人员的设计水平以及广告主

（广告客户）的主观评判。因此，就广告设计而言，在合同签订前对于广告经营者设计水平的考察是至关重要的，就合同条款的审查而言，应当明确广告主（广告客户）对于广告设计质量的要求（如作品格式、分辨率、色彩、像素等），并明确广告经营者对于广告主（广告客户）修改意见的遵从义务。在广告制作阶段，应当根据不同的广告形式明确约定对于制作的质量要求，包括材质、规格、色彩、分辨率、格式等，以满足广告主对于广告成品的要求，适于发布为准。在广告发布阶段，对于在广告设施（包括室内广告设施和户外广告设施）上的广告发布，应当就广告安装的安全性、稳固性等进行约定。对于广播影视类、互联网类广告的发布，则着重约定广告发布的时间段、媒体位置、广告大小等。律师在审查此类条款时，一是着重审查质量要求的全面性，防止存在漏项；二是审查各项质量要求的准确性（对于专业性较强的广告业术语，可通过与客户或广告领域的专业人员进行咨询后加以确定）。

四、交付及验收条款审查

就广告合同而言，由于合同标的的不同，其交付及验收内容亦不相同。具体而言：

在广告设计阶段，交付的内容为广告作品，一般为可用于印刷、喷绘的电子版广告设计图，是进行广告制作的基础素材，如果没有广告设计图，就不可能进行广告制作。对于广告设计作品的交付，主要审查关于交付的时间、方式以及广告作品的格式方面的约定是否明确。就验收而言，并无特殊标准，因为广告的设计通常属于艺术创作并以智力成果体现，因此难以用客观的技术指标来进行检验，但在设计过程中一般都会经过广告主的审查确认后才会交付，从这个角度讲，广告主的要求就是验收标准，若广告主不认可该设计作品，必然会提出相应的修改意见。

在广告制作阶段，广告经营者或广告发布者交付的内容为制作完成的广告，也可称之为成品广告，一般为有形物（如广告传单、广告画面）或者是承载于有形物之中的广告作品（如光盘、移动存储器）。在交付条款审查方面，主要审查交付的时间、方式。在验收条款方面，主要审查是否约定了明确的验收标准，一般而言可以从成品广告的材质、规格、色彩、像素、分辨率、格式等方面进行约定。

在广告发布阶段，广告发布者为广告主发布广告，若是在广告设施上发布广告，广告发布的实质内容是广告的安装，安装完成之后由广告主进行验收，主要验收标准就是广告安装是否按时完成，是否安全牢固，表面是否平整以及广告画面是否清洁完整等。而对于广播影视类、互联网类的广告发布，主要验收标准就是广告发布的位置、时间、规格、画面是否与成品广告一致等。律师审查的重点仍然是交付及验收条款的全面性、明确性和可操作性。

五、费用条款审查

广告合同中涉及的费用项目较多，需要根据合同实际情况进行约定。除了核心的广告设计费、制作费和发布费之外，在广告设计合同中，还可能涉及第三人权利许可费（如肖像权许可使用费、著作权许可使用费等）、拍摄费；在广告制作合同中，还可能涉及材料费；在广告发布合同中，还可能涉及审查费、安装费、设施费、维修费等相关费用。律师在审查广告合同的费用条款时，一是审查有关费用项目是否全面，二是审查有关费用的承担主体、数额及支付方式等是否明确。

六、保密条款审查

在广告合同中，广告的经营者、发布者必然会接触到广告主的一些商业信息，尤其是与广告事项相关的信息，其中可能包括需要保密的信息。对于与广告事项无关的保密信息，不论是对于广告主还是广告经营者、广告发布者，均需要承担保密义务。对于与广告事项有关的信息，虽然广告本身就是为了公开、广而告之，但并不意味着与广告事项有关的一切信息都是广告主愿意公开的，对于广告主不愿意公开的信息（比如其产品的技术秘密、与第三方的合同细节、广告合同本身的有关信息等），广告经营者或广告发布者亦应承担相应的保密义务。此外，出于商业营销和广告效果的考虑，即使对于广告本身而言，在正式发布之前，广告主也可能有保密的要求，在此种情况下，也应当约定在广告发布之前，广告经营者或广告发布者的保密义务。因此，就广告合同的保密条款而言，重点在于审查保密信息的范围和保密期限，其他方面的审查，可参照本书第十二章的内容进行。

七、违约条款审查

在广告合同中，广告主的主要合同义务是支付广告费用、提供广告素材、办理广告审批以及相关的协作义务，而广告经营者的主要合同义务是按照广告主的要求及时完成广告的设计、制作并交付工作成果，广告发布者的主要合同义务是按照广告主的要求及时发布广告并负责广告发布后的监测、维护、报告等。因此，在广告合同中，对于广告主而言，主要的违约责任是未按照约定支付费用、提供广告素材、办理广告审批以及未适当履行协作义务而应承担的责任。对于广告经营者而言，主要的违约责任是未按照约定（包括时间、质量、数量等）完成广告的设计制作而应承担的责任。对于广告发布者而言，主要的违约责任是未按照约定完成广告的发布（如发布时间、发布位置、质量、次数等）而应承担的责任。

律师在审查广告合同的违约条款时，一是要审查违约情形的全面性，即是否全面约定了各方的违约责任情形。二是要审查违约责任是否明确化，即要明确不同违约情形下所应承担的责任（如支付违约金、补发、延长发布期限、赔偿损失等），同时可以将合同解除权与违约责任一并约定，即在一方严重违约的情况下，守约方可以解除合同并追究违约方的违约责任。其他方面可参照本书第十一章内容进行审查。

八、知识产权条款审查

在广告设计及制作过程中，必然会涉及完成广告作品的知识产权问题，因此，应当明确约定设计完成的广告作品的知识产权归属以及广告作品的使用范围。若约定归属于广告主，则应同时约定广告经营者对广告作品的使用范围（如不得用于商业用途，仅能作为其业绩的证明或介绍等），反之则需要对广告主的使用范围进行约定（如仅能用于本项目的宣传等）。此外，在广告的设计制作过程中，可能会涉及第三方的合法权利保护问题（比如使用第三人拥有著作权的图片、素材，使用第三人的肖像等）。《广告法》第三十三条规定：“广告主或者广告经营者在广告中使用他人名义或者形象的，应当事先取得其书面同意；使用无民事行为能力人、限制民事行为能力人的名义或者形象的，应当事先取得其监护人的书面同意。”因此，在广告合同中需要对第三人权利的保护等事宜进行约定，一方面是约定由哪一方负责获得第三人的授权，另一方面是对侵权责任（侵犯第三人合法权利而产生的责任）的约定。实践当中，一般而言，“谁提供，谁负责”是基本原则，但当事人也可以作出其他约定。在广告发布合同中，广告主应当拥有广告作品的知识产权或合法使用权，而广告发布者应当履行必要的审查核对义务。

九、争议解决条款审查

对于广告合同而言，当事人可选择诉讼或仲裁解决，实践中一般均是通过诉讼方式解决。在双方没有约定的情况下，由被告所在地或合同履行地人民法院管辖。至于争议解决条款的其他方面的审查，可参照本书第十二章相关内容。

十、其他程序性条款审查

其他程序性条款主要包括合同生效、合同份数、合同附件、通知与送达等条款，属于通用型条款，参照本书第十二章相关内容进行审查即可。

第四节　广告合同审查示例

在本节中，笔者以一份两个公司之间的《广告牌制作服务协议》为例，详细演示广告合同的审查修改要点及方法。

修改立场：本合同中笔者为广告主（甲方）的法律顾问。在谈判地位上，广告主相对占优势。

序号	待审合同	存在的问题	审查修改后的合同	修改方法
名称	广告牌制作服务协议	合同标题不能准确反映合同内容	广告牌设计制作及安装服务协议	补增
主体	甲方：天津××资源有限公司 乙方：天津××展示有限公司	合同主体信息不全表述不规范	甲方：天津××资源有限公司 住所地：________ 法定代表人：________ 统一社会信用代码：________ 乙方：天津××展示有限公司 住所地：________ 法定代表人：________ 统一社会信用代码：________	补增
鉴于		缺少合同首部的介绍性条款，显得突兀	甲方因举办××比赛活动，需要制作相关广告牌。就甲方委托乙方提供广告设计、制作、安装及维护（以下统称项目）事宜，经甲乙双方协商一致，达成本协议，供双方共同遵守。	补增
一	赛场广告制作的时间要求 1. 制作时间：2019 年 6 月 26 日至 2019 年 6 月 27 日。 2. 安装和摆放时间：2019 年 6 月 28 日至 2019 年 6 月 30 日。 3. 摆放地点及摆放要求：天津市南开区××宾馆新闻发布厅、混合采访区、观众入口处和赛场四周等指定位置摆放。 4. 撤场时间：2019 年 8 月 1 日。	条款标题与内容不一致 表述不严谨 存在漏项	项目时间要求 1. 设计时间：2019 年__月__日至 2019 年__月__日。 2. 制作时间：2019 年 6 月 26 日至 2019 年 6 月 27 日。 3. 安装和摆放时间：2019 年 6 月 28 日至 2019 年 6 月 30 日。 4. 现场维护时间：2019 年 6 月 30 日至 2019 年 7 月 31 日。 5. 撤场时间：2019 年 8 月 1 日。	删改 补增 提示

续表

序号	待审合同	存在的问题	审查修改后的合同	修改方法
二	项目内容及标准 甲方委托乙方负责的项目内容包括： 1. 赛场场地广告设计； 2. 广告制作、安装及摆放； 3. 赛事期间场地广告的维护； 4. 比赛结束后撤场。 以上清单详见附件。	表述不严谨	项目内容及标准 甲方委托乙方负责的项目内容包括： 1. 广告设计； 2. 广告制作、安装及摆放； 3. 赛事期间场地广告的维护； 4. 赛事结束后撤场。 具体内容及标准详见附件。	删改
三	项目费用付款方式 1. 甲方向乙方支付的总费用为人民币：34959.65 元（大写：叁万肆仟玖佰伍拾玖元陆角伍分），该费用为乙方完成本合同约定的各项工作甲方所需支付的全部费用，除甲方增项需要另行计费之外，无需再支付其他费用。 2. 付款时间 待比赛完成撤场完毕且乙方开具足额发票后，甲方在 5 个工作日内一次性向乙方支付合同总费用人民币：34959.65 元（大写：叁万肆仟玖佰伍拾玖元陆角伍分）。	表述不严谨 费用数额重复	项目费用及支付 1. 甲方向乙方支付的总费用为人民币：34959.65 元（大写：叁万肆仟玖佰伍拾玖元陆角伍分），该费用为乙方完成本合同约定的各项工作甲方所需支付的全部费用，除甲方增项需要另行计费之外，无需再支付其他费用。 2. 付款时间 待比赛结束乙方撤场完毕并开具足额发票后，甲方在 5 个工作日内一次性向乙方支付前款约定的合同总费用。	删改

续表

序号	待审合同	存在的问题	审查修改后的合同	修改方法
四		未约定广告设计、制作事项，属于漏项	广告设计及制作 1. 甲方应当向乙方提供基础广告素材，具体包括________________。 2. 甲方提供上述素材的时间为 2019 年____月____日之前，甲方逾期提供的，乙方的设计时间顺延。 3. 乙方应当于甲方提供上述素材后 5 日内提交设计初稿，甲方于收到后 1 日内提出审查意见并反馈给乙方，乙方在 2 日内进行修改并重新提交甲方审查确认。甲方审查时间延长的，乙方设计时间顺延。 4. 经甲方审查确认后，乙方负责按照本合同第一条规定的时间进行广告的制作。	补增提示建议
五	工程变更 1. 安装和摆放过程中，如因甲方原因需对施工内容进行变更的，由甲方承担因此增加的费用。 2. 安装和摆放过程中，因场地情况、水电配套及其他原因，需要调整施工方案的，乙方需立即通知甲方，甲方负责协调解决。 3. 乙方安装和摆放过程中如根据具体情况需要变更施工方案的，需征得甲方的同意。	标题和内容不一致表述不严谨	广告安装和摆放 1. 广告制作完成后，乙方负责运送到甲方指定地点进行安装摆放。摆放地点为天津市南开区××宾馆新闻发布厅、混合采访区、观众入口处和赛场四周，具体位置由甲方现场指定。 2. 安装和摆放过程中，如因甲方原因需对安装摆放内容进行变更的，由甲方承担因此增加的费用。 3. 安装和摆放过程中，因场地情况、水电配套或其他原因，需要调整安装摆放方案的，乙方需立即通知甲方，甲方负责协调解决，未经甲方同意，乙方不得擅自调整。	删改

续表

序号	待审合同	存在的问题	审查修改后的合同	修改方法
六	甲方的权利义务 1. 甲方有权对乙方的制作、安装和摆放过程进行现场检查并对发现的问题提出意见。 2. 甲方有权在乙方制作完成后对制作的广告和广告板进行验收。 3. 甲方负责办理项目设计、制作、安装和摆放所需的各类报批手续并承担相关费用，如因此造成无法正常施工的相关后果由甲方负责。 4. 甲方提供的施工场地需平整、清洁，适合安装。如有地面和地下的电缆或管道将会影响搭建施工，甲方应提供必要的图纸以供乙方参考。 5. 甲方应在乙方制作、安装和摆放搭建及拆卸过程中提供一切工程所需条件，包括但不限于电源、水源、道路通畅。如因场地原因造成不能施工，甲方应协调解决，因此造成的工期顺延乙方不承担责任。 6. 甲方在赛事过程中应妥善使用并保护乙方各工作成果，不得涂鸦、污染、拆卸、挪移等，否则应承担因此造成的后果。	表述不严谨	甲方的权利义务 1. 甲方有权对乙方的设计、制作、安装和摆放过程进行现场检查并对发现的问题提出意见，乙方应当按照甲方的意见进行整改。 2. 甲方有权在乙方制作完成后对制作的广告和广告板进行验收。 3. 甲方负责办理项目设计、制作、安装和摆放所需的各类报批手续并承担相关费用，如因此造成无法正常施工的相关后果由甲方负责。 4. 甲方提供的施工场地需平整、清洁，适合安装。如有地面和地下的电缆或管道将会影响搭建施工，甲方应提供必要的图纸以供乙方参考。 5. 甲方应在乙方制作、安装和摆放搭建及拆卸过程中提供一切工程所需条件，包括但不限于电源、水源、道路通畅。如因场地原因造成不能施工，甲方应协调解决，因此造成的工期顺延乙方不承担责任。 6. 甲方在赛事过程中应妥善使用并保护乙方各工作成果，不得涂鸦、污染、拆卸、挪移等，否则应承担因此造成的后果。	补增 删改

续表

序号	待审合同	存在的问题	审查修改后的合同	修改方法
七	乙方的权利义务 1. 乙方有权要求甲方支付由于甲方增项所签订补充协议的价款。 2. 乙方应严格按照约定的时间、物料明细要求进行施工。 3. 乙方制作、安装和摆放过程中遇到任何可能影响施工的问题，需立即告知甲方，并有义务采取必要的紧急措施加以控制。 4. 乙方负责制作、安装和摆放过程中安全保障义务，避免发生施工事故，否则乙方承担全部责任。 5. 乙方负责赛事期间场地广告等的维护工作。 6. 乙方负责保证施工过程中不破坏场地，并于赛事结束后清撤所有广告和广告板搭建物。	表述不严谨 存在遗漏	乙方的权利义务 1. 乙方有权要求甲方支付由于甲方增项所签订补充协议约定的价款。 2. 乙方应严格按照约定的时间、物料明细要求进行广告的设计、制作、安装、摆放及维护。 3. 乙方制作、安装和摆放过程中遇到任何可能影响施工的问题，需立即告知甲方，并有义务采取必要的紧急措施加以控制。 4. 乙方负责制作、安装和摆放过程中的安全保障义务，避免发生施工事故，否则乙方承担全部责任。 5. 乙方负责赛事期间广告的维护，如出现损毁、污染的，立即予以修复。因乙方怠于维护或疏于维护而产生的一切责任和事故由乙方承担全部责任。 6. 乙方负责保证施工过程中不破坏场地，并于赛事结束后清撤所有广告和广告板搭建物。	删改 补增
八		遗漏知识产权条款	知识产权约定： 1. 甲方对其提供的素材的知识产权承担责任，若侵犯第三人合法权益的，由甲方承担责任。 2. 乙方对其设计制作的广告的知识产权承担责任，若侵犯第三人合法权益的，由乙方承担全部责任。 3. 乙方设计制作的广告的知识产权归甲方所有，未经甲方书面同意，乙方不得擅自使用。	补增

续表

序号	待审合同	存在的问题	审查修改后的合同	修改方法
九		遗漏保密条款	乙方对于在本协议的签订及履行过程中知悉的甲方的商业秘密，未经甲方书面同意不得向任何第三方泄露。否则由此产生的责任由乙方承担，造成甲方损失的，由乙方予以赔偿。保密期限为永久保密，除非相关信息已经公开。	补增
十	违约责任 1. 甲方逾期支付任一期合同价款，需按逾期部分的日千分之三向乙方支付违约金。 2. 乙方逾期完成任何一项工作的，每逾期一天，需按合同总价的日千分之三向甲方支付违约金，逾期超过 10 天，甲方有权单方解除本合同并追究乙方的违约责任，违约金不足以弥补甲方损失的，乙方应当继续予以赔偿。 3. 乙方未按甲方提供的广告文件制作的广告侵犯第三人合法权益的，一切责任由乙方承担，造成甲方损失的，甲方有权向乙方追偿。 4. 乙方制作的广告存在质量问题或安装存在安全隐患，或由于乙方疏于维护，造成甲方或第三方损失的，由乙方承担全部赔偿责任。	表述不严谨 违约责任不全面	违约责任 1. 甲方逾期支付任一期合同价款，需按逾期部分的日千分之三向乙方支付违约金。 2. 乙方逾期完成设计、制作、安装及摆放等任何一项工作的，每逾期一天，需按合同总价的日千分之三向甲方支付违约金，逾期超过 10 天，甲方有权单方解除本合同并追究乙方的违约责任，违约金不足以弥补甲方损失的，乙方应当继续予以赔偿。乙方未按约定提供广告维护或逾期完成撤场，每逾期一天，需按合同总价的日千分之三向甲方支付违约金，同时甲方有权自行委托第三方代为完成该等任务，相关费用由乙方承担。 3. 乙方制作的广告侵犯第三人合法权益的，一切责任由乙方承担，造成甲方损失的，甲方有权向乙方追偿。 4. 乙方制作的广告存在质量问题或安装存在安全隐患，或由于乙方疏于维护，造成甲方或第三方损失的，由乙方承担全部赔偿责任。	删改 补增

续表

序号	待审合同	存在的问题	审查修改后的合同	修改方法
十一	不可控因素 如遇恶劣天气（指：天气预报所预告之冰雹，大暴雨，或风力大于7级，或积雪厚度超过5厘米）造成广告位等需要加固、拆改的，由乙方负责，但乙方不承担由此而给甲方或任何第三方所带来的任何损失责任。	表述不严谨	不可控因素 如遇恶劣天气（指：天气预报所预告之冰雹，大暴雨，或风力大于7级，或积雪厚度超过5厘米）造成广告位等需要加固、拆改的，由乙方负责加固、拆改并承担费用，但乙方不承担由此而给甲方或任何第三方所带来的任何损失责任。	补增
十二	争议解决 如因履行本合同发生任何争议，由甲方所在地法院管辖。	表述不规范	争议解决 因本协议所产生之争议，由甲方所在地有管辖权的人民法院管辖。	删改
十三	本合同自双方签字盖章之日起生效，一式六份，甲方持有四份，乙方持有两份，具有同等法律效力。 （以下签署页，无正文）	未约定附件 应将“合同”改为“协议”，保持统一	其他 1. 本协议自双方签字盖章之日起生效，一式六份，甲方持有四份，乙方持有两份，具有同等法律效力。 2. 本协议包括一个附件，即《比赛广告牌制作报价明细》，是本协议的组成部分。 （以下签署页，无正文）	补增 删改
签署	甲方（盖章）： 代表签字： 2019年　　月　　日 乙方（盖章）： 代表签字： 2019年　　月　　日	无	甲方（盖章）： 代表签字： 2019年　　月　　日 乙方（盖章）： 代表签字： 2019年　　月　　日	

第二十六章　咨询服务合同审查要点解析

第一节　服务合同及咨询服务合同概述

服务合同并非《民法典》规定的19种典型合同之一，但属于非常常见的合同类型之一。顾名思义，服务合同就是服务提供方提供服务、服务接受方给付对价的合同，其本质是“服务”和“服务费”之间的对价交易。

作为典型的双务有偿合同之一，其与买卖合同最大的区别就在于买卖合同是以具体的货物为标的物，而服务合同是以抽象的服务为标的物。服务与货物相比较而言，货物是有形的，可以从货物的品名、规格、型号、花色、产地等角度进行准确的界定。而服务是“无形”的，很难用文字准确描述。在质量标准方面，服务质量相当于买卖合同中的货物质量。所不同的是，货物质量通常都有统一的质量标准，而服务质量通常没有统一的质量标准，而取决于当事人之间的约定，即约定标准。生活中所称的“服务质量”是对服务的总体感受和判断，具有主观性和个体性的特点，更多地体现为服务接受者对服务的满意程度，常常因人而异。但从合同的角度，应当尽量避免这种不确定性和随意性，以免产生纠纷而无判断标准。在咨询服务合同中，服务质量指的是咨询服务的整体质量，通常需要从服务时间、进度、服务成果等多个方面来综合判断。

“服务”，是一个外延非常广泛的词语，按照《现代汉语词典》的解释，服务是指“为集体（或别人）的利益或为某种事业而工作”[①]，以提供劳动的

---

① 中国社会科学院语言研究所词典编辑室编：《现代汉语词典》，商务印书馆2016年版，第400页。

形式满足他人某种利益需要。从这个概念上讲，咨询、广告、设计、培训、运输、仓储、保管、监理、中介、旅游、代理、技术开发、会议、住宿、餐饮等，都可以囊括在“服务”的范围之内。从本质上讲，这些活动确实也都属于服务，只不过服务的内容不同而已。从法律实务的角度，对于有相关的法律法规或行业标准予以规定的“服务”类型，应当结合相关的规定来进行审查，本书中也对一部分具体的服务合同（如中介、委托、运输、广告等）的审查进行了讨论，因此，本章着重讨论既没有针对性的法律规定，也没有相应的行业标准的“通用型服务合同”的审查，并以此来总结和梳理服务类合同的审查要点。

咨询服务合同是较为典型的通用型服务合同。在实践当中，咨询服务合同非常常见，但并没有针对咨询服务的法律规定或者行业标准，相关内容完全取决于当事人的供需匹配程度和双方的约定。在笔者审查过的咨询服务合同中，有的合同内容比较完善，可执行性较强，而有的合同则非常粗糙，甚至无法看出究竟是提供什么服务，没有明确的服务内容，也没有相应的判断标准，更像是一份商业计划书，基本没有可执行性。为此，笔者将基于咨询服务合同的核心条款来讨论咨询服务合同的审查问题。所谓咨询服务合同，简要地讲，就是一方为另一方提供咨询服务并收取咨询费用的合同。此处所称的咨询，主要是指商务咨询，包括商业信息的收集、提供以及商业辅助服务，如市场调研、行业分析、战略规划、管理咨询等。

第二节　咨询服务合同的基本条款

结合《民法典》第四百七十条第一款的相关内容及实践经验，咨询服务合同的基本条款主要包括：

1. 合同主体条款，包括合同当事人的名称（姓名）、住所等基本信息。

2. 服务内容条款，即提供咨询的一方究竟提供什么样的咨询服务，是服务提供方的核心义务之一，所有的服务合同都应当明确约定服务内容。

3. 服务时间条款，包括服务进度安排及整体服务期限。

4. 服务地点条款，主要包括服务提供方在什么地方提供服务以及相应的成本费用如何承担等内容。

5. 服务人员条款，即由什么样的人员来提供合同项下的具体服务。

6. 服务成果条款，此为服务接受方的核心目的，也是服务提供方的核心义务条款之二，主要包括服务成果的形式、提交及验收等内容。

7. 服务费用条款，即服务接受方应当支付的服务对价，是服务提供方的核心目的，也是服务接受方的核心义务条款，主要包括费用标准、支付时间、支付方式等内容。

8. 知识产权条款，即对于服务成果知识产权归属及使用方面的规定。

9. 保密条款，主要是针对提供咨询的一方保密义务的规定。

10. 违约条款，主要是关于双方违约责任的约定。

11. 争议解决条款，即约定发生争议后如何解决。

12. 其他程序性条款，包括合同生效、份数等。

第三节　咨询服务合同审查要点

一、合同主体条款审查

咨询服务合同的主体包括服务接受方和服务提供方，对于其基本信息等方面的审查，可参照本书第七章的内容进行，务必达到全面、准确的标准。我国法律对于咨询服务合同在主体资质方面没有特殊的限制，只要具备相应的民事行为能力即可。从实践经验来看，咨询服务合同主要存在于企业之间。

二、服务内容条款审查

通用型服务合同的服务内容取决于三个方面：一是服务接受方的需求，即接受方根据自身的经营管理情况来决定其究竟需要哪些方面的服务；二是服务提供方的服务能力，即服务提供方能否满足接受方对服务的要求；三是双方的谈判结果。咨询服务合同中服务提供方提供的是“咨询服务”，但“咨询”本身就是一个外延非常宽泛的商业或生活用语，没有统一的内容，只能从项目名称、服务目的、服务内容、服务时间、服务人员、服务地点、服务节点、服务标准等方面来对具体项目中的“服务”加以确定。

服务内容是指服务提供方提供的具体服务事项，即究竟提供哪些方面的服务。服务内容是衡量服务提供方是否适当履行合同义务的基本依据，也是服务提供方据以收取服务费用的基本依据，与服务提供方的服务成本密切相关，如果服务内容较多，服务成本势必增加，服务费用也随之增加，反之则减少。因此，在服务合同中，必须要明确界定服务范围。在审查咨询服务合同时，除了审查服务范围是否明确、具体之外，还应当审查服务事项是否合法。如果服务事项违法，轻则导致合同无效，重则可能导致行政处罚责任甚至刑事责任。

三、服务时间条款审查

服务时间条款，包括服务的整体期限和进度安排两个方面的内容。整体服务期限可以是一个有明确起止时间的期间，也可以约定以咨询服务事项完毕作为截止日期，具体期限因项目不同而异，但服务期限应当是明确的，因为服务期限会直接影响到服务提供方的服务成本，而且无明确期限的合同也容易使合同关系处于不确定状态。在咨询服务合同中，还有一个重要的关于时间方面的条款就是服务的时间节点及进度安排，原因在于咨询服务往往存在时间跨度（即时性的口头咨询除外），咨询成果也并非一蹴而就，因此，服务接受方通常会在合同中要求服务提供方就咨询服务的进度和时间节点安排作出承诺，以此来掌控服务的方向和进度，同时也作为衡量服务是否满意的内容之一。不同服务项目的服务进度安排不同，但基本内容应当涵盖时间节点和该阶段的主要工作，即需要明确服务提供方在哪个时间段完成哪些工作。

四、服务地点条款审查

服务地点是指服务提供方具体提供服务的位置及场所，主要解决服务的便利程度问题，同时也会影响到服务成本，尤其在跨地区服务的情况下，若给服务接受方提供“上门服务”，则意味着服务提供方的时间成本和差旅成本增加。因此，在咨询服务合同中应当明确服务的地点，具体的服务地点应当以满足项目需要和保障服务质量为原则而加以约定，需要注意的是，在跨区域服务的情况下，应当约定“上门服务”的次数以及成本的承担问题。

五、服务人员条款审查

由于“服务”的抽象性，导致很难有一套客观的标准能够用来衡量服务的“好”与“坏”，更多地体现为服务接受方的要求和主观感受，也体现为服务提供方的服务人员和服务水平。服务人员的专业水平、责任心、沟通能力及综合素质的差别会直接影响服务的质量。因此，服务接受方通常会要求服务提供方亲自完成咨询服务而不得转包给第三方，同时还会进一步要求服务提供方将具体的服务人员加以明确和固定，以期保障服务质量。对于服务人员的约定，可以约定为具体的个人，也可以约定为具有某些资质或证书的人员类型，同时还应进一步考虑既定的服务人员是否可以进行更换以及如何更换的问题。

六、服务成果条款审查

服务成果是服务提供方的核心义务，也是服务接受方的核心目的。服务合同中所有的约定都是为了确保服务成果能够符合服务接受方的要求，但这种要求应当避免随意性和不确定性，而应当尽可能约定一些相对客观的衡量标准，具体应包括以下几个方面：

1. 服务成果的体现形式，一般应当体现为各种工作报告和咨询报告，也可体现为阶段性报告和最终报告；

2. 服务成果的提交，具体包括提交的时间和提交形式；

3. 服务成果的验收，具体包括验收标准、验收程序以及验收不合格的情况下如何修改完善并重新提交等内容。

七、服务费用条款审查

服务费用是服务提供方的核心目的，也是服务接受方的核心义务，主要包括服务报酬和工作费用两个方面。

1. 服务报酬，是指服务提供方提供服务所应获得的工作报酬。在合同中应当约定服务报酬的数额或计算方式，以及支付时间、支付额度、发票开具等内容。

2. 工作费用，是指服务提供方为完成服务工作而支出的必要费用，如交通费、食宿费、复印费、打印费、查阅费等。在合同中应当明确这些工作费用是否已经包含在服务报酬之中，如果没有包括，则应进一步明确费用的承担主体及承担方式。对于服务提供方而言，如果服务费用中已经包括工作费用，则应当尤为注意服务地点的问题，注意限制“上门服务”的次数，以免造成工作费用的大量增加而导致报酬的减少。

八、知识产权条款审查

在咨询服务合同中，应当特别注意知识产权方面的约定，具体包括：

1. 服务成果的知识产权归属，一般而言，服务成果的知识产权归属于服务接受方，服务提供方可以拥有署名权及合理的使用权，但应当进一步明确合理使用的情形和范围。

2. 服务过程中涉及第三方知识产权的问题，如果在服务过程中需要使用第三方拥有知识产权的信息、数据、文献等资料的，应当明确相关使用费的承担主体及承担方式。通常情况下，由于服务提供方最清楚是否需要使用以及是否实际使用了第三方的权利资料，因此一般均会约定由服务提供方承担相关使用费。

3. 对于服务成果知识产权不侵权的承诺，即服务提供方应当就其提供的服务成果不侵犯第三方合法权益做出承诺，并承担违反承诺的相关法律责任。

九、保密条款审查

在咨询服务合同中，服务提供方是主要的保密义务主体，保密的范围主要包括所知悉的服务接受方的商业秘密以及服务成果本身有关内容。从合同条款审查的角度，应当明确保密范围、保密方式、保密期间以及相应的保密责任等内容，具体可参照本书第十二章相关内容。

十、违约条款审查

在咨询服务合同中，违约责任应当针对双方当事人的主要合同义务来进行约定。对于服务接受方而言，其主要的合同义务是支付服务报酬以及相关的协助义务（如提供基础资料、提供工作便利等）；对于服务提供方而言，其主要的合同义务体现在服务内容、服务时间、服务人员、服务成果等方面。因此，在咨询服务合同中应当针对不同的合同义务约定相应的违约责任，在违约责任形式及注意事项等方面与其他合同并无二致，参照本书第十一章内容进行审查即可。

十一、争议解决条款审查

对于咨询服务合同而言，当事人可选择诉讼或者仲裁解决，实践中一般均是通过诉讼方式解决。在双方没有约定的情况下，由被告所在地或合同履行地人民法院管辖。至于争议解决条款的其他方面的审查，可参照本书第十二章相关内容。

十二、其他程序性条款审查

其他程序性条款主要包括合同生效、合同份数等，属于通用型条款，参照本书第十二章相关内容进行审查即可。

第四节　咨询服务合同审查示例

在本节中，笔者以一份某工业园区管委会（委托方）与某咨询公司的《项目合作协议》（合同主要内容就是咨询服务）为例，详细演示咨询服务合同的审查修改要点及方法。

修改立场：本合同中笔者为委托方的法律顾问。在谈判地位上，委托方相对强势。

序号	待审合同	存在的问题	审查修改后的合同	修改方法
名称	项目合作协议	协议名称不准确	项目研究咨询服务协议	删改 补增
主体	甲方：天津市××产业园区管委会 乙方：北京××企业管理咨询有限公司	合同主体信息不准确、不全面	甲方：天津市××产业园区管理委员会 住所地：________ 法定代表人：______ 统一社会信用代码：____ 乙方：北京××企业管理咨询有限公司 住所地：________ 法定代表人：______ 统一社会信用代码：______	删改 补增
鉴于	甲方系天津市示范工业园区、市级高新区、国家自主创新示范区“一区二十一园”××科技园的重要组成部分。乙方系国内知名社会智库、在国内外具有较大影响力的新经济专业咨询机构。为推动××产业园区实现高质量发展，经双方友好协商，双方签订本协议，具体内容如下：	对于协议的签署背景及目的的介绍不够全面 表述不规范	甲方系天津市示范工业园区、市级高新区、国家自主创新示范区“一区二十一园”××科技园的重要组成部分。乙方系国内知名社会智库、在国内外具有较大影响力的新经济专业咨询机构。为推动××产业园区实现高质量发展，经双方友好协商，就乙方为甲方创建国家高新区可行性及发展战略规划研究项目（以下简称项目）提供项目研究及咨询服务事宜签订本协议，具体内容如下：	补增 删改

续表

序号	待审合同	存在的问题	审查修改后的合同	修改方法
一	一、项目咨询内容 按照××产业园区创建国家高新区的工作安排，为实现“以升促建”的目的，开展项目研究和咨询服务，具体合作内容包括三个部分： （一）可行性研究分析 乙方通过分析国家高新区创建标准、创建要求、发展态势，分析××产业园区的基础条件，分析华明高新区创建国家高新区的发展诉求和重要意义，并提出下一步创建国家高新区的路径设计，充分说明××产业园区创建国家高新区的重要性、必要性和可行性，形成《××产业园区创建国家高新区可行性研究报告》（WORD格式）。 （二）发展战略规划研究 为推动××产业园区未来10年的高质量发展，乙方将围绕高新区的主导产业发展、科技创新体系建设、科技创业工作推动、管理体制机制市场化改革、创新型市场主体培育等方面，开展深入研究，进行顶层战略设计和谋划，提供具有前瞻性、可操作、可实施的战略举措，完成《××产业园区发展战略规划研究报告》（PPT	条款标题不严谨 条款序号与其他条款不统一	一、项目服务内容 按照××产业园区创建国家高新区的工作安排，为实现“以升促建”的目的，开展项目研究和咨询服务，具体内容包括三个部分： 1.1 可行性研究分析 乙方通过分析国家高新区创建标准、创建要求、发展态势，分析××产业园区的基础条件，分析华明高新区创建国家高新区的发展诉求和重要意义，并提出下一步创建国家高新区的路径设计，充分说明××产业园区创建国家高新区的重要性、必要性和可行性，形成《××产业园区创建国家高新区可行性研究报告》（WORD格式）。 1.2 发展战略规划研究 为推动××产业园区未来10年的高质量发展，乙方将围绕高新区的主导产业发展、科技创新体系建设、科技创业工作推动、管理体制机制市场化改革、创新型市场主体培育等方面，开展深入研究，进行顶层战略设计和谋划，提供具有前瞻性、可操作、可实施的战略举措，完成《××产业园区发展战略规划研究报告》（PPT格式）、《××产业园区发展战略规划（2019—2028）》（WORD格式）。 1.3 创建国家高新区材料编制 根据甲方实际需求，按照科技部对创建国家高新区的	删改

续表

序号	待审合同	存在的问题	审查修改后的合同	修改方法
一	格式）、《××产业园区发展战略规划（2019—2028）》（WORD 格式）。 （三）创建国家高新区材料编制 根据甲方实际需求，按照科技部对创建国家高新区的申报材料要求，乙方在前期完成战略规划的基础上，继续编制完成《××产业园区创建国家高新区汇报材料》《××产业园区产业发展规划》，均为 WORD 格式，形成创建国家高新区的三个主要材料。同时，按照科技部的附件资料清单要求，甲方完成省级高新区升级的附件资料汇编，乙方给予指导和协助。		申报材料要求，乙方在前期完成战略规划的基础上，继续编制完成《××产业园区创建国家高新区汇报材料》《××产业园区产业发展规划》，均为 WORD 格式，形成创建国家高新区的三个主要材料。同时，按照科技部的附件资料清单要求，甲方完成省级高新区升级的附件资料汇编，乙方给予指导和协助。	
二	项目组织方式 2.1 双方成立项目领导小组，由双方高层领导参加。其中，乙方高层人员将指导项目执行小组工作，听取项目执行小组阶段性汇报，参与领导小组讨论。 2.2 双方成立项目工作执行小组：乙方派出有丰富经验与专业能力的 4—5 名咨询人员，甲方派出相应人员 1—2 名。甲乙双方分别指定一名项目经理，负责设计项目工作总方案、制订项目工作计划、组织团队成员执行项目计划。	表述不严谨 对于项目小组负责人的规定存在歧义，可操作性不强，且容易产生相互推责的问题	项目组织方式 2.1 双方成立项目领导小组，由双方高层领导参加。其中，乙方高层人员将指导项目执行小组工作，听取项目执行小组阶段性汇报，参与领导小组讨论。 2.2 双方成立项目工作执行小组：由乙方派出有丰富经验与专业能力的 4—5 名咨询人员，甲方派出 1—2 名工作人员共同组成。项目小组负责人由乙方指派一名咨询人员担任，负责设计项目工作总方案、制订项目工作计划、组织团队成员执行项目计划。 2.3 项目运行中，甲方向乙方提供项目所需的信息，向乙方咨询人员开放已有的资料文件（甲方有保密义务的信息和资料文件除外）。	删改

续表

序号	待审合同	存在的问题	审查修改后的合同	修改方法
二	2.3 项目运行中，甲方向乙方提供项目所需的信息，向乙方咨询人员开放已有的资料文件，甲方有保密义务的信息和资料文件除外。			
三	项目运行阶段 自协议签订之日起，本项目主体工作为期17个工作周（节假日顺延），共分为三个阶段： 3.1 第一阶段：可行性研究阶段，为期3个工作周 主要工作：完成现场调研和可行性研究报告。主要针对天津市相关部门、园区管委会、代表性企业等进行调研，了解××产业园区创建国家高新区的必要性、可行性。乙方在现场调研和资料分析的基础上，编制完成《××产业园区创建国家高新区可行性研究报告》初稿（WORD格式），向甲方汇报初步成果。在听取甲方及各方意见之后，修改完善《××产业园区创建国家高新区可行性研究报告》（WORD格式）。 3.2 第二阶段：战略规划研究阶段，为期	无	项目运行阶段 自协议签订之日起，本项目主体工作为期17个工作周（节假日顺延），共分为三个阶段： 3.1 第一阶段：可行性研究阶段，为期3个工作周 主要工作：完成现场调研和可行性研究报告。主要针对天津市相关部门、园区管委会、代表性企业等进行调研，了解××产业园区创建国家高新区的必要性、可行性。乙方在现场调研和资料分析的基础上，编制完成《××产业园区创建国家高新区可行性研究报告》初稿（WORD格式），向甲方汇报初步成果。在听取甲方及各方意见之后，修改完善《××产业园区创建国家高新区可行性研究报告》（WORD格式）。 3.2 第二阶段：战略规划研究阶段，为期8个工作周 主要工作：完成战略规划研究报告和规划文本。预计用1周左右时间，在第一阶段调研的基础上，针对相关政府部门、代表性企业、科技服务机构、创新创业平台载体，开展补充调研。预计用5周时间，在前期调研、资料梳理、可行性研究基础上，开展战略规划	

续表

序号	待审合同	存在的问题	审查修改后的合同	修改方法
三	8个工作周 主要工作：完成战略规划研究报告和规划文本。预计用1周时间，在第一阶段调研的基础上，针对相关政府部门、代表性企业、科技服务机构、创新创业平台载体，开展补充调研。预计用5周时间，在前期调研、资料梳理、可行性研究基础上，开展战略规划的总体思路、战略定位、产业定位、创新创业生态、管理体制等方面的深入研究，形成《××产业园区发展战略规划研究报告》初稿，并向甲方汇报初步成果。预计用2周时间，根据甲方反馈意见，修改完善研究报告，编制《××产业园区发展战略规划（2019—2028）》初稿。 3.3第三阶段：创建材料编制阶段，为期6个工作周 主要工作：完成创建国家高新区的材料，协助甲方附件资料汇编工作。预计用4周时间，在前期战略规划研究基础上，按照科技部要求，乙方继续编制完成《××产业园区创建国家高新区汇报材料》《××产业园区产业发展规划（2019—		的总体思路、战略定位、产业定位、创新创业生态、管理体制等方面的深入研究，形成《××产业园区发展战略规划研究报告》初稿，并向甲方汇报初步成果。预计用2周时间，根据甲方反馈意见，修改完善研究报告，编制《××产业园区发展战略规划（2019—2028）》初稿。 3.3第三阶段：创建材料编制阶段，为期6个工作周 主要工作：完成创建国家高新区的材料，协助甲方附件资料汇编工作。预计用4周时间，在前期战略规划研究基础上，按照科技部要求，乙方继续编制完成《××产业园区创建国家高新区汇报材料》《××产业园区产业发展规划（2019—2028）》初稿，并征求甲方各部门意见。预计用2周时间，根据甲方反馈意见，修改完善三个材料，形成最终稿。同时，按照科技部关于省级高新区升级附件资料清单要求，乙方协助指导甲方完成附件资料汇编。	

续表

序号	待审合同	存在的问题	审查修改后的合同	修改方法
三	2028）》初稿，并征求甲方各部门意见。预计用2周时间，根据甲方反馈意见，修改完善三个材料，形成最终稿。同时，按照科技部关于省级高新区升级附件资料清单要求，乙方协助指导甲方完成附件资料汇编。			
四	项目成果及产权归属 4.1 项目成果 《××产业园区创建国家高新区可行性研究报告》（WORD 格式）； 《××产业园区发展战略规划研究报告》（PPT 格式）； 《××产业园区发展战略规划（2019—2028）》（WORD 格式）； 《××产业园区产业发展规划（2019—2028）》（WORD 格式）； 《××产业园区创建国家高新区汇报材料》（WORD 格式）。 4.2 知识产权归属 以上5项成果的知识产权属于甲方，乙方享有署名权，在经得甲方同意后，乙方可以用于教育教学、科研等非经营性用途。	表述不规范 未就乙方提交的工作成果不侵权进行承诺和保证	项目成果及产权归属 4.1 项目成果 （1）《××产业园区创建国家高新区可行性研究报告》（WORD 格式）； （2）《××产业园区发展战略规划研究报告》（PPT 格式）； （3）《××产业园区发展战略规划（2019—2028）》（WORD 格式）； （4）《××产业园区产业发展规划（2019—2028）》（WORD 格式）； （5）《××产业园区创建国家高新区汇报材料》（WORD 格式）。 4.2 知识产权归属 前述5项成果的知识产权属于甲方，乙方享有署名权，在经得甲方同意后，乙方可以用于教育教学、科研等非经营性用途。	删改 补增

续表

序号	待审合同	存在的问题	审查修改后的合同	修改方法
五	协议金额及支付方式 5.1 甲方向乙方共支付咨询费用壹佰陆拾万元（¥：1600000）人民币。 5.2 咨询费分四期支付 在双方签订本合作协议书后的5个工作日内，甲方向乙方支付第一期咨询费伍拾万元（¥：500000）人民币；在乙方提交《××产业园区创建国家高新区可行性研究报告》（WORD格式）、《××产业园区发展战略规划研究报告》（PPT格式）和《××产业园区发展战略规划（2019—2028）》（WORD格式）初稿并经甲方初步验收合格后的5个工作日内，甲方向乙方支付第二期咨询费伍拾万元（¥：500000）人民币；在乙方按照创建国家高新区的要求，提交创建国家高新区汇报材料、产业规划两个材料初稿并经甲方初步验收合格后的5个工作日内，支付第三期咨询费肆拾万元（¥：400000）人民币；在乙方协助甲方完成附件资料汇编，在科技部专家考察结束之后，按照科技部和专家相关意见，乙方修改完善并提交最终成果之后的5个工作日内，甲方向乙方支付	表述不严谨、不规范 未约定发票开具事宜	服务报酬及费用 5.1 甲方向乙方共支付咨询费壹佰陆拾万元（¥：1600000）人民币。 5.2 咨询费分四期支付 在双方签订本协议后的5个工作日内，甲方向乙方支付第一期咨询费伍拾万元（¥：500000）人民币；在乙方提交《××产业园区创建国家高新区可行性研究报告》（WORD格式）、《××产业园区发展战略规划研究报告》（PPT格式）和《××产业园区发展战略规划（2019—2028）》（WORD格式）初稿并经甲方初步验收合格后的5个工作日内，甲方向乙方支付第二期咨询费伍拾万元（¥：500000）人民币；在乙方按照创建国家高新区的要求，提交创建国家高新区汇报材料、产业规划两个材料初稿并经甲方初步验收合格后的5个工作日内，支付第三期咨询费肆拾万元（¥：400000）人民币；在乙方协助甲方完成附件资料汇编，在科技部专家考察结束之后，按照科技部和专家相关意见，乙方修改完善并提交最终成果之后的5个工作日内，甲方向乙方支付第四期咨询费贰拾万元（¥：200000）人民币。 5.3 工作费用 5.3.1 乙方项目组人员至甲方所在地的往返交通费用、食宿费用等所有费用由乙方承担，已包括在咨询	删改 补增

续表

序号	待审合同	存在的问题	审查修改后的合同	修改方法
五	第四期咨询费贰拾万元（¥：200000）人民币。 5.3 乙方项目组人员至甲方所在地的往返交通费用、食宿费用由乙方承担。为便于工作，甲方负责安排乙方在××产业园区现场工作的办公用房和调研用车，由此产生的相关费用由甲方承担。		费中。 5.3.2 为便于工作，甲方负责安排乙方在××产业园区现场工作的办公用房和调研用车，由此产生的相关费用由甲方承担。 5.4 尽管有前述约定，乙方至少应当在每次付款前10日内向甲方开具相应的发票，否则甲方有权迟延支付且不视为违约。	
六	保密条款 6.1 双方保证对在讨论、签订、执行本协议过程中所获悉的属于对方的且无法自公开渠道获得的文件及资料予以保密。 6.2 未经该资料和文件的原提供方同意，另一方不得向任何第三方泄露该秘密的全部或部分内容，但法律、法规另有规定或双方另有约定的除外。保密期限为3年。	表述不规范 保密期限不严谨 未约定违反保密义务的责任	保密条款 6.1 双方保证对在讨论、签订、执行本协议过程中所获悉的属于对方的且无法自公开渠道获得的文件及资料（统称保密资料）予以保密。 6.2 未经该保密资料的原提供方同意，另一方不得向任何第三方泄露该保密资料的全部或部分内容，但法律、法规另有规定或双方另有约定的除外。 6.3 保密期限为本协议履行期间以及本协议终止后3年。 6.4 违反保密义务的责任：____________	删改 建议补增关于违反保密义务的责任
七	质量标准条款 7.1 乙方承诺所有项目成果均为独立原创成果，免受第三方提起的侵犯其他产权纠纷，否则由乙方承担一切法律责任。 7.2 乙方严格按照甲方质量要求，选择具	条款标题不严谨 未考虑与采购文件的衔接问题 未约定对于乙方所提交的成果的验收问题	质量要求及验收 7.1 乙方承诺所有项目成果均为独立原创成果，免受第三方提起的侵犯其他产权纠纷，否则，甲方有权解除本协议且不支付任何费用，同时，甲方因此遭受索赔或追责的，一切责任及费用（包括但不限于赔偿金、	删改 补增

续表

序号	待审合同	存在的问题	审查修改后的合同	修改方法
七	有科学性和专业性的研究方法、技术路线，提出针对性强和可实施性强的建议。		罚款、律师费、差旅费、诉讼费等）均由乙方承担。 7.2 乙方严格按照甲方质量要求，选择具有科学性和专业性的研究方法、技术路线，提出针对性强和可实施性强的建议。 7.3 尽管有本协议的约定，若采购文件、投标文件中对相关内容有更高要求的，乙方应当按照更高的要求执行。 7.4 验收程序：乙方向甲方提交相应成果后，甲方在7个工作日内向乙方反馈修改意见，若乙方修改后仍不符合要求的，按照第八条承担违约责任。甲方逾期未反馈意见的，视为甲方认可乙方提供的成果。甲方验收期间，不计入乙方的工作时间。	
八	违约责任条款 8.1 甲乙双方应该严格遵守本协议约定，如因其中一方违约给对方造成损失应承担相应的违约责任。 8.2 乙方所提交成果未经甲方验收合格的，甲方有权要求乙方修改，乙方应无条件进行修改，并自行承担修改所产生的全部费用；经两次修改后仍不合格的，甲方有权解除本合同，不予支付剩余服务费用并要求返还所有已支付费用，同时要求乙方承担违约责任，违约金数额为合同总金	表述不规范 未针对乙方的服务时限约定相应的违约责任	违约责任条款 8.1 甲乙双方应该严格遵守本协议约定，如因其中一方违约给对方造成损失应承担相应的违约责任。 8.2 乙方所提交成果未经甲方验收合格的，甲方有权要求乙方修改，乙方应无条件进行修改，并自行承担修改所产生的全部费用；经两次修改后仍不合格的，甲方有权解除本协议，不予支付剩余咨询费用并要求返还所有已支付费用，同时要求乙方承担违约责任，违约金数额为咨询费总金额的10%，违约金不足以弥补甲方损失的，乙方应当另行赔偿损失。 8.3 甲方未按本协议约定时间向乙方付款的，超期一	删改 补增 建议甲方约定相应的逾期违约金

续表

序号	待审合同	存在的问题	审查修改后的合同	修改方法
八	额的 10%，违约金不足以弥补甲方损失的，乙方应当另行支付损失。 8.3 甲方未按本协议约定时间向乙方付款的，超期一个月后，乙方有权暂停研究工作并不承担任何违约责任，待甲方阶段性款项到位后，乙方继续开展研究，相应研究工作顺延。 8.4 其他未尽事宜，以《中华人民共和国合同法》和其他有关法律、法规规定为准，无相关规定的，双方协商解决。		个月后，乙方有权暂停研究工作并不承担任何违约责任，待甲方阶段性款项到位后，乙方继续开展研究，相应研究工作顺延。 8.4 乙方逾期完成各阶段工作的，甲方有权要求乙方限期完成，若乙方仍然未能按照甲方限定的期限完成的，每逾期一天，应当按照咨询费总额的____% 承担违约金，逾期超过 30 天的，甲方有权解除本协议，不予支付剩余服务费用并要求乙方返还所有已支付费用。 8.5 其他未尽事宜，以《中华人民共和国合同法》和其他有关法律、法规规定为准，无相关规定的，双方协商解决。	
九	其他条款 9.1 本协议自双方签署之日起生效，乙方应按甲方要求及时开始第一阶段工作，有效期至本协议项下义务完全履行完毕之日。 9.2 本协议有效期间，除本协议另有规定外，任何一方不得单方提前解除或终止本协议。如一方因特殊情况需变更、提前解除或终止本协议的，应征得另一方的书面同意方可。 9.3 双方在履行本协议中如发生争议，应	无	其他条款 9.1 本协议自双方签署之日起生效，乙方应按甲方要求及时开始第一阶段工作，有效期至本协议项下义务完全履行完毕之日。 9.2 本协议有效期间，除本协议另有规定外，任何一方不得单方提前解除或终止本协议。如一方因特殊情况需变更、提前解除或终止本协议的，应征得另一方的书面同意方可。 9.3 双方在履行本协议中如发生争议，应首先本着友好协商态度解决，如经协商不成，任何一方均可向甲方所在地人民法院提起诉讼解决。	

续表

序号	待审合同	存在的问题	审查修改后的合同	修改方法
九	首先本着友好协商态度解决，如经协商不成，任何一方均可向甲方所在地人民法院提起诉讼解决。 9.4 本协议书一式五份，双方各执两份，采购代理机构一份，具有相同的法律效力。 9.5 本协议内容的变更、修改及其他未尽事宜，须由双方友好协商，另行解决。 以下无正文。		9.4 本协议书一式五份，双方各执两份，采购代理机构一份，具有相同的法律效力。 9.5 本协议内容的变更、修改及其他未尽事宜，须由双方友好协商，另行解决。 以下无正文。	
签署	甲方：天津市××产业园区管理委员会（盖章） 法定代表人或代理人（签字）： 签字日期：2019 年　　月　　日 北京××企业管理咨询有限公司（盖章） 法定代表人或代理人（签字）： 签字日期：2019 年　　月　　日	无	甲方：天津市××产业园区管理委员会（盖章） 法定代表人或代理人（签字）： 签字日期：2019 年　　月　　日 北京××企业管理咨询有限公司（盖章） 法定代表人或代理人（签字）： 签字日期：2019 年　　月　　日	

第二十七章　建设工程施工合同审查要点解析

第一节　建设工程施工合同概述

《民法典》第七百八十八条规定：“建设工程合同是承包人进行工程建设，发包人支付价款的合同。建设工程合同包括工程勘察、设计、施工合同。”据此规定，建设工程施工合同是指承包人（施工方）进行工程建设施工，发包人（建设单位）支付工程价款的合同。依照施工合同，承包人应完成发包人交给的施工任务，发包人应按照规定提供相应的施工条件并按照约定支付工程价款。建设工程施工合同是建设工程的主要合同，是发包人对工程建设质量、进度及投资实施控制的主要依据，同时也是承包人据以施工并获得工程款的依据。

建设工程施工合同属于承揽合同的范畴，《民法典》第八百零八条也规定：“本章（笔者注：《民法典》第三编第十八章　建设工程合同）没有规定的，适用承揽合同的有关规定。”但由于建设工程项目施工一般均具有周期长、投资大、内容复杂的特点，而且项目一经投入使用，通常会对社会公共利益和人们的生命财产安全产生重大影响，因此国家对建设工程项目的干预相对严格。其中在建设工程施工合同方面，国家制定了统一的施工合同示范文本，尽管该示范文本并不具有强制性，但实践当中，各地建设行政主管部门都要求使用示范文本进行备案。

现行有效的《建设工程施工合同（示范文本）》（GF－2017－0201）（建市〔2017〕214 号）是住房和城乡建设部与国家工商行政管理总局于 2017 年 9 月 22 日所印发的，自 2017 年 10 月 1 日起执行，原《建设工程施工合同

(示范文本)》(GF－2013－0201)同时废止。虽然也有地方建设行政主管部门先后修订了本行政区域的示范文本，如天津市城乡建设委员会、天津市市场监管委于2017年12月12日印发了《天津市建设工程施工合同》(JF－2017－068)，但基本内容并无二致。因此，本书对于建设工程施工合同审查的研究，即是针对现行有效的GF－2017－0201《建设工程施工合同(示范文本)》(以下简称《示范文本》)而进行。

第二节　建设工程施工合同的基本条款[①]

现行《示范文本》与此前版本(GF－1999－0201、GF－2013－0201)在结构上一致，由合同协议书、通用合同条款和专用合同条款三部分组成。

(一) 合同协议书

合同协议书共计13条，主要包括工程概况、合同工期、质量标准、签约合同价和合同价格形式、项目经理、合同文件构成、承诺以及合同生效条件等重要内容，集中约定了合同当事人基本的合同权利义务。

(二) 通用合同条款

通用合同条款是合同当事人根据《建筑法》《合同法》等有关法律法规的规定，就工程建设的实施及相关事项，对合同当事人的权利义务作出的原则性约定。

通用合同条款共计20条，具体条款分别为：一般约定、发包人、承包人、监理人、工程质量、安全文明施工与环境保护、工期和进度、材料与设备、试验与检验、变更、价格调整、合同价格、计量与支付、验收和工程试车、竣工结算、缺陷责任与保修、违约、不可抗力、保险、索赔和争议解决。前述条款安排既考虑了现行法律法规对工程建设的有关要求，也考虑了建设工程施工管理的特殊需要。

---

① 引自《建设工程施工合同(示范文本)》(GF－2017－0201)“说明”部分。

（三）专用合同条款

专用合同条款是对通用合同条款原则性约定的细化、完善、补充、修改或另行约定的条款。合同当事人可以根据不同建设工程的特点及具体情况，通过双方的谈判、协商对相应的专用合同条款进行修改补充。

第三节　建设工程施工合同审查要点

由于从国家层面已经制定了《建设工程施工合同》的统一示范文本，因此，对《建设工程施工合同》的审查与对其他非统一示范文本合同的审查不同。

一、审查范围及重点

《示范文本》属于国家有关部门制定的通用版本，内容较为全面，涵盖了建设工程施工合同的各个方面和基本内容，因此，在结构上不存在重大遗漏或缺项。从内容上讲，通用合同条款属于行业通用约定，无须进行进一步的审查。因此，从审查范围来看，律师主要审查合同协议书和专用合同条款，尤其以专用合同条款的审查为重。按照本书的合同审查步骤来看，《建设工程施工合同》的审查重点在于审查合同条款（专用合同条款）和文字及标点符号，交易模式、合同结构均无须进行审查。

二、审查条款及重点

《合同协议书》一共 13 条，其中第 1—5 条属于核心条款，分别为工程概况、合同工期、质量标准、签约合同价和合同价格形式、项目经理，是律师应当重点审查的条款；第 6—8 条及第 11 条无须进行审查；第 9 条、第 10 条、第 12 条、第 13 条据实填写即可，一般无须特别审查。

专用合同条款是对通用合同条款原则性约定的细化、完善、补充、修改或另行约定，是针对具体的工程项目有关事项的约定，需要合同双方根据工程具体情况进行商定和填写。根据通用合同条款中对相关条款规定的不同，合同专用条款中的内容，具体可以分为两种类型：一是“必填型条款”，即当事人应当在专用合同中进行约定的条款，通用合同条款中通常的表述为：“……由合同当事人在专用合同条款中约定”或是“……应按照专用合同条款的约定……”；二是“选填型条款”，即通用合同条款中已经有约定但当事人可以做出与通用合同条款不一致的另行约定的条款或者是当事人可以选择适用的条款，通用合同条款中通常的表述为：“除专用合同条款另有约定外……”、“……合同当事人有特别要求的，应在专用合同条款中约定”、“合同当事人可以在专用合同条款中进行约定”或者“合同当事人可以在专用合同条款中约定选择以下一种方式……”经笔者统计，现行《示范文本》专用合同条款中属于“必填型条款”的一共有32条/处，属于“选填型条款”的一共有88条/处。在上述两类条款中，“必填型条款”属于重点审查条款，“选填型条款”属于一般审查条款。

三、审查方法及重点

对于《合同协议书》，重点是审查当事人所填写的内容是否清晰、完整，以及与专用合同条款中的内容是否一致。

对于专用合同条款中的“必填型条款”，首先应当审查当事人是否进行了约定，如果没有约定，则应提示当事人予以约定，一种是与合同经办人沟通后由律师予以填写，另一种是提示经办人据实予以填写。在合同进行了约定的情况下，应当重点审查相关约定是否达到明确、清晰的标准。

对于专用合同条款中的“选填型条款”，其内容均属于当事人可以另行约定的内容，在审查时应当注意：首先要核实当事人是否有约定，如果没有特别约定，就适用通用合同条款中的约定，在专用合同条款中则应填写“无”或画“/”，不宜留空白条款；如果约定了相关内容，则应比照通用条款的相应内容审查当事人所作的另行约定是否明确、清晰和可操作。

此外，由于建设工程施工合同中的很多内容属于当事人协商确定的范畴，比如价格形式、预付款、进度款、质保金等，并非律师所能确定或决定之事项，因此，在审查建设工程施工合同的过程中，还应当特别注意的是要结合项目的招投标文件及中标通知书来进行审查，如果合同经办人没有提供这些材料，则应与工程经办人或熟悉该工程前期招投标事宜的人员进行沟通核实。

第四节 建设工程施工合同审查示例

在本节中，笔者以《文书范本》（GF－2017－0201）为例，详细演示建设工程施工合同的审查修改要点及方法。

一、对合同版本的审查

实践当中，由于部分发包人和承包人更多地将注意力放在了工程施工的实施上，对于施工合同重视程度不够，甚至使其沦为“摆设”或者支付工程款之前的“程序性”文件，未签合同先开工的现象大量存在。对于施工合同的不重视，首先就体现为使用已经作废的示范文本，导致律师难以着手审查。笔者近年来收到过多份施工合同，使用的版本是 GF－1999－0201 或者 GF－2013－0201，但自 2017 年 10 月 1 日起，已经开始执行 GF－2017－0201 版本，此前的版本均已废止。在此种情况下，律师应当提示委托人使用现行有效的 GF－2017－0201 版本。

此外，由于通用合同条款无须修改，一般也无须进行纸质文本的签署，因此，在审查合同版本时，还应当审查委托人发来的待审合同是否标明了合同版本，若未标明合同版本，则可能导致专用合同条款中的有关内容无法与通用合同条款对应。笔者就曾收到未标明合同版本的建设工程施工合同，在审查专用合同条款的过程中，发现所引用的通用合同条款与现行有效的版本无法对应，经沟通方才得知其使用的并不是现行有效的合同版本。

二、对合同协议书的审查

1. 对于合同主体的审查，与其他类型的合同基本一致，除了审查主体名称的准确性之外，还应特别注意合同主体尤其是承包人的资质等级问题，即该承包人是否具备与该工程相应的资质等级。如建筑工程施工总承包资质分为特级、一级、二级、三级四个级别，每个级别所能承包的工程范围不同。

2. 对于“工程概况”条款的审查，应注意以下问题：工程名称应当与招投标文件中的工程名称一致并应当写全称；工程地点应当明确到具体的位置，尽可能精确到路、号；工程立项批准文号应当与有关批准文件一致；资金来源应当据实填写，如财政拨款、银行贷款、企业自筹等；工程内容应当与工程承包范围保持一致，不能产生冲突。对于群体工程，还应当填写《承包人承揽工程项目一览表》。在本条中，工程内容应当与工程承包范围一并属于核心条款，尤其是在总价合同中，承包范围是工程总价的基础，应当明确、完整，不能产生歧义。

3. 对于“合同工期”条款的审查，由于工期是发包人和承包人之间的主要条款之一，也是发生争议较多的条款之一，因此应注意的问题是日期和天数均应当明确，且日历天数应当与开工、竣工的期间跨度一致。当然，具体工期的合理性问题应当由合同双方根据项目实际情况商定。

4. 对于“质量标准”条款的审查。实践中通常填写“合格”二字，若当事人对于工程质量有特殊要求的，可以在专用合同条款第 5. 1. 1 条中进行约定，此处无须特别约定。

5. 对于“签约合同价与合同价格形式”条款的审查，需要注意的问题是：其一，签约合同价应当与中标价格一致；其二，合同价格形式应当与招投标文件及专用合同条款第 12. 1 条有关内容保持一致。笔者曾审查过一份施工合同，在合同协议书中约定的价格形式为“单价合同”，但专用合同条款第 12. 1 条中却约定了总价合同的风险范围、风险费用的计算方法及风险范围以外合同价格的调整方法，存在明显矛盾，经律师与工程经办人核实后方才确定合同价格形式为“总价合同”。

6. 对于“项目经理”条款的审查，应当明确写明项目经理的名字，最好能注明身份证号码，以确保项目经理的唯一性。同时，还应当与专用合同条款第 3. 2 条中的内容一致。

7. 对于“签订时间”条款的审查，应当注意两个问题，一是合同的签署时间一般应当是在合同审查之后实际签署的时间（实践中经常会碰到该条款中填写的时间早于律师收到该合同文本的时间的问题）；二是要注意审查合同签署时间与中标通知书发出时间之间的间隔问题。根据《招标投标法》第四十六条及《工程建设项目施工招标投标办法》第八十条之规定，招标人和中标人应当自中标通知书发出之日起30 日内，按照招标文件和中标人的投标文件订立书面合同，无正当理由不与中标人订立合同的，将可能承担被有关行政监督部门责令改正、中标项目金额千分之十以下的罚款、赔偿损失等责任，单位直接负责的主管人员和其他直接责任人员还可能受到处分。因此，律师在审查合同过程中一旦发现上述问题，应当提示当事人可能面临的法律风险并建议当事人采取相应的应对措施。

8. 对于“签订地点”、“合同生效”及“合同份数”等条款以及尾部签署栏，以完整、明确、清楚为原则进行审查即可。

三、对专用合同条款的审查

专用合同条款是律师的审查重点，按照本章的分类，可以大致分为“必填型条款”和“选填型条款”两类，每一类条款的审查方式及重点不尽相同（详见本章第三节相关内容）。下面将专用合同条款中的条款类型及审查重点分述如下：

1. 对于第 1 条“一般约定”的审查

（1）在该条中，属于必填型条款的一共有 8 条/处，具体包括：1. 1. 2. 4 监理人（应当在专用合同条款中指明监理人。在法定必须监理的项目中，必须指明监理人。在非强制监理的项目中，若发包人委托监理人的，也应指明）；1. 1. 2. 5 设计人；1. 1. 3. 9 永久占地；1. 1. 3. 10 临时占地；1. 6. 1 图纸的提供；1. 6. 4 承包人文件；1. 7. 2 送达接收人和送达地点；1. 10. 3 场内道路和交通设施以及场外交通和场内交通的边界。

（2）在该条中，属于选填型条款的一共有 13 条/处，具体包括：1.1.1.10 其他合同文件；1.1.3.7 作为施工现场组成部分的其他场所；1.3 适用于合同的其他规范性文件；1.4.1 适用于工程的标准规范；1.4.2 发包人提供国外标准、规范；1.4.3 发包人对工程的技术标准和功能要求的特殊要求；1.5 合同文件的优先顺序；1.6.4 发包人审批承包人文件的期限；1.6.5 现场图纸准备；1.10.1 出入现场的权利；1.10.4 超大件和超重件的运输；1.11 知识产权；1.13 工程量清单错误的修正。

2. 对于第 2 条“发包人”的审查

（1）在该条中，属于必填型条款的一共有 1 条/处，即 2.2 发包人代表。发包人代表是发包人在履行施工合同方面的委托代理人，在代理范围内履行职务，相应的后果由发包人承担。因此，应当重点审查发包人代表的授权范围是否清楚明确，将该条款中的空格内容填写完整，同时应当特别注意的是对“发包人对发包人代表的授权范围”进行审查，应注意授权的内容是否清楚完善，既要避免因授权范围过小而影响合同履行，又要防止授权范围过大而导致失控。

（2）在该条中，属于选填型条款的一共有 3 条/处，具体包括：2.4.1 提供施工现场；2.4.2 提供施工条件；2.5 资金来源证明及支付担保。对于这些条款，审查注意要点同上。

3. 对于第 3 条“承包人”的审查

（1）在该条中，属于必填型条款的一共有 8 条/处，具体包括：3.1（9）承包人提交的竣工资料的内容、套数、费用承担、移交时间及形式要求；3.2.1 项目经理；3.2.3 承包人擅自更换项目经理的违约责任；3.2.4 承包人无正当理由拒绝更换项目经理的违约责任；3.3.1 承包人提交项目管理机构及施工现场管理人员安排报告的期限；3.3.3 承包人无正当理由拒绝撤换主要施工管理人员的违约责任；3.3.5 承包人擅自更换主要施工管理人员的违约责任及承包人主要施工管理人员擅自离开施工现场的违约责任；3.5.1 禁止分包的工程以及主体结构、关键性工作的范围。其中尤其要注意的是关于项目经理的约定，项目经理是经承包人任命并派驻施工现场，代表承包人履行合同的代表，项目经理的专业能力和水平直接影响工程建设的质量、安全、工期及成本控制。因此，必须对项目经理的任职资格、权限范围、在施工现场的时间、更换条件及程序等进行明确约定，特别是项目经理的授权范围应当明确，既要避免因授权范围过小而影响合同履行，又要防止授权范围过大而导致失控。

（2）在该条中，属于选填型条款的一共有 6 条/处，具体包括：3.1（10）承包人应履行的其他义务；3.3.4 承包人主要施工管理人员离开施工现场的批准要求；3.5.2 允许分包的专业工程；3.5.4 分包合同价款支付；3.6 承包人负责照管工程及工程相关的材料、工程设备的起始时间；3.7 履约担保。

4. 对于第 4 条“监理人”的审查

（1）在该条中，属于必填型条款的一共有 2 条/处，具体包括：4.1 关于监理人的监理内容及监理人的监理权限；4.2 监理人员。在法定必须监理的项目中，应当明确监理人的监理内容及监理权限，并明确总监理工程师和监理工程师的有关信息。尤其要注意监理人的监理权限应当明确，且应注意与发包人代表的权限范围区分开来，不能出现交叉或混同，避免造成合同履行障碍和纠纷。

（2）在该条中，属于选填型条款的一共有 2 条/处，具体包括：4.1 关于监理人在施工现场的办公场所、生活场所的提供和费用承担；4.4 商定或确定。

5. 对于第 5 条“工程质量”的审查

（1）在该条中，没有必填型条款。

（2）在该条中，属于选填型条款的一共有 2 条/处，具体包括：5.1.1 特殊质量标准和要求以及关于工程奖项的约定；5.3.2 承包人提前通知监理人隐蔽工程检查的期限，提交书面延期要求的时间及最长延期时间。

6. 对于第 6 条“安全文明施工与环境保护”的审查

（1）在该条中，没有必填型条款。

（2）在该条中，属于选填型条款的一共有 4 条/处，具体包括：6.1.1 项目安全生产的达标目标及相应事项；6.1.4 关于治安保卫的特别约定及关于编制施工场地治安管理计划的约定；6.1.5 合同当事人对文明施工的要求；6.1.6 关于安全文明施工费支付比例和支付期限的约定。

7. 对于第 7 条“工期和进度”的审查

（1）在该条中，属于必填型条款的一共有 1 条/处，即 7.5.2 因承包人原因导致工期延误。尽管在通用合同条款中的表述为“因承包人原因造成工期延误的，可以在专用合同条款中约定逾期竣工违约金的计算方法和逾期竣工违约金的上限”，但从实践角度考虑，工期对于发包方和承包方而言均具有重要的意义，因此笔者将本条列为必填条款，应当约定逾期竣工违约金的计算方法，至于逾期竣工违约金的上限问题，实际上是对承包人责任的限制，一般而言发包方不愿意设置上限（因为实际损失有可能超过上限），而承包方倾向于设置上限，设置与否取决于双方的谈判地位及谈判结果。

（2）在该条中，属于选填型条款的一共有 10 条/处，具体包括：7.1.1 施工组织设计应包括的其他内容；7.1.2 施工组织设计的提交和修改；7.2.2 施工进度计划的修订；7.3.1 开工准备；7.3.2 开工通知；7.4.1 发包人通过监理人向承包人提供测量基准点、基准线和水准点及其书面资料的期限；7.5.1（7）因发包人原因导致工期延误的其他情形；7.6 不利物质条件的其他情形和有关约定；7.7 异常恶劣的气候条件；7.9.2 提前竣工的奖励。

8. 对于第 8 条“材料与设备”的审查

（1）在该条中，没有必填型条款。

（2）在该条中，属于选填型条款的一共有 3 条/处，具体包括：8.4.1 发包人供应的材料设备的保管费用的承担；8.6.1 需要承包人报送样品的材料或工程设备，样品的种类、名称、规格、数量要求；8.8.1 关于修建临时设施费用承担的约定。

9. 对于第 9 条“试验与检验”的审查

（1）在该条中，属于必填型条款的一共有 1 条/处，即 9.1.2 施工现场需要配置的试验场所、试验设备及需要具备的其他试验条件。在建设工程施工过程中，试验与检验直接影响着工程的质量，为了加强对工程质量的有效控制，应当对材料、设备的性能进行检验和试验，并在专用合同条款中约定承包人所应配置的试验场所、试验设备及其他试验条件。

（2）在该条中，属于选填型条款的一共有 1 条/处，即 9.4 现场工艺试验的有关约定。需要说明的是，按照通用合同条款的规定，承包人应当按照合同约定或监理人指示进行现场工艺试验，因此，关于现场工艺试验，可以按照监理人指示进行，也可以在专用合同条款中予以约定。

10. 对于第 10 条“变更”的审查

（1）在该条中，没有必填型条款。

（2）在该条中，属于选填型条款的一共有 6 条/处，具体包括：10.1 关于变更的范围的约定；10.4.1 关于变更估价原则的约定；10.5 监理人审查承包人合理化建议的期限、发包人审批承包人合理化建议的期限以及承包人提出的合理化建议降低了合同价格或者提高了工程经济效益的奖励的方法和金额；10.7.1 依法必须招标的暂估价项目的确认和批准方式；10.7.2 不属于依法必须招标的暂估价项目的确认和批准方式以及承包人直接实施的暂估价项目的确认方式；10.8 关于暂列金额使用的约定。

11. 对于第 11 条“价格调整”的审查

（1）在该条中，没有必填型条款。

（2）在该条中，属于选填型条款的一共有 1 条/处，即 11.1 关于市场价格波动是否调整合同价格的约定。若当事人选择调整，则应进一步约定调整的方式。

12. 对于第 12 条“合同价格、计量与支付”的审查

（1）在该条中，属于必填型条款的一共有 3 条/处，具体包括：12.1 合同价格形式所包含的风险范围、风险费用的计算方法以及风险范围以外合同价格的调整方法。当事人在本条中的约定应当与《合同协议书》中的价格形式相对应，如果《合同协议书》中确定的是单价合同，则应将单价合同所包含的风险范围、风险费用的计算方法以及风险范围以外合同价格的调整方法加以约定。若《合同协议书》中确定的是总价合同，则应将总价合同所包含

的风险范围、风险费用的计算方法以及风险范围以外合同价格的调整方法加以约定。12. 2. 1 预付款支付比例或金额以及预付款支付期限。12. 3. 1 工程量计算规则。计量是确定工程价格和支付工程款的基础，首先应当明确工程计量规则，计量规则应当以相关的国家标准、行业标准为依据，具体由当事人在专用合同条款中予以约定。

（2）在该条中，属于选填型条款的一共有 14 条/处，具体包括：12. 1 其他价格方式；12. 2. 1 预付款扣回的方式；12. 2. 2 承包人提交预付款担保的期限以及预付款担保的形式；12. 3. 2 关于计量周期的约定；12. 3. 3 关于单价合同计量的约定；12. 3. 4 关于总价合同计量的约定；12. 3. 5 总价合同采用支付分解表计量支付的，是否适用第 12. 3. 4 项（总价合同的计量）约定进行计量；12. 3. 6 其他价格形式的计量方式和程序；12. 4. 1 关于付款周期的约定；12. 4. 2 关于进度付款申请单编制的约定；12. 4. 3 进度付款申请单的提交；12. 4. 4 进度款审核和支付；12. 4. 6 支付分解表的编制。需要注意的是，关于付款进度的问题，《通用合同条款》第 12. 4. 1 条规定：除专用合同条款另有约定外，付款周期应按照第 12. 3. 2 条（计量周期）的约定与计量周期保持一致，即按月支付，但实践中按月支付进度款的情况较少，大多是按照工程形象进度付款，并在最终结算后扣留一部分质保金，因此，当事人应当结合实际情况对付款周期进行合理的约定。同时还需要与第 12. 2. 1 条“预付款支付比例或金额以及预付款支付期限”以及第 15. 3 条中关于质保金的约定保持一致，避免在金额及支付期限方面出现约定不一致的情况。

13. 对于第 13 条“验收和工程试车”的审查

（1）在该条中，属于必填型条款的一共有 1 条/处，即 13. 6. 1 承包人完成竣工退场的期限。

（2）在该条中，属于选填型条款的一共有 5 条/处，具体包括：13. 1 分部分项工程验收；13. 2. 2 关于竣工验收程序的约定以及发包人不按照本项约定组织竣工验收、颁发工程接收证书的违约金的计算方法（此条是承包人应当重点关注的事项，若站在承包人的立场，此条应为必填条款）；13. 2. 5 移交、接收全部与部分工程；13. 3. 1 试车程序；13. 3. 3 投料试车。

14. 对于第 14 条“竣工结算”的审查

（1）在该条中，没有必填型条款。

（2）在该条中，属于选填型条款的一共有 4 条/处，具体包括：14. 1 竣工结算申请；14. 2 竣工结算审核；14. 4. 1 最终结清申请单；14. 4. 2 最终结清证书和支付。

15. 对于第 15 条“缺陷责任期与保修”的审查

（1）在该条中，属于必填型条款的一共有 3 条/处，具体包括：15. 2 缺陷责任期的具体期限（注意：最长不能超过 24 个月）。15. 4. 1 工程保修期，《建设工程质量管理条例》（国务院令第 279 号）第四十条规定：“在正常使用条件下，建设工程的最低保修期限为：（一）基础设施工程、房屋建筑的地基基础工程和主体结构工程，为设计文件规定的该工程的合理使用年限；（二）屋面防水工程、有防水要求的卫生间、房间和外墙面的防渗漏，为 5 年；（三）供热与供冷系统，为 2 个采暖期、供冷期；（四）电气管线、给排水管道、设备安装和装修工程，为 2 年。其他项目的保修期限由发包方与承包方约定。建设工程的保修期，自竣工验收合格之日起计算。”在合同审查实践中应注意三个问题，一是要注意约定的保修期不得低于法定最低年限。二是要注意“其他项目的保修期限由发包方与承包方约定”这一规定，笔者经常碰到的情况是在“其他项目的保修期限”中约定“按照国务院令第 279 号执行”，如此约定的结果就是循环引用，约定不明。三是要注意在本条中约定的保修期应当与附件 3《工程质量保修书》中的规定保持一致。15. 4. 3 承包人收到保修通知并到达工程现场的合理时间。

（2）在该条中，属于选填型条款的一共有 3 条/处，具体包括：15. 3 关于是否扣留质量保证金的约定；15. 3. 1 承包人提供质量保证金的方式；15. 3. 2 质量保证金的扣留方式。需要说明的是，虽然通用合同条款中允许当事人就是否扣留质量保证金进行约定，但在实践当中几乎所有的建设工程施工合同中发包人均会要求扣留质量保证金，因此，关于质量保证金的约定也可以纳入必填型条款。需要进一步注意的是，一旦选择扣留质量保证金，就应当将承包人提供质量保证金的方式及质量保证金的扣留方式进一步明确约定。

16. 对于第16条“违约”的审查

（1）在该条中，属于必填型条款的一共有3条/处，具体包括：16.1.2 发包人违约责任的承担方式和计算方法；16.2.2 承包人违约责任的承担方式和计算方法；16.2.3 因承包人违约解除合同的特别约定及发包人继续使用承包人在施工现场的材料、设备、临时工程、承包人文件和由承包人或以其名义编制的其他文件的费用承担方式。需要说明的是，关于发包人和承包人的违约责任问题，尽管通用合同条款中的表述为“可以在专用合同条款中约定”，但从合同审查的角度，为了增强合同的可操作性，应当将上述条款纳入“必填型条款”的范畴，特别是对于“16.2.2 承包人违约责任的承担方式和计算方法”，由于专用合同条款中并未针对承包人的具体违约情形约定相应的违约责任，因此在审查合同时应当针对承包人的具体违约情形约定相应的违约责任。

（2）在该条中，属于选填型条款的一共有3条/处，具体包括：16.1.1 发包人违约的其他情形；16.1.3 因发包人违约解除合同；16.2.1 承包人违约的其他情形。

17. 对于第17条“不可抗力”的审查

（1）在该条中，没有必填型条款。

（2）在该条中，属于选填型条款的一共有2条/处，具体包括：17.1 除通用合同条款约定的不可抗力事件之外，视为不可抗力的其他情形；17.4 因不可抗力解除合同后，发包人支付款项的时间。

18. 对于第18条“保险”的审查

（1）在该条中，没有必填型条款。

（2）在该条中，属于选填型条款的一共有3条/处，具体包括：18.1 关于工程保险的特别约定；18.3 关于其他保险的约定以及承包人是否应为其施工设备等办理财产保险的约定；18.7 关于变更保险合同时的通知义务的约定。

19. 对于第 19 条“索赔”的审查

由于通用合同条款中对于承包人和发包人的索赔均进行了全面细致的规定，因此在专用合同条款中没有进一步规定。

20. 对于第 20 条“争议解决”的审查

（1）在该条款中，属于必填型条款的一共有 1 条/处，即 20.4 仲裁或诉讼，当事人应当明确选定一种争议解决方式，不能同时选择仲裁和诉讼方式。在诉讼方式下，根据《最高人民法院关于适用〈中华人民共和国民事诉讼法〉的解释》第二十八条之规定，建设工程施工合同纠纷按照不动产纠纷确定管辖，即应当由建设工程所在地有管辖权的人民法院管辖。在专用合同条款第 20.4 条第（2）项空格中应填写“工程所在地有管辖权的”。

（2）在该条中，属于选填型条款的一共有 3 条/处，具体包括：20.3 合同当事人是否同意将工程争议提交争议评审小组决定；20.3.1 争议评审小组的确定；20.3.2 合同当事人关于争议评审小组的决定的约定。

附《合同专用条款》——必填与选填区分版（未加背景的条款为必填型条款，加浅灰色背景的条款为选填型条款）。

第三部分　专用合同条款

1. 一般约定

1.1 词语定义

1.1.1 合同

1.1.1.10 其他合同文件包括：________________________________。

1.1.2 合同当事人及其他相关方

1.1.2.4 监理人

名称：________________________________；

资质类别和等级：________________________________；

联系电话：________________________________；

电子信箱：________________________________；

通信地址：________________________________。

1.1.2.5 设计人

名称：____；

资质类别和等级：______________________________；

联系电话：____________________________________；

电子信箱：____________________________________；

通信地址：____________________________________。

1.1.3 工程和设备

1.1.3.7 作为施工现场组成部分的其他场所包括：________________。

1.1.3.9 永久占地包括：__________________________。

1.1.3.10 临时占地包括：_________________________。

1.3 法律

适用于合同的其他规范性文件：____________________。

1.4 标准和规范

1.4.1 适用于工程的标准规范包括：________________。

1.4.2 发包人提供国外标准、规范的名称：

发包人提供国外标准、规范的份数：________________；

发包人提供国外标准、规范的名称：________________。

1.4.3 发包人对工程的技术标准和功能要求的特殊要求：____________。

1.5 合同文件的优先顺序

合同文件组成及优先顺序为：______________________。

1.6 图纸和承包人文件

1.6.1 图纸的提供

发包人向承包人提供图纸的期限：__________________；

发包人向承包人提供图纸的数量：__________________；

发包人向承包人提供图纸的内容：__________________。

1.6.4 承包人文件

需要由承包人提供的文件，包括：__________________。

承包人提供的文件的期限为：______________________；

承包人提供的文件的数量为：______________________；

承包人提供的文件的形式为：______________________。

发包人审批承包人文件的期限：________________________________。

1.6.5 现场图纸准备

关于现场图纸准备的约定：________________________________。

1.7 联络

1.7.1 发包人和承包人应当在____日内将与合同有关的通知、批准、证明、证书、指示、指令、要求、请求、同意、意见、确定和决定等书面函件送达对方当事人。

1.7.2 发包人接收文件的地点：________________________________；

发包人指定的接收人为：________________________________。

承包人接收文件的地点：________________________________；

承包人指定的接收人为：________________________________。

监理人接收文件的地点：________________________________；

监理人指定的接收人为：________________________________。

1.10 交通运输

1.10.1 出入现场的权利

关于出入现场的权利的约定：________________________________。

1.10.3 场内交通

关于场外交通和场内交通的边界的约定：________________________。

关于发包人向承包人免费提供满足工程施工需要的场内道路和交通设施的约定：____。

1.10.4 超大件和超重件的运输

运输超大件或超重件所需的道路和桥梁临时加固改造费用和其他有关费用由______________承担。

1.11 知识产权

1.11.1 关于发包人提供给承包人的图纸、发包人为实施工程自行编制或委托编制的技术规范以及反映发包人关于合同要求或其他类似性质的文件的著作权的归属：____。

关于发包人提供的上述文件的使用限制的要求：____________________。

1.11.2 关于承包人为实施工程所编制文件的著作权的归属：__________。

关于承包人提供的上述文件的使用限制的要求：____________________。

1.11.4 承包人在施工过程中所采用的专利、专有技术、技术秘密的使用费的承担方式：________________________________。

1.13 工程量清单错误的修正

出现工程量清单错误时，是否调整合同价格：________________。

允许调整合同价格的工程量偏差范围：____________________。

2. 发包人

2.2 发包人代表

发包人代表：

姓名：____；

身份证号：____________________________________；

职务：____；

联系电话：____________________________________；

电子信箱：____________________________________；

通信地址：____________________________________。

发包人对发包人代表的授权范围如下：____________________。

2.4 施工现场、施工条件和基础资料的提供

2.4.1 提供施工现场

关于发包人移交施工现场的期限要求：____________________。

2.4.2 提供施工条件

关于发包人应负责提供施工所需要的条件，包括：____________。

2.5 资金来源证明及支付担保

发包人提供资金来源证明的期限要求：____________________。

发包人是否提供支付担保：______________________________。

发包人提供支付担保的形式：____________________________。

3. 承包人

3.1 承包人的一般义务

（9）承包人提交的竣工资料的内容：____________________。

承包人需要提交的竣工资料套数：______________________。

承包人提交的竣工资料的费用承担：____________________。

承包人提交的竣工资料移交时间：______________________。

承包人提交的竣工资料形式要求：________________。

（10）承包人应履行的其他义务：________________。

3.2 项目经理

3.2.1 项目经理：

姓名：________________；

身份证号：________________；

建造师执业资格等级：________________；

建造师注册证书号：________________；

建造师执业印章号：________________；

安全生产考核合格证书号：________________；

联系电话：________________；

电子信箱：________________；

通信地址：________________。

承包人对项目经理的授权范围如下：________________。

关于项目经理每月在施工现场的时间要求：________________。

承包人未提交劳动合同，以及没有为项目经理缴纳社会保险证明的违约责任：________________。

项目经理未经批准，擅自离开施工现场的违约责任：________________。

3.2.3 承包人擅自更换项目经理的违约责任：________________。

3.2.4 承包人无正当理由拒绝更换项目经理的违约责任：________________。

3.3 承包人人员

3.3.1 承包人提交项目管理机构及施工现场管理人员安排报告的期限：________________。

3.3.3 承包人无正当理由拒绝撤换主要施工管理人员的违约责任：________。

3.3.4 承包人主要施工管理人员离开施工现场的批准要求：________________。

3.3.5 承包人擅自更换主要施工管理人员的违约责任：________________。

承包人主要施工管理人员擅自离开施工现场的违约责任：________________。

3.5 分包

3.5.1 分包的一般约定

禁止分包的工程包括：________________。

主体结构、关键性工作的范围：____________________。

3.5.2 分包的确定

允许分包的专业工程包括：____________________。

其他关于分包的约定：____________________。

3.5.4 分包合同价款

关于分包合同价款支付的约定：____________________。

3.6 工程照管与成品、半成品保护

承包人负责照管工程及工程相关的材料、工程设备的起始时间：________。

3.7 履约担保

承包人是否提供履约担保：____________________。

承包人提供履约担保的形式、金额及期限：____________________。

4. 监理人

4.1 监理人的一般规定

关于监理人的监理内容：____________________。

关于监理人的监理权限：____________________。

关于监理人在施工现场的办公场所、生活场所的提供和费用承担的约定：

____。

4.2 监理人员

总监理工程师：

姓名：____________________；

职务：____________________；

监理工程师执业资格证书号：____________________；

联系电话：____________________；

电子信箱：____________________；

通信地址：____________________。

关于监理人的其他约定：____________________。

4.4 商定或确定

在发包人和承包人不能通过协商达成一致意见时，发包人授权监理人对以下事项进行确定：

(1) ____________________；

（2）____；

（3）____。

5. 工程质量

5.1 质量要求

5.1.1 特殊质量标准和要求：____________________________。

关于工程奖项的约定：__________________________________。

5.3 隐蔽工程检查

5.3.2 承包人提前通知监理人隐蔽工程检查的期限的约定：__________。

监理人不能按时进行检查时，应提前____小时提交书面延期要求。

关于延期最长不得超过____小时。

6. 安全文明施工与环境保护

6.1 安全文明施工

6.1.1 项目安全生产的达标目标及相应事项的约定：_______________。

6.1.4 关于治安保卫的特别约定：_____________________________。

关于编制施工场地治安管理计划的约定：________________________。

6.1.5 文明施工

合同当事人对文明施工的要求：_______________________________。

6.1.6 关于安全文明施工费支付比例和支付期限的约定：____________。

7. 工期和进度

7.1 施工组织设计

7.1.1 合同当事人约定的施工组织设计应包括的其他内容：__________。

7.1.2 施工组织设计的提交和修改

承包人提交详细施工组织设计的期限的约定：____________________。

发包人和监理人在收到详细的施工组织设计后确认或提出修改意见的期限：____。

7.2 施工进度计划

7.2.2 施工进度计划的修订

发包人和监理人在收到修订的施工进度计划后确认或提出修改意见的期限：____。

7.3 开工

7.3.1 开工准备

关于承包人提交工程开工报审表的期限：________________________。

关于发包人应完成的其他开工准备工作及期限：________________________。

关于承包人应完成的其他开工准备工作及期限：________________________。

7.3.2 开工通知

因发包人原因造成监理人未能在计划开工日期之日起____天内发出开工通知的，承包人有权提出价格调整要求，或者解除合同。

7.4 测量放线

7.4.1 发包人通过监理人向承包人提供测量基准点、基准线和水准点及其书面资料的期限：________________________。

7.5 工期延误

7.5.1 因发包人原因导致工期延误

（7）因发包人原因导致工期延误的其他情形：________________________。

7.5.2 因承包人原因导致工期延误

因承包人原因造成工期延误，逾期竣工违约金的计算方法为：__________。

因承包人原因造成工期延误，逾期竣工违约金的上限：________________。

7.6 不利物质条件

不利物质条件的其他情形和有关约定：________________________。

7.7 异常恶劣的气候条件

发包人和承包人同意以下情形视为异常恶劣的气候条件：

（1）________________________；

（2）________________________；

（3）________________________。

7.9 提前竣工的奖励

7.9.2 提前竣工的奖励：________________________。

8\. 材料与设备

8.4 材料与工程设备的保管与使用

8.4.1 发包人供应的材料设备的保管费用的承担：________________________。

8.6 样品

8.6.1 样品的报送与封存

需要承包人报送样品的材料或工程设备，样品的种类、名称、规格、数量要求：____。

8.8 施工设备和临时设施

8.8.1 承包人提供的施工设备和临时设施

关于修建临时设施费用承担的约定：________________________。

9. 试验与检验

9.1 试验设备与试验人员

9.1.2 试验设备

施工现场需要配置的试验场所：__________________________。

施工现场需要配备的试验设备：__________________________。

施工现场需要具备的其他试验条件：________________________。

9.4 现场工艺试验

现场工艺试验的有关约定：______________________________。

10. 变更

10.1 变更的范围

关于变更的范围的约定：________________________________。

10.4 变更估价

10.4.1 变更估价原则

关于变更估价的约定：__________________________________。

10.5 承包人的合理化建议

监理人审查承包人合理化建议的期限：____________________。

发包人审批承包人合理化建议的期限：____________________。

承包人提出的合理化建议降低了合同价格或者提高了工程经济效益的奖励的方法和金额为：__________________________________。

10.7 暂估价

暂估价材料和工程设备的明细详见附件11：《暂估价一览表》。

10.7.1 依法必须招标的暂估价项目

对于依法必须招标的暂估价项目的确认和批准采取第____种方式确定。

10.7.2 不属于依法必须招标的暂估价项目

对于不属于依法必须招标的暂估价项目的确认和批准采取第____种方式

确定。

第3种方式：承包人直接实施的暂估价项目。

承包人直接实施的暂估价项目的约定：________________。

10.8 暂列金额

合同当事人关于暂列金额使用的约定：________________。

11. 价格调整

11.1 市场价格波动引起的调整

市场价格波动是否调整合同价格的约定：________________。

因市场价格波动调整合同价格，采用以下第____种方式对合同价格进行调整：

第1种方式：采用价格指数进行价格调整。

关于各可调因子、定值和变值权重，以及基本价格指数及其来源的约定：________________________________；

第2种方式：采用造价信息进行价格调整。

（2）关于基准价格的约定：________________。

专用合同条款①承包人在已标价工程量清单或预算书中载明的材料单价低于基准价格的：专用合同条款合同履行期间材料单价涨幅以基准价格为基础超过____%时，或材料单价跌幅以已标价工程量清单或预算书中载明材料单价为基础超过____%时，其超过部分据实调整。

②承包人在已标价工程量清单或预算书中载明的材料单价高于基准价格的：专用合同条款合同履行期间材料单价跌幅以基准价格为基础超过____%时，材料单价涨幅以已标价工程量清单或预算书中载明材料单价为基础超过____%时，其超过部分据实调整。

③承包人在已标价工程量清单或预算书中载明的材料单价等于基准单价的：专用合同条款合同履行期间材料单价涨跌幅以基准单价为基础超过±____%时，其超过部分据实调整。

第3种方式：其他价格调整方式：________________。

12. 合同价格、计量与支付

12.1 合同价格形式

1. 单价合同。

综合单价包含的风险范围：______________________________。

风险费用的计算方法：______________________________。

风险范围以外合同价格的调整方法：______________________________。

2. 总价合同。

总价包含的风险范围：______________________________。

风险费用的计算方法：______________________________。

风险范围以外合同价格的调整方法：______________________________。

3. 其他价格方式：______________________________。

12.2 预付款

12.2.1 预付款的支付

预付款支付比例或金额：______________________________。

预付款支付期限：______________________________。

预付款扣回的方式：______________________________。

12.2.2 预付款担保

承包人提交预付款担保的期限：______________________________。

预付款担保的形式为：______________________________。

12.3 计量

12.3.1 计量原则

工程量计算规则：______________________________。

12.3.2 计量周期

关于计量周期的约定：______________________________。

12.3.3 单价合同的计量

关于单价合同计量的约定：______________________________。

12.3.4 总价合同的计量

关于总价合同计量的约定：______________________________。

12.3.5 总价合同采用支付分解表计量支付的，是否适用第12.3.4条（总价合同的计量）约定进行计量：______________________________。

12.3.6 其他价格形式合同的计量

其他价格形式的计量方式和程序：______________________________。

12.4 工程进度款支付

12.4.1 付款周期

关于付款周期的约定：________________________________。

12.4.2 进度付款申请单的编制

关于进度付款申请单编制的约定：________________________。

12.4.3 进度付款申请单的提交

（1）单价合同进度付款申请单提交的约定：________________。

（2）总价合同进度付款申请单提交的约定：________________。

（3）其他价格形式合同进度付款申请单提交的约定：__________。

12.4.4 进度款审核和支付

（1）监理人审查并报送发包人的期限：____________________。

发包人完成审批并签发进度款支付证书的期限：______________。

（2）发包人支付进度款的期限：__________________________。

发包人逾期支付进度款的违约金的计算方式：________________。

12.4.6 支付分解表的编制

2. 总价合同支付分解表的编制与审批：____________________。

3. 单价合同的总价项目支付分解表的编制与审批：____________。

13. 验收和工程试车

13.1 分部分项工程验收

13.1.2 监理人不能按时进行验收时，应提前____小时提交书面延期要求。

关于延期最长不得超过____小时。

13.2 竣工验收

13.2.2 竣工验收程序

关于竣工验收程序的约定：______________________________。

发包人不按照本项约定组织竣工验收、颁发工程接收证书的违约金的计算方法：____。

13.2.5 移交、接收全部与部分工程

承包人向发包人移交工程的期限：________________________。

发包人未按本合同约定接收全部或部分工程的，违约金的计算方法为：
____。

承包人未按时移交工程的，违约金的计算方法为：____________。

13.3 工程试车

13.3.1 试车程序

工程试车内容：________________________________。

（1）单机无负荷试车费用由________________承担；

（2）无负荷联动试车费用由________________承担。

13.3.3 投料试车

关于投料试车相关事项的约定：________________________________。

13.6 竣工退场

13.6.1 竣工退场

承包人完成竣工退场的期限：________________________________。

14. 竣工结算

14.1 竣工结算申请

承包人提交竣工结算申请单的期限：________________________。

竣工结算申请单应包括的内容：________________________。

14.2 竣工结算审核

发包人审批竣工付款申请单的期限：________________________。

发包人完成竣工付款的期限：________________________________。

关于竣工付款证书异议部分复核的方式和程序：________________。

14.4 最终结清

14.4.1 最终结清申请单

承包人提交最终结清申请单的份数：________________________。

承包人提交最终结算申请单的期限：________________________。

14.4.2 最终结清证书和支付

（1）发包人完成最终结清申请单的审批并颁发最终结清证书的期限：____

____。

（2）发包人完成支付的期限：________________________________。

15. 缺陷责任期与保修

15.2 缺陷责任期

缺陷责任期的具体期限：________________________________。

15.3 质量保证金

关于是否扣留质量保证金的约定：________________。在工程项目竣工前，承包人按专用合同条款第3.7条提供履约担保的，发包人不得同时预留工程质量保证金。

15.3.1 承包人提供质量保证金的方式

质量保证金采用以下第____种方式：

(1) 质量保证金保函，保证金额为：________________；

(2) ______%的工程款；

(3) 其他方式：________________。

15.3.2 质量保证金的扣留

质量保证金的扣留采取以下第____种方式：

(1) 在支付工程进度款时逐次扣留，在此情形下，质量保证金的计算基数不包括预付款的支付、扣回以及价格调整的金额；

(2) 工程竣工结算时一次性扣留质量保证金；

(3) 其他扣留方式：________________。

关于质量保证金的补充约定：________________。

15.4 保修

15.4.1 保修责任

工程保修期为：________________。

15.4.3 修复通知

承包人收到保修通知并到达工程现场的合理时间：________________。

16. 违约

16.1 发包人违约

16.1.1 发包人违约的情形

发包人违约的其他情形：________________。

16.1.2 发包人违约的责任

发包人违约责任的承担方式和计算方法：

(1) 因发包人原因未能在计划开工日期前7天内下达开工通知的违约责任：________________。

(2) 因发包人原因未能按合同约定支付合同价款的违约责任：________。

(3) 发包人违反第10.1条（变更的范围）第（2）项约定，自行实施被取消的工作或转由他人实施的违约责任：________________。

(4) 发包人提供的材料、工程设备的规格、数量或质量不符合合同约定，或因发包人原因导致交货日期延误或交货地点变更等情况的违约责任：________________。

(5) 因发包人违反合同约定造成暂停施工的违约责任：________________。

(6) 发包人无正当理由没有在约定期限内发出复工指示，导致承包人无法复工的违约责任：________________。

(7) 其他：________________。

16.1.3 因发包人违约解除合同

承包人按16.1.1条（发包人违约的情形）约定暂停施工满____天后发包人仍不纠正其违约行为并致使合同目的不能实现的，承包人有权解除合同。

16.2 承包人违约

16.2.1 承包人违约的情形

承包人违约的其他情形：________________。

16.2.2 承包人违约的责任

承包人违约责任的承担方式和计算方法：________________。

16.2.3 因承包人违约解除合同

关于承包人违约解除合同的特别约定：________________。

发包人继续使用承包人在施工现场的材料、设备、临时工程、承包人文件和由承包人或以其名义编制的其他文件的费用承担方式：________________。

17. 不可抗力

17.1 不可抗力的确认

除通用合同条款约定的不可抗力事件之外，视为不可抗力的其他情形：________________。

17.4 因不可抗力解除合同

合同解除后，发包人应在商定或确定发包人应支付款项后____日内完成款项的支付。

18. 保险

18.1 工程保险

关于工程保险的特别约定：________________。

18.3 其他保险

关于其他保险的约定：________________________________。

承包人是否应为其施工设备等办理财产保险：________________。

18.7 通知义务

关于变更保险合同时的通知义务的约定：__________________。

20. 争议解决

20.3 争议评审

合同当事人是否同意将工程争议提交争议评审小组决定：__________。

20.3.1 争议评审小组的确定

争议评审小组成员的确定：____________________________。

选定争议评审员的期限：______________________________。

争议评审小组成员的报酬承担方式：____________________。

其他事项的约定：____________________________________。

20.3.2 争议评审小组的决定

合同当事人关于本条的约定：__________________________。

20.4 仲裁或诉讼

因合同及合同有关事项发生的争议，按下列第____种方式解决：

（1）向______________________仲裁委员会申请仲裁；

（2）向______________________人民法院起诉。

第二十八章　出资合同审查要点解析

第一节　出资合同概述

市场主体是市场经济的基石，而公司是最主要的市场主体，尤其自 2014 年我国商事登记制度改革以来[①]，全国范围内新注册公司数量迅猛增长。据国家市场监督管理总局统计，2015 年平均每天新登记企业 1. 2 万户，比 2014 年提升 20%。2016 年我国新登记市场主体 1651. 3 万户，同比增长 11. 6%，平均每天新登记 4. 51 万户。全年新登记企业 552. 8 万户，同比增长 24. 5%，平均每天新登记 1. 51 万户[②]。2017 年全国新设市场主体 1924. 9 万户，2018 年全国新设市场主体 2149. 6 万户，2019 年全国新设市场主体 2179 万户。从法律角度而言，尽管不是每家新公司成立之前出资人都会签署书面的出资合同，但每一家新公司的注册成立都是一次出资法律行为，都意味着存在一份书面的或口头的出资合同（独资公司除外）。实践当中，出资人在设立公司之前，一般均基于一定的信任基础，因而相当数量的出资人并不十分重视出资合同，甚至连公司章程也是选用工商行政管理部门的范本，且范本中提示由出资各方自行据实填写的地方也是大量留白。但从实践经验来看，由于此类出资合同或章程的规定较不完善，一旦发生争议或纠纷，极有可能出现无据可依的局面。因此，不论是出资人，还是律师，都应当充分重视出资合同的订立，尤其是律师应当具有前瞻性思维，为出资人未雨绸缪。

---

① 国发〔2014〕7 号，国务院 2014 年 2 月 7 日发布。

② 根据新华网，网址：http：//news. xinhuanet. com/fortune/2017 - 01/19/c_ 1120340325. htm 和中国经济网，网址：http：//www. ce. cn/xwzx/gnsz/gdxw/201602/23/t20160223_ 9002793. shtml 报道整理。

根据《公司法》第二十三条的规定，章程是有限责任公司设立的必备文件，但出资协议并非必备文件（对于外商投资企业和股份有限公司而言，法律要求签订出资协议 ，属于必备文件）。因此，实践中由于对公司章程和出资协议的区别认识不清，有的出资人认为既然有章程，就无须再有出资合同。出资合同与公司章程在内容上存在一定的重合，如公司名称、出资人、出资数额、时间、方式等，公司章程往往是出资合同条款的进一步细化规定，但二者的区别也是明显的。首先，二者的法律效力不同。公司章程对于公司、股东、董事、监事及高级管理人员均有约束力，而出资合同仅在出资人之间具有法律效力。其次，二者受法律干预的程度不同，章程属于法定的要式文件，《公司法》对于公司章程的必备内容进行了列举式的规定，而出资合同并非要式合同，法律对于其内容没有规定。《公司法》第二十五条规定："有限责任公司章程应当载明下列事项：（一）公司名称和住所；（二）公司经营范围；（三）公司注册资本；（四）股东的姓名或者名称；（五）股东的出资方式、出资额和出资时间；（六）公司的机构及其产生办法、职权、议事规则；（七）公司法定代表人；（八）股东会会议认为需要规定的其他事项。股东应当在公司章程上签名、盖章。"最后，二者发挥作用的时间不同。出资合同主要是针对公司设立过程中出资人之间的权利义务关系进行约定，其发挥作用的时间主要集中在公司成立之前，而公司章程发挥作用的时间是公司成立之后的整个存续期间。

本章所称的出资合同或出资协议，是指出资人在公司设立之前，为了规范公司设立过程中各出资人（股东）的权利义务而订立的协议。根据《公司法》的规定，我国的公司类型包括有限责任公司、股份有限公司、一人有限责任公司、国有独资公司等，考虑到实践中设立有限责任公司的情况最为普遍，因此，本章中以有限责任公司的出资协议作为主要讨论对象。

第二节 出资合同的基本条款

出资合同属于非典型合同，实践中有的称之为投资协议，有的称之为合作协议，不论其合同名称谓何，但只要在本质上是出资人之间就共同出资设立公司的相关事宜进行的约定，都属于本章所称的出资合同。《民法典》和《公司法》均未对出资合同的基本条款进行规定，结合《民法典》第四百七十条第一款关于合同条款的一般性规定以及实践经验，出资合同的基本条款包括：

1. 合同主体条款，包括合同当事人（出资人）的名称（姓名）、住所等基本信息。

2. 公司基本信息条款，主要包括拟设立的公司的名称、住所地、经营范围、经营期限、注册资本等基本内容。

3. 出资条款，主要包括各出资人的出资额、出资方式、出资时间等内容。

4. 公司设立条款，主要包括公司设立过程中各出资人的权利义务等内容。

5. 公司治理条款，主要包括公司设立后的股东会、董事会、监事会等基本内容，也可以包括公司的经营管理等事项的约定。

6. 收尾条款，主要是指对于设立过程中已经发生的事实或责任以及未了事宜如何进行处理的条款，尤其是在公司设立失败的情况下，对于公司设立过程中产生的权利义务如何处理进行约定。

7. 违约条款，包括对出资各方违约责任的约定。

8. 争议解决条款，即约定发生争议后如何解决。

9. 保密条款，主要包括出资人之间对彼此的信息以及设立公司的相关信息的保密义务。

10. 其他程序性条款，包括合同生效、份数、附件等。

第三节　出资合同审查要点

一、合同主体条款审查

出资合同的主体均称为出资人，就有限责任公司而言，出资人为两个以上五十个以下（一人有限责任公司除外），对于出资人基本信息等方面的审查，可参照本书第七章的内容进行，务必达到全面、准确的要求。在出资合同中，应当重点审查的事项为：

1. 出资人的数量。《公司法》第二十四条规定：“有限责任公司由五十个以下股东出资设立。”因此，出资合同的出资人人数不能超过 50 人。一人有限责任公司、独资公司除外，其他有限责任公司的出资人应为 2 人以上 50 人以下。

2. 出资人的出资资格。一般情况下，具有完全民事行为能力的人，不论是自然人还是法人，均有出资的资格。但实践中需要注意的是，有的出资人由于其身份的特殊性（如现职公职人员、律师事务所等），法律法规或政策规定其不能作为出资人设立公司；有的是基于法律法规对于公司设立人的特殊要求（如金融公司）而使得不符合该等要求的人不能作为出资人（需要说明的是：此种限制仅限于设立特定性质的公司，而非所有类型的公司）。如果不具备相应的出资资格，签署的出资合同并不一定无效，但在履行过程中会遇到障碍，或是无法达到设立公司的合同目的。

3. 出资人的资信情况。出资人出资设立公司，不仅仅是资本的结合，也是人的结合，而且是长时间（公司存续期间）的结合，因此，从长期合作的角度看，对于出资人的资信、人品、出资能力、经营能力等都应当进行了解和判断。这其中，大部分是靠委托人自身的了解和判断，但律师可以通过公开的渠道对委托人拟合作的其他投资人进行初步的查询，如是否为失信人员、是否受到行政处罚等。

二、公司基本信息条款审查

公司基本信息，主要包括拟设立的公司的名称、住所地、经营范围、经营期限、注册资本等基本内容。律师在审查此类条款时，坚持的原则是清晰、明确和合法。其中尤为注意的是合法性问题，因为《公司法》及有关公司方面的管理规定对于公司的名称、住所地、经营范围、注册资本等均有相应的规定，在出资协议中应当予以审查。由于上述基本信息最终都需要经过工商行政管理部门的审核并记载于公司的《营业执照》之中，因此，在此类条款的表述上，一般均采用“拟为……最终以工商行政管理部门的登记为准”，以增加条款的周延性。如“公司名称拟为天津市××有限责任公司，最终以工商行政管理部门的登记为准”。

三、出资条款审查

主要包括各出资人的出资额、出资方式、出资时间等内容。根据国务院《注册资本登记制度改革方案》第二条的规定，在商事制度改革之后，法律对于公司注册资本的限制逐步放宽。一是放宽注册资本登记条件。除法律、行政法规以及国务院决定对特定行业注册资本最低限额另有规定的外，取消有限责任公司最低注册资本3万元、一人有限责任公司最低注册资本10万元、股份有限公司最低注册资本500万元的限制。不再限制公司设立时全体股东（发起人）的首次出资比例，不再限制公司全体股东（发起人）的货币出资金额占注册资本的比例，不再规定公司股东（发起人）缴足出资的期限。二是实行注册资本认缴登记制。除了现行法律、行政法规以及国务院明确规定实行注册资本实缴登记制的银行业金融机构、证券公司、期货公司、基金管理公司、保险公司、保险专业代理机构和保险经纪人、直销企业、对外劳务合作企业、融资性担保公司、募集设立的股份有限公司，以及劳务派遣企业、典当行、保险资产管理公司、小额贷款公司之外，均可采用认缴方式。

但该《方案》同时也规定，公司股东（发起人）应当对其认缴出资额、出资方式、出资期限等自主约定，并记载于公司章程。因此，在出资合同中，应当对出资人的出资事项进行明确约定。

1. 关于认缴出资额

出资人的认缴出资额是指出资人在设立公司时经过各出资人之间的协商后确定的出资数额，决定了出资人的出资比例（股权比例）。有限责任公司的股东以其认缴的出资额为限对公司承担责任，因此，在出资条款内容上，一是要明确认缴的数额，二是要明确认缴的出资比例。

2. 关于出资方式

《公司法》第二十七条规定："股东可以用货币出资，也可以用实物、知识产权、土地使用权等可以用货币估价并可以依法转让的非货币财产作价出资；但是，法律、行政法规规定不得作为出资的财产除外。对作为出资的非货币财产应当评估作价，核实财产，不得高估或者低估作价。法律、行政法规对评估作价有规定的，从其规定。"《公司登记管理条例》第十四条规定："股东的出资方式应当符合《公司法》第二十七条的规定，但是，股东不得以劳务、信用、自然人姓名、商誉、特许经营权或者设定担保的财产等作价出资。"因此，在审查出资方式条款时，重点是审查出资方式是否合法。此外，还需要进一步审查出资可操作性事宜，出资人以货币出资的，应当将货币出资足额存入有限责任公司在银行开设的账户；以非货币财产出资的，应当客观评估作价，核实财产后依法办理财产权的转移手续。

3. 关于出资时间

出资人的出资，是公司原始资产的来源，是公司开展经营活动的经费保障，因此对于出资人的出资时间应当进行明确的约定。该约定不仅是公司成立后信息公司信息披露的法定要求，也会涉及出资人之间的违约责任。国务院《注册资本登记制度改革方案》第二条规定，公司应当将股东认缴出资额或者发起人认购股份、出资方式、出资期限、缴纳情况通过市场主体信用信息公示系统向社会公示。公司股东（发起人）对缴纳出资情况的真实性、合法性负责。律师在审查时，主要审查该时间约定是否明确，同时也要兼顾出资时间的合理性，尤其是对于需要进行评估作价并办理产权转移的出资方式而言，要充分考虑评估及产权转移的办理时间。

四、公司设立条款审查

主要包括公司设立过程中各出资人的权利义务等内容，由多个条款组成。公司设立是一个过程，需要提交相应的公司设立申请资料并经过工商行政管理部门的审批，必然会涉及设立手续的办理以及设立过程中出资人各方的协助义务事宜。公司设立过程一般会涉及名称预先核准、租房、开户、验资、申请刻章、开户等多个环节，需要有相应的经办人员，同时也涉及出资人提供、签署各种申请文件等配合事项。如果未作约定或约定不明，容易产生争议，甚至导致公司设立失败。律师对于这些条款的审查，一是审查是否约定了明确经办人员，二是审查经办事项是否存在遗漏，三是审查相关设立费用的垫付与承担是否明确约定。

五、公司治理条款审查

主要包括公司设立后的股东会、董事会、监事会等基本内容，也可以包括公司的经营管理等事项的约定。公司的治理结构属于公司章程的必备事项，但如前所述，对于某些条款而言，公司章程实际上是对出资合同的细化规定，出资合同的约定往往是公司章程内容的原则和基础。就公司的治理结构而言，对设立后的公司的经营管理权具有较大影响，因此应当在出资合同中进行明确的约定，至少是原则性的约定，以免在制定公司章程时产生争议并影响公司的设立。

对于公司的股东会、董事会、监事会组成及基本职权，在《公司法》中均有规定，但《公司法》同时也赋予了股东在公司章程中进行补充规定和另行规定的权利，如股东的表决权、利润分配权、股权转让、议事及表决规则等，原则上是按照出资比例行使，但允许公司章程进行补充规定和另行规定。因此，对于出资人对有关事项存在特殊要求的情况下，可在出资合同中先行约定，并进一步约定各方按照出资合同的约定制定公司章程，确保出资人的出资意图在公司章程中得以体现和落实。此外，若出资人之间对于公司设立后的经营管理事项以及彼此之间的行为还有其他规定或限制的，如竞业禁止，也可以在出资合同中进行规定。对于此类条款的审查，律师一方面要审查其是否符合《公司法》的基本规定；另一方面要审查对《公司法》未规定或授权公司章程规定的事项是否有约定，律师的主要工作方式是对己方出资人（客户、委托人）进行提示，确定其是否有特殊要求，如有，则应体现在出资合同之中。同时，若其他出资人有特殊的要求，则应与己方出资人沟通提示后对其合法性、明确性予以审查，以确保出资合同的约定符合法律规定和各方出资人的真实意思表示。

六、收尾条款审查

所谓收尾条款，是指公司设立阶段完成之后，对于设立过程中已经发生的事实或责任以及未了事宜如何进行处理的条款，尤其是在公司设立失败的情况下，对于公司设立过程中产生的权利义务如何处理进行约定。在公司设立成功的情况下，设立过程中产生的权利义务一般均由设立后的公司承担，在公司设立失败的情况下，一般由出资人按认缴的出资比例承担，但法律上并无明文规定，因此，需要在出资合同中进行明确约定。律师审查的要点就是约定的承担主体以及承担方式是否明确。

七、违约条款审查

在出资合同中，出资人的主要合同义务就是按照合同的约定进行出资并在公司设立过程中履行相应的相互协作和配合义务。因此，出资人的违约责任也主要是未按照约定的时间、方式、数额出资，未履行或未适当履行协作配合义务而产生的赔偿责任，包括对其他出资人的违约赔偿责任以及在对公司造成损害的情况下对公司的赔偿责任。当然，对于公司的赔偿责任属于侵权赔偿责任而不是违约责任，但从合同条款的周延性角度考虑，在出资合同的违约条款中，也可以进行相应的约定。《公司法》第二十八条规定：“股东应当按期足额缴纳公司章程中规定的各自所认缴的出资额。股东以货币出资的，应当将货币出资足额存入有限责任公司在银行开设的账户；以非货币财产出资的，应当依法办理其财产权的转移手续。股东不按照前款规定缴纳出资的，除应当向公司足额缴纳外，还应当向已按期足额缴纳出资的股东承担违约责任。”律师在审查此类条款时，一是审查违约责任的全面性，即是否涵盖了可能出现的各种违约情形；二是审查违约责任的明确性，即责任方式及责任承担方式是否清楚明确。

八、争议解决条款审查

对于出资合同而言，当事人可选择诉讼或者仲裁解决，实践中一般均是通过诉讼方式解决。在出资合同没有特别约定的情况下，由被告所在地或合同履行地人民法院管辖，并无特殊之处，可参照本书第十二章相关内容进行审查。

九、保密条款审查

在出资合同中，出资人之间必然会知悉并掌握彼此的身份信息、财产信息及其他个人信息，同时也会知悉并掌握拟设立的公司的相关信息，对于这些信息，一般均应当承担保密义务，不得泄露，更不得用于除设立公司之外的其他用途。实践中，公司设立过程中出资人个人信息被泄露的情况并不鲜见，甚至有的出资人的身份信息被用于其他用途（如用于设立其他公司等）。因此，在出资协议中对于彼此之间保密义务的约定至关重要。律师在审查时，一是审查保密信息的范围，二是审查保密期限，三是审查泄密责任。审查的标准是对于保密相关内容的约定是否清晰、明确。

十、其他程序性条款审查

其他程序性条款主要包括合同生效、合同份数、合同附件等条款，属于通用型条款，参照本书第十二章相关内容进行审查即可。

第四节　出资合同审查示例

在本节中，笔者以一份两个公司之间的《合作协议书》为例，详细演示出资合同的审查修改要点及方法。

修改立场：本合同中笔者为乙方的法律顾问。在谈判地位上，双方无明显优劣，基本相当。

序号	待审合同	存在的问题	审查修改后的合同	修改方法
名称	合作协议书	名称不准确	出资合作协议书	
主体	甲方：天津××投资集团有限公司 乙方：天津××光电科技有限公司	合同主体信息不全	甲方：天津××投资集团有限公司 住所地：________ 法定代表人：________ 统一社会信用代码：________ 乙方：天津××光电科技有限公司 住所地：________ 法定代表人：________ 统一社会信用代码：________	补增
鉴于	甲方在项目推广及运作方面有着丰富的经验和实力，乙方在照相机成像技术方面拥有独到的技术，为此，甲乙双方本着合作共赢的原则，经友好协商，就双方合作投资事宜达成本协议，双方共同遵守。	表述不清晰	甲方在项目推广及运作方面有着丰富的经验和实力，乙方在照相机成像技术方面拥有独到的技术，为此，甲乙双方本着合作共赢的原则，经友好协商，就双方共同出资设立公司（以下简称项目公司）事宜达成本协议，双方共同遵守。	删改
一	项目公司基本情况 公司名称：天津××成像技术有限公司 地址：天津市××区××道××号 经营范围：辐射数字成像仪器和设备，医用CT、显微CT、电子直线加速器、工业管道数字化无损检测系统、三维安检系统、X射线成像系统和涉及辐射成像技术相关的产品及配套设备仪器的研发、生产、销售和服务。 合作期限：20年。	表述不严谨	项目公司基本情况 公司名称：天津××成像技术有限公司 地址：天津市××区××道××号 经营范围：辐射数字成像仪器和设备，医用CT、显微CT、电子直线加速器、工业管道数字化无损检测系统、三维安检系统、X射线成像系统和涉及辐射成像技术相关的产品及配套设备仪器的研发、生产、销售和服务。 经营期限：自成立之日起20年。 以上事项，以工商行政管理部门最终登记的信息为准。	删改 补增

续表

序号	待审合同	存在的问题	审查修改后的合同	修改方法
二	出资 项目公司注册资本1000万元，甲方以现金出资710万元，先期出资300万元作为启动资金，公司成立一年后出资410万元，乙方以专利技术出资290万元。	存在漏项 约定不清晰	出资 1. 出资方式：项目公司注册资本1000万元，甲方以现金出资710万元，持股71%，乙方以专利技术出资290万元，持股29%（乙方用于出资的专利技术详见附件1）。 2. 出资时间： （1）甲方先期出资300万元作为启动资金，于项目公司注册时出资到位，项目公司成立一年后30日内出资410万元。 （2）乙方于项目公司成立后两个月内进行专利技术的评估，评估后一个月内将专利技术转移到项目公司名下（评估机构由甲乙双方共同推荐，若不能达成一致的，双方各推荐3家有资质的评估机构，摇号确定评估机构）。 3. 出资完成之后，非经法定程序任何一方不得以任何方式抽回出资。否则，足额出资一方有权要求抽逃一方限期将抽逃的资金归还项目公司并要求按照实际出资额行使股东权利。	删改 补增
三	项目运作 1. 双方共同组建管理团队，甲方选派董事长，乙方选派副董事长，总经理由甲方选聘。	表述不规范	项目公司的管理与经营 1. 项目公司设股东会、董事会和监事，按照《公司法》相关规定行使职权。 2. 项目公司股东会由甲乙双方组成，并指派各自代表	补增 删改

续表

序号	待审合同	存在的问题	审查修改后的合同	修改方法
三	2. 甲方负责组建公司销售团队，负责产品运营推广。 3. 乙方负责组建公司技术研发团队，组织公司生产。 4. 乙方对于公司经营利润享有 40% 的分红权。 5. 未尽事宜，双方友好协商解决。		行使股东权利，按照出资比例进行表决。 3. 项目公司董事会成员 3 人，甲方指派 2 人，其中 1 人为董事长（法定代表人），乙方指派 1 人担任副董事长。总经理由董事会聘任和解聘。财务人员中，乙方指派 1 名会计。 4. 项目公司不设监事会，设 1 名监事，由乙方指派。 5. 甲方负责组建公司销售团队，负责产品运营推广。 6. 乙方负责组建公司技术研发团队，组织公司生产。 7. 项目公司每年第一个季度进行一次财务决算，对于公司依法可以分配的经营利润，甲方分取 60%，乙方分取 40%。 8. 上述条款内容，甲乙双方在制定公司章程时应当遵照并体现在章程的规定之中。未尽事宜，双方根据《公司法》的有关规定依法、友好协商解决。	
四	双方权利义务 1. 甲方负责投入前期费用，并负责公司设立手续办理。 2. 乙方着手筹备技术团队，在公司开业后投入产品的研发和生产。 3. 乙方保证对附件中的专利技术拥有合法的知识产权，不得侵犯第三方权利。 4. 乙方不得再与第三方从事与项目公司相同或相似的合作。	表述不严谨	双方权利义务 1. 甲方负责公司设立手续办理并承担相应的费用，乙方配合提供相关设立申请资料。公司设立手续应于本协议签订后 1 个月内完成。 2. 乙方于本协议签订后着手筹备技术团队，在公司开业后能够及时进入项目公司，从事产品的研发和生产。 3. 乙方保证对其投入项目公司的专利技术拥有合法的知识产权，不侵犯第三方合法权利。	补增 删改

续表

序号	待审合同	存在的问题	审查修改后的合同	修改方法
四			4. 在项目公司成立后，乙方不得就本协议涉及的专利技术与第三方进行合作，但乙方的其他专利技术不在此限。	
五	甲方对于乙方的知识产权负有保密责任，未经乙方同意不得泄露。	不够严谨	甲方对于在本协议的签订及履行过程中所知悉和掌握的乙方商业秘密（包括但不限于乙方的专利技术及其他知识产权等）承担保密义务，未经乙方书面同意，不得向任何第三方泄露，或用于除项目公司之外的任何其他用途。否则甲方因此获得的收益应当全部归属于乙方，导致乙方其他损失的，乙方有权要求甲方予以赔偿。	
六		缺少违约条款	违约责任 1. 甲方未能在本协议约定的时间内设立项目公司并完成第一笔300万元出资的，乙方有权要求甲方限期完成，若仍未完成的，乙方有权解除本协议且不承担任何责任，甲方已经支付的费用以及设立过程中产生的责任由甲方自行承担。 2. 甲方未能按照本合同的约定完成第二笔410万元出资的，应当按照乙方的要求及时足额出资，且应当以应出资额为基数按照每日万分之五的比例向乙方支付逾期出资期间的违约金。同时乙方有权要求按照实际出资比例行使股东权利。 3. 因乙方原因导致未能按照本协议约定的时间完成出资的，应当以应出资额为基数按照每日万分之五的比例向甲方支付逾期出资期间的违约金。	补增 乙方的违约责任系由甲方在收到律师的修改意见后提出，从公平性角度，律师建议乙方予以接受。

续表

序号	待审合同	存在的问题	审查修改后的合同	修改方法
七	在本协议履行过程中产生争议的，双方首先应当友好协商解决，协商不成的，任何一方均可向公司所在地法院起诉解决。	表述不严谨 公司尚未成立，管辖约定不明确	争议解决 1. 因本合同所产生之争议，甲乙双方首先友好协商解决，协商不成或任何一方不愿意协商的，由本协议签订地有管辖权的人民法院管辖。 2. 本协议签订地为天津市××区。	删改 补增
八	本协议自双方签字盖章之日起生效，一式两份，各执一份。	表述不规范	其他 1. 本合同包括 1 个附件，即乙方用于出资的专利明细及相应的权利证书复印件。 2. 本合同自甲乙双方签字盖章之日起生效，一式两份，甲乙双方各执一份，具有同等法律效力。	删改
签署	甲方： 2019 年　　月　　日 乙方： 2019 年　　月　　日	不够严谨	（以下签署页，无正文） 甲方（盖章）： 法定代表人或授权代表鉴字： 2019 年　　月　　日 乙方（盖章）： 法定代表人或授权代表签字： 2019 年　　月　　日	删改 补增

第二十九章　股权转让合同审查要点解析

第一节　股权转让合同概述

股权转让合同是指股权转让方与股权受让方就股权转让中双方各自权利义务关系而达成的协议。股权转让包括有限责任公司的股权转让和股份有限公司的股份转让，由于股份有限公司（尤其是上市公司）的股权转让非常灵活，流动性较强，限制较少，一般无须双方签署特别的转让协议。因此，本书中仅讨论有限责任公司的股权转让。《公司法》第七十一条规定："有限责任公司的股东之间可以相互转让其全部或者部分股权。股东向股东以外的人转让股权，应当经其他股东过半数同意。股东应就其股权转让事项书面通知其他股东征求同意，其他股东自接到书面通知之日起满三十日未答复的，视为同意转让。其他股东半数以上不同意转让的，不同意的股东应当购买该转让的股权；不购买的，视为同意转让。经股东同意转让的股权，在同等条件下，其他股东有优先购买权。两个以上股东主张行使优先购买权的，协商确定各自的购买比例；协商不成的，按照转让时各自的出资比例行使优先购买权。公司章程对股权转让另有规定的，从其规定。"

股权转让合同本质上是股权与转让价款之间的对价交易，但股权转让合同的特殊性在于转让标的是股权。股权不同于一般的产品或者服务，其是股东基于投资而享有的资产收益、参与重大决策和选择管理者等综合权利。股权的价值与目标公司的所有者权益直接相关，与目标公司的经营业绩相关，且处于变动状态。同时，股权的转让对于公司治理、其他股东以及债权人均有不同程度的影响，也会受到工商等部门的监管。如果是外资企业股权转让，还涉及外汇、商务主管部门的监管。如果是国有股权转让，还会涉及国资主管部门的监管。因此，股权转让合同不仅应当遵守《民法典》的规定，还应当遵守《公司法》以及相关部门规范的规定。律师在审查股权转让合同时，应当结合《民法典》、《公司法》、公司章程及有关监管部门的规定进行审查。为了叙述方便，本书以内资有限责任公司的股权转让合同为主要讨论对象，分析梳理此类合同中相关条款的注意事项及审查要点。至于外资企业、国有企业股权转让合同，其主要区别在于合同本身需要经过主管部门的审批，但在合同主要条款的审查方面可参照适用。

第二节　股权转让合同的基本条款

股权转让合同不是《民法典》规定的典型合同，《民法典》第四百七十条第一款规定的相关内容在股权转让的场合需要进行相应的调整和演变，结合实践经验，股权转让合同的基本条款主要包括：

1. 合同主体条款，包括合同当事人的名称（姓名）、住所等基本信息。

2. 鉴于条款，包括目标公司基本情况、股权结构、转让原因及目的等。

3. 股权转让条款，主要包括标的股权本身、转让前置程序等内容。

4. 股权转让价款及有关费用条款，指股权转让的对价、支付以及涉及的相关税、费的承担等。

5. 股权交割条款，包括交割条件、交割流程等。

6. 承诺及保证条款，主要包括股权转让双方对各自内部事项及审批流程的承诺，或有债务以及对过渡期内有关事项的承诺。

7. 保密条款，包括双方对获悉的彼此商业秘密以及目标公司商业秘密的保密义务。

8. 违约条款，包括对双方违约责任的约定。

9. 争议解决条款，即约定发生争议后如何解决。

10. 其他程序性条款，包括通知与送达、合同生效、合同份数、合同附件等。

第三节　股权转让合同审查要点

一、合同主体条款审查

股权转让合同的主体包括转让方和受让方，对于主体条款的一般性审查可参照本书第七章内容。需要特别提示的是，对于转让方的审查要着重审查其是否是在工商行政管理部门登记的股东，是否是标的股权的合法持有人，是否存在隐名股东或共有人。若存在隐名股东，则需提示委托人要求转让方提供隐名股东的同意文件。若存在共有人，则需提示委托人要求转让方提供共有人的同意文件。对于受让方的审查要着重审查其履约资质和履约能力，尤其是其成为公司股东是否会受到法律及政策的限制，比如党政干部或一些特殊的机构（如国家机关、律师事务所）是不允许投资入股的，有的机构不能从事特定的行业（如商业银行不能从事证券经营行业等）。

二、鉴于条款审查

从实践中来看，鉴于条款是股权转让合同的常用条款，一般是介绍股权转让合同签订的背景，为背景型鉴于条款。常用的表述为："鉴于：1. 甲方是一家依照中国法律注册成立并有效存续的公司，其注册资本为人民币____万元整（______万元），公司性质为民营企业。甲方股东会已就股权转让事宜进行审议并已作出相关决议。2. 乙方是一家依照中国法律注册成立并有效存续的公司，其注册资本为人民币____万元整（______万元），公司性质为民营企业。乙方股东会已就受让股权事宜进行审议并已作出相关决议。3. ______有限公司（以下简称目标公司）成立于______年____月____日，注册资本为______万元人民币。4. 甲方为目标公司之现有股东，于本协议签署日持有目标公司____%的股份，甲方愿意按照本协议所规定的条款和条件将其持有的目标公司的股份转让与乙方。乙方愿意按照本协议所规定的条款和条件受让上述转让之股份及相关权益。”实践中，双方可根据实际情况在上述条款基础上进行增减，律师在审查时，参照本书第十二章内容进行审查即可。

三、股权转让条款审查

股权转让条款是股权转让合同的核心条款之一，是受让方的核心合同目的。律师在审查股权转让条款时主要包括股权本身的审查和股权转让的前置程序审查。

关于股权本身的审查，实际上是对合同标的物的审查，由于股权与物品、服务等其他合同标的物不同，因此在审查股权本身时应当区别对待。律师在审查股权时，应重点审查三个方面：一是股权本身的权属，即转让方是否是标的股权的真正权利人，要注意权利外观和权利实质的统一；二是股权的可转让性，即审查该股权是否设置了质权、是否受到查封冻结以及该股权的转让是否受到法律的限制（如《公司法》第一百四十一条规定，发起人持有的本公司股份，自公司成立之日起一年内不得转让……）或公司章程的限制（目标公司的章程有可能会有对股权转让进行限制的规定）；三是股权的出资情况，即是否全部出资，如果未全部出资，则在转让价款方面需要提示委托人是否需要重新定价，并就未出资部分的出资义务进行约定。

对于股权转让的前置程序审查，主要审查内容为是否涉及其他股东的优先购买权？如涉及，其他股东的优先购买权是否已经放弃？审查的方法为一是看目标公司的章程对股权转让是否设置了相应的限制，二是看是否有关于其他股东放弃优先购买权的股东会决议或声明文件。优先购买权是法律赋予股东的法定权利，若侵犯了其他股东的优先购买权，该股东一般可要求撤销股权转让合同。

四、股权转让价款及有关费用条款审查

股权转让价款是股权转让合同的核心条款，从律师审查的角度来看，律师并不需要对价款的多少进行审查，重点审查的应当是付款方式和付款期限。

实践当中，股权转让价款大多采取分期付款的方式，一般是签订合同后支付一部分，办理工商变更登记前支付一部分，工商变更登记后支付一部分，具体取决于当事人的约定。律师在审查时，一是要审查付款的时间或条件是否明确，条款内容不能含糊或有歧义，应当使用“______年____月_ 日之前”或“____之后____日内”的表述；二是要审查每次付款的数额是否明确。

关于其他费用条款，主要包括股权转让涉及的税费以及办理股权变更登记过程中需要缴纳的其他费用如何承担的问题。律师在审查时，一是要注意这些条款不能漏项（即没有约定），二是要约定明确的承担主体，以免在办理股权变更登记过程中产生争议。

五、股权交割条款审查

股权交割是完成股权转让的关键步骤，尤其是对于受让方而言，只有完成股权变更登记及目标公司内部的变更后股权收购才算完成。而股权交割与实物交割不同，涉及对内对外的不同程序，不能通过转移占有的方式来进行。对外来讲，必须通过工商变更登记才具有对外效力。对内来讲，必须完成公司章程的变更、出资证明书发放等手续。在审查股权交割条款时，主要审查股权交割的条件（或时间）、交割的内容及交割手续的办理等内容。

关于股权交割的条件，属于当事人自行约定的范畴，可约定交割的时间（如股权转让合同签订后____日之内交割），也可以约定交割的条件（如约定受让方支付第一笔转让款后交割）。对于律师审查而言，如果约定的是交割时间，则应有明确的时间限制，使用“____年____月____日之前”或“____之后____日内”的表述。如果约定的是条件，则属于附条件的情形，该等条件应当是将来可能发生的事实，过去的事实、现存的事实或者将来必定发生或必定不能发生的事实均不能作为所附条件。

关于股权交割的内容，主要包括股权变更登记、修订公司章程、交接公司有关文件资料（尤其在全资收购的情况下）等。由于前述交割内容涉及转让方、受让方、目标公司、其他股东的配合和协助事宜，因此应当明确约定在交割过程中由哪一方负责具体手续的办理，同时约定其他各方的配合义务。否则，容易在交割过程中产生不必要的争议。

六、承诺及保证条款审查

股权转让的特殊性是由于股权的特殊性所导致的，股权的特殊性在于：第一，股权的价值与目标公司的所有者权益（资产减去负债）息息相关，而目标公司的资产和负债情况对于受让方而言并不容易完全掌握，尤其是在未经过财务尽职调查和法律尽职调查的情况下，主要就取决于转让方的披露情况。第二，转让方和受让方的性质又决定了股权转让的程序（如国有企业、外资企业都需要经过专门的审批程序），目标公司的章程也会影响到股权转让的程序。第三，从股权转让合同的签署到股权交割完成需要一定的时间（这个时间可以称为过渡期），在这期间，目标公司的所有者权益仍然是动态的，可能会发生变化，甚至股权本身也可能出现变化（比如被查封、冻结）。因此，在股权转让合同中，股权转让双方的承诺及保证必不可少，主要包括股权转让双方对各自内部事项及审批流程的承诺，或有债务以及对过渡期内有关事项的承诺。律师在审查此类条款时，应当从全面性、明确化角度进行审查，即约定的事项应当全面，且条款的内容应当明确。实践中，常用的承诺及保证条款包括：

1. 签约权限的承诺和保证：即各方保证具有签署股权转让合同的合法权限。

2. 内部流程的承诺和保证：即各方保证在签署合同之前已经根据各自的情况履行了必要的前置审批或决议程序，并保证各自办理后续的审批手续（如有的话）。

3. 披露事实的承诺和保证：即转让方对于其在签署股权转让合同之前所披露的情况的完整性、真实性的承诺。尤其是对于目标公司或有债务的披露，如果转让方存在隐瞒债务或潜在债务，对于受让方而言将是重大的影响。

4. 过渡期的承诺和保证：即在股权转让合同签订后至股权交割完成这一期间，转让方对于股权状态的承诺（如不得另行转让、设置抵押、遭受查封等）以及对目标公司经营事项的承诺（如不得对目标公司进行资产处置、签署重大合同等），并应就过渡期内目标公司资产的变化作出约定。一般来讲，过渡期内目标公司资产的变化应当归属于目标公司本身，尤其是在增值的情况下转让方不得就该增值部分主张增加股权转让价款，但这属于商务性条款，取决于双方的谈判结果。作为律师，在审查合同时应考虑到此种情形并将相应的约定内容明确即可。

七、保密条款审查

在股权转让合同中，合同双方必然会了解到对方的一些保密信息以及目标公司的保密信息。尤其是在进行尽职调查的情况下，受让方对于目标公司信息的知悉程度是非常深的。因此，保密条款对于股权转让合同而言十分重要，实践中属于必要条款，有的大型收购项目中，甚至需要提前签署一份保密协议。就股权转让合同的保密条款而言，特殊性在于保密的范围不仅包括转让方和受让方的保密信息，还应当包括目标公司的保密信息。其他方面的审查，可参照本书第十二章的内容进行。

八、违约条款审查

在股权转让合同中，受让方的主要合同义务是支付股权转让价款并受领标的股权，而转让方的主要合同义务是将标的股权交割给受让方，但由于股权本身的特殊性（前已述及），导致转让方的交割义务实际上是多个义务的组合。因此，在股权转让合同中，对于受让方而言，主要的违约责任是未按照约定及时足额支付股权转让款的责任，以及在办理股权交割过程中由于己方原因导致的责任。对于转让方而言，主要的违约责任则是股权瑕疵责任（包括权利瑕疵、出资瑕疵等）、披露瑕疵责任以及在办理股权交割过程中由于己方原因导致的责任。律师在审查股权转让合同的违约条款时，一是要审查违约情形的全面性，即是否全面约定了各方的违约责任情形；二是违约责任的明确化，即要明确不同违约情形下所应承担的责任。其他方面可参照本书第十一章内容进行审查。

九、争议解决条款审查

对于股权转让合同而言，当事人可选择诉讼或者仲裁解决争议，并无特别之处，律师可参照本书第十二章相关内容进行审查。

十、其他程序性条款审查

其他程序性条款主要包括通知与送达、合同生效、合同份数、合同附件等条款，属于通用型条款，参照本书第十二章相关内容进行审查即可。实践中需要注意的是，股权转让合同中一般都会包括多个附件，如双方资质文件、股权转让的相关批准文件、股东会决议、目标公司的有关材料（如营业执照、公司章程等）、尽职调查报告、资产评估报告、交接清单等，律师在审查时应予以重视。

第四节　股权转让合同审查示例

在本节中，笔者以一份两个公司之间的《股权转让合同》为例，详细演示股权转让合同的审查修改要点及方法。

修改立场：本合同中笔者为受让方的法律顾问。在谈判地位上，双方无明显的优劣之分。

序号	待审合同	存在的问题	审查修改后的合同	修改方法
名称	股权转让合同	称谓与合同内容不统一	股权转让协议	删改
主体	转让方：天津市××能源有限公司 受让方：天津市××房地产开发有限公司	合同主体信息不全，与后文中的“甲方”“乙方”缺乏对应关系说明	转让方：天津市××能源有限公司 住所地：__________ 法定代表人：__________ 统一社会信用代码：__________ 以下简称甲方。 受让方：天津市××房地产开发有限公司 住所地：__________ 法定代表人：__________ 统一社会信用代码：__________ 以下简称乙方。	补增
鉴于	1. 甲方是一家依照中国法律注册成立并有效存续的公司，其注册资本为人民币××万元整（××万元）。甲方董事会已就股权转让事宜进行审议并作出相关决议。 2. 天津市××房地产开发有限公司是一家依照中国法律注册成立并有效存续的公司，其注册资本为人民币××万元整（××万元）。 3. 天津××投资有限公司（以下简称目标	表述不严谨 用词不规范	1. 甲方是一家依照中国法律注册成立并有效存续的公司，其注册资本为人民币××万元整（××万元）。甲方股东会已就股权转让事宜进行审议并已作出相关决议。 2. 乙方是一家依照中国法律注册成立并有效存续的公司，其注册资本为人民币××万元整（××万元）。 3. 天津××投资有限公司（以下简称目标公司）成立于2006年10月，注册资本为2450万元人民币。目标公司在××通过招拍挂方式获得了622.5亩土地	删改

续表

序号	待审合同	存在的问题	审查修改后的合同	修改方法
鉴于	公司）成立于2006年10月，注册资本为2450万元人民币。目标公司在××以招拍名义获得了622.5亩土地开发的权利（以下简称开发项目）。 4. 甲方为目标公司之现有股东，于本协议签署日持有目标公司百分之壹佰（100%）的股份，甲方愿意按照本协议规定之对价及本协议所规定的其他条款和条件将其持有的目标公司的百分之壹佰（100%）股份转让与乙方。 5. 乙方愿意在本协议条款所规定的条件下受让上述转让之股份及相关权益。 6. 本协议双方均充分理解在本次股权转让过程中各自的权利义务，并均同意依法进行本次股权转让。 根据《中华人民共和国公司法》及相关法律法规，经双方友好协商，达成如下协议，以资共同信守：		开发的权利（以下简称开发项目）。 4. 甲方为目标公司之现有股东，于本协议签署日持有目标公司百分之壹佰（100 %）的股份，甲方愿意按照本协议规定之对价及本协议所规定的其他条款和条件将其持有的目标公司的百分之壹佰（100%）股份转让与乙方。 5. 乙方愿意在本协议条款所规定的条件下受让上述转让之股份及相关权益。 6. 本协议双方均充分理解在本次股权转让过程中各自的权利义务，并均同意依法进行本次股权转让。 根据《中华人民共和国公司法》及相关法律法规，经双方友好协商，达成如下协议，以资共同信守：	
一	第一条　定义 在本协议中，除非上下文另有所指，下列词语具有以下含义： 1.1 “转让股份”指甲方根据本协议的条件及约定出让的其持有的目标公司的百分	无	第一条　定义 在本协议中，除非上下文另有所指，下列词语具有以下含义： 1.1 “转让股份”指甲方根据本协议的条件及约定出让其持有的目标公司的百分之壹佰（100%）的股权。	

续表

序号	待审合同	存在的问题	审查修改后的合同	修改方法
一	之壹佰（100%）的股权。 1.2“现有股东”指在本协议签署生效之前，日期最近的有效合同与章程中载明的目标公司的股东，即本协议甲方。 1.3“本协议”指本协议主文、全部附件及双方一致同意列为本协议附件之其他文件。 1.4“目标公司”专指天津××投资有限公司。 1.5“开发项目”专指本协议所涉目标公司在蓟县××镇622.5亩土地的开发。 1.6“股权转让全部完成”是指本协议项下的股权转让以工商管理部门完成变更登记手续为准。 1.7本协议中的标题为方便而设，不应影响对本协议的理解与解释。		1.2“现有股东”指在本协议签署生效之前，日期最近的有效合同与章程中载明的目标公司的股东，即本协议甲方。 1.3“本协议”指本协议主文、全部附件及双方一致同意列为本协议附件之其他文件。 1.4“目标公司”专指天津××投资有限公司。 1.5“开发项目”专指本协议所涉目标公司在蓟县××镇622.5亩土地的开发。 1.6“股权转让全部完成”是指本协议项下的股权转让以工商管理部门完成变更登记手续为准。 1.7本协议中的标题为方便而设，不应影响对本协议的理解与解释。	
二	第二条　协议的生效 本协议由甲乙双方签字加盖公章并由乙方向甲方支付履约保证金人民币叁仟万元（3000万元）之时起生效。	用语不规范	第二条　协议的生效 本协议自甲乙双方签字盖章并由乙方向甲方支付完毕履约保证金人民币叁仟万元（3000万元）之日起生效。	删改

续表

序号	待审合同	存在的问题	审查修改后的合同	修改方法
三	第三条　股权转让价格 3.1 甲乙双方同意由乙方向甲方支付第 3.2 条中所规定之现金金额作为对价，受让甲方转让的股份。 3.2 乙方受让的“转让股份”的转让价为：人民币壹亿伍仟万元整（15000 万元）。 3.3 转让价指转让股份的购买价，包括转让股份所包含的各种股东权益。该等股东权益指依附于转让股份的所有现时和潜在的权益，包括目标公司所拥有的全部动产和不动产、有形和无形资产的百分之壹佰（100%）所代表之利益。 3.4 对于未披露债务（如果存在的话），甲方应按照该等未披露债务数额的百分之壹佰（100%）承担偿还责任。	表述不规范 部分内容重复	第三条 股权转让价格 3.1 甲乙双方同意乙方受让的“转让股份”的转让价为：人民币壹亿伍仟万元整（15000 万元）。 3.2 转让价包括转让股份所包含的各种股东权益。该等股东权益指依附于转让股份的所有现时和潜在的权益，包括目标公司所拥有的全部动产和不动产、有形和无形资产的百分之壹佰（100%）所代表之利益。 3.3 对于未披露债务（如果存在的话），甲方应按照该等未披露债务数额的百分之壹佰（100%）承担偿还责任。造成乙方损失的，乙方有权向甲方追偿。	删改
四	第四条　付款及方式 4.1 自本协议签署之日起三日内，乙方向甲方指定账户存入履约保证金人民币叁仟万元整（3000 万元）；甲方收到乙方履约保证金时本协议生效。当甲方履行完本协议第 5.1—5.5 条后三日内，乙方将人民币柒仟万元整（7000 万元）支付给甲方；	约定不严谨 存在漏项 标点符号错误	第四条　转让款的支付及有关费用的承担 4.1 股权转让款由乙方按照下列方式支付： 4.1.1 本协议签署之日起三日内，支付叁仟万元整（3000 万元）； 4.1.2 当甲方履行完本协议第 5.1—5.5 条后三日内，支付柒仟万元整（7000 万元）； 4.1.3 当股权转让完成后三日内（以完成工商变更手	补增 删改

续表

序号	待审合同	存在的问题	审查修改后的合同	修改方法
四	当股权转让完成后三日内（以完成工商变更手续日为准），由乙方将剩余提存款人民币伍仟万元整（5000 万元）向甲方支付完毕。 4.2 本协议项下，股权转让之所涉税费，由甲乙双方按照法律、法规之规定各自承担。		续日为准），支付伍仟万元整（5000 万元）。 4.1.4 甲方的收款账户信息为： 户名： 开户行： 账号： 4.2 本协议项下，股权转让之所涉税费，由甲乙双方按照法律、法规之规定各自承担。 4.3 在办理股权变更登记过程中需要向有关部门缴纳的费用由乙方承担。	
五	第五条　股权转让之先决条件 5.1 甲方将开发项目土地出让合同延续二年。 5.2 甲方按乙方的书面意图将开发项目调整并取得当地部门核发的规划方案批复。 5.3 甲方保证开发项目界内无纠纷，界内居宅房屋拆迁完毕，各种相关补偿落实。 5.4 甲方应将开发项目四至地界按照行业惯例的标准圈上工程防护围墙或围挡并安装大门后移交乙方，相关费用由甲方承担。 5.5 甲方负责租用开发项目周边的水库（四至范围）、水库与地界之间 6 米共享道路（起止）及后山（山具体名称及四至	表述不清楚 约定不严谨 标点符号错误	第五条　股权转让之先决条件 5.1 甲方将开发项目土地出让合同中的开工期限在原来时限基础上推迟两年。 5.2 甲方按乙方的书面要求将开发项目调整并取得当地部门核发的规划方案批复。 5.3 甲方将开发项目界内现有居宅房屋拆迁完毕，不存在未了纠纷。 5.4 甲方自费将开发项目四至地界按照行业惯例的标准圈上工程防护围墙或围挡并安装大门后移交乙方。 5.5 甲方负责租用开发项目周边的水库、水库与地界之间 6 米共享道路及后山并移交乙方，相关费用由甲方承担。租期为 × × 年。 5.6 乙方有权自行决定放弃第 5.1—5.5 条中所提及的任何一项或全部先决条件。该等放弃的决定应以书	补增 删改

续表

序号	待审合同	存在的问题	审查修改后的合同	修改方法
五	范围）并移交乙方，相关费用由甲方承担。 5.6 乙方有权自行决定放弃第 5.1—5.5 条中所提及的任何一项或全部先决条件。该等放弃的决定应以书面形式完成。 5.7 倘若第五条条款中有任何先决条件不能实现而乙方又不愿意放弃该先决条件，本协议即告自动终止，各方于本协议项下之任何权利、义务及责任即时失效，对各方不再具有约束力，届时甲方不得依据本协议要求乙方支付转让价款，并且甲方应于本协议终止后立即，但不应迟于协议终止后十五（15）个工作日内向乙方全额退还乙方按照本协议已经向甲方支付的履约保证金，该保证金不计利息。		面形式完成。甲方应当自本协议生效后立即启动上述各项工作并随时与乙方沟通进展情况。 5.7 倘若第五条条款中有任何先决条件不能实现而乙方又不愿意放弃该先决条件，本协议即告自动终止，各方于本协议项下之任何权利、义务及责任即时失效，对各方不再具有约束力，届时甲方不得依据本协议要求乙方支付转让价款，并且甲方应于本协议终止后立即，但不应迟于协议终止后十五（15）个工作日内向乙方全额退还乙方按照本协议已经向甲方支付的履约保证金（包括利息）。 5.8 不论甲方是否已尽合理努力，若在本协议签署后 6 个月内仍未完成第 5.1—5.5 条的全部义务的，乙方有权单方解除本合同，并按照第 5.7 条要求甲方返还乙方全部已付的款项及利息（按同期银行贷款利率计算）。	
六	第六条　交接 6.1 当乙方支付完毕全部的股权转让款后三日内，双方办理交接手续，由甲方将目标公司的公章、财务章及资料全部移交给乙方。 6.2 交接完毕时由甲乙双方交接代表在交接清单上签字，乙方交接代表如非乙方法定代表人的需经乙方法定代表人授权方可参加交接。	交割事项不完整 符合不统一	第六条　股权交割 6.1 当乙方支付完毕第 4.1.2 条中的款项后 3 日内，甲方配合乙方到工商行政管理部门办理股权变更登记。 6.2 当乙方支付完毕全部的股权转让款后三日内，双方办理交接手续，由甲方将目标公司的公章、财务章及资料（详见附件 4）全部移交给乙方。 6.2 交接完毕时由甲乙双方交接代表在交接清单上签字，乙方交接代表如非乙方法定代表人的需经乙方法定代表人授权方可参加交接。	补增 删改

续表

序号	待审合同	存在的问题	审查修改后的合同	修改方法
七	第七条　承诺及保证 7.1 本协议一方现向对方陈述和保证如下： 7.1.1 每一方陈述和保证的事项均真实、完整和准确； 7.1.2 每一方具有签订本协议所需的所有权利、授权和批准，并且具有充分履行其在本协议项下每项义务所需的所有权利、授权和批准； 7.1.3 无论是本协议的签署还是对本协议项下义务的履行，均不会抵触、违反或违背其营业执照、章程或任何法律法规或任何政府机构或机关的批准，或其为签约方的任何合同或协议的任何规定； 7.1.4 至本协议生效日止，不存在与本协议规定事项有关或可能对其签署本协议或履行其在本协议项下义务产生不利影响的悬而未决或有可能提起的诉讼、仲裁或其他法律、行政或其他程序或政府调查。 7.2 甲方承诺配合以下事项 7.2.1 甲方配合乙方完善开发项目的整体规划、建筑设计、单体设计、园林景观设计。	缺少关于过渡期目标公司资产变化的约定	第七条　承诺及保证 7.1 本协议一方现向对方陈述和保证如下： 7.1.1 每一方陈述和保证的事项均真实、完整和准确； 7.1.2 每一方具有签订本协议所需的所有权利、授权和批准，并且具有充分履行其在本协议项下每项义务所需的所有权利、授权和批准； 7.1.3 无论是本协议的签署还是对本协议项下义务的履行，均不会抵触、违反或违背其营业执照、章程或任何法律法规或任何政府机构或机关的批准，或其为签约方的任何合同或协议的任何规定； 7.1.4 至本协议生效日止，不存在与本协议规定事项有关或可能对其签署本协议或履行其在本协议项下义务产生不利影响的悬而未决或有可能提起的诉讼、仲裁或其他法律、行政或其他程序或政府调查。 7.2 甲方承诺配合以下事项： 7.2.1 甲方配合乙方完善开发项目的整体规划、建筑设计、单体设计、园林景观设计； 7.2.2 甲方将开发项目工程地质勘查结果提供给乙方； 7.2.3 甲方负责开发项目的人防、环保、消防等开发前手续的落实。 7.3 在目标公司完成股权变更登记前，甲方承诺不对	补增

续表

序号	待审合同	存在的问题	审查修改后的合同	修改方法
七	7.2.2 甲方对开发项目工程地质勘查结果提供给乙方。 7.2.3 甲方对开发项目的人防、环保、消防等开发前手续的落实。		目标公司进行任何可能会使目标公司资产减少的处置，否则乙方有权要求减少相应的转让价款。若目标公司减少资产在 1000 万元以上的，乙方有权单方解除本协议，并规定按照第 5.7 条规定返还乙方全部已付的款项及利息（按同期银行贷款利率计算）。目标公司资产若有增加的，归属于目标公司，甲方不得要求增加转让价款。	
八	第八条　违约责任 8.1 如发生以下任何一事件则构成该方在本协议项下之违约： 8.1.1 任何一方违反本协议的任何条款； 8.1.2 任何一方违反其在本协议中作出的任何陈述、保证或承诺，或任何一方在本协议中作出的任何陈述、保证或承诺被认定为不真实、不正确或有误导成分。 8.2 甲方如发生未按合同中甲方所承担义务及收到首付款不办理股权变更事宜，应按已收款项日万分之五的标准向乙方支付违约金；乙方发生不按期付款的情况，应按未付款项日万分之五的标准向甲方支付违约金。	违约责任约定不全面 第 8.1 条属多余，无实际意义	第八条　违约责任 8.1 乙方未按照第 4.1 条约定支付款项的，应按未付款项日万分之五的标准向甲方支付违约金。 8.2 甲方未按照第 5.6 条规定启动相关工作的，乙方有权催促甲方立即启动，甲方经催告后仍不启动的，乙方有权单方解除本合同，甲方应立即退还乙方所有已支付的款项并按照已支付款项的____% 支付违约金。 8.3 甲方未按照第六条之规定办理股权交割的，每逾期一天，按照乙方已付款项的万分之五的标准向乙方支付违约金。逾期超过____天的，乙方有权单方解除本合同，甲方应立即退还乙方所有已支付的款项并按照已支付款项的____% 支付违约金。 8.4 本协议对于违约责任另有约定的，从其约定。	补增 删改

续表

序号	待审合同	存在的问题	审查修改后的合同	修改方法
九	第九条　保密 9.1 除非本协议另有约定，双方应保证对其因履行本协议而取得的所有有关对方的各种形式的任何商业信息、资料及/或文件内容等保密，包括本协议的任何内容及双方可能有的其他合作事项等。 9.2 上述限制不适用于： 9.2.1 在披露时已成为公众一般可取得的资料和信息； 9.2.2 并非因接收方的过错在披露后已成为公众一般可取得的资料； 9.2.3 接收方可以证明在披露前其已经掌握，并且不是从其他方直接或间接取得的资料； 9.2.4 任何一方依照法律要求，有义务向有关政府部门披露，或任何一方因其正常经营所需，向其直接法律顾问和财务顾问披露上述保密信息； 9.2.5 任何一方向其银行和/或其他提供融资的机构在进行其正常业务的情况下所作出的披露。 9.3 甲乙双方应责成其各自董事、高级职员和其他雇员以及其关联公司的董事、高	保密范围不全 保密期限未约定	第九条　保密 9.1 除非本协议另有约定，双方应保证对其因履行本协议而取得的所有有关对方以及目标公司的各种形式的任何商业信息、资料及/或文件内容等保密，包括本协议的任何内容及双方可能有的其他合作事项等。 9.2 上述限制不适用于： 9.2.1 在披露时已成为公众一般可取得的资料和信息； 9.2.2 并非因接收方的过错在披露后已成为公众一般可取得的资料； 9.2.3 接收方可以证明在披露前其已经掌握，并且不是从其他方直接或间接取得的资料； 9.2.4 任何一方依照法律要求，有义务向有关政府部门披露，或任何一方因其正常经营所需，向其直接法律顾问和财务顾问披露上述保密信息； 9.2.5 任何一方向其银行和/或其他提供融资的机构在进行其正常业务的情况下所作出的披露。 9.3 甲乙双方应责成其各自董事、高级职员和其他雇员以及其关联公司的董事、高级职员和其他雇员遵守本条所规定的保密义务。本协议一方的上述人员违反本条义务视为本协议一方违反本条义务。 9.4 本条约定具有独立的法律效力，在本协议履行期间以及本协议终止后长期有效，不因本协议的无效、被撤销而受影响。	补增

续表

序号	待审合同	存在的问题	审查修改后的合同	修改方法
九	级职员和其他雇员遵守本条所规定的保密义务。 9.4 本协议无论何等原因终止，本章规定均继续保持其原有效力。			
十	第十条　争议解决 10.1 因本协议履行过程中引起的或与本协议相关的任何争议，双方应争取以友好协商的方式迅速解决，若经协商仍未能解决，任何一方均可向有管辖权的人民法院提起诉讼。	逻辑混乱 管辖约定不清	第十条　争议解决 10.1 因本协议引起的或与本协议相关的任何争议，甲乙双方应争取以友好协商的方式迅速解决，若经协商仍未能解决或任何一方不愿意协商解决的，任何一方均可向乙方所在地有管辖权的人民法院提起诉讼。	删改 补增
十一	第十一条　其他 11.1 本协议全部附件为本协议不可分割之组成部分，与本协议主文具有同等法律效力。本协议附件： 1. 目标公司资产清单； 2. 目标公司债务及其他应付款项清单； 3. 甲方的声明与保证。 11.2 本协议一方对对方的任何违约及延误行为给予任何宽限或延缓，不能视为该方对其权利和权力的放弃，亦不能损害、影响或限制该方依据本协议和中国有关法律、法规应享有的一切权利和权力。 11.3 本协议的任何条款的无效、失效和	表述不规范 第 11.6 条约定的生效条件与第二条约定的生效条件存在冲突。	第十一条　其他 11.1 本协议全部附件为本协议不可分割之组成部分，与本协议主文具有同等法律效力。本协议附件包括：1. 目标公司资产清单；2. 目标公司债务及其他应付款项清单；3. 甲方的声明与保证；4. 目标公司待交接材料清单。 11.2 本协议一方对对方的任何违约及延误行为给予任何宽限或延缓，不能视为该方对其权利的放弃，亦不能损害、影响或限制该方依据本协议和中国有关法律、法规应享有的一切权利。 11.3 本协议的任何条款的无效、失效和不可执行不影响或不损害其他条款的有效性、生效和可执行性。但本协议双方同时亦应停止履行该无效、失效和不可	补增 删改

续表

序号	待审合同	存在的问题	审查修改后的合同	修改方法
十一	不可执行不影响或不损害其他条款的有效性、生效和可执行性。但本协议双方同时亦应停止履行该无效、失效和不可执行之条款，并在最接近其原意的范围内仅将其修正至对该类特定的事实和情形有效、生效及可执行的程度。 11.4 本协议的约定，只要在转让完成前尚未充分履行的，则在转让完成后仍然充分有效。 11.5 双方可就本协议之任何未尽事宜直接通过协商和谈判签订补充协议。 11.6 本协议自甲乙双方签字盖章之日起生效。本协议正本一式六份，双方各执两份。其他两份用于相关政府管理机关的报件审批、登记备案。		执行之条款，并在最接近其原意的范围内仅将其修正至对该类特定的事实和情形有效、生效及可执行的程度。 11.4 本协议的约定，只要在转让完成前尚未充分履行的，则在转让完成后仍然充分有效。 11.5 本协议之任何未尽事宜，可由甲乙双方通过协商后另行签订补充协议。 11.6 本协议正本一式六份，双方各执两份。其他两份用于相关政府管理机关的报件审批、登记备案。	
	附件略			
签署	甲方： 2019 年　　月　　日 乙方： 2019 年　　月　　日	不够严谨	（以下签署页，无正文） 甲方（盖章）： 法定代表人或授权代表签字： 2019 年　　月　　日 乙方（盖章）： 法定代表人或授权代表签字： 2019 年　　月　　日	补增

第三十章　股权代持合同审查要点解析

第一节　股权代持合同概述

股权代持合同并非《民法典》规定的19种典型合同之一，也不是法律所鼓励的法律行为，而是由于实践中大量的股权代持现象所推动的在司法上必须给予评价的一种法律关系。自2011年《最高人民法院关于适用〈中华人民共和国公司法〉若干问题的规定（三）》（以下简称《公司法司法解释三》）实施以来，案件数量逐年增加。根据无讼案例的查询结果显示，以“股权代持”为关键词，搜索到的2012年的裁判文书为15件，2013年的裁判文书为63件，2014年的裁判文书为221件，2015年的裁判文书为458件，2016年的裁判文书为919件，2017年的裁判文书为1472件，2018年的裁判文书为2452件，2019年的裁判文书为2763件[①]。

《公司法司法解释三》为股权代持行为在司法实践中提供了一定的“合法地位”，该解释第二十四条第一款规定：“有限责任公司的实际出资人与名义出资人订立合同，约定由实际出资人出资并享有投资权益，以名义出资人为名义股东，实际出资人与名义股东对该合同效力发生争议的，如无合同法第五十二条（笔者注：《民法典》实施后，应为《民法典》第一编第六章第三节）规定的情形，人民法院应当认定该合同有效。”根据该规定，结合实践经验，可以将股权代持合同的概念界定为：有限责任公司的实际出资人（也可称为“隐名股东”）与代持人（也可称为“名义股东”或“显名股东”）之

① 查询时间2020年6月21日。

间，由名义股东以其名义代实际出资人行使股东权利并履行股东义务，但由实际出资人实际履行出资义务并实际享有投资权益的合同。

股权代持合同之所以大量存在，主要原因有两个，一是《公司法》第二十四条关于有限责任公司股东人数的规定，根据该条规定，有限责任公司由五十个以下股东出资设立。因此，在公司发起人数超过五十人的情况下，超过部分只能是通过代持的方式。二是一些发起人出于自身身份的特殊考虑，不能或者是不便作为显名股东登记在市场监管部门，故而委托他人代持。股权代持一般均发生在特定关系（比如亲属、朋友之间）的当事人之间，具有较强的信任关系，因此签订正式合同的较少，发生争议的情况也相对较少，隐蔽性也较强。但在《公司法司法解释三》出台以后，股权代持现象呈扩大趋势，当事人之间的关系也不再局限于亲属、朋友，同事、下属、司机、商业伙伴等之间都可能产生股权代持关系，发生争议的概率和可能性也随之增加。从笔者的经验来看，实践中存在的股权代持现象要远远大于纠纷的数量，只不过产生纠纷并通过诉讼方式解决的数量相对较少而已。因此，律师作为实务工作者，应当认真研究股权代持的相关法律规定和司法审判规则，依法规范股权代持合同关系，减少纠纷，有效控制当事人的法律风险。

第二节　股权代持合同的基本条款

结合《民法典》第四百七十条第一款的相关内容及实践经验，股权代持合同的基本条款主要包括：

1. 合同主体条款，包括合同当事人的名称（姓名）、住所等基本信息。

2. 标的股权条款，包括委托代持的股权比例、目标公司以及公司的基本信息等。

3. 出资条款，主要包括标的股权所对应的出资款、支付时间、支付路径以及标的股权的所有权界定等内容。

4. 委托事项条款，即实际出资人委托名义股东办理的具体事项。

5. 行权条款，即关于名义股东行使股东权利的规则的规定。

6. 配合处置条款，即关于名义股东任何配合实际出资人处置股权的规定。

7. 终止条款，主要包括合同终止事由及终止后的股权交接等内容。

8. 收益及费用条款，主要是关于投资收益的分配、委托费用以及有关行权费用的承担等方面的约定。

9. 保密条款，主要是关于名义股东如何承担保密义务的条款。

10. 违约条款，即关于双方违约责任的规定。

11. 争议解决条款，即约定发生争议后如何解决。

12. 其他程序性条款，包括合同生效、份数等。

第三节　股权代持合同审查要点

一、合同主体条款审查

股权代持合同的主体包括实际投资人和名义股东，对于其基本信息等方面的审查，可参照本书第七章的内容进行，务必达到全面、准确的要求。需要注意的是，对于法律法规规章或有关党纪规定不能从事营利性活动或设立公司的单位或人员，是不能作为实际投资人的，否则就会构成违法或违纪。比如公务员、党员领导干部或事业单位参公管理人员投资设立公司的，则属于违反《公务员法》《中国共产党党员领导干部廉洁从政若干准则》《事业单位人事管理条例》的违法行为。再如，律师事务所也不得设立公司。律师在审查股权代持合同时，应特别注意审查实际投资人的主体身份问题。

二、标的股权条款审查

标的股权，是指名义股东所持有的目标公司的股权，目标公司是实际投资人所投资的公司。在本条款中，应当明确名义股东所代持的股权是哪个公司的股权，以及股权比例是多少，并简要载明目标公司的基本信息，以便锁定标的股权，确保标的股权的唯一性。

三、出资条款审查

本条款应当明确约定标的股权的出资款数额、支付时间、支付路径并明确界定该股权的所有权人为实际出资人。由于履行出资义务是取得股东权利的核心条件，因此，从避免争议的角度，还应当提示当事人保留出资款的支付痕迹，以证实实际出资人的身份。此外，《公司法司法解释三》第二十六条第一款规定："公司债权人以登记于公司登记机关的股东未履行出资义务为由，请求其对公司债务不能清偿的部分在未出资本息范围内承担补充赔偿责任，股东以其仅为名义股东而非实际出资人为由进行抗辩的，人民法院不予支持。"因此，从名义股东的角度，也应当注意要求实际出资人按时足额出资，否则，有可能给名义股东带来法律风险。

四、委托事项条款审查

关于股权代持协议的性质，学理上存在争议，但从司法审判规则角度来看，一般会认定为委托投资关系①。基于此，在本条中，首先应当明确双方的关系为委托关系。其次应当明确约定实际出资人委托名义股东从事的工作范围（即与股东身份相关的事宜），一般包括：代为签署设立文件、支付出资款、在市场监管部门登记、以公司股东身份参与公司股东会、签署股东会文件、行使股东权利、收取股息以及行使《公司法》及《公司章程》规定的股东的其他权利。

---

① 在最高人民法院作出的博智资本基金公司与鸿元控股集团有限公司其他合同纠纷二审民事判决书［（2013）民四终字第20号］中即认为：股权归属关系与委托投资关系是两个层面的法律关系，前者因合法的投资行为而形成，后者则因当事人之间的合同行为而形成。

五、行权条款审查

所谓“行权”，指的是名义股东如何行使股东权利，也即名义股东行使股东权利的规则。由于名义股东是以自己的名义行使股东权利，但该股权的实际权利人为实际出资人，因此名义股东应当按照实际出资人的意愿来行使股东权利。从具体操作上应当遵循以下三个原则：一是亲自办理原则，即名义股东应当亲自行使股权权利，若有转委托须经委托人确认；二是事先沟通原则，即名义股东在行使相关权利之前，应当提前获取委托人的意见并按照委托人的意见行使权利；三是善良管理人原则，即在一些特殊情况或紧急情况下，来不及获取委托人意见的，名义股东应当尽到善良管理人义务，以最大限度保护实际出资人权益为原则行使权利，并应在事后及时报告。

六、配合处置条款审查

由于实际出资人是标的股权的所有权人，因此，若实际出资人拟对标的股权进行处置（如转让、质押等），名义股东应当按照实际出资人的意愿进行处置并办理相关的手续，签署相关文件。

七、终止条款审查

终止条款主要包括两个方面，一是终止条件；二是终止后的股权交接程序。在终止条件方面，根据《民法典》第九百三十三条之规定，实际出资人和名义股东均可单方解除合同，因此股权代持合同可以因任何一方的单方解除而终止，无须特别约定。终止条款中，主要的内容是要约定合同终止后对标的股权如何进行处置以及任何一方单方解除合同后所应承担的赔偿责任。

八、收益及费用条款审查

对于本条款的审查，主要包括以下三个方面：

1. 确定标的股权所获的投资收益归属，即应当明确约定归属于实际出资人，并进一步约定投资收益如何转支付给实际投资人（包括支付时间、支付方式等）；

2. 明确股权代持是有偿代持还是无偿代持，若是有偿代持，还应当约定委托费用及支付等内容；

3. 明确名义股东行权过程中产生的费用（如交通费、差旅费等）由谁承担以及如何承担等内容。

九、保密条款审查

如前所述，当事人（尤其是实际出资人）之所以选择委托他人代持股权，一般均是因为实际出资人不愿意将其投资入股的事情让其他人知悉，因此，约定保密条款就非常必要。应当明确约定名义股东的保密义务、保密范围、保密时间以及违反保密义务的责任等内容。

十、违约条款审查

对于实际出资人而言，主要是针对名义股东的各项遵照义务及配合义务约定相应的违约责任，以确保名义股东能够按照实际出资人的意愿行使股权权利并获得投资收益。而对于名义股东而言，则主要是针对实际出资人的出资义务、委托费用支付义务及配合接受股权的义务约定相应的违约责任，以保障自身的合法权益。至于具体违约条款的审查，可参照本书第十一章内容进行。

十一、争议解决条款审查

对于股权代持合同而言，当事人可选择诉讼或者是仲裁解决，没有特别规定，参照本书第十二章相关内容进行审查即可。

十二、其他程序性条款审查

其他程序性条款主要包括合同生效、合同份数等，属于通用型条款，参照本书第十二章相关内容进行审查即可。

十三、总体提示

由于股权代持行为的特殊性，实际出资人与登记的权利人不一致，并在实际投资人、名义股东、目标公司、目标公司其他股东、目标公司债权人之间产生了多重法律关系，导致该类合同本身固有的一些风险并不能通过合同约定而避免，对于相关潜在的风险，律师应当在审查合同的同时予以提示。这些风险主要包括：

1. 实际出资人不能被确认为目标公司股东的风险。《公司法司法解释三》第二十四条第三款规定："实际出资人未经公司其他股东半数以上同意，请求公司变更股东、签发出资证明书、记载于股东名册、记载于公司章程并办理公司登记机关登记的，人民法院不予支持。"

2. 标的股权被擅自处置的风险。由于股东代持合同仅在实际出资人和名义股东内部之间具有效力，而名义股东的股权对外具有公示效力，因此，内部之间的股权代持合同并不能对抗善意的第三人。《公司法司法解释三》第二十五条第一款规定："名义股东将登记于其名下的股权转让、质押或者以其他方式处分，实际出资人以其对于股权享有实际权利为由，请求认定处分股权行为无效的，人民法院可以参照物权法第一百零六条的规定处理。"即：如果第三人构成善意取得，实际出资人将无法请求法院撤销相关处置行为。与此相似的是，若名义股东对外负有债务，则可能导致其名下的股权被查封和拍卖的风险。

3. 名义股东有可能被要求承担出资责任的风险。《公司法司法解释三》第二十六条第一款规定："公司债权人以登记于公司登记机关的股东未履行出资义务为由，请求其对公司债务不能清偿的部分在未出资本息范围内承担补充赔偿责任，股东以其仅为名义股东而非实际出资人为由进行抗辩的，人民法院不予支持。"

第四节　股权代持合同审查示例

在本节中，笔者以一份某自然人（实际出资人）与其司机（名义股东）之间的《股权代持合同》为例，详细演示股权代持合同的审查修改要点及方法。

修改立场：本合同中笔者为实际出资人的法律顾问。在谈判地位上，实际出资人相对强势。

序号	待审合同	存在的问题	审查修改后的合同	修改方法
名称	股权代持协议书	无	股权代持协议书	
主体	委托人（甲方）： 身份证号码： 住址： 受托人（乙方）： 身份证号码： 住址：	无	委托人（甲方）： 身份证号码： 住址： 受托人（乙方）： 身份证号码： 住址：	
鉴于	甲、乙双方本着平等互利的原则，经平等协商，就甲方委托乙方代为持有甲方在天津市__________国际贸易有限公司98%的股份等相关事宜达成如下协议，以便共同遵守：	表述不严谨 协议背景未介绍	天津市__________国际贸易有限公司（以下简称目标公司），社会统一信用代码：____________，成立于2019年____月____日，注册资金______万元。 目标公司在市场监管部门登记注册的股东为：乙方持股98%（以下简称标的股份），______持股2%。 甲、乙双方本着平等互利的原则，经平等协商，就甲方委托乙方代为持有标的股份等相关事宜达成如下协议，以便共同遵守：	补增 删改
一	代持股份基本情况 1. 甲方在天津市__________国际贸易有限公司中占公司总股本98%的股份，对应认缴的出资额为人民币1470万元，该股份由乙方代为持股。 2. 乙方在此声明并确认，代持股份所认缴的出资额全部是由甲方认缴的，实缴的出资额亦全部由甲方提供，只是由乙方以	表述不规范、重复啰唆	标的股份基本情况 1. 甲方在目标公司中占98%的股份，对应认缴的出资额为人民币1470万元，该股份由乙方代为持有。 2. 乙方在此声明并确认，标的股份所认缴的出资额全部是由甲方认缴的，实缴的出资额亦全部由甲方提供，只是由乙方以其自己的名义代为认缴和投入目标公司，故标的股份的实际所有人应为甲方；乙方系根据本协议代甲方持有标的股份。	删改

续表

序号	待审合同	存在的问题	审查修改后的合同	修改方法
一	其自己的名义代为认缴和投入天津市__________国际贸易有限公司，故代持股份的实际所有人应为甲方。 3. 乙方在此进一步声明并确认，由代持股份产生的或与代持股份有关之收益归甲方所有，在乙方将上述收益交付给甲方之前，乙方系代甲方持有该收益。		3. 乙方在此进一步声明并确认，由标的股份产生的或与标的股份有关之收益归甲方所有，在乙方将上述收益交付给甲方之前，乙方系代甲方持有该收益。	
二	甲方的权利与义务 1. 甲方作为代持股份的实际拥有者，以代持股份为限，根据天津市__________国际贸易有限公司章程规定享受股东权利，承担股东义务。包括但不限于股东权益、重大决策权、表决权、知情权等公司章程和法律赋予的全部权利。 2. 在代持期间，获得因代持股份而产生的收益，包括但不限于利润、现金分红等，由甲方按出资比例享有。 3. 如天津市__________国际贸易有限公司发生增资扩股之情形，甲方有权自主决定是否增资扩股。 4. 甲方作为代持股份的实际拥有者，有权要求乙方按照甲方的决定代其行使在天津市__________国际贸易有限公司中的一	表述不规范、重复啰唆	甲方的权利与义务 1. 甲方作为标的股份的实际拥有者，以标的股份为限，根据目标公司章程规定享受股东权利，承担股东义务。包括但不限于股东权益、重大决策权、表决权、知情权等公司章程和法律赋予的全部权利。 2. 在代持期间，获得因标的股份而产生的收益，包括但不限于利润、现金分红等，由甲方按出资比例享有。 3. 如目标公司发生增资扩股之情形，甲方有权自主决定是否增资扩股。 4. 甲方作为标的股份的实际拥有者，有权要求乙方按照甲方的决定代其行使在目标公司中的一切权利，有权依据本协议对乙方不适当的履行受托行为进行监督和纠正，并要求乙方承担因此给甲方及目标公司造成的损失。	删改

续表

序号	待审合同	存在的问题	审查修改后的合同	修改方法
二	切权利，有权依据本协议对乙方不适当的履行受托行为进行监督和纠正，并要求乙方承担因此给甲方及天津市__________国际贸易有限公司造成的损失。			
三	乙方的权利与义务 1. 在代持股期限内，甲方有权根据自身情况决定将相关股东权益转移到甲方或甲方指定的任何第三人名下，届时涉及的相关法律文件，乙方须无条件同意并对此提供必要的协助及便利； 2. 在代持股期间，乙方作为代持股份形式上的拥有者，以乙方的名义在工商行政管理部门注册登记； 3. 在代持股期间，乙方代甲方收取代持股份产生的收益，应当在收到该收益后及时将其转交给甲方或打入甲方指定的账户； 4. 乙方应当依照诚实信用的原则适当履行受托义务，并接受甲方的监督。	表述不规范 考虑不够周全 转付股东收益的时间未明确约定，缺乏可操作性	乙方的权利与义务 1. 在代持股期限内，甲方有权根据自身情况决定将标的股份的相关股东权益转移到甲方或甲方指定的任何第三人名下，届时涉及的相关法律文件，乙方须无条件同意并对此提供必要的协助及便利； 2. 在代持股期间，乙方作为标的股份形式上的拥有者，以乙方的名义在市场监管部门注册登记； 3. 在代持股期间，乙方代甲方收取标的股份产生的收益，应当在收到该收益之日起3个工作日内，将其转交给甲方或打入甲方指定的账户； 4. 在代持股期间，乙方应保证标的股份权属的完整性和安全性，非经甲方书面同意，乙方不得以任何方式处置标的股份，包括但不限于转让、赠与、放弃权益或在该等股权上设定质押、担保等； 5. 若因乙方的原因（如债务纠纷等）造成标的股份被司法机关或有关部门查封，乙方应提供其自有财产向有关部门申请解封，确保标的股份不受影响或被处置； 6. 乙方应当依照诚实信用的原则适当履行受托义务，并接受甲方的监督。	删改 补增

续表

序号	待审合同	存在的问题	审查修改后的合同	修改方法
四	代持股份的费用 1. 乙方为无偿代持，不得向甲方收取代持股份的费用； 2. 乙方代持股期间，因代持股份产生的相关费用及税费由甲方承担；在乙方将代持股份转给甲方或甲方指定的任何第三人持有时，所产生的变更登记费用也由甲方承担。	表述不规范	标的股份的费用 1. 乙方为无偿代持，甲方无须向乙方支付标的股份的费用； 2. 乙方代持股期间，因标的股份产生的相关费用及税费由甲方承担；在乙方将标的股份转给甲方或甲方指定的任何第三人持有时，因股份转让所产生的所有费用也由甲方承担。	删改
五	代持股份的转让 1. 在代持股期间，甲方可自行决定转让代持股份。甲方转让股份的，应当书面通知乙方，通知中应写明转让的时间、转让的价格、转让的股份数额。乙方在接到书面通知之后，应当按照通知的内容办理相关手续。 2. 若乙方为甲方代收股权转让款的，乙方应在收到受让方支付的股权转让款后将全部股权转让款转交给甲方。但乙方不对受让股东的履行能力承担任何责任，由此带来的风险由甲方承担。 3. 因代持股份转让而产生的所有费用由甲方承担。	表述不严谨 股权转让款的转支付时间未明确约定 转让费用承担问题与第四条重复	标的股份的转让 1. 在代持股期间，甲方可自行决定转让全部或部分标的股份。甲方转让股份的，应当书面通知乙方，通知中应写明转让的时间、转让的价格、转让的股份数额。乙方在接到书面通知之后，应当按照通知的内容与受让方签署相关法律文件并配合办理相关转让手续。 2. 若乙方为甲方代收股权转让款的，乙方应在收到受让方支付的股权转让款之日起3个工作日内将全部股权转让款转交给甲方。但乙方不对受让股东的履行能力承担任何责任，由此带来的风险由甲方承担。	删改 补增

续表

序号	待审合同	存在的问题	审查修改后的合同	修改方法
六	保密 1. 协议双方对本协议履行过程中所接触或获知的对方的任何商业信息均有保密义务，除非有明显的证据证明该等信息属于公知信息或者事先得到对方的书面授权。该保密义务在本协议终止后仍然继续有效。任何一方因违反保密义务而给对方造成损失的，均应当赔偿对方相应的损失。 2. 乙方对代为持股一事负有保密义务。	表述不严谨 对于违反保密义务的责任约定缺乏可操作性	保密 1. 协议双方对本协议履行过程中所接触或获知的对方的任何商业信息均有保密义务，除非有明显的证据证明该等信息属于公知信息或者事先得到对方的书面授权。该保密义务在本协议终止后仍然继续有效，为永久保密。任何一方因违反保密义务而给对方造成损失的，均应当赔偿对方的相应损失。 2. 乙方对代为持股一事负有保密义务，未经甲方书面同意，不得将代持股的任何信息（包括但不限于代持行为本身，标的股份的数额、权益、转让等）向任何第三方进行泄露，否则乙方应当承担____元的违约金，违约金不足以弥补甲方损失的，乙方还应当予以赔偿。	补增 删改
七	协议的生效与终止 1. 本协议自签订之日起生效； 2. 甲方通知乙方将相关股东权益转移到甲方或甲方指定的任何第三人名下并办理完成相关全部手续，乙方将代为收取的股权转让款全部转交给甲方时终止； 3. 甲乙双方协商一致终止本协议； 4. 代持期限届满后，本协议终止； 5. 乙方不按照甲方的指示行事或者在未经甲方同意的情况下在代持的股权上设定	表述不规范 未按照本协议约定的时间将股权收益、分红等转交给甲方的问题宜在违约责任条款中约定	协议的生效与终止 1. 本协议自甲乙双方签字之日起生效； 2. 出现下列情形之一的，本协议终止： （1）甲方通知乙方将相关股东权益转移到甲方或甲方指定的任何第三人名下并办理完成相关全部手续，乙方将代为收取的股权转让款全部转交给甲方后，本协议终止； （2）甲乙双方协商一致终止本协议的； （3）代持期限届满的； （4）乙方不按照甲方的指示行事或者在未经甲方同	删改

续表

序号	待审合同	存在的问题	审查修改后的合同	修改方法
七	抵押、质押、担保或放弃股东权利的，乙方在接到甲方的书面解除通知时，本协议终止，乙方对此予以认可； 6. 乙方为未按照本协议约定的时间将股权收益、分红等转交给甲方的，经甲方催告之日起5个工作日内仍不转交的，甲乙双方有权单方终止本协议。		意的情况下在代持的股权上设定质押、担保或放弃股东权利的，乙方在接到甲方的书面解除通知时，本协议终止。	
八	违约责任 本协议正式签订后，任何一方不履行或不完全履行本协议约定条款的，即构成违约。违约方应当负责赔偿其违约行为给守约方造成的一切直接和间接的经济损失。	违约责任的约定过于笼统，缺乏可操作性 未能针对乙方的核心义务约定相应的违约责任，约束力不强	违约责任 1. 本协议正式签订后，任何一方不履行或不完全履行本协议约定条款的，即构成违约。违约方应当负责赔偿其违约行为给守约方造成的一切直接和间接的经济损失。 2. 乙方未按照本协议约定的时间将股权收益、分红等转交给甲方，经甲方催告之日起5个工作日内仍不转交的，甲方有权单方解除本协议并要求乙方按照同期银行贷款利率的4倍支付违约金。 3. 若由于乙方其他违约行为，导致甲方解除或终止本协议的，乙方应当向甲方支付______元违约金，违约金不足以弥补甲方损失的，乙方还应继续赔偿。 4. 本协议对于违约责任另有约定的，从其约定。与本条约定的违约责任不重复的，可以累加适用。	补增 删改

续表

序号	待审合同	存在的问题	审查修改后的合同	修改方法
九	适用法律及争议解决 因履行本协议所发生的争议，甲乙双方应友好协商解决，协商不能解决的，任何一方可向天津市__________国际贸易有限公司注册地人民法院提起诉讼。	标题与内容不统一 表述不规范	争议解决 因履行本协议所发生的争议，甲乙双方应友好协商解决，协商不能解决的，任何一方可向目标公司注册地有管辖权的人民法院提起诉讼。	删改 补增
十	其他 1. 本协议自双方签署后生效； 2. 本协议一式两份，双方各执一份，均具有同等法律效力； 3. 本协议未尽事宜，可由双方以附件或签订补充协议的形式约定，附件或补充协议与本协议具有同等法律效力。	未考虑到乙方配偶不知情的情况，可能会对标的股份主张权利造成风险 表述不严谨	其他 1. 乙方确认其为甲方代持股份的事宜已经告知其配偶并获得了其配偶的知情同意。 2. 本协议一式两份，双方各执一份，均具有同等法律效力。 3. 本协议未尽事宜，可由双方以签订补充协议的形式另行约定。	补增 删改
签署	甲方： 2019 年　　月　　日 乙方： 2019 年　　月　　日	未考虑到乙方配偶不签字的潜在风险	（以下签署页，无正文） 甲方（签字）： 2019 年　　月　　日 乙方（签字）： 乙方配偶（签字以示知情）： 2019 年　　月　　日	补增

第三十一章 合伙合同审查要点解析

第一节 合伙合同概述

合伙合同并非《民法典》规定的19种典型合同之一，除受《民法典》的规制外，也受到《合伙企业法》的规制，而且实践中合伙合同也非常普遍，因此很有必要对合伙合同的审查进行系统的研究和梳理。《民法典》第九百六十七条规定："合伙合同是两个以上合伙人为了共同的事业目的，订立的共享利益、共担风险的协议。"合伙合同在《合伙企业法》中称为合伙协议，是指合伙人之间就合伙企业的设立及经营管理事项而达成的合意。合伙协议是合伙企业设立登记的必备文件，应当采用书面形式。《合伙企业法》第四条规定："合伙协议依法由全体合伙人协商一致、以书面形式订立。"当然，从司法实践角度来看，司法机构并不会仅因为没有书面形式就否定合伙协议的存在，但在没有书面合伙协议的情况下，合伙纠纷当事人的举证将会十分困难。本书研究的是合伙协议的审查，而非合伙纠纷的处理，因此，本书不讨论口头形式的合伙协议，也不建议当事人采用口头形式来约定合伙事宜。

《合伙企业法》第二条规定："本法所称合伙企业，是指自然人、法人和其他组织依照本法在中国境内设立的普通合伙企业和有限合伙企业。普通合伙企业由普通合伙人组成，合伙人对合伙企业债务承担无限连带责任。本法对普通合伙人承担责任的形式有特别规定的，从其规定。有限合伙企业由普通合伙人和有限合伙人组成，普通合伙人对合伙企业债务承担无限连带责任，有限合伙人以其认缴的出资额为限对合伙企业债务承担责任。"第六十条规定："有限合伙企业及其合伙人适用本章规定；本章未作规定的，适用本法第二章第一节至第五节关于普通合伙企业及其合伙人的规定。”根据前述规定，我国的合伙企业包括普通合伙企业和有限合伙企业，有限合伙企业不仅要适用《合伙企业法》关于普通合伙的规定，还需要适用《合伙企业法》关于有限合伙的规定。另外，有限合伙在实践中运用较为广泛，尤其在近几年私募基金发展得如火如荼，有限合伙成为私募基金普遍采用的形式。因此，本章当中将以有限合伙企业的合伙协议作为研究对象，并与普通合伙进行比较研究，以期能够全面分析合伙协议的审查要点。

第二节 合伙合同的基本条款

结合《民法典》第四百七十条第一款、《合伙企业法》第十八条、第六十三条的规定及实践经验，合伙合同的基本条款主要包括：

1. 合伙企业基本信息条款，主要包括合伙企业的名称、主要经营地点等基本信息。合同主体条款，包括合同当事人的名称（姓名）、住所等基本信息。

2. 合伙目的及经营范围条款，主要是指成立合伙企业的目的和合伙企业的经营范围。

3. 合伙人基本信息条款，主要包括合伙人的姓名或名称、身份证件号码、住所地等。

4. 出资条款，主要包括各合伙人的出资额、出资方式、出资时间以及合伙份额等内容。

5. 利润分配及亏损分担条款，包括合伙企业经营利润的分配方式以及亏损的分担方式。

6. 合伙事务执行条款，即关于合伙企业如何经营管理方面的约定。

7. 合伙人身份变化条款，即关于合伙人入伙、退伙、除名、出资转让以及有限合伙人与普通合伙人的身份转换方面的约定。

8. 解散与清算条款，主要是关于合伙企业解散的条件及清算程序等方面的约定。

9. 交易限制及竞业禁止条款，主要是关于合伙人的交易行为限制以及是否承担竞业禁止义务方面的约定。

10. 保密条款，主要是关于合伙人对合伙企业有关商业秘密承担保密义务方面的约定。

11. 违约条款，即关于合伙人违约责任的规定。

12. 争议解决条款，即约定发生争议后如何解决。

13. 其他程序性条款，包括合同生效、份数等。

第三节　合伙合同审查要点

一、合伙企业基本信息条款审查

实际上，合伙企业的基本信息、合伙目的及经营范围均属于合伙合同签署背景及目的方面的内容，可以作为合伙合同的鉴于条款。但由于合伙企业是合伙合同得以履行事项的法律载体，也是将合伙人连接在一起的平台，因此在合伙合同中首先予以约定，《合伙企业法》也将之作为合伙合同的基本内容加以规定。由于在签订合伙合同时合伙企业尚未设立，因此在审查合伙企业基本信息条款时，合伙企业的名称和住所地等尚未最终确定，因此在约定的合伙企业名称及住所地后应加以注明“以市场监管部门登记信息为准”。

二、合伙目的及经营范围条款审查

合伙目的，实际上指的是合伙人成立合伙企业的目的，即成立合伙企业是为了什么？通常成立合伙企业都会有明确的目的，在私募基金项目中，往往是针对特定的项目或者特定的行业而设立。从合同审查的角度，只要该目的不是非法目的即可，当然，从表述上应当达到清晰、准确之标准。

经营范围，指的是合伙企业的经营范围。在合伙企业正式成立之前，合伙人对于合伙企业的经营范围应当有初步的规划，但应注明“以市场监管部门登记信息为准”。

约定明确的合伙目的和经营范围，一是有利于全体合伙人对合伙企业的发展和规划形成基本的共识；二是有利于合伙人之间互相监督，尤其是在存在不执行合伙事务的合伙人的情况下，执行事务合伙人在执行合伙事务过程中是否符合合伙目的、是否超范围经营，可以作为判断执行事务合伙人履职是否适当的重要依据。

三、合伙人基本信息条款审查

合伙人是合伙合同的主体，因此，对于合伙人基本信息的审查，可以参照本书第七章的内容进行，达到全面、准确的要求即可。但需要注意的是，对于依法不能从事营利性活动的主体，不能作为合伙人。根据《合伙企业法》第三条之规定，国有独资公司、国有企业、上市公司以及公益性的事业单位、社会团体不得成为普通合伙人。在人数方面，根据《合伙企业法》第十四条及第六十一条之规定，普通合伙企业的合伙人为 2 个以上。除法律另有规定外，有限合伙企业的合伙人为 50 个以下，且至少应当有一个普通合伙人，因此，在审查合伙协议时还应当注意审查合伙人的人数是否符合法律规定。此外，如果合伙人成立的是有限合伙企业，还应当注明哪些是普通合伙人，哪些是有限合伙人。

四、出资条款审查

《民法典》第九百六十八条规定：“合伙人应当按照约定的出资方式、数额和缴付期限，履行出资义务。”《合伙企业法》第十七条规定：“合伙人应当按照合伙协议约定的出资方式、数额和缴付期限，履行出资义务。以非货币财产出资的，依照法律、行政法规的规定，需要办理财产权转移手续的，应当依法办理。”第四十九条第一款第（一）项规定：“合伙人有下列情形之一的，经其他合伙人一致同意，可以决议将其除名：（一）未履行出资义务。”可见，出资义务是合伙人的基本义务，是取得并保持合伙人资格的基本条件。

根据前述规定，出资条款中至少应当明确约定认缴出资额、出资方式、出资时间以及合伙份额等内容。实践中，通常以表格形式对合伙人的出资事项予以约定和列明。需要注意的是，根据《合伙企业法》第六十四条之规定，有限合伙人可以用货币、实物、知识产权、土地使用权或者其他财产权利作价出资，但不得以劳务出资。

五、利润分配及亏损分担条款审查

《民法典》第九百七十二条规定："合伙的利润分配和亏损分担，按照合伙合同的约定办理；合伙合同没有约定或者约定不明确的，由合伙人协商决定；协商不成的，由合伙人按照实缴出资比例分配、分担；无法确定出资比例的，由合伙人平均分配、分担。"

《合伙企业法》第三十三条规定："合伙企业的利润分配、亏损分担，按照合伙协议的约定办理；合伙协议未约定或者约定不明确的，由合伙人协商决定；协商不成的，由合伙人按照实缴出资比例分配、分担；无法确定出资比例的，由合伙人平均分配、分担。合伙协议不得约定将全部利润分配给部分合伙人或者由部分合伙人承担全部亏损。"第六十九条规定："有限合伙企业不得将全部利润分配给部分合伙人；但是，合伙协议另有约定的除外。"根据上述规定，合伙企业的利润分配、亏损分担均可以由合伙合同进行约定。

利润分配与亏损分担涉及合伙人的切身利益，在合伙合同中必须明确约定。就利润分配而言，尤其在合伙人约定不按照出资比例进行分配的情况下，必须在合伙合同中予以明确，否则极易产生争议而无法实现不按照出资比例分配的目的。还需要进一步区分对待的是，普通合伙合同中不得约定将全部利润分配给部分合伙人，但有限合伙合同中可以约定将全部利润分配给部分合伙人。就亏损分担而言，需要注意的是合伙协议不得约定由部分合伙人承担全部亏损。

六、合伙事务执行条款审查

合伙事务如何执行，涉及合伙企业的经营管理秩序问题，至少应当包括以下几个方面的内容。

1. 执行事务合伙人的确定及更换

执行事务合伙人对外代表合伙企业，其执行合伙事务所产生的收益归合伙企业，所产生的费用和亏损由合伙企业承担。根据《合伙企业法》的规定，普通合伙企业的合伙人可以分别执行合伙事务，也可以按照合伙协议的约定或者经全体合伙人决定，委托一个或者数个合伙人对外代表合伙企业执行合伙事务。有限合伙企业由普通合伙人执行合伙事务，有限合伙人不执行合伙事务，不得对外代表有限合伙企业。《民法典》第九百七十条规定："合伙人就合伙事务作出决定的，除合伙合同另有约定外，应当经全体合伙人一致同意。合伙事务由全体合伙人共同执行。按照合伙合同的约定或者全体合伙人的决定，可以委托一个或者数个合伙人执行合伙事务；其他合伙人不再执行合伙事务，但是有权监督执行情况。合伙人分别执行合伙事务的，执行事务合伙人可以对其他合伙人执行的事务提出异议；提出异议后，其他合伙人应当暂停该项事务的执行。"

此外，为了保障全体合伙人的合法权益，还应当在合伙协议中进一步约定执行事务合伙人的更换机制，包括更换的条件（即在哪些情况下可以更换）以及更换的程序（如何更换、如何交接等）。

2. 表决机制

表决机制涉及合伙企业如何进行决策的问题，决定了合伙企业能否有序、有效地运转，故而十分重要。《合伙企业法》第三十条规定："合伙人对合伙企业有关事项作出决议，按照合伙协议约定的表决办法办理……"第三十一条规定："除合伙协议另有约定外，合伙企业的下列事项应当经全体合伙人一致同意：（一）改变合伙企业的名称；（二）改变合伙企业的经营范围、主要经营场所的地点；（三）处分合伙企业的不动产；（四）转让或者处分合伙企业的知识产权和其他财产权利；（五）以合伙企业名义为他人提供担保；（六）聘任合伙人以外的人担任合伙企业的经营管理人员。"根据上述规定，在合伙协议中应当约定合伙企业的表决机制，可以实行一人一票表决，也可以实行按照出资比例表决，还可以另行约定其他表决机制。对于执行事务合伙人而言，一般更希望需要全体合伙人同意的事项少一些，以保障决策效率，而对于非执行事务合伙人而言，为了防止执行事务合伙人的不当行为，一般更希望需要全体合伙人同意的事项多一些，但表决机制的确立应当兼顾决策效率和决策的科学性，不宜偏颇。

3. 费用及报酬

执行合伙事务，既是权利，也是责任。因执行合伙事务而产生的费用，应当由合伙企业承担。此外，执行事务合伙人在执行合伙事务中，势必会花费大量的精力，因此，不论是从公平角度还是从激励角度，均应当给予适当的报酬。《合伙企业法》第六十七条规定："有限合伙企业由普通合伙人执行合伙事务。执行事务合伙人可以要求在合伙协议中确定执行事务的报酬及报酬提取方式。"《民法典》第九百七十一条规定："合伙人不得因执行合伙事务而请求支付报酬，但是合伙合同另有约定的除外。"据此规定，对于普通合伙企业中执行事务合伙人的报酬而言，属于合伙人可以自由协商确定的范畴。报酬既可以是固定的数额，也可以约定报酬的计算方式（如按照经营业绩来计提），从合同审查的角度而言，约定清楚数额、提取时间及方式即可。

4. 执行事务合伙人的权限

执行事务合伙人是基于合伙人的授权而执行合伙事务，因此，应当明确授权范围，既要保证执行事务合伙人能够高效决策，也要防止其滥用权利对合伙企业或其他合伙人造成损害。从合同审查的角度，授权范围必须是明确的而不能是含混不清的，至于具体的授权范围，取决于合伙人之间的信任程度以及谈判的结果，但不宜过小或者过大。

七、合伙人身份变化条款审查

关于合伙人身份的变化，主要包括合伙人入伙、退伙、除名、出资转让以及有限合伙人与普通合伙人的身份转换等方面的内容。

1. 入伙

根据《合伙企业法》第四十三条第一款之规定，新合伙人入伙，除合伙协议另有约定外，应当经全体合伙人一致同意，并依法订立书面入伙协议。也就是说，合伙协议中可以对新合伙人入伙的条件及程序另行约定，可以不经全体合伙人一致同意。在有限合伙企业中，为了保障执行事务合伙人的决策权利和效率，通常会约定由执行事务合伙人决定。

2. 退伙

《合伙企业法》第四十五条规定："合伙协议约定合伙期限的，在合伙企业存续期间，有下列情形之一的，合伙人可以退伙：（一）合伙协议约定的退伙事由出现；（二）经全体合伙人一致同意；（三）发生合伙人难以继续参加合伙的事由；（四）其他合伙人严重违反合伙协议约定的义务。"据此规定，在合伙协议中可以根据实际需要约定其他的退伙事由。同时，还应进一步约定退伙的程序、责任以及退伙人在合伙企业中财产份额的退还办法，可以退还货币，也可以退还实物。

3. 除名

根据《合伙企业法》第四十九条第一款规定，合伙人有下列情形之一的，经其他合伙人一致同意，可以决议将其除名：（一）未履行出资义务；（二）因故意或者重大过失给合伙企业造成损失；（三）执行合伙事务时有不正当行为；（四）发生合伙协议约定的事由。因此，在合伙协议中还可以根据实际需要约定其他的除名事由。

4. 出资转让

根据《合伙企业法》第二十二条和第二十三条之规定，合伙人向合伙人以外的人转让其在合伙企业中的全部或者部分财产份额时，须经其他合伙人一致同意，且其他合伙人在同等条件下拥有优先购买权，但在合伙协议中可以另行约定。根据《合伙企业法》第七十三条之规定，有限合伙人可以按照合伙协议的约定向合伙人以外的人转让其在有限合伙企业中的财产份额，但应当提前30日通知其他合伙人。因此，在合伙协议中应当就有限合伙人转让其财产份额的相关条件及程序进行约定。

5. 有限合伙人与普通合伙人的身份转换

根据《合伙企业法》第八十二条之规定，普通合伙人转变为有限合伙人，或者有限合伙人转变为普通合伙人，应当经全体合伙人一致同意，但合伙协议中可以对合伙人的身份转换条件及程序另行约定。

八、解散与清算条款审查

《合伙企业法》第八十五条规定："合伙企业有下列情形之一的，应当解散：（一）合伙期限届满，合伙人决定不再经营；（二）合伙协议约定的解散事由出现；（三）全体合伙人决定解散；（四）合伙人已不具备法定人数满三十天；（五）合伙协议约定的合伙目的已经实现或者无法实现；（六）依法被吊销营业执照、责令关闭或者被撤销；（七）法律、行政法规规定的其他原因。"根据该规定，合伙协议中可以约定其他的解散事由，比如以投资某个项目而成立的合伙企业，即可约定以该投资项目完成作为解散的事由。当然，合伙人还可以根据实际情况约定其他事由，属于附条件或者附期限的民事法律行为。若无其他事由，可以在合伙协议中简写"按照《合伙企业法》第八十五条规定执行"。此外还需要注意合伙期限应当明确约定，《民法典》第九百七十六条规定："合伙人对合伙期限没有约定或者约定不明确，依据本法第五百一十条的规定仍不能确定的，视为不定期合伙。合伙期限届满，合伙人继续执行合伙事务，其他合伙人没有提出异议的，原合伙合同继续有效，但是合伙期限为不定期。合伙人可以随时解除不定期合伙合同，但是应当在合理期限之前通知其他合伙人。"至于合伙企业的清算条款，由于《合伙企业法》第八十六条至第九十二条进行了全面的规定，因此在合伙协议中无须重复约定，仅需就剩余财产的分配原则进行约定即可，其余内容可以表述为"按照《合伙企业法》有关规定执行"。

九、交易限制及竞业禁止条款审查

《合伙企业法》第三十二条规定："合伙人不得自营或者同他人合作经营

与本合伙企业相竞争的业务。除合伙协议另有约定或者经全体合伙人一致同意外，合伙人不得同本合伙企业进行交易。合伙人不得从事损害本合伙企业利益的活动。”第七十条规定：“有限合伙人可以同本有限合伙企业进行交易；但是，合伙协议另有约定的除外。”第七十一条规定：“有限合伙人可以自营或者同他人合作经营与本有限合伙企业相竞争的业务；但是，合伙协议另有约定的除外。”根据前述规定，普通合伙人应当承担竞业禁止义务，原则上不得同本合伙企业交易，但如果允许普通合伙人同本合伙企业交易的，应当在合伙协议中约定。有限合伙人则相反，原则上可以同本合伙企业交易，也不承担竞业禁止义务，如果不允许同本合伙企业交易或需要承担竞业禁止义务的，应当在合伙协议中约定。

十、保密条款审查

对于合伙企业的商业秘密，全体合伙人均应当承担保密义务，因此应当对合伙人的保密义务、保密范围、保密时间以及违反保密义务的责任等内容进行约定，具体可参照本书第十二章有关内容进行审查。

十一、违约条款审查

在合伙协议中，除了针对合伙人的退伙、除名等异常情况规定相应的责任外，还应当针对合伙人的主要义务约定明确的违约责任。一是违反出资义务的责任，即未按照合伙协议的约定按期足额缴纳出资的违约责任，可以约定由违约合伙人承担补缴义务并对其他合伙人支付违约金，也可以将违约合伙人除名并承担相应的违约责任；二是执行事务合伙人未按照合伙协议的约定执行合伙事务时的违约责任，可以包括取消其执行事务资格、支付违约金、赔偿损失等责任形式。至于具体违约条款的审查，可参照本书第十一章相关内容进行。

十二、争议解决条款审查

对于合伙协议而言，当事人可选择诉讼或者是仲裁解决，没有特别规定，参照本书第十二章相关内容进行审查即可。

十三、其他程序性条款审查

其他程序性条款主要包括协议生效、协议份数等，属于通用型条款，参照本书第十二章相关内容进行审查即可。

第四节　合伙合同审查示例

在本节中，笔者以一份某国有公司（有限合伙人 2）发送给笔者的一份《合伙合同》为例，详细演示合伙合同的审查修改要点及方法。

修改立场：本合同中笔者为有限合伙人 2 的法律顾问。在谈判地位上，合伙人之间没有明显的优劣势之分。

修改说明：待审合同的总体框架没有明显缺项，其内容大多都是参照《合伙企业法》的规定，对于法律允许另行约定的事项，就条款本身的内容表述而言也较为清晰，因此大部分条款无须修改，但明显的特点是普通合伙人的权利过大而有限合伙人的权利过小，委托人作为国有企业，在投入 2450 万元之后几乎没有任何监管权利，不利于国有资产安全。若对相关条款进行修改，修改的幅度会非常大，会动摇整个协议的交易模式，故应重点提示委托人相关风险。

序号	待审合同	存在的问题	审查修改后的合同	修改方法
名称	天津____创业投资管理中心 （有限合伙）合伙协议	无	天津____创业投资管理中心 （有限合伙）合伙协议	
第一章 总则	第一条　根据《中华人民共和国合伙企业法》（以下简称《合伙企业法》）及有关法律、行政法规、规章的规定，经协商一致订立本协议。 第二条　本企业为有限合伙企业，是根据协议自愿组成的共同经营体。全体合伙人愿意遵守国家有关的法律、法规、规章，依法纳税，守法经营。 第三条　本协议条款与法律、行政法规、规章不符的，以法律、行政法规、规章的规定为准。 第四条　本协议经全体合伙人签名、盖章后生效。合伙人按照合伙协议享有权利，履行义务。 需要由全体合伙签署的文件，合伙人是自然人的，由本人签字；合伙人是法人或其他组织的，由该法人或其他组织加盖公章，盖章效力视同由法定代表人（或负责人）签字并加盖公章。	无	同待审合同内容	

续表

序号	待审合同	存在的问题	审查修改后的合同	修改方法
第二章 合伙企业的名称和经营场所	第五条　合伙企业名称：天津__________创业投资管理中心（有限合伙）。 第六条　企业经营场所：__________。	无	同待审合同内容	
第三章 合伙目的和合伙经营范围	第七条　合伙目的：从事股权投资等，为合伙人谋取投资回报。 第八条　合伙经营范围：从事对未上市企业的股权投资及相关的咨询顾问服务（具体以工商登记为准）。 第九条　合伙企业自营业执照签发之日起成立，合伙期限为营业执照签发之日起20年，经全体合伙人同意可延长期限。	无	同待审合同内容	
第四章 合伙人的姓名或者名称住所	第十条　合伙人共3人，其中普通合伙人1人，有限合伙人2人，分别是： 1. 普通合伙人：天津××创投企业管理有限公司，住所地×××× 2. 有限合伙人：天津市××开发建设有限公司，住所地×××× 3. 有限合伙人：天津××创投企业管理服务中心（有限合伙），住所地××××	经查，普通合伙人的投资人为一家注册资金为50万元的有限公司，且与有限合伙人3为关联企业，实际控制人为同一人	同待审合同内容	提示委托人潜在风险较大，审慎决策

续表

序号	待审合同	存在的问题	审查修改后的合同	修改方法
第五章 合伙人的出资方式、数额和缴付期限	第十一条　合伙人的出资方式、数额和缴付期限： 1. 普通合伙人：天津××创投企业管理有限公司，自本协议签字盖章之日起三个月内缴付50万元； 2. 有限合伙人：天津市××开发建设有限公司，自本协议签字盖章之日起一个月内缴付2450万元； 3. 有限合伙人：天津××创投企业管理服务中心（有限合伙），自本协议签字盖章之日起六个月内缴付2500万元。 第十二条　逾期认缴责任 （一）逾期出资违约责任 合伙人逾期缴纳其认缴的出资，每逾期一日，应当向其他合伙人支付所认缴出资4‰的违约金，并承担补缴义务。给其他合伙人造成其他损失的，违约合伙人应当赔偿其他合伙人的损失；逾期超过10日的，其他合伙人有权将其除名。 （二）一般违约责任 合伙人违反本协议有关出资义务之外的其他约定的，应当依法承担违约责任。	委托人作为国有企业，在其他合伙人未出资的情况下先行出资2450万元，且无法控制，存在安全隐患	同待审合同内容	提示前述风险并建议调整委托人（即有限合伙人2）的出资时间或采取资金控制措施

续表

序号	待审合同	存在的问题	审查修改后的合同	修改方法
第五章合伙人的出资方式、数额和缴付期限	执行合伙人违反本协议的规定，给其他合伙人造成损失的，应当赔偿其他合伙人的损失。 第十三条　合伙人经全体合伙人决定，可以增加或者减少对合伙企业的出资。			
第六章费用、利润分配、亏损分担方式	第十四条　普通合伙人向全体合伙人收取管理费，每年管理费数额为有限合伙人出资额的2%。如果合伙企业实际发生的合伙费用与管理费存在差额，普通合伙人按照实际发生数额退还或要求补足管理费。 第十五条　合伙企业的利润分配，按如下方式分配： 天津××创投企业管理有限公司获得可分配收入的30%。 天津市××开发建设有限公司获得可分配收入的34.6%。 天津××创投企业管理服务中心（有限合伙）获得可分配收入的35.4%。 第十六条　合伙企业的亏损分担，按如下方式分担： 合伙人按照出资比例承担合伙企业的亏损。	普通合伙人的管理费存在不确定性 第十六条规定合伙人按照出资比例承担合伙企业的亏损有可能会突破有限合伙人的责任范围	普通合伙人向全体合伙人收取管理费，每年管理费数额为有限合伙人出资额的2%。 第十五条　合伙企业的利润分配，按如下方式分配： 天津××创投企业管理有限公司获得可分配收入的30%。 天津市××开发建设有限公司获得可分配收入的34.6%。 天津××创投企业管理服务中心（有限合伙）获得可分配收入的35.4%。 第十六条　合伙企业的亏损分担，按如下方式分担：合伙人按照出资比例承担合伙企业的亏损，但有限合伙人以其认缴的出资额为限。	删改 补增

续表

序号	待审合同	存在的问题	审查修改后的合同	修改方法
第七章合伙事务的执行	第十七条　合伙企业由普通合伙人执行合伙事务，执行事务合伙人有权获得管理费和报酬。 第十八条　执行事务合伙人应具备的条件和选择程序。 执行事务合伙人应具备以下条件： 系在中华人民共和国境内注册的机构，并为本有限合伙企业的普通合伙人。 经全体合伙人决定，委托普通合伙人天津××创投企业管理有限公司为有限合伙的执行事务合伙人，对外代表企业。 经执行事务合伙人决定，委派××作为执行事务合伙人代表执行合伙事务。执行事务合伙人应确保其委派的执行事务合伙人代表能够独立执行合伙企业事务并遵守本协议约定。执行事务合伙人可自行决定更换其委派的代表，但更换时应书面通知全体合伙人，并办理相应的企业工商变更登记手续。 第十九条　不执行合伙事务的合伙人有权监督执行事务合伙人执行合伙事务的情况。执行事务合伙人应当定期向其他合伙人报告事务执行情况、投资情况以及合伙	无	同待审合同内容	

续表

序号	待审合同	存在的问题	审查修改后的合同	修改方法
第七章合伙事务的执行	企业的经营和财务状况，其执行合伙事务所产生的收益归合伙企业，所产生的费用和亏损由合伙企业承担。 第二十条　执行事务合伙人的权限。 普通合伙人作为本合伙企业的执行事务合伙人，拥有按本合伙协议之规定全权负责本合伙企业及投资业务以及其他合伙事务之管理、运营、控制、决策的全部职权，该等职权由普通合伙人直接行使或通过其委派的代表行使。执行事务合伙人的职权包括但不限于： （一）全面负责本合伙企业的各项投资业务及其他业务的管理及决策，包括但不限于： 1. 就项目投资的投资条件是否符合合伙企业的整体利益以及最终是否进行投资作出决定。 2. 就转让和处分合伙企业的投资性资产作出决定。 3. 决定其他与合伙企业投资相关的事项。执行事务合伙人及其管理团队应本着追求合伙企业及其有限合伙人良好投资回报的原则积极寻求、开发有投资价值的项目，	无	同待审合同内容	

续表

序号	待审合同	存在的问题	审查修改后的合同	修改方法
第七章合伙事务的执行	负责对项目进行审慎的投资调查和评估，聘任专业顾问提供外部咨询服务、组织投资条款的谈判，准备有关投资的文件，实施投资项目并进行跟踪监管，取得投资回报等。 （二）代表本合伙企业对外签署、交付和履行协议、合同及其他文件。 （三）代表本合伙企业对各类投资项目进行管理，包括但不限于负责本合伙企业的投资项目的筛选、调查及项目管理等事务。 （四）采取一切必要行动以维持本合伙企业合法存续、以合伙企业身份开展经营活动。 （五）为本合伙企业的利益提起诉讼、仲裁或应诉，与争议对方进行协商或和解等，以解决本合伙企业与第三方的争议；采取所有可能的行动以保障本合伙企业的财产安全，减少因本合伙企业的业务活动而对本合伙企业、合伙人及其财产可能带来的风险。 除根据本协议规定需全体合伙人一致同意的合伙企业其他事务的决策和管理。	无	同待审合同内容	

续表

序号	待审合同	存在的问题	审查修改后的合同	修改方法
第七章合伙事务的执行	法律或本协议授予的其他职权。 第二十一条　执行事务合伙人的除名条件和更换程序。 执行事务合伙人应按照本协议的约定为合伙企业配置管理团队，具体从事投资项目的开发、调查、评估和实施，并确保其管理团队独立、专业、稳定、诚信。 有下列情形之一的，执行事务合伙人应当被除名而退任： （一）执行事务合伙人解散、破产或者由接管人接管其资产的。 （二）执行事务合伙人丧失管理能力或者严重损害本合伙企业投资者利益的。 合伙人就执行事务合伙人除名作出决议，该决议须除执行事务合伙人外的全体合伙人一致同意。 执行事务合伙人更换程序如下： 在解除原执行事务合伙人任命后 30 个工作日内，经全体合伙人协商共同委托产生新一任执行事务合伙人。新一任执行事务合伙人应满足本协议约定的执行事务合伙人的条件。新一任执行事务合伙人若不能在规定时间内产生，本合伙企业自动解散。	第二十一条中应当增加一项除名的规定，以保障其他有限合伙人的权益。	第二十一条　执行事务合伙人的除名条件和更换程序。 执行事务合伙人应按照本协议的约定为合伙企业配置管理团队，具体从事投资项目的开发、调查、评估和实施，并确保其管理团队独立、专业、稳定、诚信。 有下列情形之一的，执行事务合伙人应当被除名而退任： （一）执行事务合伙人解散、破产或者由接管人接管其资产的。 （二）执行事务合伙人丧失管理能力或者损害本合伙企业利益的。 （三）执行事务合伙人未能尽到忠实和勤勉的义务，或者未能按照本协议的约定执行合伙事务，导致合伙企业或其他合伙人损失的。 合伙人就执行事务合伙人除名作出决议，该决议须除执行事务合伙人外的全体合伙人一致同意。 执行事务合伙人更换程序如下： 在解除原执行事务合伙人任命后 30 个工作日内，经全体合伙人协商共同委托产生新一任执行事务合伙人。新一任执行事务合伙人应满足本协议约定的执行事务合伙人的条件。新一任执行事务合伙人若不能在规定时间内产生，本合伙企业自动解散。 原执行事务合伙人应在新一任执行事务合伙人产生后	

续表

序号	待审合同	存在的问题	审查修改后的合同	修改方法
第七章合伙事务的执行	原执行事务合伙人应在新一任执行事务合伙人产生后30个工作日内与其完成工作移交，若因原执行事务合伙人自身的原因未能在指定期间内完成工作移交而给合伙人造成损失的，应承担赔偿责任。 第二十二条　全体合伙人在此特别同意并授权执行事务合伙人可以对下列事项拥有独立决定权： （一）改变合伙企业的名称； （二）改变合伙企业的经营范围、主要经营场所的地点； （三）处分合伙企业的不动产； （四）转让或者处分合伙企业的知识产权和其他财产权利，合伙企业对外投资收入及其他收入向全体合伙人的分配及有限合伙人退伙时的财产分配； （五）以合伙企业名义为他人提供担保； （六）聘任合伙人以外的人担任合伙企业的经营管理人员； （七）有限合伙人入伙、退伙； （八）以上事项的变更需要修改合伙协议的相关内容，作出修改合伙协议的决议。上述事项变更时涉及需签署《变更决定书》	第二十二条第（四）项规定执行合伙人对全体合伙人的分配拥有独立决定权，与第十五条规定的分配比例相冲突。	30个工作日内与其完成工作移交，若因原执行事务合伙人自身的原因未能在指定期间内完成工作移交而给合伙人造成损失的，应承担赔偿责任。在此期间，执行事务合伙人不得再从事与交接无关的任何事务，不得再代表合伙企业对外进行交易或处置资产。 （注：未修改的条款仍保持待审合同约定的内容）	建议删除第二十二条第（四）项之规定

续表

序号	待审合同	存在的问题	审查修改后的合同	修改方法
第七章合伙事务的执行	《修改合伙协议的决议》《入伙协议》时，《变更决定书》《修改合伙协议的决议》可由执行事务合伙人单独签署；《入伙协议》由执行事务合伙人与新入伙合伙人共同签署。 第二十三条　有限合伙人可以自营或者同他人合作经营与本合伙企业相竞争的业务。 除经全体合伙人一致同意外，普通合伙人不得同本合伙企业进行交易，合伙人不得从事损害本合伙企业利益的活动。有限合伙人可以同本合伙企业进行交易。 第二十四条　合伙人对合伙企业有关事项作出决议，实行合伙人一人一票表决权；除法律、法规、规章和本协议另有规定以外，决议应经全体合伙人一致通过，涉及合伙企业变更登记事项时，由执行事务合伙人签署变更决定书并办理工商变更登记手续。 第二十五条　有限合伙人不执行合伙事务，不得对外代表合伙企业，有《合伙企业法》第六十八条规定的行为，不视为执行合伙事务。	无	同待审合同内容	

续表

序号	待审合同	存在的问题	审查修改后的合同	修改方法
第八章投资决策委员会	第二十六条　合伙企业设立投资决策委员会，负责合伙企业的投资决策以及评估和决策项目退出。成员由天津××创投企业管理有限公司、天津市××开发建设有限公司及一位专家组成，其中，天津××创投企业管理有限公司享有3票投票权，天津市××开发建设有限公司及一位专家（____）各享有一票投票权，目标项目获得3票以上（含3票）同意即可通过。	此条并不能制约普通合伙人作出投资决策，但意味着天津市××开发建设有限公司作为有限合伙人涉嫌参与执行合伙事务	第二十六条　合伙企业设立投资决策委员会，负责合伙企业的投资决策以及评估和决策项目退出。成员由天津××创投企业管理有限公司负责组建。但天津市××开发建设有限公司有权提出建议。	删改
第九章入伙与退伙	第二十七条　有限合伙人入伙，须经执行事务合伙人同意；普通合伙人入伙，经全体合伙人一致同意，由原全体合伙人与新入伙合伙人共同签署书面入伙协议。订立入伙协议时，原合伙人应当向新合伙人如实告知合伙企业的经营状况和财物状况。新普通合伙人对入伙前合伙企业的债务承担无限连带责任；新入伙的有限合伙人对入伙前合伙企业的债务，以其认缴的出资额为限承担责任。 第二十八条　合伙人有《合伙企业法》第四十五条规定的情形之一的，可以退伙。	无	同待审合同内容	

续表

序号	待审合同	存在的问题	审查修改后的合同	修改方法
第九章 入伙与退伙	投资收回且执行事务合伙人决定不再投资或进行其他方式经营时，有限合伙人可以退伙。 第二十九条　普通合伙人有《合伙企业法》第四十八条第一款规定的情形之一的和有限合伙人有《合伙企业法》第四十八条第一款第（一）项、第（三）项至第（五）项所列情形之一的，当然退伙。退伙事由实际发生之日为退伙生效日。 第三十条　合伙人有《合伙企业法》第四十九条第一款规定的情形之一的，经其他合伙人一致同意，可以决议将其除名。对合伙人的除名决议应当书面通知被除名人。被除名人接到除名通知之日，除名生效，被除名人退伙。被除名人对除名决议有异议的，可以自接到除名通知之日起30日内，向人民法院起诉。 第三十一条　有限合伙人自然人死亡、被依法宣告死亡或者作为有限合伙人的法人及其他组织终止时，其继承人或者权利承受人可以依法取得该有限合伙人在合伙企业中的资格。 第三十二条　有《合伙企业法》第五十条	无	同待审合同内容	

续表

序号	待审合同	存在的问题	审查修改后的合同	修改方法
第九章入伙与退伙	第二款规定的情形之一，合伙企业应当向合伙人的继承人退还被继承合伙人的财产份额。 普通合伙人丧失执行事务能力但符合有限合伙人条件的，经全体合伙人一致同意，可以依法成为有限合伙人。全体合伙人未能一致同意的，合伙企业应当将普通合伙人的财产份额退还该合伙人的继承人或权利承受人。经全体合伙人决定，可以退还货币，也可以退还实物。 第三十三条　普通合伙人退伙后，对基于其退伙前的原因发生的合伙企业债务，承担无限连带责任；退伙时，合伙企业财产少于合伙企业债务的，该退伙人应当依照本协议第十三条的规定分担亏损。有限合伙人退伙后，对基于其退伙前的原因发生的合伙企业债务，以其退伙时从合伙企业中取回的财产承担责任。 第三十四条　经全体合伙人一致同意，普通合伙人可以转变为有限合伙人，或者有限合伙人可以转变为普通合伙人。 有限合伙人转变为普通合伙人的，对其作为有限合伙人期间合伙企业发生的债务承	第三十三条中引用“第十三条”的约定内容错误，应为“第十六条”		

续表

序号	待审合同	存在的问题	审查修改后的合同	修改方法
第九章入伙与退伙	担无限连带责任。普通合伙人转变为有限合伙人的，对其作为普通合伙人期间合伙企业发生的债务承担无限连带责任。 第三十五条　经全体有限合伙人同意，普通合伙人在出资期限内可以向第三方转让其在合伙企业中拥有的出资额。受让方自出资额转让协议生效时起取得相应出资额成为新入伙的有限合伙人。			
第十章争议解决办法	第三十六条　合伙人履行合伙协议发生争议的，合伙人可以通过协商或者调解解决。不愿意通过协商、调解解决或者协商、调解不成的，由中国国际经济贸易仲裁委员会按照其届时有效实行的仲裁规则在北京仲裁。若没有达成书面仲裁协议的，可以向人民法院起诉。	争议解决方式和管辖不利于委托人利益保护	第三十六条　合伙人履行合伙协议发生争议的，合伙人可以通过协商或者调解解决。不愿意通过协商、调解解决或者协商、调解不成的，由合伙企业所在地有管辖权的人民法院管辖。	删改
第十一章　合伙企业的解散与清算	第三十七条　合伙企业有下列情形之一的，应当解散： （一）合伙期限届满，合伙人决定不再经营； （二）合伙协议约定的解散事由出现； （三）全体合伙人决定解散； （四）合伙人已不具备法定人数满 30 天；	无	同待审合同内容	

续表

序号	待审合同	存在的问题	审查修改后的合同	修改方法
第十一章 合伙企业的解散与清算	（五）合伙协议约定的合伙目的已经实现或者无法实现； （六）依法被吊销营业执照、责令关闭或者被撤销； （七）法律、行政法规规定的其他原因。 第三十八条　合伙企业清算办法应当按《合伙企业法》的规定进行清算。 清算期间，合伙企业存续，不得开展与清算无关的经营活动。 合伙企业财产在支付清算费用和职工工资、社会保险费用、法定补偿金以及缴纳所欠税款、清偿债务后的剩余财产，依照合伙人实缴出资比例进行分配。 第三十九条　清算结束后，清算人应当编制清算报告，经全体合伙人签名、盖章后，在15日内向企业登记机关报送清算报告，申请办理合伙企业注销登记。	无	同待审合同内容	
第十二章 投资限制	第四十条　投资不得违反以下规定： （一）不得进行股票（但因被投资企业上市而持有股票，以及为执行投资决策委员会批准的投资项目的需要而从事的大宗交易、协议转让、参与认购上市公司非公开发行股票或配售除外）、期货、证券投资	无	同待审合同内容	

续表

序号	待审合同	存在的问题	审查修改后的合同	修改方法
第十二章　投资限制	基金、外汇产品、企业债券、公司债、房地产、非保本型理财产品、保险计划的投资。 （二）不得购置非自用不动产，不得将资金用于赞助、捐赠等支出。 （三）不得作出可能承担无限连带责任的投资。 （四）不得从事融资担保以外的担保、抵押、委托贷款等业务。 （五）不得吸收或变相吸收存款，或向第三方提供贷款和资金拆借。 （六）不得从事其他国家法律法规禁止从事的业务。			
第十三章　违约责任	第四十一条　合伙人违反合伙协议的，应当依法承担违约责任。 第四十二条　执行事务合伙人应基于诚实信用原则为合伙企业谋求最大利益，若因执行事务合伙人故意或重大过失违反本协议的约定，致使合伙企业经济利益受到损害的，执行事务合伙人应承担赔偿责任。执行事务合伙人及其管理人员非因故意或重大过失违反本协议的约定所造成合伙企业或任何有限合伙人损失的，不应承担赔偿责任。	对于执行事务合伙人的违约责任限制，可能会导致合伙企业或有限合伙人的利益无法得到充分的保障	第四十一条　合伙人违反合伙协议的，应当依法承担违约责任。 第四十二条　执行事务合伙人应基于诚实信用原则，尽到忠实义务和勤勉义务，为合伙企业谋求最大利益，若因执行事务合伙人故意、过失或者违反本协议的约定，致使合伙企业或有限合伙人受到损害的，执行事务合伙人应承担赔偿责任，同时其他有限合伙人可以暂停其职务，不得继续代表合伙企业。	删改

续表

序号	待审合同	存在的问题	审查修改后的合同	修改方法
第十四章 其他事项	第四十三条 除本协议另有规定外，修改或者补充合伙协议，应当经全体合伙人一致同意，若全体合伙人均以书面形式表示同意，可以不召开合伙人会议，直接作出决定，全体合伙人作出决定后，执行事务合伙人有权代表合伙企业及全体合伙人签署修改合伙协议的决议。 第四十四条 本协议一式____份，合伙人各持一份，并报合伙企业登记机关一份，税务部门一份，其余留存合伙企业。 本协议未尽事宜，按国家有关规定执行。 （以下无正文）	条款序号不连续	第四十三条 除本协议另有规定外，修改或者补充合伙协议，应当经全体合伙人一致同意，若全体合伙人均以书面形式表示同意，可以不召开合伙人会议，直接作出决定，全体合伙人作出决定后，执行事务合伙人有权代表合伙企业及全体合伙人签署修改合伙协议的决议。 第四十四条 本协议一式____份，合伙人各持一份，并报合伙企业登记机关一份，税务部门一份，其余留存合伙企业。 第四十五条 本协议未尽事宜，按国家有关规定执行。 （以下无正文）	补增
签署	全体合伙人签署： 普通合伙人：天津××创投企业管理有限公司 法定代表人或授权委托人（签字）： 有限合伙人：天津市××开发建设有限公司 法定代表人或授权委托人（签字）： 有限合伙人：天津××创投企业管理服务中心（有限合伙） 法定代表人或授权委托人（签字）： 签署日期： 年 月 日	无	同待审合同内容	

第三十二章　招商引资合同审查要点解析

第一节　招商引资合同概述

招商引资是各级政府一项重要的经济职能，是发展地方经济的重要途径之一。我国的招商引资是随着改革开放的国家政策而出现的，全国各地设立了各种开发区、产业园区，早期主要体现为在制造业吸引外商直接投资（Foreign Direct Investment，FDI），从20世纪90年代起，招商引资逐渐以内资为主。笔者近些年在为地方有关政府机构提供法律服务的过程中，非常明显的体会是各级地方政府（尤其是街镇、区县、开发区管委会等）对招商引资工作给予了极高的重视，将之作为提升当地经济发展水平的重要抓手，甚至被作为领导干部政绩的重要考核内容。

在招商引资过程中，地方政府为了更好地吸引投资方，制定了多项优惠政策或措施，而投资方基于其逐利的商业属性，也会向政府提出各种优惠的诉求或条件，双方经过反复地磋商和谈判，最终达成一致。这种意思表示的一致，就体现为招商引资合同。招商引资合同是招商引资谈判成果的记载和体现，是明确政府方与投资方之间权利义务关系的重要形式。从合同性质来看，有的认为招商引资合同属于行政合同，有的认为属于民事合同。笔者倾向于认为招商引资合同属于民事合同，其根本原因在于招商引资合同是政府方和投资方经过协商一致的结果，在协商过程中，双方的谈判地位是平等的，政府方对于投资方并无行政权力方面的管理与被管理的关系，尤其是对于异地投资者来讲，招商引资的当地政府与投资者之间更无任何的行政关系，是完全平等的两个主体。当然，在投资方基于招商引资合同设立项目公司之后，项目公司与当地政府之间可能会产生行政法律关系，但并不影响招商引资合同的民事性质。

招商引资合同不属于《民法典》规定的典型合同，也无统一的法律概念。笔者结合自身的法律实践和理解，将招商引资合同界定为：政府方与投资方之间关于投资方到政府辖区内进行投资经营活动的权利义务关系。在实践当中，可能会有投资协议、合作协议、招商合同等不同的合同名称，但本质上仍然属于招商引资合同。

第二节　招商引资合同的基本条款

从合同内容来看，招商引资合同本身也是一种交易行为，政府想要得到的是投资方到本地来进行投资，需要付出的是给予投资方相应的扶持或优惠条件，投资方到招商地开展承诺的投资项目是其主要义务，其想获得的是政府所承诺的各项扶持和优惠政策。实践当中，一些大型招商项目的招商引资合同实际上是由一系列合同文件组成的，通常包括三类合同文件：一是投资方与政府方之间的投资框架协议；二是投资方或其安排的关联企业与政府下属的有关单位或平台公司之间的合作协议（招商合同）；三是后期履行过程中形成的补充合同。第一类合同通常只是框架性的协议，对有关投资及扶持条款进行原则性约定。第二类合同是真正意义上的招商引资合同，是框架协议的具体落实。第三类合同是双方在履行过程中对出现的新情况或未尽事宜进行的补充约定。本书中将以第二类合同为讨论对象，分析招商引资合同的审查要点。结合《民法典》第四百七十条之规定，并根据实践经验，招商引资合同的基本条款主要包括：

1. 合同主体条款，包括合同当事人的名称（姓名）、住所等基本信息。
2. 鉴于条款，主要包括政府招商环境的简介以及投资方的简介。
3. 投资条款，泛指投资方承诺的投资项目及其方案或者项目指标。
4. 招商条款，泛指政府方给予投资方的各项扶持措施和优惠政策。
5. 违约条款，包括对双方违约责任的约定。

6. 争议解决条款，即约定发生争议后如何解决。

7. 其他程序性条款，包括合同生效、份数、附件等。

第三节　招商引资合同审查要点

一、合同主体条款审查

对于招商引资项目而言，合同主体，尤其是合同主体的履约能力是招商引资项目能否顺利完成的决定性因素。对于政府方而言，如果投资方只是善于“画饼”而并没有相应的投资能力，那么该项目在后期进行过程中必然会出现障碍。笔者在执业过程中，协助处理过多个此类项目，投资方在政府招商引资过程中把投资项目描绘得“前程似锦”，但实际上不过是为了获得政府的各项扶持措施，比如以较低的价格获得土地的使用权，然后再用土地使用权去融资，一旦资金链出现问题，投资项目就会出现重大障碍，甚至项目完全烂尾，引发社会稳定等问题，政府又得收拾“残局”。而对于投资方而言，如果政府承诺的各项扶持措施和政策由于违法或者领导更换或者其他原因而无法兑现，也势必会影响到投资方的投资预期及投资利益的实现，甚至影响到投资项目的继续建设，出现已经做出的项目投入又无法收回的两难局面。因此，对于招商引资合同而言，审查合同主体的资质，尤其是履约能力尤为重要。对于招商一方（泛指政府或政府安排的下属单位）的主体审查，主要审查其是否有签署招商引资合同并兑现各项扶持措施和政策的资质和能力。对于投资方的主体审查，则重点应审查两个方面：一是签约主体与谈判主体是否一致。实践中经常会出现谈判主体实力较强而签约主体是谈判主体的关联企业或实际控制企业但实力不足的情况（比如笔者就曾经作为政府方的法律顾问审查过一份招商引资合同，据招商人员介绍，投资方是国内某知名的投资人，但律师在审查合同时发现签约主体是一个认缴注册资金仅为50万元的个人独资企业，并且该独资企业从表面上看与招商人员介绍的投资人并无任何法律关系）。二是审查投资主体的资信情况，律师可以从注册资金、涉诉情况、行政处罚情况、是否列入失信人员名单等角度进行初步审查，对于重大的招商引资项目，还应建议政府方对投资方进行实地考察或聘请律师进行专项的法律尽职调查。至于主体条款的其他方面的审查，可参照本书第七章的内容进行。

二、鉴于条款审查

在招商引资合同中，鉴于条款较为常见，一般包括政府方投资环境的基本简介和投资方的企业性质及主营业务简介，有的还会描述双方的合同目的。如果双方是基于各自的上级单位之间的投资框架协议而签订具体的招商引资合同，还会把该框架协议的签署信息作为鉴于条款。例如笔者作为政府（甲方）法律顾问审查过的一份招商引资合同的鉴于条款为："鉴于：1. 甲方为天津市汽车工业发祥地，国家级汽车及关键零部件产业基地，拥有 4 座汽车整车生产企业和众多汽车零部件企业，适合汽车关键零部件企业发展经营，能为企业提供良好的生产条件和必要的政策支持。2. 乙方为各类汽车配件、各种异形件等产品的生产企业。目前拥有国内外固定客户 300 余家，在汽车、摩托车、机床等行业配套中享有极好的口碑。公司的潜在客户分布在华北、东北、西北市场以及外销市场，在汽车配件生产厂家中享有较高的声誉。甲乙双方在互惠、互利、共赢的原则下友好协商，为促进乙方项目公司又好又快发展，带动地方经济繁荣，甲方依据项目公司的预期纳税情况给予相应的优惠政策，就相关投资及优惠事宜达成以下投资协议，以便双方共同遵行。"上述鉴于条款就属于普通的鉴于条款，简要介绍了双方的基本情况以及本合同的主要目的。律师在审查招商引资合同的鉴于条款时，参照本书第十二章有关内容审查即可，无其他特别注意事项。

三、投资条款审查

所谓投资条款，泛指投资方对投资项目的各项计划、安排、方案或技术指标，在实践中并不称之为投资条款，一般是由若干条款组成，可称之为

“投资条款板块”。对于政府方而言，投资条款是其核心的合同目的，即要求投资方需要满足各项投资要求。对于投资方而言，投资条款是其核心的合同义务。根据投资形式的不同，招商引资合同可以分为两类，一类是政府提供地方优惠政策和扶持条件，投资方独立投资、经营。另一类是政府安排其下属单位或平台公司与投资方联合进行投资，成立项目公司，政府承诺给予项目公司相关的优惠政策和扶持条件。

对于第一类招商引资合同而言，投资条款通常应包括投资项目简介、投资规模、投资进度、预期效益等。在审查“投资条款板块”时，对于投资项目简介部分的条款，无特别注意事项，达到简介、清晰即可，通过该条款能够知晓投资方的投资模式（如企业整体迁入、设立全资子公司等）。对于投资规模部分的条款，应当明确投资方的投资规模，如注册资本数额、实缴还是认缴等。对于投资进度部分的条款，则应明确投资方的投资进度。对于近期工作（比如项目公司的设立）应当有明确的时间要求。对于未来预期进行的工作，亦应进行合理的时间规划。对于预期效益部分的条款，则应明确所应达到的预期指标，如年营业收入、年纳税额、就业岗位等。实践中，此类条款常见的问题是不明确、缺乏可评价性。比如笔者曾审查过的一份招商引资合同中，投资方对于投资项目的表述为“项目公司成立后，将发展成国内一流的数据创新实践基地，大大提高甲方的区域竞争力”，这一条款存在的问题有二：一是对于“基地”的建成时间没有约定，二是表述上非常含糊，“国内一流”“大大提高”都属于无法评价的表述。因此，律师在作为政府方的法律顾问审查投资条款时，应当严格掌握“明确”和“可评价性”这两个标准来进行审查。作为投资方而言，可能并不希望受到非常明确的限制或约束，但从法律顾问的角度来讲还是建议予以明确，实践中如果约定不明确，在合同执行过程中就容易产生争议且在产生争议之后各说各理、无据可依。

对于第二类招商引资合同而言，投资条款通常包括投资规模、投资比例、投资进度、项目公司的运营管理等事项。对于此类条款的审查，应当结合《公司法》的相关规定明确约定项目公司的注册资金、双方的出资比例、出资时间、项目公司的治理结构等内容，该等内容的约定将作为项目公司章程的基本内容，可以不像章程一样详细，但原则性条款应当明确。对于项目公司的未来预期，则可参照第一类招商引资合同进行约定。对此类合同的审查，可借鉴本书第十六章的相关内容，此不再赘述。

对于不同的招商引资项目，投资方的投资方式或投资承诺不一而同，但所不同的也只是商业模式，从法律角度而言，审查此类条款的标准和原则应当是“明确”和“可评价性”。

四、招商条款审查

所谓招商条款，泛指政府方承诺给予投资方的若干扶持政策和优惠措施，在实践中并不称之为招商条款，一般是由若干条款组成，可称之为“招商条款板块”。对于政府方而言，招商条款是其核心的合同义务。对于投资方而言，招商条款是其核心的合同目的和权利。招商条款通常包括土地使用权、房屋租赁、税收减免及资金扶持、人才政策、金融支持等，一般采取“一事一议”的方式视具体投资项目而定。律师在审查招商条款板块时，应当尤为注意的是各项扶持政策和优惠措施的合法性和合规性。

1. 土地使用权条款的审查

土地使用权条款，适用于投资项目需要获得土地使用权的招商引资项目。一般情况下，项目用地均需通过招拍挂程序取得（集体土地需由国家征收变性后方可出让），而且出让土地使用权的主体只能是国土部门，因此不论是政府还是开发区管委会均不能作为土地使用权的出让主体，不能在招商引资合同中直接约定关于土地使用权的转让事宜，推荐采用的表述为“甲方（政府方）负责协调国土资源管理部门按照国家法律法规规定的方式和程序，及时组织项目用地使用权出让，提供项目建设用地，并保证项目用地交付使用时达到__________交付条件。乙方（投资方）承诺以不低于__________的价格参与前述国有建设用地使用权竞买，依法通过招拍挂方式取得项目建设用地的土地使用权，并按照相关规定与国土资源管理部门办理相关手续”。

2. 房屋租赁条款的审查

房屋租赁条款，适用于投资项目需要租用办公房屋的情形。实践中，政府（尤其是各种工业园区）往往建设了若干厂房或办公用房，可以免租或以非常优惠的价格提供给投资方使用，有的项目甚至需要政府按照投资方的要求提供装修并达到“拎包入住”的条件。一般而言，在招商引资合同中，对于房屋租赁条款作简要约定即可，具体需由房屋的产权单位与投资方签署租赁合同予以约定。推荐采用的表述为“为乙方实施本投资项目，甲方提供________平方米的厂房/办公用房由乙方租用____年，租赁费用为________元，具体租赁事宜由______与乙方另行签订租赁合同进行约定”。

3. 税收减免及资金扶持条款的审查

税收减免条款几乎在所有的招商引资合同中都会涉及，这也是各地政府招商的常用措施。对于政府方而言，以投资方的创税为基础进行减免不会增加政府的财政负担，便于执行。对于投资方而言，税收的减免或返还是“看得见摸得着”的实际利益。因此，税收减免条款在实践中被广泛采用并明确约定于招商引资合同之中，有的是直接约定减免，如常见的“三免二减半”（即第1—3年全免，第4—5年减收50%）；有的是约定由项目公司先纳税，然后再根据比例以财政补贴、财政支持、财政奖励的方式予以返还。律师在审查此类合同条款时，应当尤为注意该等税收减免政策的合规性。《税收征收管理法》第三条明确规定，“税收的开征、停征以及减税、免税、退税、补税，依照法律的规定执行；法律授权国务院规定的，依照国务院制定的行政法规的规定执行。任何机关、单位和个人不得违反法律、行政法规的规定，擅自作出税收开征、停征以及减税、免税、退税、补税和其他同税收法律、行政法规相抵触的决定”，国务院在2014年11月27日出台“国发〔2014〕62号”文件，要求规范清理所有税收优惠政策，让很多地方政府一度陷入无法兑现招商承诺的困境，虽然国务院在2015年5月10日又出台“国发〔2015〕25号”文件，暂停了62号文件的执行，但在25号文件中也明确规定“各地区、各部门今后制定出台新的优惠政策，除法律、行政法规已有规定事项外，涉及税收或中央批准设立的非税收入的，应报国务院批准后执行；其他由地方政府和相关部门批准后执行，其中安排支出一般不得与企业缴纳的税收或非税收入挂钩”。在税收减免条款合规的情况下，若以财政资金返还，还要进一步审查返还的时间及方式是否明确。

对于资金扶持条款而言，应当审查合同中的扶持政策是否具有相应的政策依据，并可将相关的政策依据作为合同附件。若该等政策有期限限制，则应进一步约定“若该政策在合同执行过程中发生变化，甲方（即招商一方）根据本条约定给予乙方（即投资一方）的扶持政策也随之变化，且不视为甲方违约”。

4. 人才政策条款的审查

在一些招商引资合同中，政府方会承诺给予投资方一定的人才政策扶持。主要包括人员落户和提供住房、补贴等方面。就人员落户而言，应明确限定落户人员的范围，并应按照当地的户籍政策依法办理，可将相关政策依据作为招商引资合同的附件加以明确。就提供住房、补贴事宜，则应当明确相关人员的条件及具体的扶持措施。

5. 金融支持条款的审查

在一些招商引资项目中，投资方会要求政府方给予金融支持，常见的方式包括协调贷款、贴息、提供担保等。律师在审查此类条款时，若履行义务的真正主体是第三方（如银行），则应采用的表述是政府方“协调”金融机构给项目公司提供贷款而不用采用“保证”之类的表述。贴息应当具有相应的政策依据。就政府提供担保而言，根据《民法典》第六百八十三条第一款“机关法人不得为保证人，但是经国务院批准为使用外国政府或者国际经济组织贷款进行转贷的除外”之规定，政府不能为投资方的融资行为提供担保，否则该等条款因违法而无效。在政府担保无效的情况下，根据最高人民法院有关司法精神，通常会认定政府存在一定过错，政府可能承担的保证责任为债务人不能清偿部分的二分之一。这样的结果，不论对于投资方还是政府方而言都是不利的，应当避免。

实践中，各地政府在传统的招商政策方式之外，都在不断地研究创新招商政策，但不论如何创新，都只是商业或技术手段上的创新，从法律审查的角度而言，必须坚持的标准是“合规性”和“可操作性”。

五、违约条款审查

如前所述，违约责任条款是合同的相对必要条款，对于合同的顺利履行具有非常重要的促进和保障作用，但在招商引资合同中，往往会被忽视。在笔者作为政府方的法律顾问审查过的若干招商引资合同中，该合同版本往往由投资方起草，一种情况是对于政府方的要求及违约责任非常明确具体，而对于投资方的投资承诺及违约责任则相对含糊，甚至不予约定违约责任。另一种情况是招商引资合同的内容类似于一份商业计划书，没有明确可操作性的双方权利义务，也没有约定双方的违约责任。这两类合同，对于双方而言，尤其是对于政府方而言，是较为不利的，在履行过程中容易产生争议。从合同的公平和可操作性角度，应当约定明确的违约责任。对于政府方而言，若投资方没有按照约定进行投资或者没有达到约定投资水平，其给予投资方的各项优惠政策和扶持措施就失去了对应的价值，因此在此种情况下应当明确约定投资方的违约责任。而对于投资方而言，若按照招商引资合同进行了投资，但政府方却没有兑现承诺，则也应当承担相应的违约责任。律师在审查此类合同的违约责任条款过程中，应当把握这一原则进行审查，对于遗漏的违约情形应当予以补增，就具体的违约责任条款内容，则可以根据双方的谈判地位进行设置，若政府方处于优势地位，则可在违约责任条款中设置一些除外情形（尤其是要考虑上级政策的变化可能对合同履行造成的影响），对于非政府方因素造成的履约障碍，可设置为除外条款或者免责条款。而在投资方处于优势地位的情况下，则可考虑设置适当的商业调整自主权利作为除外条款，并将政府方原因导致的违约作为免责条款。具体审查方法可参照本书第十一章的相关内容。

六、争议解决条款审查

在招商引资合同中，由于政府方的特殊身份，因此对于争议解决条款的审查也较为重要。作为政府方而言，通常愿意通过诉讼方式在本地法院解决。而作为投资方而言，更希望脱离当地法院解决争议，往往会提出由己方所在地法院解决，也有的直接约定由第三地的仲裁机构解决争议。如何解决争议，主要取决于双方的谈判地位，在合同双方已经达成一致意见的情况下，对于律师而言并无特别之处，参照本书第十二章的相关内容进行审查即可。

七、其他程序性条款审查

其他程序性条款主要包括合同生效、合同份数、合同附件等条款，属于通用型条款，参照本书第十二章相关内容进行审查即可。

第四节　招商引资合同审查示例

在本节中，笔者以一份某高新区管委会与某科技公司之间的《合作协议书》为例，详细演示招商引资合同的审查修改要点及方法（本合同中笔者为政府方的法律顾问）。

修改立场：本合同中笔者为招商方（甲方）的法律顾问。在谈判地位上，双方势均，无明显优劣势之分。

序号	待审合同	存在的问题	审查修改后的合同	修改方法
名称	合资协议书	名称不够准确	招商引资合作协议书	补增
主体	甲方：天津市××产业园区管委会 乙方：天津××科技有限公司	合同主体信息不全	甲方：天津市××产业园区管理委员会 住所地：__________ 法定代表人：__________ 乙方：天津××科技有限公司 住所地：__________ 法定代表人：__________ 统一社会信用代码：__________	补增
鉴于	1. 甲方作为××产业园区管理机构，受××人民政府委托对××产业园区的社会、经济事务依法行使管理职能。 2. 乙方是一家专业从事汽车配件生产的科技企业，为拓展经营业务，拟到甲方区域进行投资。 基于智能网联汽车作为“中国制造 2025”、汽车工业“十三五”规划的重点发展方向，结合甲方区域的科技及产业发展需求，双方本着优势互补、共同协作的原则，经友好协商，达成如下协议。	表述不够完整	1. 甲方作为××产业园区管理机构，受××人民政府委托对××产业园区的社会、经济事务依法行使管理职能。 2. 乙方是一家专业从事汽车配件生产的科技企业，为拓展经营业务，拟到甲方区域进行投资。 基于智能网联汽车作为“中国制造 2025”、汽车工业“十三五”规划的重点发展方向，结合甲方区域的科技及产业发展需求，双方本着优势互补、共同协作的原则，经友好协商，就乙方到甲方区域投资智能网联汽车项目，甲方依法给予扶持事宜达成如下协议。	补增
一	项目概况： 1. 乙方作为目前国内唯一一家拥有××专利技术的企业，将在本协议签订后在甲方区域设立全资项目公司，即天津××有	表述不严谨	项目概况： 1. 乙方作为目前国内唯一一家拥有××专利技术的企业，将在本协议签订后在甲方区域设立全资项目公司，暂定名称为天津××有限公司（具体以工商登记	删改 补增

续表

序号	待审合同	存在的问题	审查修改后的合同	修改方法
一	限公司。 2. 本项目三年内力争实现产值3亿元以上，人员规模拟达到200人以上，力争实现三年纳税2000万元，五年内力争符合IPO条件，并在甲方区域申请上市，成为甲方园区内的标志性企业。		名称为准，以下简称项目公司）。 2. 项目公司成立后三年内力争实现产值3亿元以上，人员规模拟达到200人以上，力争实现三年纳税2000万元，五年内力争符合IPO条件，并向国内证券主办市场申请上市，成为甲方园区内的标志性企业。	
二	甲方的权利和义务： 1. 甲方为乙方提供2000平方米厂房，用于乙方建设驾驶辅助系统及自动驾驶车辆生产车间。物业费、水、电、取暖费用由乙方自理。 2. 甲方为乙方提供商用车驾驶辅助系统生产线建设和原料备货扶持经费500万元。 3. 甲方为乙方落实1000万元贴息贷款，用于乙方开展后续研发和现有产品的大规模产业化。 4. 甲方按照天津市及××区政策为乙方落实高端人才落户、人事档案管理、党组织关系、个人所得税奖励等政策。 5. 甲方为乙方提供人才公寓15套，按照甲方人才公寓收费标准支付费用。	表述不清晰 可操作性欠缺	甲方的权利和义务： 1. 甲方为项目公司提供2000平方米厂房免租金使用____年，用于建设驾驶辅助系统及自动驾驶车辆生产车间。物业费、水、电、取暖费用由项目公司自理，具体由项目公司与厂房产权单位及物业公司另行签署合同约定。 2. 在项目公司成立后____天内，甲方为项目公司提供商用车驾驶辅助系统生产线建设和原料备货专项扶持经费人民币500万元。 3. 甲方在项目公司正式投产运营后为项目公司协调落实人民币1000万元贴息贷款，用于项目公司开展后续研发和现有产品的产业化生产。项目公司配合提供相关贷款申请材料，具体贴息贷款事宜按照有关贷款银行及甲方的贴息政策办理。 4. 甲方协助项目公司按照天津市及××区政策办理高端人才落户、人事档案管理、党组织关系转接、个人所得税奖励等事宜。	删改 补增 提示甲方落实示范能够按照约定提供相关扶持资金及贴息贷款，是否具有明确的政策依据。

续表

序号	待审合同	存在的问题	审查修改后的合同	修改方法
二			5. 甲方为项目公司提供人才公寓 15 套，项目公司按照甲方人才公寓收费标准支付费用。	
三	乙方的权利和义务： 1. 乙方负责项目公司的技术研究和产品产业化规划、管理、人才规划与队伍建设等，保证长期、健康、持续发展； 2. 乙方所开发的无人驾驶摆渡车，在 2019 年实现甲方区域内的示范运行；2019 年 9 月底前，乙方完成商用车驾驶辅助系统车间生产场地基本装修和生产线设备购置，达到年产能 10 万套；2019 年 12 月前，乙方实现商用车驾驶辅助系统整车厂前装配套。 3. 乙方三年内至少引进高端人才 100 人，解决工作岗位 200—300 个；实现申请知识产权 150—200 项，实现技术转化 10 项以上。 4. 乙方三年内力争实现产值 3 亿元以上，人员规模达到 200 人以上，力争实现三年纳税 2000 万元；五年内力争达到符合 IPO 上市条件，乙方在甲方区域申请上市。	表述欠清晰 可评价性不强 标点符号错误	乙方的权利和义务： 1. 乙方负责在本协议签订后____日内完成项目公司的设立，项目公司注册资本不低于____万元，成立时实缴注册资本不低于____万元。甲方在项目公司注册程序方面给予必要的协助。项目公司成立后，乙方作为唯一股东，以项目公司名义向甲方出具履约承诺，按照本协议的有关约定履行义务。 2. 乙方负责项目公司的技术研究和产品产业化规划、管理、人才规划与队伍建设等，保证项目公司长期、健康、持续发展，持续经营期限不低于____年。 3. 乙方所开发的无人驾驶摆渡车，在 2019 年实现在甲方区域内的示范运行；2019 年 9 月底前，项目公司完成商用车驾驶辅助系统车间生产场地基本装修和生产线设备购置，达到年产能 10 万套；2019 年 12 月前，项目公司实现商用车驾驶辅助系统整车厂前装配套。 4. 项目公司成立后，三年内至少引进高端人才 100 人，解决工作岗位 200—300 个；实现申请知识产权 150—200 项，实现技术转化 10 项以上。 5. 项目公司三年内力争实现产值 3 亿元以上，人员规模达到 200 人以上，力争实现三年纳税总额 2000 万元以上；五年内力争达到符合 IPO 上市条件，乙方在国内主板市场申请上市。	补增 删改 提示：1. 第 4 款中“高端人才”的条件应予明确；2. 第 5 款中“力争”二字导致该条实际上对乙方没有足够的约束力。建议删除“力争”二字。

续表

序号	待审合同	存在的问题	审查修改后的合同	修改方法
四		缺少违约条款	违约责任： 若甲方未能兑现本协议约定的扶持资金或贴息贷款的，应当继续兑现并按照同期银行贷款利率支付违约金。但若由于国家或甲方上级政策变化等非甲方原因导致甲方未能兑现的除外。 若乙方违反本协议第三条第2款规定的，应当____。 若乙方违反本协议第三条第3款规定的，应当____。 若乙方违反本协议第三条第4款规定的，应当____。 若乙方违反本协议第三条第5款规定的，应当____。	补增 建议针对乙方的违约行为增加相应的违约责任（如补足租金、返还贴息、支付违约金等）。补充后，可发送给律师进一步审查。
五	争议解决： 发生争议时，在符合国家法律法规的前提下，双方协商解决。不能协商解决的，由双方协定的仲裁机构仲裁。	约定不明	争议解决： 发生争议时，在符合国家法律法规的前提下，双方协商解决。若双方不能协商解决或任何一方不愿意协商的，由本协议签订地有管辖权的人民法院管辖。	删改
六	其他约定： 1. 本协议未尽事宜，双方可签订书面补充协议。该补充协议与本协议具有同等法律效力。 2. 本协议中与国家现行法律法规相抵触的条款无效，但不影响其他条款的效力。	表述不清晰	其他约定： 1. 本协议未尽事宜，双方可签订书面补充协议。该补充协议与本协议具有同等法律效力。 2. 本协议中与国家现行法律法规相抵触的条款无效，但不影响其他条款的效力。	

续表

序号	待审合同	存在的问题	审查修改后的合同	修改方法
	3. 本协议书一式四份，双方各执两份，具有同等法律效力。 4. 本协议于2019年××月××日在天津市签订，并自签订之日起生效。		3. 本协议自甲乙双方签字盖章之日起生效，一式四份，双方各执两份，具有同等法律效力。 4. 本协议由甲乙双方签署于天津市××区。	
签署	甲方： 2019年　　月　　日 乙方： 2019年　　月　　日	不够严谨	（以下签署页，无正文） 甲方（盖章）： 法定代表人或授权代表签字： 2019年　　月　　日 乙方（盖章）： 法定代表人或授权代表签字： 2019年　　月　　日	删改 补增

第三十三章　保密合同审查要点解析

第一节　保密合同概述

保密合同并非《民法典》规定的典型合同，但在实践中应用比较广泛。顾名思义，保密合同，是指当事人之间就其获悉的对方的保密信息，约定不得向任何第三方披露的合同。广义的保密信息泛指秘密，包括国家秘密、工作秘密、商业秘密和个人隐私等。本书讨论的内容主要是市场主体之间的合同关系，因此，本章所称的保密信息仅指商业秘密，而非广义的保密信息。根据《反不正当竞争法》第九条第四款及《刑法》第二百一十九条第三款之规定，商业秘密是指不为公众所知悉、能为权利人带来经济利益、具有实用性并经权利人采取保密措施的技术信息和经营信息。技术信息，主要是指产品的设计、制造技术或方法、配方、工艺流程、专利技术文件、产品数据库等；经营信息，主要是指经营管理方法、发展策略、采购渠道、客户数据、内部财务数据等。

我国法律对于商业秘密给予了较为全面的保护，负有保密义务的当事人违反合同约定将保密信息泄露给第三方的，则要承担相应的民事责任、行政责任甚至刑事责任。民事法律领域的保护主要体现在《民法典》将“商业秘密”列入知识产权客体加以保护。《民法典》第一百二十三条第二款第（五）项规定：“知识产权是权利人依法就下列客体享有的专有的权利：……（五）商业秘密……”《民法典》第五百零一条规定：“当事人在订立合同过程中知悉的商业秘密或者其他应当保密的信息，无论合同是否成立，不得泄露或者不正当地使用；泄露、不正当地使用该商业秘密或者信息，造成对方损失的，应当承担赔偿责任。”行政法律领域的保护主要体现在《反不正当竞争法》中，该法第九条规定：“经营者不得实施下列侵犯商业秘密的行为：（一）以盗窃、贿赂、欺诈、胁迫、电子侵入或者其他不正当手段获取权利人的商业秘密；（二）披露、使用或者允许他人使用以前项手段获取的权利人的商业秘密；（三）违反保密义务或者违反权利人有关保守商业秘密的要求，披露、使用或者允许他人使用其所掌握的商业秘密；（四）教唆、引诱、帮助他人违反保密义务或者违反权利人有关保守商业秘密的要求，获取、披露、使用或者允许他人使用权利人的商业秘密。经营者以外的其他自然人、法人和非法人组织实施前款所列违法行为的，视为侵犯商业秘密。第三人明知或者应知商业秘密权利人的员工、前员工或者其他单位、个人实施本条第一款所列违法行为，仍获取、披露、使用或者允许他人使用该商业秘密的，视为侵犯商业秘密。本法所称的商业秘密，是指不为公众所知悉、具有商业价值并经权利人采取相应保密措施的技术信息、经营信息等商业信息。”第二十一条进一步规定“经营者以及其他自然人、法人和非法人组织违反本法第九条规定侵犯商业秘密的，由监督检查部门责令停止违法行为，没收违法所得，处十万元以上一百万元以下的罚款；情节严重的，处五十万元以上五百万元以下的罚款”。刑事领域的保护主要体现在《刑法》第二百一十九条的规定之中，该条规定：“有下列侵犯商业秘密行为之一，给商业秘密的权利人造成重大损失的，处三年以下有期徒刑或者拘役，并处或者单处罚金；造成特别严重后果的，处三年以上七年以下有期徒刑，并处罚金：（一）以盗窃、利诱、胁迫或者其他不正当手段获取权利人的商业秘密的；（二）披露、使用或者允许他人使用以前项手段获取的权利人的商业秘密的；（三）违反约定或者违反权利人有关保守商业秘密的要求，披露、使用或者允许他人使用其所掌握的商业秘密的。明知或者应知前款所列行为，获取、使用或者披露他人的商业秘密的，以侵犯商业秘密论。本条所称商业秘密，是指不为公众所知悉，能为权利人带来经济利益，具有实用性并经权利人采取保密措施的技术信息和经营信息。本条所称权利人，是指商业秘密的所有人和经商业秘密所有人许可的商业秘密使用人。”

商业秘密是一个企业的核心资源，决定了企业的竞争力和发展空间，有的甚至关乎企业的生存。除了前述有关法律对商业秘密进行保护之外，企业一般都会对自己的商业秘密采取严格的保护措施，签订保密合同是常用的保护手段之一，尤其在进行一些重大的交易过程中，经常会提出保密要求，有的是在合同中设置专门的保密条款，有的是单独签署保密合同，其目的都在于对自己的商业秘密进行合同保护。从律师的角度，深入掌握保密合同的要点，提高保密合同的审查水平和质量，十分必要。

第二节　保密合同的基本条款

《民法典》对于保密合同的内容并未作出规定，结合《民法典》第四百七十条第一款的相关内容及实践经验，保密合同的基本条款主要包括：

1. 鉴于条款，一般为保密合同签订的背景及目的。

2. 合同主体条款，包括合同当事人的名称（姓名）、住所等基本信息。

3. 保密内容条款，主要包括保密种类和范围。

4. 保密主体条款，即承担保密义务的主体范围，通常并不仅限于合同相对方，还应当包括合同相对方的员工及合作方等。

5. 保密期限条款，即双方约定的保密期限。

6. 保密义务条款，主要包括保密义务人应当履行的各项义务（如采取何种保密措施、保密资料的返还等），以及保密义务的免除情形。

7. 违约条款，包括对双方违约责任的约定，主要是关于信息接收方违约责任的约定。

8. 争议解决条款，即约定发生争议后如何解决。

9. 其他程序性条款，包括合同生效、份数、附件等。

第三节　保密合同审查要点

一、鉴于条款审查

保密合同一般均是服务于特定的交易事项，比如股权收购、项目投资等，因此，鉴于条款中通常应当载明保密合同签署的背景及目的。常见的表述为："鉴于合同双方正在就……项目进行磋商和谈判，为了顺利推进项目实施，充分保护合同双方的合法权益，特签订本合同。"鉴于条款的内容简单明了即可，无须过于复杂。

二、合同主体条款审查

保密合同的主体包括保密信息权利人和保密义务人，对于其基本信息等方面的审查，可参照本书第七章的相关内容进行，务必达到全面、准确的要求。在保密合同中，合同当事人之间往往互为保密义务人，其原因在于合同当事人之间在谈判、签署及履行交易合同的过程中不可避免地会接触和知悉对方的商业秘密，因此，保密义务实际上是合同当事人均应当承担的一项基本义务，《民法典》第五百零一条即是针对所有合同当事人的保密义务的规定。当然，在实际工作中由于当事人的性质、合同内容及合同地位不同，会出现一方要求另一方承担更多的保密义务的情形。比如，在施工设计合同中，发包人需要向设计人提供项目的基本信息、技术资料及图纸等基础材料，设计人才能进行相应的深化设计，因此发包人通常就会要求设计人承担更多的保密义务。

三、保密内容条款审查

保密内容是保密合同的核心条款，主要包括保密信息种类和范围。由于我国法律上对于商业秘密概念的规定属于概括式而非列举式，技术信息和经营信息的内容非常广泛，因此在保密合同中应当明确界定保密内容的种类和范围。具体可以从以下两个方面来掌握：一方面，应准确理解保密信息（商业秘密）概念。首先，商业秘密应当是不为公众所知悉的技术信息和经营信息，如果该等信息已经被公众所知悉，则不能称之为商业秘密。其次，该等信息应当能为权利人带来经济利益、具有实用性。最后，权利人对该等信息应当采取相应的保密措施。另一方面，应当明确界定保密信息（商业秘密）的种类和范围。在保密合同中应当明确界定哪些属于技术信息，哪些属于经营信息，对于不同的当事人具体内容不同，应当结合当事人自身的实际情况采取“概括+列举”式规定。对于信息披露方而言，希望商业秘密的范围尽可能大一些，以便对自身的商业秘密进行更为周全的保护。而对于信息接收方而言，则更希望商业秘密的范围尽可能小一些。

在审查保密内容条款时，除了从正向角度约定保密信息的范围外，还可以从反向角度将一些不属于保密信息的信息排除在保密信息范围之外，以便准确界定保密信息的范围。一般而言下列信息不属于保密信息：（1）接收方在提供方提供前已经通过合法途径掌握的信息；（2）非因接收方原因已被公众所知悉的信息；（3）接受方在未利用保密信息的情况下独立开发的信息；（4）从不承担保密义务的第三方所获得的信息。

四、保密主体条款审查

根据合同的相对性原则，合同约定仅在合同当事人之间产生法律效力，也仅是约束合同当事人的行为，但在保密合同中，由于接触到保密信息的人很可能不限于合同当事人本身，尤其是在当事人为法人的情况下，接触到保密信息的“人”实际上体现为若干的自然人，既包括接收保密信息一方的有关员工，也包括接收信息一方的关联单位或者合作单位（如财务顾问、法律顾问等），因此，在承担保密义务的主体上应当适当扩展，将接收保密信息一方的关联单位及人员也列为承担保密责任的范围，但囿于合同相对性的规定，只能通过在保密合同中约定由接收信息一方承担该等义务来达到该目的，即约定接收信息一方应当采取措施确保能够通过其接触到保密信息的有关主体承担同等的保密义务，并进一步规定如果相关主体违反保密规定的，由接收信息一方承担泄密责任。

五、保密期限条款审查

保密期限是接受保密信息一方承担保密义务的期限，一般而言，提供保密信息一方希望保密期限长一些，而接收保密信息一方希望保密期限短一些。保密期限可以分为长期（永久）保密和定期保密两类，定期保密的期限由当事人自行约定，但应当是包括整个交易期间及交易结束后的一段时间（比如2年、3年、5年）。从合同审查的角度，一是注意审查该期限是否明确，二是在保密期限明显过短或过长的情况下提示委托人考虑是否要调整相应的期限。比如在笔者审查过的一份工程设计合同过程中，该工程的建设周期大约需要3年，而设计合同中约定设计方的保密期限为设计合同履行完毕后2年，显然在保密期届满的时候很可能该工程尚未建设完毕，因此笔者提示委托人慎重考虑，经沟通委托人将保密期限的截止日期修改为工程竣工验收后2年。

六、保密义务条款审查

保密义务包括两个方面的含义，一是接受保密信息一方应当履行的义务（包括作为义务和不作为义务），二是保密义务的除外情形，即在何种情况下接受信息一方可以免除保密义务。保密义务中的作为义务，主要包括接收保密信息一方采取积极措施防止保密信息泄露的义务，如采取严格措施将保密信息的接触范围限制在特定的人员（一般是与履行合同相关的负责人或代表）之内。信息接收方的作为义务还包括对于保密信息及资料的保管和返还义务。保密义务更多时候体现为不作为义务，如：未经对方书面同意不得向第三方公开或披露保密信息，不得将保密信息用于约定的用途之外等。

此外，在审查保密义务条款时，还应当注意审查保密义务的除外情形，一般而言在下列情况下接收保密信息一方可以免除保密义务：（1）根据法律规定，按照有权机关（如司法机关、行政机关）的要求而披露；（2）该等保密信息已经被公众所知悉；（3）保密信息来自第三方，而该第三方不承担保密义务；（4）保密期限届满。

七、违约条款审查

在保密合同中，一旦保密信息接收方违反保密合同的约定，将提供方的商业秘密对外泄露或不当使用的，必然会给信息提供方带来损失，也可能会给信息接收方带来其他法律责任。从《合同法》的角度考虑，主要是赔偿信息提供方所遭受的损失，但实践中因商业秘密被泄露而造成的损失往往难以估量，因此，一般可以采取支付一定数额的违约金或者约定损失的计算方式的形式，同时进一步约定如果违约金不足以弥补信息提供方因此遭受的损失的，信息接收方还应进一步赔偿。

此外，在信息接收方违反保密义务的情况下，还应当约定信息提供方有权要求信息接收方立即停止泄密行为并采取补救措施防止损失进一步扩大。

八、争议解决条款审查

对于保密合同而言，争议解决方式及管辖条款等一般都会与双方真正的交易项目所签署的合同保持一致，主要取决于合同双方在该交易项目中的谈判地位。需要注意的是，当信息接收方违反保密义务时，构成违约，同时也构成侵权。信息提供方可以选择提起违约之诉（按照合同纠纷确定管辖），也可以选择提起侵权之诉（按照侵权纠纷确定管辖，即可以由被告所在地、侵权行为实施地或侵权结果发生地法院管辖）。至于争议解决条款的其他方面的审查，可参照本书第十二章相关内容。

九、其他程序性条款审查

其他程序性条款主要包括合同生效、合同份数、合同附件等条款，属于通用型条款，参照本书第十二章相关内容进行审查即可。

以上是对保密合同主要条款的审查要点解析，实践中并非所有的交易事项都会签署单独的保密合同，而是在交易合同中约定保密条款。对于保密条款的审查主要包括保密信息范围、保密人员范围、保密期限、保密责任及例外等内容，具体可参见本书第十二章相关内容。

第四节 保密合同审查示例

在本节中，笔者以一份两个公司之间的《保密合同》为例，详细演示保密合同的审查修改要点及方法。

修改立场：本合同中笔者为甲方的法律顾问。在谈判地位上，双方地位相当，无明显优劣势。

序号	待审合同	存在的问题	审查修改后的合同	修改方法
名称	保密协议	无	保密协议	
主体	甲方：××众创（天津）科技有限公司 乙方：北京××科技有限公司	合同主体信息不全	甲方：××众创（天津）科技有限公司 住所地：____________ 法定代表人：__________ 统一社会信用代码：________ 乙方：北京××科技有限公司 住所地：____________ 法定代表人：__________ 统一社会信用代码：________	补增
鉴于	甲乙双方拟建立业务合作关系，为保障甲乙双方的合法权益，甲乙双方同意签署本协议，并按照本协议约定对保密信息予以保守秘密。	未清楚介绍合同背景、不够规范	甲方是天津××众创空间的运营方，乙方是××智能家电的生产商，乙方拟入驻甲方众创空间。为了保护双方的合法权益，经甲乙双方友好协商，就有关保密事宜达成本协议。	补增 删改
一	定义 1.“信息提供方”指向合同对方提供本协议项下保密信息的一方，“信息接收方”指接收信息提供方提供的本协议项下保密信息的一方。 2. 本协议所称“保密信息”指信息提供方及其关联方就甲乙双方业务合作事宜（下称披露事由）向信息接收方披露的如下信息内容： （1）信息提供方披露时明确注明为保密、	表述不规范 定义不全 序号错误	定义 1. 信息提供方：是指向协议对方提供本协议项下保密信息的一方。 2. 信息接收方：是指接收信息提供方提供的本协议项下保密信息的一方。 3. 保密信息：是指信息提供方及其关联方就甲乙双方业务合作事宜（下称披露事由）向信息接收方披露的如下信息内容： （1）信息提供方披露时明确注明为保密、绝密等或要求信息接收方不得传播或公开的包括但不限于记载	删改 补增

续表

序号	待审合同	存在的问题	审查修改后的合同	修改方法
一	绝密等或要求信息接收方不得传播或公开的不限于记载于纸张、电子存储介质等任何载体上的文字、图片、视听资料和其他任何能够记载和传递信息的内容（下称信息内容）； （2）信息提供方披露时，虽未明确注明“保密”或虽未明确要求保密，但明确告知属于尚未向公众披露或公开的信息内容； （3）任何关涉到信息提供方的经营模式、经营数据、人员状况、财务状况、资产状况、用户信息、合作伙伴信息、竞争对手信息、项目信息、发展计划等对信息提供方企业经营具有重大影响的信息内容； （3）任何一旦向第三方披露即可能造成信息提供方的商誉、经济利益、长远利益等利益遭受损失或者可为与信息提供方存在竞争关系的主体所利用的信息内容。 4. 信息提供方的关联公司指如下公司： 信息提供方实际控制（含协议控制、控股控制、联营控制等）的公司或企业； 与信息提供方有同一实际控制人（含协议控制、控股控制、联营控制等）或同一控股股东的公司或企业。		于纸张、电子存储介质等任何载体上的文字、图片、视听资料、电子数据和其他任何能够记载和传递信息的内容（下称信息内容）； （2）信息提供方披露时，虽未明确注明“保密”或虽未明确要求保密，但明确告知属于尚未向公众披露或公开的信息内容； （3）任何关涉到信息提供方的经营模式、经营数据、人员状况、财务状况、资产状况、用户信息、合作伙伴信息、竞争对手信息、项目信息、发展计划等对信息提供方企业经营具有重大影响的信息内容； （4）任何一旦向第三方披露即可能造成信息提供方的商誉、经济利益、长远利益等利益遭受损失或者可为与信息提供方存在竞争关系的主体所利用的信息内容。 4. 关联方：是指一方实际控制（含协议控制、控股控制、联营控制等）的公司或与一方有同一实际控制人或同一控股股东的公司。 5. 雇员：是指与本协议一方签署劳动合同或劳务合同的个人。 6. 顾问：是指为本协议一方提供咨询或服务的第三方企业或个人，包括财务顾问、税务顾问、法律顾问等。	

续表

序号	待审合同	存在的问题	审查修改后的合同	修改方法
二		缺少关于保密范围的界定	保密范围： 1. 甲乙双方均应当对对方的保密信息承担本协议约定的保密义务以及有关法律法规规定的保密义务。 2. 以下信息内容不属于本协议所称的保密信息： （1）信息提供方向信息接收方披露前已处于公开状态或已经为公众所知悉的信息内容； （2）信息提供方向信息接收方披露前已合法知悉的资料； （3）信息接收方从不承担保密义务的第三方处合法获得的信息； （4）本协议约定的保密信息之外的其他信息。	补增
三	保密期间 本协议项下保密信息的保密期限自本协议生效之日起至保密信息公开之日或信息提供方许可公开之日止。双方业务合作事宜的终止、失败或者完成不影响本协议所规定的保密义务的履行。	无	保密期间 本协议项下保密信息的保密期限自本协议生效之日起至保密信息公开之日或信息提供方许可公开之日止。双方业务合作事宜的终止、失败或者完成不影响本协议所规定的保密义务的履行。	
四	保密义务 1. 信息接收方应对信息提供方披露的保密信息予以保密，未经信息提供方许可，信息接收方不得向任何第三方披露保密信息或用于双方业务合作之外的用途，但是	表述不规范 协议中“基于业务经营或内部管理需要须保留相应的原件或复制件”“遭	保密义务 1. 信息接收方应对信息提供方披露的保密信息予以保密，未经信息提供方许可，不得向任何第三方披露保密信息或用于双方业务合作之外的用途。 2. 在双方合作关系终止后，信息接收方应按照信息	补增 删改 建议

续表

序号	待审合同	存在的问题	审查修改后的合同	修改方法
四	信息接收方因披露事由需要合理使用保密信息的情况除外。 2. 信息提供方向信息接收方披露保密信息的事由不再存续或者已经完结的，除基于业务经营或内部管理需要须保留相应的原件或复制件外，信息接收方应将信息提供方披露的保密信息或保密信息的载体、介质予以销毁或者返还给信息提供方。 3. 信息接收方接收保密信息后，应在其企业内部严格限制保密信息的接触范围，可接触保密信息的信息接收方雇员仅限于与披露事由相关或从事与披露事由相关工作的人员（下称必要雇员），且信息接收方应采取适当措施不限于雇员承诺、签署保密协议等形式保证该等雇员遵守本协议约定的保密要求。 4. 信息接收方应为保密信息的存储提供必要的安全的软件和硬件环境，防止如下情形的发生： （1）信息接收方非必要雇员获取到保密信息； （2）到访信息接收方公司的外部人员获取到保密信息；	受可能危及信息接收方或其雇员人身安全、重大财产安全等的胁迫”“因披露事由需要而合理使用”等表述过于宽泛，不易操作	提供方的要求将信息提供方披露的保密信息或保密信息的载体、介质返还给信息提供方。 3. 信息接收方接收保密信息后，应在其内部严格限制保密信息的接触范围，可接触保密信息的信息接收方雇员仅限于与披露事由相关或从事与披露事由相关工作的必要雇员，且信息接收方应采取适当措施（包括但不限于雇员承诺、签署保密协议等形式）保证该等雇员遵守本协议约定的保密要求。因信息接收方雇员违反本协议的保密要求而产生的责任由信息接收方承担。 4. 信息接收方应为保密信息的存储提供必要的安全的软件和硬件环境，防止如下情形的发生： （1）信息接收方非必要雇员获取到保密信息； （2）到访信息接收方公司的外部人员获取到保密信息； （3）与甲乙双方合作事项无关的信息接收方的关联方雇员获取到保密信息； （4）因信息接收方疏忽或者过错，使外部人员通过病毒、黑客、盗窃等手段获取到保密信息。 5. 如下情况下，信息接收方向第三方披露保密信息不属于违约行为： （1）经信息提供方同意后向第三方披露保密信息的； （2）根据司法、行政机关要求披露的；	

续表

序号	待审合同	存在的问题	审查修改后的合同	修改方法
四	（3）与甲乙双方合作事项无关的信息接收方的关联公司雇员获取到保密信息； （4）因信息接收方疏忽或者过错，使外部人员通过病毒、黑客、盗窃等手段获取到保密信息。 5. 以下情况下，保密信息泄露的违约责任仍应由信息接收方承担： （1）信息接收方雇员将保密信息泄露或交易给第三方的； （2）信息接收方或其雇员因受到第三方欺诈或诈骗而将保密信息对外披露的。 6. 如下情况下，信息接收方向第三方披露保密信息不属于违约行为： （1）经信息提供方同意向第三方披露保密信息的； （2）根据司法、行政机关要求披露的； （3）除司法、行政机关要求之外，根据相关法律、法规及规范性文件规定，信息接收方应当向第三方披露的； （4）在信息接收方向第三方披露保密信息前，该等信息已处于公开状态的； （5）因遭受可能危及信息接收方或其雇员人身安全、重大财产安全等的胁迫而披		（3）除司法、行政机关要求之外，根据相关法律、法规及规范性文件规定，信息接收方应当向第三方披露的； （4）在信息接收方向第三方披露保密信息前，该等信息已处于公开状态的； （5）在信息接收方已经尽到必要的安全防护措施的情况下，保密信息仍被第三方获取的； （6）因本协议所述业务合作事宜需要，信息接收方向其聘请的律师事务所、会计师事务所等中介顾问机构披露保密信息的。但信息接收方应采取适当措施（包括但不限于顾问承诺、签署保密协议等形式）保证该等顾问机构遵守本协议约定的保密要求。因信息接收方顾问违反本协议的保密要求而产生的责任由信息接收方承担。 在前述第（2）（3）（5）种情形下披露保密信息的，信息接收方应当在该等情形出现后立即向信息提供方报告，以便信息提供方采取必要的应对措施。	

续表

序号	待审合同	存在的问题	审查修改后的合同	修改方法
四	露的； （6）在信息接收方已经尽到必要的安全防护措施的情况下，保密信息仍被第三方获取的； （7）因本协议所述业务合作事宜需要，信息接收方向其聘请的律师事务所、会计师事务所等中介机构披露保密信息的； （8）其他信息接收方因披露事由需要而合理使用披露信息的情形。			
五	知识产权 信息提供方向信息接收方披露保密信息并不构成向信息接收方或信息接收方代表转让或授予信息接收方对其商业秘密、商标、专利、技术秘密或任何其他知识产权拥有的权益，也不构成向信息接收方或信息接收方代表转让或向信息接收方或信息接收方代表授予该方受第三方许可使用的商业秘密、商标、专利、技术秘密或任何其他知识产权的有关权益。	表述烦琐 缺少对基于保密信息而产生的新的知识产权归属的约定	知识产权 1. 信息提供方向信息接收方披露保密信息并不构成信息提供方将其商业秘密、商标、专利、技术秘密或任何其他知识产权拥有的权益向信息接收方及其代表的转让或授权，相关知识产权归信息提供方单独所有。 2. 因履行本协议而使用信息提供方提供的保密信息形成的知识产权归________方所有。	删改 补增
六	违约责任 1. 信息接收方违反本协议约定并造成信息提供方实际损失的，信息提供方有权向信息接收方主张赔偿损失。	违约责任约定缺乏可操作性	违约责任 1. 信息接收方违反本协议约定的保密义务的，信息提供方有权要求信息接收方立即采取一切必要措施将因信息泄露而产生的不良影响降到最低，并应当向信	补增 删改 建议约定违约金

续表

序号	待审合同	存在的问题	审查修改后的合同	修改方法
六	2. 本协议项下的损失仅限于信息提供方的直接经济损失。		息提供方提供与泄密有关的情况报告和相关资料。 2. 信息接收方违反本协议约定的保密义务的，应当向信息提供方支付______元违约金，若违约金不足以弥补信息提供方所遭受的损失的，信息提供方有权要求信息接收方继续赔偿损失。 3. 本协议项下的损失仅限于信息提供方的直接经济损失。	
七	法律适用 1. 本协议适用中华人民共和国（本协议项下不含台湾、香港、澳门地区）法律管辖并按中国法律解释。 2. 因本协议之签署、履行和解释等产生的任何争议，双方应协商解决，协商不成的可诉至本协议签订地人民法院管辖。	标题不准确 表述不严谨	法律适用及争议解决 1. 本协议适用中华人民共和国（本协议项下不含台湾、香港、澳门地区）法律管辖并按中国法律解释。 2. 因本协议之签署、履行和解释等产生的任何争议，双方应协商解决，协商不成的可向本协议签订地有管辖权的人民法院起诉解决。	补增 删改
八	其他 1. 本协议自双方签字或盖章之日起成立并生效。 2. 对本协议任何条款进行修改，均应以书面形式做出并经双方当事人盖章，否则无效。 3. 本协议一式两份，双方各执一份，具有同等法律效力。	未约定合同签订地，导致管辖条款无法适用	其他 1. 本协议自双方签字或盖章之日起成立并生效。 2. 对本协议任何条款进行修改，均应以书面形式做出并经双方当事人盖章，否则无效。 3. 本协议一式两份，双方各执一份，具有同等法律效力。 4. 本协议签订于天津市__________区。	补增 建议当事人约定签署地点

续表

序号	待审合同	存在的问题	审查修改后的合同	修改方法
签署	甲方： 法人代表： 2019 年　　月　　日 乙方： 法人代表： 2019 年　　月　　日	不够严谨	（以下签署页，无正文） 甲方（盖章）： 法定代表人或授权代表签字： 2019 年　　月　　日 乙方（盖章）： 法定代表人或授权代表签字： 2019 年　　月　　日	删改 补增

第三十四章　补充合同审查要点解析

第一节　补充合同概述

补充合同，顾名思义，是对原合同的补充或者变更。如前所述，合同是面向未来设定规则，但由于“计划往往赶不上变化”，在合同执行过程中或者是预先制定的规则在适用于具体情况时，可能会出现因主客观因素变化或实际情况变化而需要对原合同进行变更，或者是需要对于原合同中未予约定的内容加以补充的情形，因此需要用补充合同来加以确定。实践中，履行期限较长的合同，如PPP项目合同、房地产项目合作开发合同、光伏发电项目合同等，往往需要根据项目的进展情况及客观变化及时签署相应的补充合同。另外，格式合同，如综合性商场制定的适用于所有租户的租赁合同，通常也需要根据具体商户的特点和谈判情况来对格式合同进行变更或补充。

补充合同的功能在于对原合同的调整，其目的在于确保合同能够继续按照当事人的意愿履行，这种调整主要体现为变更和补充两种方式。所谓变更，是指原合同当事人经协商一致对原合同的部分条款内容进行重新安排和约定，并按照约定后的条款执行，原合同条款不再执行。所谓补充，是指原合同当事人针对原合同中未约定或约定不明而又需要明确约定的有关事项，经协商一致后予以签署确认，供双方遵照履行，此种情况下，原合同条款继续履行，补充条款也在生效后与原合同并存履行。

第二节　补充合同的基本条款

补充合同本身也是一份合同，也应具备基本的合同条款，但毕竟补充合同仅是对原合同的一种补充，因此，对于合同当事人不需要进行变更或补充的内容，可沿用原合同的约定，在补充合同中仅把需要进行变更或补充的内容进行约定即可。结合实践经验，补充合同的基本条款包括：

1. 合同名称，即补充合同的名称。
2. 合同主体条款，包括合同当事人的名称（姓名）、住所等基本信息。
3. 鉴于条款，主要包括补充合同与原合同之间的关系及衔接。
4. 合同内容，即补充合同对原合同进行的变更或补充的具体内容。
5. 合同效力条款，即补充合同与原合同的效力关系及条款适用问题。
6. 其他程序性条款，包括合同生效、份数、附件等。

第三节　补充合同审查要点

一、合同名称审查

实践中，当事人一般会以“补充合同”或“补充协议”的名称来命名，本身并无违法或明显不当。但从增加实用性和延续性的角度，应当将补充合同的名称命名为“关于《____①____合同》的补充合同____②____”。其中，“①”填写原合同名称，“②”填写补充合同的序号，在进行合同管理时尤为实用。尤其是在存在多份补充合同的情况下，按照顺序将原合同及各份补充合同进行排列和归档管理，不论是对于合同的监控履行还是争议解决，均有益处。企业在建立合同管理制度时，采用此种方法有利于企业合同管理的规范化。

二、合同主体条款审查

由于补充合同是对原合同的补充，因此，在审查补充合同的主体条款时，审查重点是补充合同中的主体基本信息与原合同中的主体基本信息是否一致。首先是主体名称（姓名），必须与原合同主体名称（姓名）保持一致，若一方的主体名称（姓名）发生了变更，则应审查相应的变更文件。其次是对于合同主体的住所地、联系方式、法定代表人等其他基本信息的审查，若与原合同一致，在补充合同中可以省略，若发生了变更，则应在审查相关变更文件的基础上按照变更后的信息予以载明。

三、鉴于条款审查

从实务角度来看，补充合同中必须有鉴于条款，以载明补充合同与原合同的关系，以及签署补充合同的原因。补充合同的鉴于条款一般包括合同当事人原合同的签订及履行情况，以及签署补充合同的原因或目的。鉴于条款的基本表述方式为："鉴于甲乙双方于______年____月____日签署了编号为__________的《______合同》，由于__________________________，经双方协商一致，就____________________达成本补充合同。"若当事人之间已经签署了一份以上的补充合同，则还应将之前签署的补充合同的基本信息进行表述。

在审查鉴于条款时，首先，审查补充合同与原合同的关系，审查的核心是确保原合同的唯一性，重点审查鉴于条款中关于原合同名称的记载与原合同的名称（含合同编号）是否完全一致。其次，审查原合同的签署日期，因为实践中很有可能当事人之间存在一份以上的同名称的合同。最后，审查签署补充合同的原因以及补充合同的主要内容，当然本项内容并非是必须记载的事项，因此若待审的补充合同中有相应的表述，则进行审查；若待审补充合同中没有此类表述，律师在审查时可以补增，或者不予修改。比如待审补充合同的表述为"鉴于甲乙双方于______年____月____日签署了编号为________的《______合同》，经双方协商一致达成本补充合同"，从实践角度来看，并无明显不当，律师可以进行补增，也可不予修改。

四、合同内容条款审查

补充合同的内容条款，是补充合同的核心，是指补充合同对于原合同部分条款的变更或补充。律师在审查此类条款时，应当注意的是要区分哪些条款属于对原合同的变更，哪些条款属于对原合同的补充。对于变更类条款，应注明是对原合同哪个条款的变更，并应保持变更后条款的完整性，不能说半截话。常见的变更类表述为“原合同第____条变更为________________________”。对于补充类条款，应当注明补充条款的内容以及与原合同条款的关系，若补充合同的条款是针对原合同某条款的进一步约定，则应表述为“就原合同第____条，进一步补充约定如下______________________________________”；若补充合同条款为新增条款，则直接约定即可，一般的表述为“在原合同第____条后增加一条，作为第____条”。至于具体条款内容，则视补充合同条款的性质而采用相应的审查方法，具体可参照本书其他章节，本章不再赘述。如补充合同的条款是对标的条款的变更，则参照标的条款的审查方法进行审查。若补充合同的条款是对违约责任条款的变更，则参照违约责任条款的审查方法进行审查。

五、合同效力条款审查

由于补充合同的主要内容是对原合同的变更或者补充，因此，必然要涉及补充合同与原合同的效力级别问题，尤其是在变更类补充合同中，更应明确。一般来讲，对于变更类的条款，应当明确约定“本补充合同与原合同约定不一致的，按照本补充合同的约定执行，本补充合同未明确变更的，仍执行原合同的约定”。对于补充类的条款，则应明确约定“本补充合同是对原合同的补充约定，与原合同具有同等法律效力”。

六、其他程序性条款审查

其他程序性条款主要包括补充合同生效、补充合同份数、补充合同附件等条款，属于通用型条款，参照本书第十二章相关内容进行审查即可。

第四节　补充合同审查示例

在本节中，笔者以一份综合商场的《店铺租赁经营合同》的补充合同为例，详细演示补充合同的审查修改要点及方法。

序号	待审合同	存在的问题	审查修改后的合同或意见	修改方法
名称	补充协议书	名称不够准确	关于《店铺租赁经营合同》的补充协议	补增
主体	甲方：____商业管理（天津）有限公司 乙方：	乙方名称不全	提示甲方核实乙方全称，须与原合同保持一致。	提示
鉴于	就甲乙双方签署的《店铺租赁经营合同》（以下简称原合同），双方协议达成以下内容：	表述不够完整	就甲乙双方______年____月____日签署的编号为____________的《店铺租赁经营合同》（以下简称原合同），双方经协商一致，达成以下补充条款：	补增 删改
一	经甲乙双方协商后对原合同条款部分进行如下修订： 1. 原合同第5.6条：此条不适用； 2. 原合同第6.3条：增加双方协商 3. 乙方进场装修期为半个月，（进场时间2019年3月15日，开业日期2019年3月31日）装修期间不收取租金及物业费推广费，计租日为乙方开业日。 4. 原合同第14.4.5条：原条文不变；“如所售出的商品系仿假冒品，甲方均有权立即终止本合同并要求仿假冒品销售额一千倍的违约金”修改为“如所售出的商品系仿假冒品，不论乙方是否是善意，乙方承担全部法律责任，与甲方无关”。	表述不清晰，标点符号瑕疵	经甲乙双方协商后对于原合同条款部分进行如下修订： 1. 原合同第5.6条：此条不再执行； 2. 原合同第6.3条：在“可调整乙方的店铺位置”之前增加“经双方协商一致后”； 3. 乙方进场时间为2019年3月15日，开业日期为2019年3月31日。开业之前为装修期，不收取租金及物业费推广费，自乙方开业日起计算租金； 4. 原合同第14.4.5条“如所售出的商品系仿假冒品，甲方均有权立即终止本合同并要求仿假冒品销售额一千倍的违约金”修改为“如所售出的商品系仿假冒品，不论乙方是否是善意，乙方承担全部法律责任，与甲方无关”，原条款其余内容不变。	删改 提示（本补充协议减少了甲方的权利，增加了甲方的义务，属于商业条款，请甲方自行确定是否同意）

续表

序号	待审合同	存在的问题	审查修改后的合同或意见	修改方法
二	本协议为《店铺租赁经营合同》的补充协议，同样具有法律效力。	表述不完整，不清晰	本补充协议为原合同的补充，与原合同具有同等法律效力。本补充协议与原合同约定不一致的，按照本补充协议的约定执行，本补充协议未明确变更的，仍执行原合同的约定。	删改 补增
三		缺失生效条款	本补充协议自甲乙双方签字盖章之日起生效，一式两份，甲乙双方各执一份。	补增
签署	甲方： 2019 年　　月　　日 乙方： 2019 年　　月　　日	不够严谨	（以下签署页，无正文） 甲方（盖章）： 代表签字： 2019 年　　月　　日 乙方（盖章）： 代表签字： 2019 年　　月　　日	补增

第三十五章　解除合同审查要点解析

第一节　解除合同概述

解除合同并非《民法典》规定的典型合同之一，本章中所讨论的解除合同，是指当事人经协商一致，就已经签署的合同予以解除，进而终止双方合同关系的合同。通俗地讲，解除合同就是当事人之间关于合同解除事宜的合同。合同解除是合同权利义务终止的情形之一。

《民法典》第五百六十二条规定："当事人协商一致，可以解除合同。当事人可以约定一方解除合同的事由。解除合同的事由发生时，解除权人可以解除合同。"该条规定就是协商解除合同的法律依据，即只要双方协商一致即可解除已经签署的合同，也称之为合意解除，这与合同的法定解除和约定解除均不同。法定解除是指在出现法律规定可以解除合同事由的情况下，当事人单方解除合同。约定解除是指合同当事人在合同中约定了合同解除的条件，当该条件成就时当事人单方解除合同。合同的合意解除，是合同自由原则的体现。本章当中所讨论的仅限于合同的合意解除。

在实践中，不是每份已经签署的合同都能够履行完毕，由于客观条件的变化，抑或是主观目的的变化，都可能导致当事人觉得合同已无履行的必要，故而需要解除合同。因此，合同当事人经过协商一致，即可解除已经签署的合同。但合同解除不仅仅是终止当事人之间的权利义务关系，还会涉及已经履行的部分如何处理以及尚未履行的部分如何安排等一系列问题，因此，需要在解除合同中详细加以约定，以免遗留纠纷。

第二节 解除合同的基本条款

结合《民法典》第四百七十条第一款的相关内容及实践经验，解除合同的基本条款主要包括：

1. 合同主体条款，包括合同当事人的名称（姓名）、住所等基本信息。
2. 鉴于条款，主要包括双方签署解除合同的背景及原因。
3. 解除日期条款，即双方约定的合同解除日期。
4. 历史条款，主要是对合同解除之前的履行情况进行确认。
5. 未来条款，主要包括合同解除后相关权利义务及责任的约定。
6. 违约条款，是指违反解除合同中有关权利义务的责任规定。
7. 争议解决条款，即约定发生争议后如何解决。
8. 其他程序性条款，包括合同生效、份数等。

第三节 解除合同审查要点

一、合同主体条款审查

解除合同的主体应当与已签署的合同（即原合同）一致，对于其基本信息等方面的审查，可参照本书第七章的内容进行，务必达到全面、准确的要求。需要注意的是，如果在签署解除合同时原合同主体已经发生了变更（如名称、地址、法定代表人变更等）的情况下，应当以变更后的最新信息为准，对于名称变更的情形，还应当注明解除合同中的主体即是原合同中的主体，当然，也可以在鉴于条款中将合同主体的变更情况进行简要介绍。

二、鉴于条款审查

解除合同是针对原合同而订立的，因此必然会涉及原合同的基本情况，如合同名称、签署时间等。同时，还应当对解除原合同的原因及经过进行简要的介绍，以便能够清晰反映出原合同的变迁历程及脉络。

三、解除日期条款审查

合同解除是一个承上启下的节点，既包括对原合同“历史”的清算，也包括对未来的一系列安排，因此，应当明确约定合同解除的日期，就像审计评估中的基准日一样。合同解除的日期，也称为解除日，应当是一个明确的时间节点，即自该时间节点起，原合同的权利义务终止，不再履行。

四、历史条款审查

所谓“历史条款”，是一种形象的说法，而非专业的法律用语，指的是对原合同签署后合同当事人的履行情况，也即原合同当事人“已经干了什么”的问题。在解除合同中，应当全面确认原合同中各方当事人各自已经履行义务的客观情况，不能存在遗漏。

五、未来条款审查

“未来条款”也是一种形象的说法，指的是原合同解除后，合同当事人权利义务的状态以及基于解除合同而产生的其他权利义务（如交接、赔偿、保密等）。《民法典》第五百六十六条第一款规定：“合同解除后，尚未履行的，终止履行；已经履行的，根据履行情况和合同性质，当事人可以请求恢复原状或者采取其他补救措施，并有权请求赔偿损失。”第五百五十八条规定：“债权债务终止后，当事人应当遵循诚信等原则，根据交易习惯履行通知、协助、保密、旧物回收等义务。”在解除合同中，应当就前述事项进行明确约定。

六、违约条款审查

解除合同中的违约责任，不是指关于违反原合同有关约定的违约责任，而是指违反解除合同中的义务而产生的责任，尤其是对于那些合同解除后还涉及双方后续义务的内容，应当约定相应的违约责任。至于违约条款的其他方面的审查，可参照本书第十一章相关内容。

七、争议解决条款审查

在当事人没有约定或与原合同约定一致的情况下，解除合同的争议解决应按照原合同的争议解决条款执行，若当事人另有约定的，应视为对原合同争议解决条款的变更。至于争议解决条款的其他方面的审查，可参照本书第十二章相关内容。

八、其他程序性条款审查

其他程序性条款主要包括合同效力、合同份数等，属于通用型条款，参照本书第十二章相关内容进行审查即可。

第四节　解除合同审查示例

在本节中，笔者以一份委托人与受托人之间就解除原《地块委托看管协议》的解除合同为例，详细演示解除合同的审查修改要点及方法。

修改立场：本合同中笔者为委托人的法律顾问。在谈判地位上，双方地位相当，无明显优劣势之分。

序号	待审合同	存在的问题	审查修改后的合同	修改方法
名称	××××地块看管项目解除协议	无	××××地块看管项目解除协议	
主体	甲方：××（天津）有限责任公司 乙方：天津××投资建设开发有限公司	无	甲方：××（天津）有限责任公司 乙方：天津××投资建设开发有限公司	
鉴于	甲乙双方2018年4月签订的《××××地块委托看管协议》第四条第二款约定“如出现项目出让或其他甲方认为无需继续看管的情况，甲乙双方另行签订结算协议，按天数据实核算看管费用”，以及2019年3月11日甲方给乙方来函要求：乙方对××××地块看管责任至2019年3月26日终止。 根据上述情况，经甲乙双方友好协商就地块看管结算工作达成以下协议条款：	表述不严谨 背景情况介绍不清晰、不完整	就××××地块看管事宜，甲乙双方于2018年4月____日签订了《××××地块委托看管协议》（以下简称原协议），甲方委托乙方对甲方××××地块进行看管。该协议第四条第二款约定：“如出现项目出让或其他甲方认为无需继续看管的情况，甲乙双方另行签订结算协议，按天数据实核算看管费用。” 现甲方项目拟启动施工建设，项目地块无需继续看管。为此，甲方于2019年3月11日向乙方致函要求：乙方对××××地块看管责任至2019年3月26日终止。 原协议中甲方名称为“天津××开发建设有限公司”，2019年2月17日变更名称为“××（天津）有限责任公司”，即本协议中的甲方。 根据上述情况，经甲乙双方友好协商就解除原协议有关事宜达成以下协议条款：	补增 删改
一	甲乙双方签订的《××××地块委托看管协议》中乙方对协议中地块的看管工作截至2019年3月26日终止。	表述不规范	甲乙双方一致同意：原协议自2019年3月26日起解除，原协议终止履行。	删改

续表

序号	待审合同	存在的问题	审查修改后的合同	修改方法
二		未就原协议中地块及设备设施的返还情况进行确认	甲乙双方一致确认：截至本协议签订之日，乙方已将看管的××××地块及相应设备、设施移交至甲方，双方对移交过程及移交内容均无异议。	补增
三	本合同结算看管天数为345天，按照看管费297000元/年核算，合同结算价款为280726元。	表述不严谨	甲乙双方一致确认：截止到原协议解除之日，乙方看管天数为345天，按照看管费297000元/年计算，双方同意最终结算价款为280726元。	补增 删改
四	甲方已支付乙方合同价款222750元，本协议签署后30日内，甲方支付乙方合同最终结算尾款57976元。	表述不严谨	甲乙双方一致确认：截止到本协议签订之日，甲方已支付乙方合同价款222750元，本协议签署后30日内，甲方支付乙方最终结算尾款57976元。乙方应当提前向甲方开具等额的增值税专用发票，否则甲方的付款时间相应顺延且不视为甲方违约。	补增
五	甲方逾期支付尾款的，应当支付逾期利息。	违约责任的约定不够严谨和规范	在收到乙方开具的符合要求的增值税专用发票后，甲方未在30日内支付尾款的，应当按照人民银行同期贷款利率支付逾期利息。	补增 删改
六		未对原协议进行彻底的了结，不够严谨	甲乙双方一致确认且同意：除本协议约定内容外，双方于原协议项下无任何未了结事宜，不存在任何争议，双方互不主张任何权利或责任。	补增
七	本结算书作为原合同的组成部分，与原合同具有同等法律效力。	表述不规范	本协议作为原协议的组成部分，与原协议具有同等法律效力。	删改

续表

序号	待审合同	存在的问题	审查修改后的合同	修改方法
八	本结算书自甲乙双方盖章之日生效，一式六份，甲乙双方各执三份。	表述不规范	本协议自甲乙双方签字盖章之日生效，一式六份，甲乙双方各执三份。	删改
签署	甲方： 乙方：	不够严谨 未写日期	甲方（盖章）： 法定代表人或授权代表签字： 2019 年　　月　　日 乙方（盖章）： 法定代表人或授权代表签字： 2019 年　　月　　日	删改 补增

图书在版编目（CIP）数据

合同审查思维体系与实务技能/张海燕著．—2版．—北京：中国法制出版社，2020.6（2025.2重印）
ISBN 978－7－5216－1061－1

Ⅰ．①合… Ⅱ．①张… Ⅲ．①合同法－研究－中国 Ⅳ．①D923.64

中国版本图书馆 CIP 数据核字（2020）第 083473 号

责任编辑 刘波 韩璐玮　　封面设计 杨泽江

合同审查思维体系与实务技能

HETONG SHENCHA SIWEI TIXI YU SHIWU JINENG

著者/张海燕
经销/新华书店
印刷/三河市国英印务有限公司
开本/710 毫米×1000 毫米 16 开　　印张/34.5 字数/403 千
版次/2020 年 6 月第 2 版　　2025 年 2 月第 22 次印刷

中国法制出版社出版
书号 ISBN 978－7－5216－1061－1　　定价：98.00 元

北京市西城区西便门西里甲 16 号西便门办公区
邮政编码：100053　　传真：010－63141600
网址：http：//www.zgfzs.com　　**编辑部电话：010－63141790**
市场营销部电话：010－63141612　　**印务部电话：010－63141606**

（如有印装质量问题，请与本社印务部联系。）